중국 茶 문화

神農嘗百草 一日遇七十二毒 得茶乃解

棚橋篁峰 著

석도윤 · 이다현 공역

하늘북

CHUGOKU CHA BUNKA

중국차와 그 풍경

운남성 곤명

항구 황룡다예관

무석 만전루 다관

운남성 죽통차

대북 육우다예관

삼대시장과 안계

상해 구성 다엽시장

북경 마련도 다엽시장

광주 방촌 다엽시장

안계 다엽시장

상해 대통로 다엽시장

명차 소개

녹차 용정차

녹차 육안과편

녹차 벽라춘

청차 안계철관음

녹차 신양모첨

청차 대롱포

녹차 고교은봉

청차 동정오룡

청차 봉황단총

흑차 보이차

백차 백호은침

흑차 병차

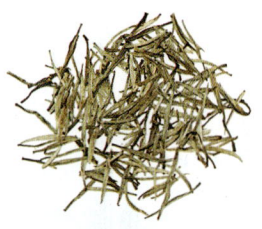

황차 군산은침

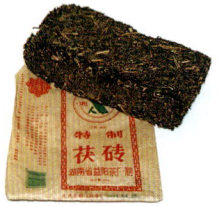

긴압차, 복전차

홍차 기문홍차

중국 茶 문화

詳考컨대, 우리 人類가 지구를 터전으로 삼아 살아오면서 기후, 풍토 등 자연환경에 적응하는 여러 가지 방법을 모색하고 창안하는 등 꾸준히 노력하고 발전하여 오늘에 이르렀다.

인류는 원시시대로부터 수천 수 만년 동안 갖은 악조건을 상대로 부단히 싸우고, 또 이겨내면서 생활을 개선하고 발전시켜 오늘날 가까운 별나라들을 넘나드는 과학문명을 이룩하고 있다. 우리는 주어진 자연환경을 완전히 우리의 것으로 누릴 때 우리는 가장 행복해질 것이다.

물을 예를 들어 생각해 보자. 물은 우리 몸을 형성하고 있는 것 중 8할을 차지하고 있고, 지구를 형성하는 데도 육지보다 훨씬 많은 것이 현실이다. 그래서 물 없이는 인간을 비롯한 온갖 동식물이 생명을 유지할 수 없는 것이지만, 맑은 물이 아니면 아무리 많은 물일지라도 우리에게는 필요없는 것이다.

우리는 우리가 필요로 하는 물질, 즉 영양소를 맑은 물과 결합시켜 식용하는 지혜를 갖고 있다. 그 중의 하나가 바로 茶다. 茶는 마시는 즉시 효과가 나타나는 것은 아니다. 오래 식용함으로써 은연중에 좋은 결과를 얻을 수 있는 것이다.

茶의 原流는 印度라고 전해 오고 있는데, 그럴만한 내력이 없지 않은 것이 사실이다. 茶를 마시면 정신이 맑아지고 편안해진다. 그래서 정신문명 내지는 종교가 다른 지역보다 쉽게 뿌리를 내리고 발전해온 印度의 역사인 것이다.

인도는 佛敎이전에도 우수한 여러 宗敎가 있었고, 대단한 예지를 지닌 철학자들이 나서 우주와 인생의 핵심을 규명하는데 크게 기여 하였다. 그러한 바탕 위에서 약 3천 년 전에 佛陀가 출현하여 有心思想을 提唱함으로써 여타 종교를 통일하였던 것이다.

　常夏의 나라 인도는 낮의 온도가 높은 관계로 한낮에는 쉬고, 이른 새벽이나 초저녁, 또는 밤에 활동하는 추세인데 넓은 벌판에 누워 하늘을 바라보며, 별들을 관찰하는 사람들이 많았으며, 그로 인하여 천문학자들이 많이 배출되기도 하였다. 佛典에 天禮에 대한 이야기가 많은 것도 바로 이 때문이며, 三千大千 世界說이나 天上世界에 대한 이야기는 서구인들 보다 훨씬 앞선 과학적인 학설로서 서구 과학자들도 충분히 인정하고 있는 것이다.

　가령 과학의 아버지로 존경받고 있는 아인슈타인 박사의《磁場의 理論》을 佛敎經典에 나타나 있는 학설과 비교해 보면 재미있을 것이다.

　아인슈타인 박사는《磁場의 理論》에서, 『지구에서 멀리 떨어진 우주공간은 시간의 흐름이 더디다. 예를 들면, 지구에서 5만 광년이나 먼 은하계 중심부를 태양광선 속도의 비행물체를 타고 다녀오는 데는 지구의 시간 단위로 17년이 걸린다. 왜냐하면 지구에서 멀리 떨어진 우주공간은 시간의 흐름이 더디기 때문이다.』고.

　이 이론은 브라운 박사가 인공위성을 발사하기 위해 먼저, 멀고 가까운 별들에 빛을 발사하여 실험한 결과 이 이론이 사실임을 밝혀냈던 것이다. 그런데 부처님은 천상세계에 대해 더 자세히 말씀하셨으니, 『四子天은 지구에서 광속으로 50년 거리에 있고, 그 위의 忉利天은 100년의 거리이며, 야마천은 3백년의 거리이고, 도솔천은 4백년, 化樂天은 8백년, 他化自在天은 천6백년의 거리에 있다.』

　그리고 위에 열거한 천상의 인구와 壽命, 福力까지도 상세히 밝히고 있는 것이다. 이렇게 부처님은 세계관 우주관까지도 洞察하신 것을 경전을 통해 살펴본 아

인슈타인 박사는, 『세상 사람들은 나를 「과학의 아버지」라고 운운하지만 佛陀야
말로 진정한 의미에서 과학의 아버지이다.』라고 그의 저서《나의 人生觀》에서 밝
힌 바 있다.

　인도의 정신문명은 서구세계보다 훨씬 앞섰으며, 이 정신문명을 이룩하는데 茶
의 역할이 至大하였으리라는 추측을 단지 추측만이 아닌 사실로서 인정하여도 무
방하리라 본다. 印度의 茶는 그 역사가 우리의 예견보다 훨씬 이전에 인도인들에
의해 발견되었고, 또 발전해 왔음을 간과해서는 안 된다.

　印度는 더운 지방인지라 山中에 흐르는 물이거나 샘물 등에 水蟲이 많아서 飮
用할 수 없는 형편이므로 반드시 끓여 飮用해야 했고, 그냥 물만을 끓여 마시는
것은 無味乾燥했다. 그래서 찻잎을 끓여 마시는 법을 개발하였으며, 茶水는 곧 生
命水로 通하였던 것이다. 이렇게 인간과 밀접한 관계에 군림한 茶는 이웃 나라에
널리 전해졌으며, 중국에도 수천 년 전에 전해진 이래로 중국인의 기호식품으로
全域에 급속도로 퍼졌다.

　중국도 정신문명이 매우 발전한 나라로서 일찍이 神農氏 시대에 인도에서 茶
가 건너와서 中原 全域에 차츰 보급되면서 飮茶 풍습을 굳이 말하자면, 인도는 인
도인 생활 속에 깊이 뿌리를 내려서 飮茶는 생활이요, 생활은 곧 飮茶라 할 만큼
茶水는 生命水요, 生命水는 茶水로서 백성들에게 밀착된 지가 오래다.

　그런데 중국은 祭禮儀式이나 무슨 記念行事에 높은 品格으로 쓰이기 시작하면
서 점점 일반 행사에도 사용하기에 이르렀고, 이어 일반 백성들의 생활 속에 정착
하였다. 그래서 중국인들은 茶를 道의 경지에까지 끌어 올려 茶道라는 말을 사용
하는데 주저하지 않았다. 물론 茶道라는 말은 禪家에서 쓰이기 시작하였겠지만,
국교가 불교인 唐나라인지라 茶道의 보급이 속도를 더하여 급기야는 禪茶一如 茶

禪一味 등의 용어로 확산되었던 것이다.

　중국인들은 귀족계급이나 선비들 사이에서는 茶道라는 品格에 걸맞게 애용하였고, 일반 백성들 사이에서는 생활에 밀착하여 「茶는 곧 生活이다」하는 식으로 애용되어 왔다. 중국인들이 茶聖이라 崇仰하는 陸羽은 원래 僧侶로서 修禪하던 중 戒律에 얽매임이 싫어서 非僧非俗으로 지내면서《茶經》을 著述하였으며, 평생을 飮茶生活로 지냈다. 그의 자유분방한 생활은 禪家의 생활과 格을 같이 하면서 「茶禪一如」라는 높은 경지에 優遊하였던 것이다.

　아무튼 중국의 茶는 일반인들의 생활 속에 깊숙이 뿌리를 내려서 茶가 없는 생활은 想想하기조차 어려운 반면, 고도의 品格을 지녀서 茶禪一如에까지 到達한 점을 배운다면 우리의 茶生活도 한층 그 格이 높아질 것이며, 각박한 현실을 타개하는데 큰 도움이 되리라 믿어마지 않는 바이다.

　이번에《中國茶文化》가 우리말로 번역되어 우리 곁에 온다 하니, 정말 滿腔의 기쁨이 앞서거니와 茶人들이 이 茶書를 通하여 많은 지식을 쌓고, 또 중국의 장점을 배운다면 자칫 「우물 안 개구리」 신세가 될 뻔했던 愚에서 벗어나는 계기가 되기를 간절히 빌어마지 않는 바이며, 나아가 우리 茶文化가 더욱더 成長하기를 바라는 마음 간절하다.

　끝으로 茶山 先生님이 喝破한 말씀을 되새기며, 무딘 붓을 접고자 한다.

　『茶를 좋아하는 민족은 興하고 술을 좋아하는 민족은 亡한다.』

서기 2006년 3월 좋은 날

淸凉山房 主人 淸凉白雲 焚香謹書

著者 序文

현재 일본은 전 국민이 차를 마신다고 하는 의미에서, 역사상 처음으로 중국차의 붐을 맞이하고 있다. 일본에 중국차가 전래된 것은 크게 세 시기로 분류할 수 있다. 첫 번째는 최징(最澄)과 공해(空海)의 중국차 전래이고, 두 번째는 영서(榮西)의 중국차 전래이며, 세 번째가 현재이다. 과거에 전래되었던 중국차는, 일본으로 전래되면서 모두 변화여 일본의 차로 발전되었다.

그러나 현재 전래되는 중국차는 그 자체를 즐기면서 마시는 것이다. 과거와 현재의 이러한 차이점은 매우 크다고 말할 수 있다. 현재 일어나고 있는 중국차 붐은 취미의 영역을 벗어난 것은 아니다. 충분한 연구와 실천을 통하여, 앞으로 나갈 방향을 제시하려면 많은 시간이 필요하다.

중국의 오랜 역사 속에서 함께 성장하여 온 중국차는, 역사적으로는 명대(明代) 이전과 이후로 큰 차이를 보이고 있다. 명의 태조 주원장이 내린 산차령(散茶令 : 1391년)이 오늘 날 중국차의 기원이라고 할 수 있다. 이처럼 중국차와 차 문화의 변화는 오늘 날의 발전을 생각함에 있어서 필요불가결한 문제이고, 그로부터 파생한 중국 차 문화의 진수는 중요한 요소이다. 따라서 중국차에 관한 지식을 확실하게 공부하면서 중국차를 즐기면, 그 묘미를 더욱더 많이 느낄 수 있을 것이다.

많은 문화가 먼저 도래되면서 정착하고 있는 것은 역사의 필연이고, 무조건적으로 취미적인 문화의 도입을 부정하는 것은 아니지만, 가장 중요한 것은 지식을 축적하는 것이야 말로, 중국차의 장대한 차 문화의 세계에 들어 갈 수 있다는 점을 인식하여야 한다. 중국차 붐이 일어나고 있는 현재에, 종합적인 차 문화의 텍스트가 일본에 없다는 것이 필자가 매우 걱정하는 점이었다. 이 책이 이러한 문제를 해결하는 하나의 실마리가 되었으면 하는 바람으로 저술을 하였다.

중국차 문화는 중국문화의 일대 중심을 이루고 있다고 말해도 지나친 말이 아니다. 절강성 항주시의 중국다엽박물관에서 발행한 《품차설차(品茶說茶)》의 서두에, 중국에 있어서 차에 대한 인식을 다음과 같이 기술하고 있다. 「생활의 필수품은 땔나무[柴]·쌀[米]·기름[油]·소금[鹽]·간장[醬]·식초[酢]·차[茶]의 일곱 가지이다.」라 하였다. 이것은 차가 중국인의 생활 속에서 매우 큰 위치를 차지하고 있음을 나타내고 있는 것이다.

차는 목의 갈증을 해소하고, 피로를 다스려 원기를 회복시키고, 근심걱정을 사라지게 하고 마음을 진정시켜서 고요한 시간을 보내게 한다. 또한 식욕부진을 해소시킨다. 「3일 동안 식사를 하지 않더라도, 차는 단 하루라도 마시지 않으면 안 된다.」라고 하는 차는, 중국 국경지방이나 고지대의 한랭지역에 거주하고 있는 소수민족들에게 있어서도 결코 빠뜨릴 수 없는 중요한 것이다. 생활 속에서 차에 대한 일화는 수 없이 많다. 차는 일반적인 음료이지만, 그러나 남녀노소를 불문하고 모두 애용하는 음료이다.

차를 마시는 것은 중국인들의 사회생활 전반에 걸쳐 영향을 미치고 있다. 생활 속에서 사람들에게 만족을 가져다주는 것 뿐만 아니라 정신생활에도 즐거움을 가져오고, 정신에 안정을 주기도 한다. 옛날 사람들이 서서히 차를 맛보는 것에서부터 발전을 하여, 차를 마시는 것이 예술로 승화되었으며, 현대 사람들은 곧 차를 마시는 것에 고상함과 우아함을 덧붙여 완성시키고, 정서적으로도 풍요롭게 즐기고, 생활 속에서 윤택함을 구하는 것으로 성공했다.

중국에서는 예로부터 오늘날까지 궁정의 의례·민간의 풍습·문인들의 다회·사원의 다도 등, 모든 분야에서 차가 존재하여 왔다. 차를 마시는 것으로 스

스로를 반성하는 것이 가능하고, 차를 마시는 것으로 의미를 명확하게 한다. 차로써 친구를 사귀거나 만나기도 하고, 손님을 접대하기도 한다. 또 차를 부처님에게 공양하기도 하고, 조상에게 올리기도 한다. 이렇게 차는 우리들이 모르는 사이에 생활과 마음속에 존재하여 왔다. 세월이 흐르면서 차는 서서히 중국의 대표적인 음료로 자리를 잡았다.

차는 상쾌하면서 은은한 맛을 가지고 있다. 중국 사람들에게는 항상 필요한 음료이다. 차의 훌륭하고, 자연스럽고, 순수한 맛은 수천 년 동안 중국인들의 생활 속에 녹아들어 중국인들에게 윤택함을 더해 주고 있다. 차를 마신 역사는 중국인들의 마음의 성장사라고 말할 수도 있다.

이처럼 중국차는 중국인의 생활과 문화에 밀접한 관계를 맺고 있으며, 그러한 이해 없이 중국차를 즐긴다고 하는 것은 일시적인 호기심에 지나지 않는 것이다. 중국차 문화의 전체적인 모습을 알고, 문화의 심오한 이치를 알고서 즐기는 것이 가능하다면, 중국차의 훌륭함을 이해하는 것이 가능할 것이다.

이 책은 중국의 차 문화를 생각하게 하고, 그 모습을 그대로 일본에 전하려는 목적으로서 다양한 참고문헌의 내용을 일본인들이 쉽게 이해할 수 있게끔 편집하고, 중국 차 문화의 모든 각도에서 기초지식을 정리한 것이다. 차의 기원 · 제다법 · 다기 · 차와 건강 · 다예 · 차의 역사 · 음용사 · 차와 의례 · 다시와 다련 · 차제품에 대한 해설 등으로 구성되어 있다.

중국차에 관심 있는 모든 사람들에게 많은 도움이 되기를 바란다.

2003년 봄

棚橋篁峰

한국 차 문화의 격조를 생각한다

양은용(梁 銀 容) / 원광대학교 교수, 한국종교사학회장

　몇 해 전에 일본 차인의 방문을 받은 적이 있다. 홍겨운 시간을 보내는 가운데 그가 만났던 한국의 차인이야기를 듣게 되었다. 다도교실을 운영하는 그는 한국 차 도구에 관심이 있었고, 드디어 한국을 방문하여 경기도 어느 도요지를 찾아, 차를 즐기는 장인을 만날 수 있었다고 한다. 녹음이 무성해질 무렵 더운 가마에서 갓 구워낸 찻잔을 완상하며 차를 달여 시음하게 되었는데 잔 받침이 없었다. 그러자 장인은 큰 키에 훌쩍 일어서서 감나무 잎을 따서 도포자락에 쓱 문질러 내놓더라는 것이다.

　자리를 함께 했던 일행이 감탄하는 가운데 차맛은 한층 싱그러웠고 그는 신선한 문화의 충격을 받았다고 한다. 다도로 불리는 차의 작법은 일정한 격(格)을 익히는 공부이며 한결 같이 이를 지키기에 노력해왔는데, 그날 한국 다도에 있어서 파격(破格)의 묘미를 보았다는 것이다.

　과연 파격도 격이라고 할 수 있을 것이었다. 그러나 차선일여(茶禪一如)를 논할 정도의 격이 우리 사회에 얼마나 갖추어졌는가를 생각하면 얼른 수긍하기 어렵게 된다. 물론 즐겁게 마시면 될 음식을 까다로운 규격으로 묶을 필요가 있겠느냐고 할지 모르지만 다도로 일컫는 고급문화의 일면을 타기해서도 안 될 일이기 때문이다. 옛 선인들이 시를 노래하며 차를 마시던 풍류가 비록 널리 유행하지 못했다 해서 그 존재를 부정할 수는 없는 일이다.

　다행히 근래에 이르러 차 문화와 관련된 교육과정이 속속 개설되고 차인들의 모임이 매우 활발해지고 있다. 전문연구자들에 의한 학회활동이나 연구서 역시 다양하게 제출되고 있다. 그러나 아직은 독립된 학계(學界)를 이루기 어려운 상황이고 이 방면의 지남이 될 만한 안내서도 별로 없는 것이 사실이다. 특히 중국이나 일본에 있어서 잘 갖추어진 안내서는 그 자체에 대한 내용과 함께 주목받기 시작한 한국 차문화의 격조를 갖추는 데도 타산지석이 될 것이다.

이번에 김현남박사와 이다현선생이 번역해 내는《중국 차문화》는 이러한 우리 학계에 크게 환영받는 바가 되리라 여겨진다. 중국차 문화의 역사와 현상이 매우 요령 있게 정리된 저술이기 때문이다. 전후 14장으로 구성된 이 책을 통해 중국 차문화의 이해와 함께 역사적 전개와 오늘에 있어서 유행하는 실상을 충분히 파악할 수 있으리라 본다. 저자는 한·중·일 삼국의 다도정신을 언급하여 일본 다도(茶道)는 화·경·청·적(和·敬·淸·寂), 한국의 다례(茶禮)는 청·경·화·락(淸·敬·和·樂), 중국의 다덕(茶德)은 염·미·화·경(廉·美·和·敬)으로 적고 있다. 두고 음미해 볼만한 절구(絶句)이다.

한 문장 한 문장에 정성을 쏟아야 하는 번역은 그래서 창작이라 하는지도 모른다. 그러나 이 방면의 지평(地平)을 여는 단계에 있어서 현소(玄素) 차인들이 이를 지남으로 삼는다면 번역의 수고로움이야 어찌 우리 차문화의 격조를 높이는 또 다른 즐거움이 아니겠는가.

譯者 序文

일반적으로 다도의 성립은 중국 당나라의 육우가 8세기 중엽에 《다경》을 지으면서 시작되었다고 한다. 그 후 다도는 중국을 비롯해 우리나라와 일본 등으로 유포되었다. 우리나라에서는 삼국시대부터 차를 마시기 시작해 고려시대에는 귀족계급을 중심으로 다도가 유행했고, 조선 시대에는 사원을 중심으로 그 전통이 이어졌다.

조선시대에 들어와 한때 쇠퇴기를 갖던 다도는 19세기에 초의선사에 의해 다시 일기 시작하여, 미약하나마 실낱같은 명맥만 유지하다가 1980년 전후를 기점으로 차에 관련된 책이나 잡지를 비롯해 많은 단체들이 생겨나기 시작하였다.

현재 우리나라는 차에 관련된 많은 단체와 학교에서, 또는 시민 문화강좌에서 활발하게 다도를 강의하고 있다. 그 만큼 저변이 확대되고 일반화 되었다고 볼 수 있을 것이다. 또한 한국 차뿐만 아니라 중국차와 일본차에 대한 강좌도 서서히 증가하고 있는 추세이다.

역자는 우리나라의 전통적인 다법과 차에 관한 연구를 시작하면서, 항상 무엇인가 부족한 점을 느끼면서 아쉬움을 가지고 있었다. 그것은 우리나라 차의 역사라든지 또는 차법(茶法)이나 다기(茶器)·차회(茶會)·차실(茶室) 등이 제대로 정리된 자료가 남아 있지 않다는 것이다. 이러한 생각을 가지고 우리나라 차의 올바른 인식과 한국적인 다법의 보급을 위해 먼저 중국차와 일본차를 공부하고 나서, 다시 현대 우리나라의 각 단체들이 주장하고 있는 차법이나 차 이론들을 공부하려는 생각을 가졌다.

그래서 먼저 중국차를 공부하기 위해 중국의 차 고전이나 각종 개론서와 이론서를 구해서 읽어 오던 중, 최근에 종합적이고 체계적으로 중국차와 차 문화를 정

리한 다나하시 고오호오(棚橋篁峰)님의 《중국차문화(中國茶文化)》를 구해 읽게 되었다. 이 책의 저자인 다나하시 선생은 직접 많은 중국차 유적지를 답사하고, 또한 많은 참고문헌들을 인용하여 저술하였다. 이러한 책을 혼자 읽기가 아깝다는 생각이 들어, 중국차에 관심이 있는 모든 분들과 함께 공부하고자 미력하나마 이 책을 번역하기에 이르렀다.

역자 서문에 덧붙여 이 책의 전체적인 내용을 아래와 같이 정리하여 보았다.

제1장 〈중국차의 기초지식〉으로 차나무의 기원과 차나무의 현황을 비롯하여, 차의 종류를 기본 차(6대차)와 재가공차(각종 꽃차·긴압차·보건차·공예차 등)로 분류하고, 그 특징과 특성을 설명하고 있다.

또한 명차의 소개에서 녹차(21종)·청차(7종)·백차(2종)·황차(3종)·흑차(2종)·긴압차(4종)·홍차(4종) 등 총 43종을 소개한다. 특히 각 차나무의 성장환경 및 채취시기와 방법, 가공 과정과 그 효과에 대해 설명하여 중국차를 처음 접하는 사람들이 쉽게 이해 할 수 있도록 하고 있다.

제2장 〈다기의 기초지식〉에서 중국차의 발전과 함께 변화·발전하여 온 자기 다호의 특성을 비롯해 자사다기의 특징과 장점을 설명하고 있으며, 또 자사다호의 기원 및 발전 과정과 시대별로 유명한 자사다호의 장인들의 작품의 특징을 설명하고 있다. 이어서 좋은 자사다호를 선택하는 방법과 양호(養壺)법을 설명하고 있다. 그리고 중국차에 필요한 다기의 종류와 다구에 대해 설명하여 누구든지 중국차를 즐길 수 있도록 하였다.

제3장 〈중국차 문화사〉는 중국차의 역사와 각 시대별로 행해진 음다(飮茶)의 풍습에 대해 해박한 지식과 많은 자료를 인용하여 쉽게 설명하고 있으며, 특히 중

국에서 차가 처음으로 상용되는 과정을 비롯해 당대의 음다법인 팽다(烹茶)·암다(庵茶), 송대의 음다법인 점다(点茶)와 투다(鬪茶), 명대의 음다법인 포다법(泡茶法), 현대의 음다법인 부장차(缶裝茶)와 다예(茶藝)에 대해 설명하고 하고 있어 중국차의 역사와 음다법의 변천과정을 한눈에 파악할 수 있도록 하였다. 또한 황제들의 차 기호도 성향에 따라 중국차의 발전에 미친 영향을 자세하게 설명하고, 현대 중국차의 연구현황과 전파 현황에 대해 언급을 하고 있다.

제4장 〈음다의 삼원칙〉으로 차를 마실 때는 "가격이나 차의 이름보다는 자신에게 맞는 차를 선택하여 사용할 것, 건강을 위해서 매일 일정량의 차를 마실 것, 목적에 따라 차를 선택할 것" 등을 강조하면서, 차를 마실 때는 실용적·과학적·예술적인 측면을 고려하고 이를 잘 조화시켜 차를 마실 것을 강조하고 있다.

제5장 〈중국다예〉에서는 차를 선택하는 법, 물을 선택하는 법, 차의 종류에 따른 다기의 재질을 선택하는 법, 차를 마시는 공간(차실)을 꾸미는 법을 설명하고 있다. 또 차를 우려내는 법으로 다기의 종류와 차의 종류에 따른 방법을 설명하고, 마지막으로 차를 감상하거나 즐기면서 맛을 보는 법을 설명하여, 초보자들도 이 책만 가지면 누구든지 중국차를 일상생활에서 실천하면서 즐길 수 있도록 쉽고 자세하게 설명하고 있다.

제6장 "무엇 때문에 차를 마시는가?"에서 중국차를 마시면 얻어지는 건강적인 측면을 설명하고 있다. 먼저 차에 포함된 영양성분으로 비타민·아미노산·미네랄 등이 우리의 인체에 미치는 효과를 설명하고 있으며, 또 차에 포함된 약효성분으로 알칼로이드·폴리페놀·탄닌산·플라보노·엽록소·규산 등이 건강과 질병에 미치는 효과를 설명하여 중국차의 과학성을 입증하고 있다.

제7장 〈중국 다도의 정신〉으로 중국차의 철학적·사상적·이론적 배경으로, 불교·유교·도교의 삼교를 차와 관련하여 설명하고 있다. 불교의 "다선일미 또는 선다일미" 사상과 선종과 차의 관계를, 유교의 중용의 도와 겸양의 도와 그리고 차의 관계를, 또한 도교의 사상인 무위자연의 도를 차와 관련하여 설명하고 있다. 이 세 가지 정신은 오늘날 차를 즐기는 모든 사람들이 이러한 정신과 자세로 차를 마시고 다도를 공부할 것을 강조하고 있다.

제8장 〈차 예의작법〉 차와 차 문화가 우리의 생활과 관련하여 어떻게 활용되었는가를 설명하고 있다. 먼저 황제 및 궁중에서의 다례 및 차 시연회에 대해 설명하고 있으며, 결혼식 및 결혼 예물에 있어서 차(또는 차씨)의 쓰임에 대해 설명하고 있으며, 그리고 차와 제사 풍습에 관해 설명하고 있다. 차가 단순한 음료로서의 차보다는 보다 높은 문화적인 품격을 가지고 있음을 설명하고 있다.

제9장 〈다관〉에서 차를 마시는 공간인 다관의 의미와 다관의 기능에 대해 설명하고 있다. 다관이 가지는 기능이 정보와 사교의 장소·휴식과 간담의 장소·연극공연의 장소·상거래의 장소 등이 있음을 설명하고 있으며, 또한 차 문화가 발달한 지역의 다관의 특징을 함께 설명하고 있다.

제10장 〈차 문화란 무엇인가〉에서 차 문화의 의미와 다예에 대해 설명하고, 각국의 다도 정신에 대해 설명하고 있다. 즉 한국의 청·경·화·락, 일본다도의 화·경·청·적, 중국의 다도정신인 겸·미·화·경의 정신에 대해 설명하고 있다.

제11, 12장 〈다련과 다시(茶詩)〉에서 차의 문화적 수준을 한 단계 더 높일 수 있고, 차 문화의 백미라고 할 수 있는 다련과 다시를 설명하고 있다. 차를 공부하

고 즐기는 사람이라면 자기가 좋아하는 다시(茶詩) 또는 다련을 짓거나, 아니면 상황과 장소에 맞는 다시나 다련을 외워서 음미 할 수 있는 능력이 있어야 할 것이다.

제13장 〈각 성별 중국차의 종류와 이름·산지〉에서는 현재 중국의 각 성과 도시에서 생산되고 있는 차에 대해 일목요연하게 도표로 정리하여 놓아서 중국차를 공부하는 사람들에게 좋은 안내서가 되고 있다. 다시 한번 말하지만 우리나라의 차를 제대로 이해하고 공부하기 위해서는 반드시 공부해야 할 내용들이 바로 중국차에 관한 내용이며, 시간적인 여유가 있는 분들이라면 일본차에 관한 내용들을 함께 공부를 하여 한국 차의 우수성을 제대로 알려야 할 것이다.

이 책이 출판되도록 많은 협조를 해 주신 하늘북 출판사 김현회 사장님을 비롯해 편집부 직원들께 감사드리며, 몸이 불편하신 중에도 서문을 기꺼이 써 주신 미륵사 백운스님께 감사드리며, 바쁘신 와중에도 졸역을 위해 기꺼이 추천사를 써주신 원광대학교 한국문화학과 양은용교수님께도 감사드립니다. 또한 비전으로 내려오는 중국의 황궁다법을 지도해 주신 경주 보림선원의 허주보원스님께 감사드리며, 항상 차와 불교공부를 하도록 많은 지원을 해 주신 정법사 법진스님께도 진심으로 감사를 드립니다.

금오산 자락에서 역자 일동

차 례

Chapter 1   중국차의 기초지식

차나무의 기원 · 26 / 차의 종류 · 29 / 명차(名茶) 소개 · 52
중국차의 제다법 · 108 / 해외의 중국차 · 115

Chapter 2   다기의 기초지식

도자기(陶磁器)의 다기(茶器) · 121 / 자사다기(紫砂茶器) · 123
좋은 자사다호(紫砂茶壺)의 선택법 · 134 / 다기의 종류 · 137
다기 각 부분의 명칭 · 149

Chapter 3   중국차 문화사

신농(神農)시대부터 진(秦)까지 · 152 / 전후한, 위진, 남북조 시대 · 157
당대(唐代) · 162 / 송대(宋代) · 171 / 명 · 청대(明清代) · 186 / 현대 · 196

Chapter 4   음차(飮茶)의 삼원칙

실용적 · 204 / 과학적 · 205 / 예술적 · 206

Chapter 5   중국다예(茶藝)

선차(選茶) · 211 / 택수(擇水) · 212 / 비기(備器) · 215 / 아실(雅室) · 217
충포(冲泡) · 218 / 다호로 우려낸다(녹차 · 백차 · 황차 · 화차 · 홍차) · 224
컵으로 차를 우려낸다(녹차 · 백차 · 황차 · 화차 등) · 227
개완(蓋碗)으로 우려낸다(녹차 · 백차 · 황차 · 화차) · 229
오룡차(烏龍茶) = 다호(茶壺), 개완(蓋碗) · 231 / 상미(賞味) · 258

Chapter 6   무엇 때문에 차를 마시는가?

건강음료로서의 차 · 266 / 영양성분 - 비타민 · 아미노산 · 미네랄 등 · 268
약효성분 - 알칼로이드 · 폴리페놀 · 탄닌산 · 플라보노 · 아센야구산,
                엽록소 · 규산 등 · 270

Chapter 7   중국다도 정신

차와 삼교 · 276 / 차와 선(禪) · 276 / 차와 유교 · 281 / 차와 도교 · 283

Chapter 8   차 예의작법(禮儀作法)

궁정차연(宮廷茶宴) · 289 / 결혼「하차(下茶)의 예」· 291 / 차와 제사의 풍습 · 292

Chapter 9   다관(茶館)

다관이란 · 296 / 북경의 차관 · 299 / 광주다루 · 300
수향(水鄕)에서 차를 마신다 · 301 / 강남다루 · 302 / 성도의 다관 · 303

Chapter 10   차 문화란 무엇인가?

차 문화란 · 306 / 차 문화의 핵심은 다도이다 · 307 / 각국의 다도 · 312

Chapter 11   차와 다련(茶聯)

차를 읊는 련(聯) · 321 / 다정련(茶亭聯) · 322 / 다루다관련(茶樓茶館聯) · 323
다주련(茶酒聯) · 326 / 불교련(佛敎聯) · 326 / 저명다기(著名茶器)의 련(聯) · 327

Chapter 12   고대저명다시선(古代著名茶詩選) / 331

Chapter 13   각 성별 중국차의 종류와 이름 · 산지(産地)

강소성(江蘇省) · 358 / 절강성(浙江省) · 359 / 안휘성(安徽省) · 361
복건성(福建省) · 362 / 강서성(江西省) · 363 / 하남성 · 365 / 호북성 · 365
호남성(湖南省) · 366 / 광동성(廣東省) · 367
광서장족자치구(廣西壯族自治區) · 368 / 중경시(重慶市) · 368
사천성(四川省) · 368 / 귀주성(貴州省) · 369 / 운남성(雲南省) · 370
협서성(陝西省) · 371 / 대만 · 371 / 각 생산지성 · 371

Chapter 14   차 산지지도 / 373

부록   중국차 용어설명 · 375

CHAPTER 1

중국차의 기초지식

세계에는 23과(屬) 380종류의 동백나무과 식물이 있지만, 그 중에서 15과 260종류가 중국의 운남성, 귀주성, 사천성 등의 서남지역에 분포되어 있다. 이것으로부터 차나무의 원산지는 중국의 서남지역이라고 하는 것이 가능하다. 당대의 육우는 《다경》에서 「차는 남방의 아름다운 나무[嘉木]이다」라 기술하고, 「차가 중국의 남방의 나무이다」라고 하고 있다.

CHAPTER 1
중국차의 기초지식

차나무의 기원

중국차를 알기 위해서는 먼저 그 기원과 차나무에 대해 알 필요가 있다. 차나무는 다년생의 상록수이다. 식물분류계통에서는 피자식물이엽식물(被子植物二葉植物)과에 속해 있다.[1] 학명은 카멜리아 시넨시스(Camellia sinensis (L)) O.Kuntze이다.[2] 세계에는 23과(屬) 380종류의 동백나무과 식물이 있지만, 그 중에서 15와 260종류가 중국의 운남성, 귀주성, 사천성 등의 서남지역에 분포되어 있다.

이것으로부터 차나무의 원산지는 중국의 서남지역이라고 하는 것이 가능하다.

● ● ● ●

1) 차나무는 식물분류계통상, 다수속피자식물문(茶樹屬被子植物門 : Angiospermae), 쌍자엽식물망(雙子葉植物網 : Dicotyledoneae), 원시화피아망(原始花被亞網 : Archichlamydeae), 산차목(山茶目 : Theales), 산차과(山茶科 : Theaceae), 산차속(山茶屬 : Camellia)이다.
2) 스웨덴의 과학자인 린네는 1753년 출판된 《식물종지》에서 차나무 최초의 학명을 Thea sinensis, L.이라고 정의하고, 후에 다시 Camellia Sinensis라고 개정했는데, 여기서 Sinensis는 라틴어로 중국이라는 뜻이다.

당대의 육우는 《다경》에서 「차는 남방의 아름다운 나무[嘉木]이다.」라 기술하고, 「차는 중국 남방의 나무이다.」라고 하고 있다.

《茶經》·《一之源》에서 차나무의 형태를 「그 나무는 과로[瓜]와 비슷하며, 잎은 치자나무[梔]와 비슷하다. 꽃은 흰장미[薔薇]와 비슷하며, 열매는 종려나무 열매와 비슷하다. 가지는 정향나무와 비슷하며, 뿌리는 호도[胡桃]와 비슷하다.」라고 묘사하고 있다. 야생 차나무는 키가 매우 크다. 《다경》에도 「높이는 수십 척(尺)에 이른다. 파산협천(巴山峽川 : 현재의 사천성 중경시)에 두 사람이 팔을 벌리고 안아야 할 정도의 거대한 차나무가 있다.」라고 기술하고 있다.

현재도 운남성의 서남지역에는 몇 종류 야생의 큰 차나무가 지금까지 남아 있다. 특히 큰 것으로는 운남성 남부의 맹해현(勐海縣) 대흑산(大黑山)의 원시림에 높이 32·12m, 둘레길이가 2.9m, 직경 1.03m로 나이가 1700년 된 야생 차나무가 있다. 이 차나무처럼 오늘날 까지 잘 자라고 있는 차나무를 중국에서는 차나무 왕이라고 부르고 있다. 게다가 그 부근에는 높이 16~20m의 큰 차나무가 아홉 그루나 자라고 있다. 또 운남성 사모(思茅)지역의 진계현(鎭溪縣) 화평향천가(和平鄉千家)의 울타리[寨]에는 높이 18.5m 폭이 16m인 용담의 큰 차나무가 있다.

이 주위에는 수천ha에 이르는 야생 차나무가 군락을 이루고 있으며, 그 외에도 귀주·사천·광서 장족자치구·광동 등의 지역에서도 10m이상의 야생 차나무들이 발견되고 있다. 최근에는 이러한 지역 외에도, 호북·호남·강서·복건·해남 등 10개성 198곳에서 야생하는 큰 차나무들이 분포하고 있는 것으로 판명되고 있다. 또한 야생 차나무뿐만 아니라 야생에서 재배로의 과도기로 보여지는 1000년 정도 수령의 「차수왕(茶樹王)」이 운남성 난창현(瀾滄縣) 나외(那崴)에서 발견되고, 또 직경 1.38m로 수령이 800년이나 되는 재배형의 「차수왕」이 맹해현(勐海縣) 남당산(南糯山)에서도 발견되고 있다.

그러나 안타깝게도 이 「차수왕」은 1990년에 말라죽었다. 이 야생형·과도형·재배형이라 하는 세 종류의 차나무의 발견에 의해서, 인간이 야생 찻잎을 채취하여 사용하는 동안에 차나무의 보호와 번식을 위해 인공적으로 재배를 하게 되었다는 사실이 밝혀지게 되었다. 그래서 운남성 주민들이 약 1000년 전부터 차나무의 잎을 채취하였다는 사실을 알 수 있다.

원래 서남지역은 아열대지대이다. 따라서 여기에서 성장하고 있는 야생 차나무는 대부분이 교목형 대엽종(大葉種)이고, 키가 큰 나무로서 손바닥 크기만한 잎이 무성하다. 그러나 추운 지방으로 옮겨 심어진 차나무는 기후의 변화에 따라서 건조·한랭·습기 등을 잘 견뎌 내면서, 서서히 작은 키와 작은 잎을 가진 관목형 중소엽종의 차나무로 변종되었다. 교목형 대엽종과 관목형 중소엽종의 사이에는 반교목형 대중엽종이라는 종류의 차나무도 있고, 현재 운남성 서쌍판납지역에서 재배되고 있는 차나무의 대부분이 반교목형 대중엽종이지만, 이 지역은 장소에 따라서 고도가 다르고, 복잡한 기후조건이 있기 때문에 여러 가지 다양한 종류의 차나무가 동시에 자라고 있다.

음료용의 찻잎은 차나무의 싹으로 만든 것이다. 차나무의 싹[芽]에는 여러 가지 다양한 성분이 포함되어 있고, 그 함량을 변화시키는 것에 의해서 여러 가지의 찻잎으로 가공하는 것이 가능하며, 일반적으로 교목형과 반교목형의 차나무의 싹은 홍차[기문홍차(祁門紅茶)] 등을 만들기에 적합하고, 관목형 차나무의 싹은 녹차(용정차, 벽라춘 등)를 만들기에 적합하다고 알려져 있다. 또 안계(安溪)의 철관음, 본산, 모충(毛蟹)·황금계(黃金桂) 등의 차나무는 오룡차에 적합하다. 그러나 각각 전용의 차나무가 있는 경우 외에도, 실제로는 모든 차나무의 싹으로 홍차·녹차·오룡차를 가공하는 것이 가능하다. 그렇지만 각각에 적합한 차나무의 싹을 사용하여 가공하지 않으면 찻잎의 질에 차이가 생기기 때문에 좋은 품질의 차를 만들 수는 없다.

따라서 오늘날 중국차의 발전은 사람들의 끊임없는 노력에 의해, 많은 종류의 차를 마시는 것을 가능하게 하였다.

차나무에서 어린 새싹을 채취하여 각종 찻잎을 가공한다. 가공한 찻잎의 종류를 크게 두 가지로 나눌 수 있다. 즉 기본차(1차 가공차)와 재가공차(2차 가공차)이다.

기본 차에는 녹차 · 청차(오룡차) · 백차 · 흑차가 있고, 발효 상태에 따라서 종류가 구분된다. 찻잎을 그대로 생것으로 가공하여 생산한 것을 차라고 하며, 본래 우리들이 차라 부르고 있는 것이다. 재가공차에는 화차 · 긴압차 · 공예차 · 과미차 · 보건차가 있다. 생산된 차를 재가공 또는 꽃 등을 첨가시키는 것에 의해서 새로운 차의 특징을 만들어 내는 것이 가능하다.

1. 기본차(1차 가공차)

1) 녹차

녹차는 비발효 차라고도 한다. 차나무의 새싹을 원료로 살청(殺靑), 유념(揉捻), 건조(乾燥) 등의 제조공정을 거쳐서 제조된 찻잎이다. 찻잎의 색, 그리고 우려낸[淹] 후의 찻물과 찻잎의 녹색에서 녹차라고 이름 붙여졌다.

녹차는 찻잎에 포함되어 있는 많은 성분을 그대로 함유하고 있다. 신선한 찻잎을 가공한 후에 페미놀이나 카페인이 85%이상, 엽록소가 50%이상 남아 있다.[3] 그

● ● ●

3) 카페인은 이뇨 · 강심 · 각성 · 피로회복 작용, 타닌산은 콜레스테롤 저하 · 혈압상승억제 · 단백질 침전작용, 비타민C는 생체기능의 활성화와 괴혈병 예방, 비타민E는 생식기능의 촉진, 루틴은 혈관벽의 강화, 에피갈 카테킨 가레트는 항돌연변이 · 항종양작용 · 과산화지질의 억제, 불소는 충치예방, 녹차 추출 엑기스는 혈당저하, 녹차 프라보노이드는 입내제거의 효과가 있다.

렇지만 비타민류의 성분 감소도 적지 않다. 「우려낸 녹차는 녹색이 보여야 맛이 깔끔하다.」라는 특징이 있다. 최근 발달된 과학기술연구의 결과에 의하면, 녹차에는 천연성분이 많이 포함되어 있기 때문에 쇠약(衰弱)과 각종 암세포의 억제·살균·소염(消炎) 등 다른 종류의 찻잎에는 없는 특별한 효과가 있다고 밝혀졌다.

녹차는 유명한 품종이 많고, 은은하고 신선한 향과 깔끔하고 산뜻한 맛을 가진 것 외에도, 찻잎의 모양이 아름다워 관상(觀賞)의 가치도 매우 높다.

다음은 제다 공정에 따른 초청(炒靑), 홍청(烘靑), 쇄청(曬靑), 증청(蒸靑)녹차를 소개하고자 한다.

① 초청녹차(炒靑綠茶)

건조과정에서 기계나 수작업에 의하여 가해지는 힘에 따라 조상(條狀)·옥상(玉狀)·편평상(扁平狀)·침상(針狀)·라상(螺狀)과 같은 모양이 된다. 그러므로 장초청(長炒靑)·원초청(圓炒靑)·평초청(平炒靑)·편초청(扁炒靑)이 있다.

장초청은 정제 후 미다(眉茶)라 부르고, 미다에는 진미(珍眉)·공희(貢熙)·우다(雨茶)·침미(針眉)·수미(秀眉) 등의 종류가 있고, 각각의 특징을 가지고 있다.

진미(珍眉)는 쭉 곧고 부드러워[揉], 마치 고대의 아름다운 여인들의 눈썹과 같은 모양으로 윤기가 있는 녹색으로 표면은 약간 흰색을 띠고 있다. 향은 강하고 맛은 농후하면서 깔끔하다. 우려낸 찻물이나 찻잎은 밝고 약간 황녹색이다.

공희(貢熙)는 장초청(長炒靑) 류에 속하는 것으로 원형의 찻잎으로 정제된 것이다. 외형은 구슬처럼 생긴 차로서 최근에는 과립의 형태로 둥글게 만들고 있다. 깨지거나 갈라진 것이 없이 고르고 가지런하게 만들어진 녹색으로 순후(純厚)한 향이 있다. 우려낸 찻물은 황녹색으로 맛이 진하고, 부드러운 새싹이 깔끔한 형태를 가지고 있다.

원초청(圓炒靑)은 강하게 유념(揉捻)된 둥근 형이다. 산지와 제다 방법의 차이에 따라 평초청(平炒靑), 천강휘백(泉崗輝白 : 輝白茶 또는 前崗白茶라고도 한다)과 용계화청(涌溪火靑)의 종류로 나누어진다.

모차(毛茶 : 1차 공정을 마친 차)는 주로 소흥(紹興)의 평수진(平水鎭)에서 정제된 것으로 외형이 강하게 유념(揉捻)되어 둥근 형태로 되어 있기 때문에 「평수주차(平水珠茶)」 또는 「평록(平綠)」이라 부른다. 그 외 일반적인 모차는 평초청(平炒青)이라 부른다. 편초청(扁炒青)은 산지와 제다 방법에 따라 용정(龍井) · 기창(旗槍) · 대방(大方)이라 하는 세 종류가 있다.

용정(龍井)은 항주시(杭州市) 서호(西湖) 부근에서 제조되어 서호용정이라고도 부른다. 고급용정은 엄밀하게 정제되어 「녹색, 향기로운 향, 단 맛, 아름다운 모양」이라고 하는 네 가지의 특징을 가지고 있다.

기창(旗槍)은 항주 용정차의 생산지 주변 및 여항(余杭), 부양(富陽), 숙산(蕭山) 등의 지역에서 제조되고 있다.

대방(大方)은 안휘성(安徽省)의 흡현(歙縣), 절강성 임안(臨安), 순안(淳安) 부근에서 제다 되고, 흡현노죽대방(歙縣老竹大方)이 최고의 명품으로 꼽힌다.

초청녹차 중에는 제다 방법의 차이에 따라 특수 초청녹차도 있다. 완전한 형태나 모양을 보존하기 위해서 제다 공정의 가장 마지막에 건조를 한다. 동정벽라춘(洞庭碧螺春) · 남경우화차(南京雨花茶) · 금상혜명(金賞惠明) · 고교은봉(高橋銀蜂) · 소산소봉(韶山韶蜂) · 안화송침(安化松針) · 고장모첨(古丈毛尖) · 강화모첨(江華毛尖) · 대용모첨(大庸毛尖) · 신양모첨(信陽毛尖) · 계평서산차(桂平西山茶) · 노산운무(盧山雲霧) 등이다.

그 중에서 두 가지 종류를 소개하면 다음과 같다. 동정벽라춘(洞庭碧螺春)은 강소성(江蘇省) 오현(吳縣) 태호(太湖)의 동정산에서 제다된 것으로 최고의 품종은 벽라봉에서 생산된 벽라춘이다. 제품은 라상(螺狀)으로 섬세한 형태로 만들어진 것이다. 표면에는 흰 털이 붙어 있다. 색은 광택과 윤기가 있으며, 약간 은색을 띤 녹색이다. 우려낸 찻물은 향기로운 향이 오랫동안 지속되고, 색은 투명한 연한 녹색이다. 차를 마시고 난 후의 맛은 약간 단맛이다. 찻잎은 적게 만들어진 것으로 부드럽게 퍼진다.

금상혜명(金賞惠明)은 절강성 운화현(雲和縣)에서 제다된 것으로 1915년 파나

마 만국전람회에서 금상을 수상하였기 때문에 금상혜명이라는 이름이 붙여졌다. 미세하게 만들어진 조형(條形)으로 표면에 흰털이 있고, 윤기가 있는 녹색이다. 우려낸 찻물은 화사한 녹색으로 과일의 향이 오래 지속된다. 맛이 상큼하면서 단맛이 나고, 찻잎은 자연스럽게 펴지고 옅은 녹색이다.

② 홍청녹차(烘靑綠茶)

찻잎을 불에 말리어 다시 채반에서 말린 것을 홍청녹차라 한다. 홍청(烘靑)한 찻잎을 다시 가공 제다를 하여 화차(花茶)의 원료로 사용하고 있는 것이 처음이다. 차의 향은 초청녹차보다 좋지 않다. 그러나 소수의 우량품질인 홍청명차(烘靑名茶)도 있다. 외형은 조상(條狀)·첨상(尖狀)·편상(片狀)·침상(針狀) 등이 있다.

조상홍청은 중국 전역에서 만들어지고 있다. 첨상·편상홍청은 주로 안휘성·절강성에서 제조되고 있다. 홍청의 특별한 종류로는 황산모봉(黃山毛峰)·태평후괴(太平猴魁)·육안과편(六安瓜片)·경정록설(敬亭綠雪)·천산녹차(天山綠茶)·고저자순(顧渚紫筍)·황산녹모단(黃山綠牡丹)·아미모봉(峨眉毛峰)·남유백호(南糯白毫) 등이 있다.

황산모봉은 안휘성 황산시 흡현(歙縣)에서 제다 되고, 외형은 부드러우면서 가늘게 말아져 있다. 어린 싹[芽葉]은 부드럽게 부풀어 있는 모양으로 잘 다듬어진 작설(雀舌)의 모양을 하고 있으며 가는 털이 있다. 색은 윤택한 것이 있는 황금색이고, 상아색(象牙色)이라고도 불리고 있다. 차 향은 상쾌한 느낌이 드는 것으로 오랫동안 지속된다. 우려낸 찻물은 잘 익은 살구의 색처럼 황색이며, 맛은 상쾌하면서 농후(濃厚)하고, 뒷맛은 달콤하다. 우려낸 후의 찻잎은 한 잎씩 아름답게 펴진다.

③ 쇄청녹차(曬靑綠茶)

햇살로 자연건조를 한다. 호남성·호북성·광동성·광서성·사천성 등이 주요한 생산지이며, 운남성·귀주성 등의 지역에서는 적은 양이 생산되고 있다. 쇄청녹차 중에서 품질이 가장 뛰어 난 것은 운남성의 대엽종인데,「전청(滇靑 : 운남성의 쇄청)」이라 부른다. 그 외에도 천청(川靑 : 사천성의 쇄청), 검청(黔靑 : 귀주 성의 쇄청), 계청(桂靑 : 광서 장족자치구의 쇄청), 악청(鄂靑 : 호북성의 쇄청) 등의 종류가 있지만 품질은 전청에 미치지 못한다.

④ 증청녹차(蒸靑綠茶)

증기(蒸氣)로 살청(殺靑 : 채집한 찻잎에 열을 가하여 산화효소의 움직임을 멈추게 한다.)하는 방법은 중국의 전통적인 제다 방법의 하나로, 당대(唐代)에 일본에 전해졌으며 현재까지도 이 방법이 사용되고 있다. 중국에서는 명대(明代)에 들어서 채집한 찻잎을 볶는 것으로 살청의 효과를 얻는 것으로 변화되었다. 증청은 대량의 증기로 신선한 찻잎에 포함된 효소의 활동을 멈추게 하는 방법이다.

증청에 의해서 제조된 찻잎은 짙은 녹색이며, 우려 낸 후의 찻물의 색은 엷은 녹색이며, 찻잎은 청녹색을 띠는 것으로 「삼록(三綠)」의 특징을 가지고 있다. 그러나 향이 조금밖에 없고, 맛은 떫은맛[澁味]이 있으며, 볶는 것에 의해 살청한 찻잎의 신선함에는 미치지 못한다. 이는 특히 일본 수출의 수요에 맞추어 1980년대부터 소량의 증청녹차를 생산하기 시작했다.

주요한 품종은 호북성 은시(恩施)에서 제조되고 있는 은시옥로(恩施玉露), 절강 · 복건 · 안휘성 등에서 제다(製茶)되고 있는 전차(煎茶)가 있다. 녹차는 차의 역사상 가장 빨리 제다된 차이다. 현재로부터 3천년 전의 고대인들이 야생의 차나무에서 찻잎을 채취하여 말려서 저장한 것이 녹차가공의 시작이다. 정식으로 녹차 제다가 시작된 것은 기원 8세기에 증청의 방법이 발명되면서부터이다. 12세기에 들어서 초청(炒靑)의 방법이 시작되면서 녹차가공의 기술은 보다 더 성숙한 단계로 발전되어 현재에 이르고 있다.

녹차는 중국에서 생산량이 가장 많은 찻잎으로 대부분의 차 산지에서 생산되고 있다. 그 중에서 생산량이 가장 많고 품질이 가장 좋은 생산지는 절강성 · 안휘성 · 강서성으로 녹차생산의 기지(基地)라고 할 수 있다. 또 중국에서 생산되고 있는 녹차는 세계 차 무역량의 70%를 차지하고, 아프리카 · 유럽 · 아메리카 · 아시아 등의 지역으로 판매되고 있다. 국제 무역에 있어서 녹차의 판매량은 중국판매량의 3할 이상을 차지하고 있다.

또한 매우 귀중한 녹차로서 위에서 언급한 각 녹차를 매년 봄의 청명(4월 상순)과 곡우(穀雨 : 谷雨, 4월 하순) 직전에 채취한 어린 싹으로 만들어진「명전차(明前茶)」와「우전차(雨前茶)」등이 있다. 예를 들면 용정차(龍井茶) 중에서 이 시기에 만들어진 차를 특히「명전용정차」,「우전용정차」라 부르고 있다. 녹차를 잘 음미하고 즐기기 위해서는 이 시기를 결코 잊어서는 안 된다.

2) 청차(靑茶 : 烏龍茶)

청차는 오룡차라고 부르고 있으며, 반발효차로서 차를 만든 사람의 이름에서 붙여진 것이다.《福建之茶》,〈福建茶葉民間傳說〉에 오룡차의 전설이 기술되어 있다.

청대 초기 안계 사평 진남남촌에 소룡(蘇龍)이라 하는 차 농사꾼이 살고 있었다. 또한 그는 사냥꾼으로도 유명했다. 얼굴이 검은색이었기 때문에「오룡(烏龍)」이라고 불리고 있었다. 어느 봄날에 오룡은 찻잎을 채취하기 위해 산으로 갔는데, 오후 무렵에 꽃사슴을 발견하고 총을 쏘았다. 부상을 입은 꽃사슴은 산 속으로 달아나고 오룡은 그 뒤를 뒤쫓아갔다가 저녁 무렵이 되어서야 잡아 가지고 집으로 돌아 왔다.

다음날 아침, 어제 채취한 찻잎을 생각하고서 주머니에서 꺼내보니 하룻밤 놓아두었던 찻잎은 붉은 색을 띠면서 좋은 향이 났다. 이 차는 특별하게 맛이 좋았기 때문에 그 후, 실험을 거듭한 끝에 마침내 신품차인 오룡차가 만들어졌다. 그후 안계(安溪)는 오룡차의 고향으로 유명하게 되었다.

오룡차는 녹차와 홍차의 제다방법을 종합해서 만들어진 차이기 때문에 그 품질은 녹차와 홍차의 중간이고, 홍차의 짙은맛과 녹차의 깨끗한 향을 가지고 있다. 또 오룡차에는 지방분해에 좋은 성분을 가지고 있기 때문에 다이어트 효과도 있다.

오룡차의 좋은 품질을 보존하기 위해서는, 먼저 우량품종의 차나무에서 채취한 신선한 찻잎이 필요하다. 그 다음은 세심한 제다 공정이 중요하다. 오룡차는 산지의 차이에 의해서 「민북오룡(閩北烏龍)」은 복건성 무이산의 암차 · 대홍포 · 백계관 · 수금구 · 철나한 · 육계 · 수선 등, 「민남오룡」은 안계의 철관음 · 본산 · 모해(毛蟹) · 황금계 등, 「황동오룡(廣東烏龍)」은 광동성 조주(潮州)의 봉황단총(鳳凰單欉) · 송종단총(宋種單欉) 등, 대만오룡은 대만의 동정오룡(凍頂烏龍), 문산포종(文山包種) 등이 있다. 최근 사천성 · 호남성 등에서도 적은 양이지만 오룡차를 생산하고 있다.

오룡차는 송대(宋代)의 헌상(獻上)차인 용단차(龍団茶) · 봉병차(鳳餠茶)에서 발전하였기 때문에 1725년 전후에 개발된 것이다. 복전성의 《안계현지》에 의하면 「안계 사람은 옹정3년(1725)에 최초로 오룡차를 만드는 방법을 발명했다. 그 후 그 제다 방법이 민북과 대만으로 전파되었다.」라고 기록하고 있다. 다른 자료에는 1862년에 복주(福州)에 오룡차를 전문으로 하는 상점이 있었다고 기록하고 있다. 대만은 1866년에 오룡차를 수출하기 시작했다. 또 대만의 오룡차는 발효 정도가 조금 낮기 때문에 경(輕)발효차에 속한다. 발효 정도의 변화가 최근에 활발하게 나타나기 시작했기 때문에 오룡차도 새로운 단계에 들어갔다고 볼 수 있다.

3) 흑차(黑茶)

흑차는 원료, 제다 공정 및 그 색, 광택, 품질에 대하여 특별한 기준을 요구한다. 녹색의 찻잎이 어떻게 해서 흑색으로 되는 것일까? 가장 먼저 흑차를 생산한 곳은 사천성으로, 주변지역으로 판매하기 위하여 녹차의 모차(毛茶)를 쪄서 압축했다. 사천산의 찻잎은 주로 중국의 서북지역으로 운송한다. 사천성의 도로는 교통이 매우 어렵기 때문에 부피가 제한된다. 그래서 찻잎을 쪄서 압축하는 제다 방법이 고안되었다. 단차(團茶)의 형태로 되기까지는 20일간의 습배퇴적(濕坯堆積)이 필요하고, 모차(毛茶)의 색이 조금씩 녹색에서 흑색으로 변화된다. 제품의 단차는 흑차 색으로 독특한 맛이 있다.

산차(散茶)의 흑차를 만들기 위해서는 일심(一芯)과 다섯 내지 여섯 잎이 좋다. 거친 대엽(大葉)과 약간 긴 줄기[莖]가 필요하다. 제다 과정은 고온살청 · 유념(揉

捻) 퇴적주색(堆積做色)과 건조이다. 큰 찻잎을 장시간(봄에는 12~18시간, 여름과 가을에는 8~12시간) 발효시키면 곱고 윤기가 있는 흑색이 되기 때문에 흑차라 부른다. 또한 흑차는 국경지역의 소수민족들이 애용하였으므로 변쇄차(邊鎖茶)라고도 불렀다.

또한 흑모차(黑毛茶)는 또 각종 긴압차(緊壓茶)의 원료가 되기도 한다. 티베트나 몽골인들에게는 하루라도 차가 없으면 생활이 불가능할 정도로 필수품이다. 흑차는 생산지역과 제다 공정의 구별에 따라 호남흑차 · 호북노청차(湖北老青茶) · 사천변차(四川邊茶)와 전계흑차(滇桂黑茶) 등의 종류가 있다. 그 중에서 운남의 흑차는 전청모차(滇青毛茶)를 조수구퇴(潮水漚堆)에서 발효하여 건조시킨 것을 보이차(普洱茶)라 통칭한다.

이 보이차의 산차는 그 중에서도 농후(濃厚)한 맛을 가지고 있다. 국경지역 외에도 해외의 화교들도 자주 마시는 차이다. 보이차는 지방을 분해하는 성분이 있어 매우 인기가 높지만, 너무 진하게 우려낸 것을 마시면 오히려 설사 등을 일으키는 경우도 있다. 너무 진하게, 너무 과다하게 마시지 않도록 주의할 필요가 있다. 본래 보이(普洱)란 운남성의 차 생산지의 지명이었지만, 흑차인 보이차가 유명하게 되었기 때문에 일반적으로 보이차라고 하는 경우 흑차를 가리킨다. 보이지구(普洱地區)에서는 보이녹차나 보이홍차도 만들어지고 있기 때문에 착각하지 않도록 주의할 필요가 있다.

현대의 보이차는 보이산차와 보이긴압차 두 가지인데, 그 재료의 대부분은 청차(青茶, 전청차)이다. 전청모차를 채취하는 시기는 일정치 않는데, 보통 춘첨차(春尖茶)인데, 이수차(二水茶)와 곡화차(穀花茶)로 나뉜다. 청명부터 곡우시기에 채엽한 것을 춘첨(春尖)이라 한다. 망종부터 대서시기에 채엽한 차를 이수(二水)라고 하고, 세흑차(細黑茶), 이개차(二介茶)와 조차(粗茶)로 나누는데, 모두 긴압차의 원료로 사용된다. 백로부터 서리가 내릴 때까지 채엽한 찻잎을 곡화(穀花)라고 하는데, 흰털이 많고 잎이 매우 가늘고 여려서 병차(餅茶)의 원료로 사용된다.

보이차는 숙성시키는 작업을 하고 난 후 발효가 일어난 뒤에야 참 맛을 느낄 수 있는 특징이 있다. 보이차는 긴압된 모양에 따라 타차(沱茶), 병차(餠茶), 방차(方茶), 긴차(緊茶), 원차(圓茶)로 나누어 진다. 옛날에는 보이차를 약으로 이용하였다고 《운남성지》,《물리소지》,《백화경》 등에 기록되어 있다.

보이차는 높은 향기가 오랫동안 지속되는데, 그 향기는 운남성 장뇌나무와 대엽종이 섞여 만들어진 특이한 향이다. 진하고 감칠맛이 나며 여러 번 우려내도 처음의 향기와 맛이 변하지 않는다. 우려낸 찻물의 색은 등황색을 띤다.

4) 홍차(紅茶)

홍차는 차나무의 새싹을 원료로 위조(萎凋)·유념(揉捻)·발효(發酵)·건조라 하는 일반적인 제법(製法)으로 제다한 차이다. 제품으로 만들어진 차의 색과 우려낸 후의 색이 적색(赤色)으로 보이기 때문에 「홍차」라 부르고 있다.

홍차는 처음엔 「오차(烏茶)」라 불렀다. 제다 중에 산화작용이 일어나서 신선한 찻잎내의 화학성분이 크게 변화한다. 페놀이 90%이상 감소하고, 차황소(茶黃素)·차홍소(茶紅素) 등의 새로운 성분이 산출된다. 향기도 신선한 찻잎내의 50종에서 300종류까지 증가한다. 그 중에서 카페인, 카테킨, 차황소(茶黃素) 등의 결합으로 적색의 찻잎, 적색의 차탕(茶湯), 변화지 않는 향과 달콤한 맛이 난다.

홍차는 제다 방법의 차이에 따라 소종홍차(小種紅茶), 공부홍차(工夫紅茶)와 홍쇄차(紅碎茶)의 세 종류로 분류한다.

① 소종(小種)홍차

중국의 홍차는 16세기 무렵 무이산(武夷山) 일대에서 제다된 것이 처음이고, 1610년 네덜란드 상인이 유럽에 전파한 중국 홍차는 복건성 숭안현(崇安縣) 성촌(무이산시)에서 만들어진 소종홍차(현재의 「정산소종(正山小種)」 이다. 18세기 중엽에 이르러 소종(小種)은 공부홍차(工夫紅茶)로 변화였다. 19세기 1980년대부터 중국홍차, 즉 공부홍차는 국제시장에서 중요한 위치를 차지하고 있다. 소종홍차는 복건성의 특산품이고, 정산(正山)소종과 외산(外山)소종의 두 종류가 있다.

「정산소종」 혹은 중안현 성촌향 동목관 일대에서 생산되기 때문에 「동목관소종」 혹은 「성촌소종」이라고도 부른다. 복건성의 정화(政和)·길전(吉田)·사현(沙縣) 및 강서성의 연산(鉛山) 등에서 생산되는 소종홍차는 정산소종의 품질에 가까운 것으로 모두 「외산소종」 혹은 「인구(人口)소종」이라 부른다.

소종홍차 중에서 정산소종만은 백년에 걸쳐서 끊임없이 명성을 유지하고 있는 홍차이다. 그것은 산지인 성촌과 동목관이 무이산맥의 북부, 해발 1,000~1,500m 부근에 자리하고 있기 때문이며, 겨울은 따뜻하고 여름은 시원하고, 연 평균 기온은 18도, 강우량은 2,000mm정도이다. 봄과 여름 사이에는 종일토록 운무(雲霧)로 가득차 있다. 다원(茶園)의 토질은 비옥하고, 차나무가 성장하기에 좋은 환경을 가지고 있기 때문에 차나무들이 무성하게 자라고 찻잎도 도톰하므로 신선함을 유지하는 것이 가능하다. 이러한 찻잎만을 사용하여 만든 차는 품질이 매우 우수하다.

② 공부(工夫)홍차

중국 특유의 홍차품종으로서 전통적인 수출품이다. 중국에서는 20개의 성(省)에서 찻잎을 생산하고 있지만, 그 중에서 12개의 성(省)은 공부홍차의 생산을 시도하고 있다. 그러므로 공부홍차의 품종은 매우 많고 산지도 매우 광범위하다.

지명으로 분류하면 전홍(滇紅)공부·기문(祁門)공부·부량(浮梁)공부·녕홍(寧紅)공부·상강(湘江)공부·민홍(閩紅)공부[탄양(坦洋)공부·백림(白琳)공부·정화(政和)공부를 포함)]·월홍(越紅)공부·대만공부·강소(江蘇)공부 및 월홍(粤紅)공부 등이 있다. 품종으로 분류하면 대엽공부와 소엽공부가 있다. 대엽공부차는 교목(喬木), 혹은 반교목 차나무의 새싹으로 제다한 것이고, 소엽공부차는 관목형 소엽종 차나무의 새싹을 사용하여 만든 공부차이다.

③ 홍쇄차(紅碎茶)

중국의 차 역사에서 홍쇄차의 생산은 비교적 근세의 일로, 약 20세기 후기부터 시작하였다. 최근에는 차의 생산량이 서서히 증가하고, 품질도 매우 좋아지고 있다. 홍쇄차의 제다법은 전통적인 제다법과 비전통적인 제다법으로 두 가지가 다 사용된다.

전통 홍쇄차라고 하는 것은 전통방식의 유념기(揉捻機)로 자연스럽게 만들어 낸 홍쇄차로서 맛은 좋을지라도 양은 한정되어 있다.

비전통적인 제다법의 홍쇄차라 하는 것은 Rotorvane, C·T·C홍쇄차와 L·T·P홍쇄차(파쇄식 연속 유념기에 의해서 만들어진 홍쇄차), C·T·C기로 만들어진 홍쇄차는 전통적으로 파쇄하는 방법을 환(丸)으로 변화시켰다. 위조(萎凋) 후의 찻잎을 두 개의 치거(齒車)의 사이를 통하여 1초간(一秒間)에 찻잎 내의 세포를 파괴하고, 찻잎도 서로 섞이게[紛紛] 된다. 발효가 빠르고 균일하게 이루어지기 때문에 빠르게 건조하는 것이 신선하고 짙은맛을 내는 포인트가 된다.

사용하는 기계에 의해서 홍쇄차는 각각의 개성이 있지만, 일반적인 특징은 다음의 네 가지이다.

- 엽차(葉茶) : 전통 홍쇄차의 일종으로 견고하고 단단한 외형을 균일하게 가진 것으로 윤기가 있는 흑색, 진하고 은은[馥郁]한 향이 있다. 우려낸 찻물은 선명한 적색이고, 찻잎이 붉은 띠를 두른 것 같은 홍색이다. 맛은 향기로우면서 진[芳醇]하다.
- 쇄차(碎茶) : 외형이 단단하게 되어 있다. 윤기가 있는 흑색에 갈색도 있다. 은은(馥郁)한 향을 가지고 있으며, 우려낸 찻물은 깨끗한 적색을 띠고 있으며, 맛은 짙으면서 신선하다.
- 편차(片茶) : 외형은 목이(木耳)의 가루[屑]처럼 파편상이다. 갈색이며, 향이 진하다. 우려낸 찻물은 붉고, 떫은맛이 있는 짙은맛을 가지고 있다.
- 말차(末茶) : 가루의 형태이고, 흑색을 띠고 있으며, 우려낸 찻물은 짙은 색으로 향이 적으면서 약간 떫은맛을 가지고 있다.
- 홍쇄차의 주요한 산지는 운남성·광동성·해남성·광서 장족자치구·호남성·귀주성·강소성 등이다.

홍차는 중국을 원산지로 하는 것이 있고, 후에 유럽에 전해 진 것이다. 중국의 홍차는 원산지로서의 소박함이 있지만, 독특한 매력도 있다.

5) 백차(白茶)

백차는 경도(輕度) 발효차로서 중국 차 중에서 매우 특별한 명품이다. 그것은 원료로 사용하고 있는 싹이 방금 내린 눈처럼 백호(白毫)가 있기 때문이다.

백차의 주요한 산지는 복건성(대만에도 소량이 생산된다)의 건양(建陽)·복연·정화·송계 등이다. 이 주변에는 구릉(丘陵)의 기복이 심하고, 일년 중 기후가 온난하고, 강유량이 풍부하다. 복정(福鼎)의 평균 기온은 18·5도, 연 강수량은 1,661mm이다. 토질은 적색으로 황색토양이다. 주로 복정대백차(福鼎大白茶)와 정화대백차(政和大白茶) 및 수선(水仙) 등의 우수한 차나무 품종이 재배되고 있다.

백차의 제다 공정은 일반적으로 위조(萎凋)와 건조의 두 가지가 있다. 매우 중요한 작업은 위조로서 실내와 실외의 일광위조(日光萎凋)가 있다. 기후에 따라서 봄·가을의 맑게 갠 날, 혹은 여름의 맑게 갠 날에 실내 위조와 복식(複式) 위조를 시행한다. 정제과정은 편(片 : 파편(破片))·납엽(蠟葉 : 밀납처럼 단단하게 된 잎·홍장[紅張 : 적미(赤味)를 띠고 있는 잎]·암장(暗張 : 검게 된 잎)을 제거한 후에 약한 불로 불에 쬐[焙]는 작업이 있다. 찻잎 속에 수분함유량이 4~5%정도로 될 때까지 건조하면서 온도가 식지 않도록 상자[箱]에 담는다. 이러한 제다 방법은 찻잎 속에 있는 효소(酵素)의 활성을 파괴하지도 않고 산화작용을 억제하여 백호(白毫)와 향이 상쾌하고 깔끔한 맛을 유지하게 하는 특징이 있다.

백차의 주요 품종은 백모단(白牡丹)·백호은침(白毫銀針)이 있다. 백모단은 푸른 잎 중의 흰 싹이 꽃과 같은 형태를 하고 있으며, 우려낸 후의 푸른 잎이 마치 어린 싹을 싼 것처럼, 즉 꽃이 막 피기 시작한 듯한 꽃의 모양으로 보이기 때문에 아름다운 이름을 붙였다. 백모단은 대백차수(大白茶樹), 혹은 수선종(水仙種)의 새로 난 적은 가지의 1아2엽(一芽二葉)으로 만들어 졌기 때문에 백차중에서도 고급품에 속한다. 대백차수의 큰 싹으로 만들어진 백차는 「백호은침」이라 부른다. 그것은 은색(銀色)으로서 침(針)과 같은 형태를 하고 있기 때문에 붙여진 이름이다.

백차 중에서도 가장 유명한 것으로 매우 비싼 품종이다. 맑고 깨끗한 향과 우려낸 찻물은 붉은[炎] 황색을 띠고 있으며, 신선하면서 상쾌한 맛을 가지고 있기 때문에 백차 중에서도 최고급품으로 되어 있다. 그것에 비해서 채다(採茶) 품종(일반적인 관목의 차나무)의 짧고 적은 어린 싹이나 대백차(大白茶)의 잎으로 제조한 백차는「공차(貢茶)」,「미차(眉茶)」라 부르고, 공차는 미차보다 우수하다.

백차가 여러 차 중에서 고급품이라 말하는 것은 880여년의 오랜 역사를 가지고 있기 때문이다. 송대 휘종(徽宗)의《대관다론(大觀茶論)》(1107~1110년의 대관(大觀)년간에 완성한 책으로 년호를 책의 이름으로 했다)에 백차에 대해서 언급하고 있다.

「백차는 일종의 독특한 특징을 가진 찻잎으로 일반적인 찻잎과는 다르다. 그 외형은 조금 벌어져 있고, 찻잎은 아름다운 녹색으로 얇다. 바위산의 절벽 사이에 조금씩 자라고 있기 때문에 사람이 찻잎을 채취하는 것은 매우 어려운 일이다. 차나무가 있는 집은 불과 4·5채 정도이고, 차나무는 12그루에 불과하다. 이 차나무에서 제다한 백차는 아주 조금 밖에 없다.

어린 싹이 많지 않기 때문에 찌거나[蒸] 덖는 것[焙]은 매우 어렵다. 탕(湯)과 불[火]의 가감(加減)이 조금씩 다르면 일반의 찻잎으로 되어버린다. 전체적으로 정미(精微)하게 제다하고, 능숙하게 만드는 것이 가능하면 몸도 마음도 깨끗하게 되어 이것과 비교할 것이 없다. 가볍게[淺] 덖는[焙籠] 백차도 있지만, 상급의 품질이라고 말하기는 어렵다.」

송대의 궁정 다원은 복건성 건안군 북원(北苑)에 건설되었다.《대관다론》에 언급되었던 백차는 북원 어배다산(御焙茶山)에서 생산된 야생의 백차이다. 제다 방법은 또 단차(團茶)의 제작방법이기 때문에 현재의 방법과는 다르다. 요즘 백차를 만드는 방법은 청의 가경(嘉慶) 초년(1796)에 새싹으로 은침(銀針)을 제조하고, 1855년 복정대백차(福鼎大白茶)에서 백호은침을 제다하면서 정착하였다.

백차 제다의 역사가 언제부터 시작되었는가에 대해서는 차(茶)학계에서 여러 가지의 학설이 제기되고 있다. 북송이라고 주장하는 설도 있지만, 그것은 주로 「백차」가 최초에 《대관다론》과 《동계시다록(東溪試茶綠)》(건안(建安)에 있는 일곱 종류의 차나무 중에서 가장 좋은 것은 「백엽차(白葉茶)」라 쓰여 있다.)에 기술되어 있는 것을 근거로 한 것이다. 다른 학설은 명(明)이나 청대(淸代)라 하는 설도 있다.

이것은 백차가 위조(萎凋)와 건조만의 작업으로 만들어지기 때문이다. 중국 찻잎 생산의 가장 처음은 녹차가 아니라 백차라고 하는 설도 있다. 그 이유는 중국인의 선조는 찻잎의 약용가치를 인식하고 있었기 때문에, 신선한 찻잎을 건조해서 보존하는 방법을 가장 처음으로 채용한 것에 따라서 백차는 녹차보다 먼저 탄생한 차라고 하는 설도 있다.

6) 황차(黃茶)

황차는 살청(殺靑), 유념(揉捻) 후의 찻잎을 건조하면서 황색으로 변색되었기 때문에 이름이 붙여졌다. 황차의 제다법은 녹차와 거의 동일하지만, 민퇴(悶堆)라 하는 특별작업이 행해진다. 이 민퇴(悶堆)로 녹차와 구별된다. 다시 말해 녹차는 발효시키지 않지만 황차는 발효를 시킨다. 이 발효공정은 「민황(悶黃)」, 혹은 「민퇴(悶堆)」, 「초포(初包)」, 「복포(復包)」, 「악퇴(渥堆)」라 한다.

황차는 찻잎의 신선도와 크기에 따라서 황아차(黃芽茶), 황소차(黃小茶), 황대차(黃大茶)로 구분된다. 황아차에는 군산은침(君山銀針)·몽정황아(蒙頂黃芽)·곽산황아(霍山黃芽)가 있다. 황소차에는 북항모첨(北港毛尖)·위산모첨(潙山毛尖)·원안녹원차(遠安鹿苑茶)·환서황소차(皖西黃小茶)와 절강성의 평양황탕(平陽黃湯) 등이 있다. 황대차에는 안휘곽산(安徽霍山)·금채(金寨)·육안(六安)·악서(岳西)·호북영산에서 생산된 황차와 광동 대엽청(大葉靑) 등의 종류가 있다.

황아차 최고의 명품은 호남 동정호의 군산은침이다. 외형이 균일하고, 은색의 털이 있는 황금색으로 윤기가 있다.

2. 재가공차(2차 가공차)

재가공차는 일차적으로 가공한 찻잎에 향이나 모양을 더해서 찻잎을 우려내어 마시는 경우와 차나무와는 다른 수목이나 꽃 등을 끓인 물에 넣어서 그 성분을 마시는 경우가 있다. 중국에서는 이러한 경우에도 일반적으로 차(茶)라고 보기 때문에 한국과 일본에서의 차의 개념과는 다소 차이가 있다. 따라서 재가공차와 기본차를 혼동하는 것은 좋지 않다. 다만 긴압차(緊壓茶)나 보이차(普洱茶) 등은 형태의 문제이기 때문에 기본차와 같은 범주로 본다.

1) 화차(花茶)

홍청(烘靑)한 녹차와 향이 있는 꽃을 함께 저장해서 향을 흡수시킨 찻잎이다. 유명한 것으로는 쟈스민차[茉莉花茶]·백란차(白蘭茶)·목서차(木犀茶), 계화차(桂花茶) 등이 있다. 이 중에서도 쟈스민차의 수요량이 가장 많고, 다양한 종류의 쟈스민차나 고급품의 쟈스민차 등이 판매되고 있다. 특히 북방의 건조지역과 황하유역의 사람들이 매우 좋아하는 차이다.

2) 긴압차(緊壓茶)

긴압차는 흑모차(黑毛茶)·노청차(老靑茶)·주장차(做庄茶) 및 그 외의 모차(毛茶)를 원료로 한 것으로, 악퇴(渥堆)·증(蒸)·장(庄) 등의 가공 공정으로 연와(煉瓦) 등의 형태로 만들어진 차이다. 이러한 종류의 차는 대부분이 변경지역의 소수민족들이 즐겨 마시고, 각 민족의 생활필수품으로 되어 있기 때문에 변쇄차(邊鎖茶)라고도 부른다.

종류도 여러 가지로 많고, 원료와 가공 방법도 각각 다르다. 대부분은 성장한 찻잎을 사용한다. 제품으로 만들어진 차는 흑색이나 갈색이고, 우려낸 찻물의 색은 짙은 황색이나 붉은 색이다. 육보차(六堡茶)·보이차(普洱茶)·타차(沱茶) 등의 품종은 독특한 풍미(風味)가 있으며, 다이어트와 미용에 효과가 있다.

긴압차는 퇴적(堆積)·주색(做色, 색을 만드는 것)의 방식에 의해서, 「습배퇴적주색(濕坯堆積做色 : 일정한 습도를 유지하여 색을 만든다.)」, 「건배퇴적주색(乾坯堆積做色 : 일정한 정도로 건조를 하여 색을 만든다)」, 「성차퇴적주색(成茶堆積做色 : 완성된 차를 퇴적시켜서 색을 만든다)」 등이 있다. 긴압차의 생산지역은 호남·호북·사천·운남·귀주 등에 집중되어 있다. 호남에서는 복전(茯甎)·흑전(黑磚)·화전차(花磚茶), 호북에서는 청화전(靑花磚), 사천성에서는 강전(康磚)·금첨(金尖), 운남성에서는 보이차(普洱茶)와 타차(沱茶), 중경(重慶)에서도 타차(沱茶)를 제조한다.

긴압차의 가공 방법은 고대의 증청병차(蒸靑餅茶)의 방법과 유사하며, 역사가 상당히 오래 되었다. 11세기 전후에 사천의 다엽(茶葉) 상인이 처음으로 찐 녹차를 병차(餅茶)로 압축하여 변경지방에 판매를 했다. 19세기 말기에 호남의 흑전차(黑磚茶), 호북의 청전차(靑磚茶)가 잇달아 발매(發賣)되었다. 긴압차는 소화효과가 매우 뛰어나기 때문에 소수민족의 특수한 음식물에도 매우 적합한 차이다. 또 습기에 강하기 때문에 장거리 수송과 오랜 시간 동안 저장하기에 좋다.

찻잎을 생산하는 지역은 대부분이 교통이 불편한 지역에 위치하고 있기 때문에 제품으로 만든 차를 장거리를 소송하는 동안에 녹차 등은 아무리 포장을 잘 하여도 수분을 흡수해버린다. 긴압차라면 찻잎을 압축해서 제다한 것으로 단단하게 만들어 졌기 때문에 매우 편리하다. 또 장시간 저장하면 수분과 습도의 작용으로 맛이 변하여 순하게 되는 긴압차도 있다. 특히 소수민족들 사이에서는 긴압차를 달인[煎] 후에 우유나 소금을 섞어서 마시는 습관이 있다. 최근에도 사천성이나 호남성에서 출하되고 있는 긴압차가 많다.

3) 공예차(工藝茶)

주로 녹차를 다양한 형태로 가공한 차이다. 눈으로 보기에도 즐거운 차로서 인기가 많다. 천일홍선도(千日紅仙桃)·해당화의 마음·금상첨화(錦上添花) 등이 있다. 최근의 공예차는 화차(花茶)의 성격이 강하고, 관상용의 차로서 출하되고

천일홍선도(千日紅仙桃)

있다. 공예차가 처음 나올 때는 그다지 고급품이 없었지만 점차로 품질이 다양하게 개선되어 눈으로 보기에도 아름답고 향과 맛이 좋은 것이 생산되었다. 연구 개발에 의해서 새로운 것이 만들어질 가능성이 있기 때문에 시장의 움직임에 주목할 필요가 있다.

4) 수취차(粹取茶)

고체의 「인스턴트차」이다. 찻잎을 열탕에 넣어서 차를 우려낸다. 가능하면 차를 농축해서 건조시킨다. 혹은 건조시키지 않고 액체로 된 「마시는 차 음료」를 만든다.

5) 과미차(果味茶)

찻잎에 과즙을 첨가하여 가공한 차이다. 레몬차·감귤차 등이 이것이다.

6) 보건차(保健茶)

찻잎에 한방약을 첨가하여 질병의 예방과 치료의 효과를 얻기 위한 차이다. 보건차는 거의 대부분 자연에서 채취한 약초나 꽃의 약성(藥性)을 추출한 것으로, 기본적으로는 한방약이라고 말해도 좋다. 일반적으로 차라 생각되지 않을 지도 모른다. 효능과 음용 방법을 확실하게 이해할 필요가 있다.

① 고정차(苦丁茶)

해남성이나 사천성의 해발 1,500m이상 고지대의 자연조건에서 생산된다. 고지대의 토양에는 셀렌(원소 기호 Se) 등의 유기물질이 포함되어 있다. 이 차나무는 목서과(木犀科)의 여정수(女貞樹)에 속하고, 새싹을 채취하여 독특한 기법으로 가공을 한다. 외형을 볼때 잎은 녹색으로 단단하고, 우려낸 찻물은 황녹색이다. 독특한 향과 좋은 향이 나는 술처럼[芳醇] 상쾌한 맛이 있다.

마시면 처음에는 쓴맛을 느끼지만 나중에는 단맛을 느낀다. 고정차를 마시면 머리로 피가 올라가는 등의 증상을 없애고, 소염해독(消炎解毒), 천식을 멈추게 하고, 알콜이나 그 밖의 독을 제거하고, 혈압을 떨어뜨린다. 또한 다이어트 효과도 있다. 용법과 용량은 끓인 물 200g 정도에 한 잎이나 두 잎, 1내지 2g을 넣는다.

② 야국미(野菊米)

절강성 수창현(遂昌縣)의 특산품이다. 들국화를 건조시키면 황색의 쌀처럼 되기 때문에 야국미(野菊米)라 한다. 우려내면 투명한 황색을 띠고, 매우 진한 향을 가지고 있다. 맛은 산뜻하면서 목을 넘어 가는 느낌이 좋다. 효과는 해독작용이 있고, 여드름을 제거하여 피부를 아름답고 윤기 있게 하고, 뇌출혈을 억제하고, 특히 눈의 건강에 좋다. 용법과 용량은 끓인 물 200g정도에 15알 정도 넣는다.

③ 양국화차(洋菊花茶)

숙근초본식물(宿根草本植物)로서 음용(飮用)을 오랫동안 지속하면 칼슘의 보충, 심근기능의 조절, 콜레스테롤을 저하시키는 효과가 있는 매우 희귀한 건강음료이다. 용법과 용량은 끓인 물 200g정도에 3~4개정도 넣는다. 우려낸 찻물은 황금색을 띤다.

④ 천일홍차(千日紅茶)

금홍(金紅)·여송국(呂宋菊)·장생화(長生花)라고도 부르며, 티베트 고원의 설산에서 야생으로 자라고 있는 천연식물로 자연환경에 오염되지 않은 것이다. 은은한 단맛으로 혈압을 저하시키고 간장을 깨끗이 하고, 각종 결석을 제거하는 효과가 있다. 중국 고대문헌에 의하면 「유니(油膩)를 녹여버리고, 사람의 지방을 제거한다.」는 효과가 있다고 기록하고 있다. 최근에 새로운 건강음료 차로서 각광을 받고 있다. 천일홍(千日紅) 3~4개를 끓인 물 200g정도에 넣어서 마신다. 계속해서 음용하면 노화를 방지하는 효과가 있다.

⑤ 옥호접다(玉胡蝶茶)

옥호접다는 운남성 소수민족들 사이에서 마시고 있는 차로서, 물을 달이면 찻잎이 수려한 형으로서 나비들이 날아다니면서 춤을 추는 것처럼 보인다. 우려낸 찻물은 맑고 은은한 향이 있다. 귀중한 한방약으로서 간장의 열을 떨어뜨리고 인후(咽喉)에 좋은 효과가 있다. 급성기관지염·인후종통(咽喉腫痛)·쉰 목에 효과적이다. 용법과 용량은 끓인 물 200g정도에 6~7매를 넣어서 마신다.

⑥ 백합화차(百合花茶)

야백합화(夜百合花)라고도 부르며, 백합과의 다년생 본초식물인 백합의 꽃이다. 밤낮의 기온차가 크며, 광합성의 시간이 긴 신강(新疆)자치구의 분지에서 성장하고 있기 때문에 꽃샘의 입맥(葉脈)이 가늘고 길며 맛이 좋다. 인간에게 필요한 다수의 비타민·미네랄·당분·철분 및 칼슘 등을 포함하고 있어 의료적인 가치와 식용적인 가치가 높다. 백합화는 체온을 떨어뜨리는 효과가 있고, 단맛에 쓴맛이 있다. 폐에 물기를 공급해주고, 열을 떨어뜨리고, 마음을 가라앉히는 효과를 가지고 있다. 용법과 용량은 끓인 물 200g정도에 3~4g을 넣어서 마신다.

⑦ 금련화차(金蓮花茶)

야생에서 자라는 천연 초목식물의 꽃으로 중국 북방의 산림(해발 1,000~2,000m)에서 성장하고 있기 때문에, 환경오염의 영향을 받지 않는다. 효능은 미용·변비·침침한 눈에 효과적이며, 면역능력을 증강시키고 기관지계통의 질병 예방에 매우 효과적이다. 천연의 건강식품이다. 용법과 용량은 끓인 물 200g정도에 3~4개를 넣는다. 우려낸 찻물은 황금색이고, 맛은 달짝지근하다. 맛과 효과는 공국(貢菊)과 항백국(杭白菊)보다도 뛰어나다.

⑧ 진달래차

영산홍(映山紅)·만산홍(滿山紅)이라고 한다. 꽃 중에서도 가장 아름다운[素晴] 것 중의 하나라고 말해지고 있다. 맛은 신맛과 단맛이 있고 혈액의 흐름을 좋게 하고, 체온을 따뜻하게 하는 성질이 있다. 피부에 윤기를 주는 미용의 효과가 있다. 진달래를 지속적으로 식용(飮用)하는 것에 의해서 피부가 아름답고 부드러워지며, 안색도 좋아지기 때문에 아름다운 얼굴을 오랫동안 유지하는 것이 가능하고, 또한 건강에도 도움이 되는 차이다. 용법과 용량은 끓인 물 200g정도에 3~4g을 넣어서 마신다.

⑨ 말리화차(茉莉花茶)

쟈스민은 상쾌하고, 맛은 달고도 짭짤하다. 열을 식히고 물기를 주는 것이 가능하다. 감기나 발열의 경우 쟈스민 3g·오룡차 3g·토초과(土草果) 6g을 섞어서 끓인 물 200g정도로 복용하면 좋다. 현기증이나 두통의 경우 쟈스민 15g과 초어두(初魚頭) 1개를 섞어서 미지근한 물 200g정도를 복용하는 것이 좋다

⑩ 문고람차(紋股藍茶)

다른 이름으로 남방의 인삼이라 하고, 중국 서남지구 산간지방의 삼림에서 생산하는 천연의 음료이다. 효능은 갈증을 해소하며, 허약 체질을 개선하고, 불면증

(좌) 천일홍(千日紅), (우) 양국화(洋菊花)

에 효과적이며, 열을 식히며 해독작용이 있다. 지방분을 제거하여 살을 빼준다. 항암과 방암(防癌), 혈압을 떨어뜨리고 노쇠(老衰)를 방지한다. 기관지염, 간염, 당뇨병, 변비, 편두통, 고혈압, 감비(減肥) 등에도 매우 효과적이다. 건강을 위해 매우 우수한 식물이다. 용법과 용량은 끓인 물 200g정도에 3~4g을 넣어서 마신다. 우려낸 찻물은 투명한 녹색이고 맛은 대체적으로 순하다.

3. 중국차 분류표

1) 기본차(1차 가공차)

차 구분	제조구분	주요차	효능
녹차	불발효차	용정차 벽라춘 신양모첨 등	중국 전체의 음료차로서 70%이상을 차지하고 있다. 전국의 차 산지에서 생산되고 있으며, 각종 성인병의 예방과 암의 예방에 많은 효과가 있다.
백차	약발효차	백호은침 수미 등	생산량이 매우 적다. 특히 복건성에서 생산되고 있고, 정신적인 안정과 해열효과가 있다.
청차	반발효차 경발효차	대홍포 철관음 동정오룡 용봉단총 등	우리에게도 널리 알려진 중국차이다. 복건성·광동성과 대만에서 생산되며, 대만의 것은 발효를 약하게 하기 때문에 경발효차라고 알려져 있다. 혈중의 지방과 콜레스테롤을 억제하기 때문에 순환기계 및 성인병의 예방에 효과적이다.
홍차	완전발효차	기문홍차 등	황하강에서 많이 생산되고 있다. 세계의 홍차 원산지로서 알려져 있으며, 폴리페놀 작용으로 암의 억제와 해독작용이 있다.
황차	후발효차	군산은침 등	하남성을 중심으로 생산되는데 그 양은 적다. 정신안정 및 해열효과가 있다.
흑차	후발효차	보이차 등	운남성을 중심으로 서남지역에서 생산되고 있다. 지방을 분해시키는 효과가 있으며, 성인병 예방에 효과적이다. 후라보노로서 구취를 예방하는 효과도 있다.

2) 재가공차(2차 가공차)

차 구분	주요 차	효능
화차	쟈스민차 계화차 등	기본차에 향을 섞어서 가공한 찻잎. 쟈스민차는 녹차에 혼합시키면 잘 맞고, 계화(金木犀)는 오룡차와 혼합하면 좋다. 특히 쟈스민차는 중국 북방 사람들에게 인기가 있는 차이다.
긴압차	보이차 화전차 흑전차 복전차 등	기본차를 압축해서 만든 차. 주로 흑차계열이 많다. 형태는 연와(煉瓦)의 모양으로 둥근 빵처럼 생긴 것도 있으며, 주로 국경지방의 사람들이 좋아하는 차이다.
용수차 (龍須茶)	천일홍선도 금상첨화 선도헌서 등	녹차를 가공해서 여러 가지의 모양으로 만든 것 중에 꽃을 넣은 것으로, 끓는 물을 부으면 꽃이 피는 것처럼 되어 있으며, 눈으로 보기에도 아름답고 즐거운 차이다. 최근에 유행되고 있는 차이다.
수취차 (粹取茶)	각종 분말 부입(缶入)차 등	분말 형태의 인스턴트 차나, 팩이나 페트병에 넣어서 마시는 차를 말한다. 편리하지만 고급 차에는 맞지 않다.
과미차	레몬 차 등	오늘날 일반적인 쥬스 형태로 된 레몬차 등으로, 차로서의 생산은 거의 없다.
보건차	문고람 천일홍차 금련화 등	자연에서 채취한 꽃이나 약초를 건조시킨 것으로 한방적인 효능이 강한 것이기 때문에 보건차로서 최근 각광을 받기 시작 하였다. 다만 한방약과의 구분이 불투명한 것도 있다.

현재 중국 차는 새로운 발전시기를 맞이하고 있다. 전통적인 명차의 제다 공정의 치밀함이 세계에 널리 알려져 새로운 종류의 차들이 계속해서 나타나고, 우수한 품질과 풍부한 종류는 세계에서 호평을 받고 있다. 중국 차는 많은 종류가 있다.

발효의 정도에 따라서 분류하는 6대차로부터 전국의 기본적인 차의 종류를 헤아리면 약 300종류나 된다. 그러나 각 차 생산 농가의 분류를 더하면 수천 종류가 될 것이다. 또한 차 상점의 상품명으로서 차의 종류를 분류하면 몇 만종이나 될지 알 수 없는 실정이다. 저자는 중국 전체를 여행하면서 차가 생산되고 있는 성을 탐방하였지만, 모든 차 생산 농장이나 차 생산 농가를 방문하지는 못했다. 현재 250종류 이상의 중국차를 가지고 있지만, 그 전체를 알지는 못한다. 일생동안 중국차를 연구하고 수집하여도 그 전체를 아는 것은 불가능한 것이다.

다양한 종류의 명차를 소개한다는 것은 이러한 문제 때문에 전체적으로 정리를 할 수 없는 실정이다. 따라서 차 상품의 이름에 의한 명차의 소개는 그다지 의미가 있다고는 생각되지 않는다. 다만 많은 것을 소개하는 것에 초점을 두고 있다.

1. 녹차

1) 자양차(紫陽茶)

자양차는 협서성(陝西省) 안강시 자양현에서 생산되고 있다. 세계에서 최초로 과학적인 감정을 받은 차로서 풍부한 셀렌(selen : selenium)을 함유하고 있는 찻잎이다. 셀렌은 유황과 비슷한 화학성분을 가진 것으로 가연성으로 물에는 잘 용해되지 않는다. 다만 필요한 셀렌이 함유된 찻잎은 암이나 방사선 계통의 질병에 매우 효과적이다. 자양현은 협서성 남부·대파산(大巴山)의 북령(北嶺) 한수(漢水)유역에 위치하고 있으며, 중국의 전통적인 차 생산지의 하나이다.

자양차는 품질이 매우 우수하고 역사도 오래 되었기 때문에, 그 이름이 널리 알려져 있다. 즉 한나라에서 당나라 무렵에는 궁정에 헌상(獻上)되는 찻잎으로 만들어졌으며, 역사적으로도 실크로드를 통해서 서역이나 외국과의 교역을 통하여 알려지기 시작했다. 청대에는 자양모첨(紫陽毛尖)이 전국 10대 명차의 하나로 선정되기도 하였다. 자양현은 현재 중국에서도 주요한 양질의 차 생산지이다.

자양현은 또 중국의 2대 셀렌 생산지의 하나이기도 하고, 토양에 포함된 셀렌의 양이 풍부하기 때문에 찻잎이나 그 외의 식물들에도 셀렌의 함유량이 많다. 셀렌은 인체에 필수 불가결한 원소이고, 암 · 방사선병 · 노화방지 및 인체의 면역력을 향상시키는 작용을 가지고 있다. 의학적인 연구를 통해서도 카신벡 병[4]이나 심혈관 계통의 질병 등 40종류 이상의 질병이 발생하는 원인에는 셀렌이 부족하기 때문이라 한다.

1989년 9월 6일, 협서성 과학위원회는 북경에서 자양(紫陽)셀렌차의 개발연구 검사회를 개최하고, 자양셀렌차의 품질에 대해 셀렌의 함유량과 건강에 미치는 효과와 그 연구성과에 대한 과학적 검증을 실시하였다. 아시아 태평양 영양학회의 회장인 심치평(沈治平)교수를 위원장으로 13명의 영양학 · 차학(茶學) · 의학전문가의 검증을 받았다. 자양차에는 다음과 같은 특징이 있는 것으로 알려지고 있다.

첫째, 유익한 성분이 풍부하고, 품질이 매우 좋다. 중국 농업과학원 다엽(茶葉) 연구소의 측정에 의하면, 아미노산 3.08%(최고치는 5.69%) · 폴리페놀 30.35%가 포함되어 있다. 이것은 녹차를 만드는 양질의 원료가 된다.

둘째, 농약에 의한 오염이 없고, 위생기준에 적합한 차이다. 자양현은 산자수명(山紫水明)으로 자연환경도 아름답고 뛰어나다. 상업부 다엽가공연구소의 측정에서는 국가표준총국 · 위생부 발표의 녹차나 홍차의 위생기준에도 합치되는 것

● ● ●

4) 뼈마디가 붓거나 변형하는 질병으로 흑룡강성에서 발견되었다. 즉 만성의 심근성 질환이다.

으로 천연의 건강식품음료이다.

셋째, 셀렌 원소를 풍부하게 함유하고 있다. 평균적으로 1kg에 0.6530㎎(최고치는 3.853㎎)의 셀렌을 함유하고 있고, 평균 함유율의 5·5배에 해당하는 것으로 영양과 건강에 많은 영향을 미친다.

넷째, 자양차는 매우 폭넓게 이용되고, 유익한 건강음료이다. 특히 인체에 필요한 셀렌의 보충에 많은 도움을 주고 있으며, 체력증강이나 노화·암·복사열(輻射熱) 등에 대한 방지작용이 있다. 중국의 유명한 영양학자인 우약목(于若木)씨는 「자양차는 풍부한 셀렌을 함유하고 있어 항암작용이 있고, 색·향·맛이 매우 훌륭하기 때문에 차 중에서도 진품(珍品)이다.」라 말하고 있다.

천연적인 셀렌을 많이 함유하고 있는 자양차의 일품(逸品)은 자양모첨(紫陽毛尖)·자양취봉(紫陽翠峰)·자양은침(紫陽銀針)·자양향호(紫陽香毫)·월지차왕(月池茶王) 등이 있다. 그 품질은 싹과 잎이 부드럽고 고르게 되어 있다. 백호(白毫)가 뚜렷하게 나타나고, 색은 진한 녹색이고, 좋은 향이 오랫동안 지속된다. 우려낸 찻물의 색이 밝은 녹색이고, 맛은 상쾌하면서 뒷맛은 달짝지근하다. 찻잎의 형태는 1매(一枚)씩 고르게 되어 있다.

2) 태평후괴(太平猴魁)

태평후괴는 안휘성 황산시 황산구(太平縣) 신명향(新明鄉)의 후갱(猴坑)·후강(猴崗) 및 안촌(顏村)에서 생산되고 있다. 매우 우수한 품질이기 때문에 후괴(猴魁 : 태평현에서 제일)라 이름붙여졌다. 우수한 품질의 후괴차나무가 재배되고 있는 후갱(猴坑)은 황산에 위치하고 있으며, 습도가 높고 상대습도는 80%를 넘고, 항상 안개로 쌓여 있으며, 다원(茶園)의 비옥한 부엽토의 PH치는 4.5~6.5이다. 차싹은 부드럽고 찻잎은 좀 도톰한 편이며, 잔털이 많이 보이는 독특한 외형을 가지고 있다.

찻잎의 채취와 제다공정

매년 찻잎을 채취하는 기간은 곡우(穀雨) 전부터 입하(立夏)까지의 15~20일간의 짧은 기간이다. 찻잎을 채취할 때는 주의할 점이 몇 가지 있다.

첫째, 일심(一芯)과 아래의 3, 4매까지를 딴다.

둘째, 성장이 왕성한 차나무를 딴다.

셋째, 크고 곧게 뻗어 있는 부드러운 가지에서 딴다.

넷째, 풍만하면서 털이 많은 찻잎을 딴다.

채취한 찻잎을 잘 엄선해서 후괴의 원료로 한다. 맑은 날 또는 흐린 날의 오전 중(안개가 개인 후)에 채취를 했을 때, 오후에는 찻잎을 엄선한 후 살청(殺靑) · 유념(揉捻) · 건조 등의 공정을 거쳐서, 하루에 모든 제다를 마친다.

태평후괴의 특징

차의 외형은 곧으며 양끝이 약간 뾰족하면서 편평하다. 찻잎은 조금 통통한 듯 하면서 단단하고, 전체에 흰털이 있지만 안으로 숨어 있다. 찻잎 전체는 짙은 녹색으로 주맥(主脈)은 주갈색으로 올리브와 비슷하다. 우려내면 찻잎은 찻잎이 서서히 펴지며, 각각 새로운 싹 한 줄기[一芯]에 찻잎이 2매이다. 우린 찻물은 청녹색이며 상쾌한 난(蘭)의 향이 있고, 맛은 조금 순하다. 찻잎을 잔에 넣고 끓인 물을 부으면 잎이 천천히 떠올랐다가 가라앉는데, 마치 막 펼쳐지는 꽃 봉우리 형상을 이룬다.

전통적인 구분에 따르면 후괴(猴魁)는 최상품, 괴첨(魁尖)은 후괴의 다음이고, 이어서 공첨(貢尖) · 천첨(天尖) · 지첨(地尖) · 인첨(人尖) · 화첨(和尖) · 원첨(元尖) · 만첨(彎尖)의 순이다. 현재 최상품은 후괴(猴魁), 다음은 괴첨, 첨다(尖茶)의 3등급으로 분류되어 있다. 태평후괴는 청 광서(淸 光緖, 1875~1908)시대부터 알려지기 시작하였다. 1915년 파나마 왕국 박람회에서 금메달을 획득했으며, 1982년 호남성 장사에서 거행한 전국 명차 평가에서 전국 명차로 선별되었으며, 1986년 복건에서, 1990년 하남에서도 전국 명차로 선택되었다. 주요 소비는 국내 대도시에서 이루어지며 소량만이 수출되고 있다.

3) 둔록(屯綠)

둔록은 진미(珍眉)·봉미(鳳眉)·특공(特貢)·희공(熙貢) 등의 종류가 있다. 역사상 둔계(屯溪 : 황산시)에서 가공하여 수출하였기 때문에 둔록(屯綠)이라 이름 붙여졌다. 해외로 수출하는 녹차 중에서 고급 명차에 속한다. 주로 안휘성 휴녕(休寧)·흡현(歙縣)·기문(祁門)·정덕(旌德)·적계(績溪)·둔계(屯溪)·녕국(寧國)·광덕(廣德) 등의 지역에서 생산되고 있다. 차나무의 대부분은 황산의 산기슭, 신안강(新安江)의 강가에 있고, 연간 평균기온은 15도, 강우량은 1,400mm이상, 토양은 비옥하고 PH치는 4~6, 명주(茗州)·기마주(騎馬州)·양수림(楊樹林)·황산대엽(黃山大葉) 같은 우량품종의 차나무들이 성장하기에 적합한 지역이다.

명주·황산대엽 등의 차나무로부터 새싹을 채취하여 둔록을 가공한다. 제다공정은 살청(殺靑)·유념(揉捻)·건조(乾燥) 등의 초기가공을 한다. 초기 가공을 거쳐서 찻잎을 다시 흔들고, 자르고, 뭉치고, 부채질을 하는 등의 가공 공정에 의해서 특진(特珍)·진미(珍眉)·봉미(鳳眉)·특공(特貢)·우다(雨茶) 등으로 마무리한다.

50년대 이후 복잡한 등급을 간소화시키고 기준을 통일해서 제조된 찻잎은 진미(珍眉)와 공희(貢熙)와 우다(雨茶)의 세 종류로 분류한다. 둔록은 강하게 비비지만 고른 형태를 하고 있으며, 윤기가 있는 녹색이며, 맑은 향이 오래도록 지속된다. 우려낸 찻잎은 서서히 펴지며, 밝은 녹색이 된다. 찻물의 색은 옅은 황색이며, 맛은 농후하면서 순한 맛이며, 약간 쓴맛이 있지만 뒷맛은 달짝지근하다.

둔록은 성당(盛唐)시대부터 제다 되기 시작하였으며, 현재까지 1200여년을 이어온 역사가 있다.[5]

4) 오자선호(午子仙毫)

오자선호는 오자녹차라고도 하고, 중국의 유명한 차 생산지인 협서성 서향현(西鄕縣)의 과학기술 모범다원에서 재배되고 있다. 서향에서는 찻잎생산에 오랜 역사를 가지고 있는데, 기록에 의하면 진(秦)~한(漢)시대부터 시작하여 당대에 융성하게 되었다. 명전(청명절 전)에 제다된 오자선호는 「진다(珍茶)」로서 헌상품으로 되어 있다.

오자선차 생산지역은 북쪽으로는 진령산맥(秦嶺山脈), 남쪽으로 파산(巴山)에 접해 있고, 한수(漢水)가 그 사이를 관통하고 있다. 위도와 해발이 모두 높다. 아연과 셀렌 성분이 풍부한 지역으로 오염이 되지 않은 청정지역이다. 산들이 중첩되어 있어서 강우량이 풍부하고, 온화한 기후이다. 「비가 자주 내리는 청산(靑山) 사계의 봄」이라 불리는 차나무 성장에 최적인 환경이다.

오자선호는 오자녹차 중에서 대표적인 품종이다. 형태는 난의 꽃과 같으며 짙은 녹색으로 백호가 보인다. 향은 진하며 맛은 순하다. 마실 때 부드럽고 끝맛의 여운이 달다. 우려낸 찻물은 녹색이며, 찻잎은 부드럽고 녹색이다. 싹과 잎을 모두 사용하며, 유리컵에서 우려낸 경우는 찻잎이 상·하로 분리되는데 표면에 떠 있는 찻잎은 만개된 난의 꽃과 같고, 가라앉은 찻잎은 초봄의 새싹처럼 그 아름다움에 감동한다.

● ● ●

5) 둔계에서 가공하여 출고된다고 하여 얻어진 이름이 둔록이다. 둔록은 중국에서 수출하는 녹차 중에서 극품에 속하는 차이다. 재배와 생산은 당나라때 시작되었으며, 이미 1200여년의 역사를 가지고 있다. 명 만력년간(明 萬万年間 1573~1619)에 국제시장에 두각을 나타내 보였다.
* 1851~1864년 유럽으로 수출시작
* 1920년에는 둔계에 109가구의 국내외 영업부가 생겼으며 차번호를 매김
* 1950년 중화인민공화국이 성립된 후 둔계에 국유의 두계다창이 건립되었으며. 이때부터 서서히 자동화 생산
* 1981년 특진 1급차 차가 국가 우량품질식품대회에서 은상 수상
* 1988년 아테네에서 열림 제27회 세계 식품박람회에서 은상, 중국 제1회 식품박람회에서 금상 수상

품질은 상등(上等)으로 인체에 필요한 미네랄과 미량원소가 전국 녹차의 평균치보다 높다. 가장 특징적인 것은 천연 아연 · 셀렌 성분이 풍부하다. 오자선호의 효능으로는 체온을 떨어뜨리고 갈증을 해소시킨다. 몽롱한 정신을 일깨우고 체력을 빠르게 회복시킨다. 해독 · 이뇨작용과 지방을 분해시키고 위장의 팽만감을 해소한다. 다이어트와 장수에도 효과가 있고, 고혈압과 고지혈을 저하시키고 암의 예방에도 뛰어난 효과가 있다.

5) 육안과편(六安瓜片)

육안과편은 줄여서 편차(片茶)라고 하고, 외형이 수박씨, 해바라기씨와 같은 모양으로 육안지역에서 생산되기 때문에 불려진 이름이다. 안휘성의 육안(六安) · 금채(金寨) · 작산(雀山) 지역에서 생산되고 있다. 이 중에서 금채현 제운산 선화령(鮮花嶺) 편사동(蝙蝠洞)에서 생산된 찻잎이 가장 품질이 우수하고, 「제산명편(齊山名片)」이라 부르고, 중국의 유명한 녹차품종의 하나이다.

육안과편은 생산지역이 완서대별산(皖西大別山) 구역에 위치해 있고, 첩첩산중에 초목이 무성하고 물이 풍부하고, 항상 안개가 자욱한 상태이다. 상대 습도는 70%이상이고, 연간 강우량은 1,200㎜이다. 이곳에는 박쥐가 집단으로 서식하고, 그들의 배설물 속에는 인산비료가 많으므로 토양은 매우 비옥하다. 재배되고 있는 차나무의 잎은 짙은 녹색으로 부드럽고, 새싹은 크고 백호가 많다.

찻잎을 채취하는 계절은 다른 일반적인 찻잎보다는 반달 정도 늦다. 고산에서는 더욱 더 늦고, 대부분이 청명에서 곡우 사이에 채취한다. 차나무의 끝은 일심(一芯)에서 3, 4매 정도의 찻잎을 채취한다. 그 다음 채취한 찻잎을 3매, 2매 순으로 새싹까지 줄기에서 분리시키고 구분한다.

다음 공정은 찻잎을 볶는다[炒]. 홍배(烘焙)의 공정에서는 위조(萎凋)상태까지 볶고, 최후의 공정으로 부드러워진 찻잎을 빠르게 건조시킨다. 짙은 녹색에서 백호가 나타나고, 찻잎의 향이 충분하게 발산하는 정도까지 건조시키고, 열이 식으면 용기에 넣고 밀봉한다. 제다(製茶)가 완성된 찻잎은 이면(裏面)에 만곡(彎曲)이 생기고 씨앗[種]의 모양으로 된다. 우려낸 찻물은 밝고 짙은 녹색이고, 상쾌하면서 향이 매우 진하다. 맛은 달면서 순한 맛이다. 품질은 최고급품과 1·2·3급의 4등급으로 나눈다. 우려낸 후의 찻잎은 연꽃처럼 넓게 퍼지고, 두 번째 마시는 차의 향이 가장 그윽하다. 또 피로 회복과 정신적인 자각, 감기 등에 효과적이다.

육안의 찻잎 생산은 당나라에서부터 시작하였지만, 육안과편은 명~청대에서 널리 사람들에게 알려졌으며, 명대에는 문유(聞猶)의 《다전(茶箋)》에서 「육안의 정품, 약에 넣으면 가장 좋다」, 즉 육안의 찻잎을 약에 넣는 것이 가장 좋다라고 쓰고 있다. 명대의 초기에 육안과편은 대부분이 헌상차이다.[6]

6) 서호용정(西湖龍井)

서호용정은 약칭해서 용정이라 부르고, 「담장농말(淡粧濃抹)을 총칭해서 모든 것이 좋다[相宜]」라 알려진 서호와 「용홍정(龍泓井)」의 성스러운 물에서 붙여졌다.[7] 절강성 항주시 서호서남[8]에 있는 용정촌 주변의 산간부에서 산출되고, 다원

● ● ●

6) 육안과편은 당대에 시작하여 명·청에 와서 이름을 날렸다. 명대 《문유다전》 한 구절을 보면 「육안은 정교한 품질로써 약용으로 쓰기에 가장 좋다」했다. 이 차는 명대 초기에 공납으로 바치기 시작했다. 가장 먼저 차시장에서 출현한 것은 1905년에서 1920년 사이다. 1982년 전국 명차 심사평가에서 전국명차로 불리어졌다. 또한 1986년 복주에서의 심사평가에서도 전국 명차로 칭호받았으며, 1990년 하남신양에서 금채현 다엽공사의 차가 우수한 품질의 차로 상을 받았으며, 또한 연속 3차례 전국명차상을 받았다.
7) 서호 용정차는 그 산지에 이름난 우물인 용정이 있어 우물 이름을 본 따 지었다. 용정은 우물 이름, 절 이름, 지명, 차나무 종류 명 및 차 이름 등 여러 가지로 사용된다. 옛날에 한 승려가 용정천에 절을 짓고 차를 심었는데, 그 품질이 우수하여 세상 사람들에게 점차 알려지기 시작하였다. 청나라 건륭(乾隆)황제는 항주를 유람할 때 호공묘 노룡정사(胡公廟 老龍井寺)에서 차를 마셔보고 높이 평가하면서 절 앞에 있는 18그루의 차나무를 「어차(御茶)」라고 봉했는데 그로부터 서호용정차의 명성은 점점 높아져 세계에서도 이름난 중국 명차로 되었다.

(茶園)은 주로 사봉(獅峰)·용정(龍井)·영은(靈隱)·오운산(五雲山)·호포(虎跑)·매가오(梅家塢) 일대의 해발 30m이상의 구릉에 분포하고 있다.

　서북에 백운산과 천축산의 여러 산들이 천연의 병풍으로 되어있어서 겨울에는 계절풍을 막아주고, 동남에서는 9개의 넓은 강과 18개의 하천이 펼쳐져 있다. 연간 평균기온은 16도, 강우량은 1,600㎜정도이다. 봄이 되면 새싹이 싹틀 시기에 이슬비가 내리는 날씨가 이어지고, 차나무에 윤기를 주는 운무(雲霧)가 발생하는 경우가 많다.

　토양은 산성홍토(酸性紅土)가 대부분이며, 특히 사봉의 토양은 좋은 산성성분이 많이 포함되어 있어, 차나무의 뿌리가 깊게 내리고, 가지와 잎은 짙은 녹색으로 자라고, 싹이 돋아나 자라는 시기가 여러 차례이기 때문에 채취를 하는 기간이 길다. 서호용정은 이처럼 물이 풍부하고, 사계절의 변화가 분명하고 온화한 기후의 환경에서 재배되고 있다.

● ● ●

8) 중국 저장성(浙江省) 북부 항저우시(杭州市) 서부에 있는 호수. 첸탕호(錢塘湖)·시쯔호(西子湖)라고도 한다. 본래 항저우만으로 통하는 만이었으나 모래의 퇴적에 의해 만이 막혀서 호수가 되었다. 남북길이 3.3㎞, 동서길이 2.8㎞, 넓이 6.03㎢, 호면넓이 5.66㎢ 이다. 3면이 난카오봉(南高峰)·펑창산(鳳凰山)·위황산(玉皇山) 등에 둘러싸여 있다. 호면에는 바이티(白堤)와 수티(蘇堤) 등 긴 제방이 있어서 이 두제방에 의해 와이시호(外西湖)·시리호(西里湖)·베이리호(北湖)·난호(南湖)·웨호(岳湖) 등으로 나누어진다. 호수 북부에는 청(淸)나라 때 편찬된《사고전서(四庫全書)》를 소장한 원란각(文瀾閣)이 있는 후산(孤山)이라는 섬이 있다. 당(唐)나라 때에 항주자사(杭州刺使) 이비(李泌)가 호수의 물을 끌어서 관개에 이용하였고, 송(宋)나라가 남진한 뒤에는 산수의 경치가 좋은 곳으로 유명해졌다. 산탄인웨이(三潭印月)·펑후추웨이(平湖秋月)·화캉관위(花港觀魚) 등 시후십경이 특히 유명하며, 주위에는 링인사(靈隱寺)와 톈주산사(天竺三寺) 등 유명한 사찰과 남송(南宋)의 충신 악비(岳飛)의 무덤인 웨펀(岳墳), 후라오천(虎路泉) 등 명승고적이 많아 중국의 대표적인 명승지로 알려져 있다. 이 밖에 중국에는 푸졘성(福建省) 푸저우(福州)와 광둥성(廣東省) 훼이저우(惠福州) 등에 시후라고 하는 호수가 30여 개 이상 있다.

✘ 찻잎을 따는 시기

매년 봄이 되면 4회로 나누어 신선한 찻잎을 채취한다. 청명절(淸明節 : 4월 상순) 전에는 첫 번째의 명전차(明前茶)를 채취한다. 새싹은 연(蓮)의 싹과 비슷한 모양을 하고 있기 때문에 연심(蓮心)이라 부른다.[9] 1kg의 찻잎을 제조하기 위해서는 신선한 찻잎이 7만매가 필요하기 때문에 매우 귀중한 차이다. 곡우전(4월 하순)에 채취한 찻잎을 우전차(雨前茶)라 하고, 두 번째 춘차(春茶)라고도 부른다. 이때는 새싹에서 부드럽게 펴져 있는 정도로 깃발의 형태와 유사하다. 차 싹이 길게 펴지고, 보병들의 총과 비슷한 형태를 하고 있기 때문에 기창(旗槍)이라 부른다.

입하(立夏)때에는 세 번째 춘차를 채취한다. 이 시기의 찻잎은 차싹에 찻잎이 2매로 벌어지고 참새의 혀와 같은 형태를 하고 있으므로 작설(雀舌)이라 부른다. 네 번째 춘차는 세 번째 춘차의 1개월 후에 채취한다. 찻잎은 편상(片狀)으로 펴지고, 줄기도 붙어 있기 때문에 경편(梗片)이라 부르고, 품질은 앞의 세 가지에는 미치지 못한다.

✘ 제다 공정과 품질

고급 용정의 제조는 청과(靑鍋), 휘과(輝鍋)의 두 가지 공정을 거친다. 제조의 전통수법으로는 ㉠ 조(抓 긁을 조) ㉡ 두(抖 떨 두) ㉢ 탑(搭 탈 탑) ㉣ 탑(搨 베낄 탑) ㉤ 나(捺 누를 날) ㉥ 추(推 옮을 추) ㉦ 구(扣 두드릴 구) ㉧ 솔(甩 던질 솔) ㉨ 마(磨 갈 마) ㉩ 압(壓 누를 압) 등의 수법이 있다.[10] 제다의 과정에서 이러한 수법을 살리고, 제다된 찻잎은 편평(扁平)한 형태로 쭉 곧게 펴져 있으며, 크기는 거의 대부분이 같은 것으로 난의 꽃과 비슷한 형태이다. 서호용정은 짙은 녹색, 농후한 향 달콤하면서도

●　●　●

9) 차순이 찻잎보다 길어야 하며 길이는 2.0cm보다 짧아야 한다.
10) 고급 용정차는 덖음에서 그 공정은 매우 정밀하고 깊으며 전통적인 가공공예로 이뤄지는 데 떨어서, 가지고[帶], 밀치고, 던지며, 곧게 하고, 넓히며, 뒤집어 엎어놓고, 긁어 움켜잡으며, 힘을 주어 누르고 문지르듯 민다. 이렇게 열 가지의 손동작이 있다.

순한 맛을 가지고 있으며, 작설(雀舌)의 형태가 매우 우수한 것으로 세계적으로 널리 알려져 있다.

용정차의 등급은 채취하는 시기로 구분하는 것 이외에도 생산지에 따라서 분류하는 경우도 있다. 역사적으로 사봉·용정·오운산·호포의 4종류가 있다. 현재는 서호용정(西湖龍井)·전당용정(錢塘龍井)·월주용정(越州龍井)의 3종류로 통일하고, 외형과 품질의 우열에 따라서 8가지 등급으로 구분하고 있다. 가장 좋은 것이라 판정되고 있는 것은 담황색(淡黃色), 진한 향이 오래도록 유지되는 것으로 사봉(獅峰)에서 생산되고 있는 것이기 때문에 용정차의 최고봉으로 되어 있다.

용정촌에서 생산되고 있는 찻잎은 도톰하면서 부드럽고, 싹의 끝 부분이 노출되어 있고, 맛은 짙은 것이 특징이다. 매가오(梅家塢)에서 생산되고 있는 찻잎은 정교한 제다 공예로 제조되어 짙은 녹색을 띠고 있으며, 금정(金釘)의 형태와 비슷하다. 우려낸 찻물의 색은 청녹색으로서 맛은 상쾌하다.

용정차에 포함되어 있는 아미노산·아센야쿠노킨산·비타민C 등은 다른 차보다 많이 포함되어 있기 때문에 영양도 풍부하고 목의 갈증을 해소하고, 지방분을 분해하고, 소염해독(消炎解毒)의 효과가 있다. 지원(地元)의 호포, 용천의 물로 차를 우려내면 농후하면서도 상쾌한 맛과 향이 있다. 찻잎은 각각 1매씩 만들어져 있어 관상할 가치도 있다. 그러므로 항주(杭州) 쌍절(雙絕)이라 칭송되고 있다.

서호주변에서 차나무의 재배는 유구한 역사가 있다. 언제 누구로부터 시작되었는가에 대한 정설은 없지만, 당대의 육우가 지은《다경 茶經》속에 이미 「전당(錢塘)에서는 천축, 영은 두 사찰에서 차를 생산한다」라고 기록하고 있다. 당시에 생산되었던 찻잎은 백운차(白雲茶)·향림차(香林茶)·보림차(寶林茶) 등이었던것 같다. 북송시대의 소식(蘇軾)이 항주에서 지사(知事)를 하였던 때에 서호(西湖)의 차나무 역사에 대해서 검증 하였다. 서호에서 최초로 차나무를 재배하였던 것은 영은(靈隱), 하천축향림동(下天竺香林洞) 부근이고, 시인 사영운(謝靈運, 385~433)이 하천축에서 불교경전을 번역할 때에 천태산에서 차나무의 종자를 가지고 온 것이 계기가 되었던 것같다.

이에 따르면 서호(西湖) 부근에서 차나무의 재배가 시작되었던 것은 남북조 시대로서 현재까지 1500여년의 역사를 가지고 있다. 또 항주에서 차가 융성하게 생산되었던 것이《다경》의 내용에서도 보인다. 명대(明代)의 전예형(田藝衡)은《자천소품(煮泉小品)》에서 용정차에 대해서 「이제 무림의 제천(諸泉), 유용홍품(惟龍泓品)에 들고, 차는 또한 유용홍산(惟龍泓山)을 최고로 한다. 또 그 위에는 노용홍(老龍泓)으로 하고, 한벽지(寒碧之)에 갑절이 되고, 그 땅에서 생산되는 차는 남북으로 널리 알려지게 되었다」라 논하고 있다. 송대(宋代)에서는 천축(天竺), 영은(靈隱) 일대에서 생산된 찻잎을 헌상차(獻上

茶)로 하였던 적도 있다. 청대의 건융 황제가 강남항주를 순행(巡幸)한 때에, 용정천에서 시를 노래하고, 사봉호공묘(獅峰湖公廟)에서 용정차를 맛보고, 공묘(公廟)의 앞에 재배되고 있던 18그루의 차나무를 「어차(御茶)」로 봉했다. 그러므로 용정차는 황실전용의 헌상품으로 되었다.

7) 화정운무(華頂雲霧)

화정운무차는 천태산 운무차라고도 불린다. 보타산 불차(佛茶)에 속하고, 천태종의 발상지, 절강성 천태산 화정봉(華頂峰) 고찰 주변에서 생산되고 있다. 해발 800~900m의 정도에서 차나무가 재배되고, 연간 평균 기온은 12·2도, 여름은 시원하고 겨울은 춥다. 수량이 풍부하고 안개가 산을 감싸고 있으며, 겨울이 되면 여러 번 눈이 쌓인다. 연간 강우량은 1.900㎜정도이고, 습윤(濕潤)한 차 생산지이다. 토양은 비옥한 고산향회토(高山香灰土)이고, 다원(茶園)은 좋은 장소를 선택하여 만들었기 때문에 분산되어 있다. 주위에는 수목을 심어서 천연적인 방풍림으로 되어 있다.

✘ 제다 공정과 품질

기온이 낮기 때문에 새싹이 나오는 시기가 다른 차에 비해서 조금 늦다. 곡우 전후에 1심1엽의 찻잎을 채취한다. 원래 초청녹차(炒靑綠茶)에 속하지만, 현재는 소청과 홍배(烘焙)를 혼합해서 제다한다. 전체적으로 수작업으로 만들고 신선한 찻잎을 고온으로 살청(殺靑)하고 부채로 식힌다. 가볍게 유념(揉捻)·건조(乾燥) 및 볶고[炒], 다시 저온에서 건조한다. 찻잎의 외형은 강하게 비틀어져 편평한 형태를 하고 있으며, 윤기가 있는 녹색이다. 그윽한 향이 오래도록 지속되고, 농후하면서 상쾌한 맛이 있다. 우려낸 찻물은 밝은 천녹색(淺綠色), 찻잎은 부드럽고 고르게 펴지며 밝은 녹색이다. 차를 마신 후의 맛은 달짝지근하며, 세 번을 우려 마셔도 향이 입안에서 맴도는 것이 고산운무차(高山雲霧茶)의 특징이며, 녹차 중에서도 명품이라 알려져 있다.

천태산의 차나무의 재배는 한대(漢代)에서 시작되었기 때문에 비교적 오랜 역사를 가지고 있다. 기록에 의하면 전한(前漢)시대 말, 도교의 방사인 갈현(葛玄, 164~244)이 화정에 차나무를 심기 시작하였으며, 수 · 당시대 이후 서서히 유명하게 되었다. 당대에는 일본에서 최징(最澄)이 천태산 국청사에서 불교를 배우고 귀국할 때에 천태산의 차나무 종자를 가지고 돌아와 근강(近江, 滋賀縣)의 판본(坂本)에서 재배되었다고 알려져 있다.

8) 죽엽청차(竹葉青茶)

인민해방군의 진의(陳毅)장군이 1964년 아미산 만년사에서 차를 마신 후에, 찻잎의 형태가 매우 아름다운 것이 대나무의 잎과 같은 것이며, 찻물은 투명하면서 짙은 녹색이기 때문에 「죽엽청」이라 부른 것에서 이름이 붙여졌다. 또 물을 부으면 흡사 대나무잎 같은 찻잎이 찻잔 수면에 떠오르기 때문에 죽엽청차라 부르기도 하였다.

사천성의 아미산 주변에서 생산되고, 이른 봄에 가늘면서 부드러운 새싹을 채취하여 제다한 찻잎이다. 초청녹차에 속하고, 적당한 온도에서 150g을 적량으로 볶으면서 흔들고[振], 손으로 잡거나[攏 칠 괵], 흩거나[散], 누르거나[押] 등의 방법을 가미해서 1회로서 제다 공정을 마무리한다. 외형은 편평하면서 곧게 뻗은 형태이며, 윤기가 있는 얕은 녹색이다. 우려낸 찻물은 밝은 황녹색이며, 찻잎은 옅은 녹색으로 부드럽다. 맛은 감칠맛이 있으면서 상쾌하다. 마신 후에 그윽한 향이 여운으로 남고 달짝지근하다. 기분을 전환시키고 눈의 질환을 예방하는 효과가 있다.

아미산의 찻잎 생산은 당대에서부터 시작하였다. 송대(宋代)의 락사(樂史)가 편찬한 《태평환우기(太平寰宇記)》에 「미주(眉州)는 차 생산지이다」라고 기록되어 있다.

죽엽청은 아미산 만년사의 승려가 전승한 차나무의 재배와 제조기술을 바탕으로 하여 1960년대부터 대량생산을 시작하였다.

죽엽청차는 입안의 갈증을 완화 시켜주고, 배뇨 작용에 좋고 지속적으로 마시면 노화를 방지해주고, 암 예방에도 좋다. 또한 죽엽청차는 눈을 맑게 해주고 시력에 도움을 준다.

9) 경산차(徑山茶)

경산차는 절강성 여항현(余杭縣) 서북의 천목산(天目山) 동북의 봉우리인 경산에서 생산되고 있다. 경산의 주봉(主峰)은 능소봉(凌霄峰)으로 같은 천목산의 동북쪽에 있는 봉우리이다. 산의 동쪽에 있는 길은 여항에 연결되어 있고, 서쪽으로 난 길은 임안(臨安)의 천목산에 연결되어 있다. 아열대 계절풍 기후지역에 속하고, 온화하면서 습기가 많고, 강우량은 년간 1,600~1,800㎜, 연간 평균기온은 16도이며, 일조시간은 1,970시간 정도, 서리가 없는 기간은 244일간, 안개가 봉우리의 주위를 감싸고 기려(綺麗)한 샘이 흐르고, 토양은 그 대부분이 붉은 색과 황색이다. 비옥하기 때문에 차나무의 재배에 적합하다.

홍청(烘靑)녹차에 속한다. 채취를 위한 조건으로 1심1엽(一芯一葉), 또는 1심2엽(一芯二葉)을 채취한다. 1kg의 특급 또는 일급 경산차는 6, 2만매의 신선한 찻잎을 필요로 한다. 인공으로 볶고, 작은 솥에서 살청하고 부채 등을 이용하여 열을 식히는 것이 경산차 제다의 특징이다. 즉 신선한 잎을 펼쳐 놓은 후 솥에서 살청하고 바람을 이용하여 시원하게 널어놓았다가 가볍게 유념하고, 초기 홍간에서 다시 펼쳐 서늘하게 한 다음 적당한 온도에서 다시 불에 쬐어 말린다. 찻잎의 외형은 가늘게 비틀어진 형으로 새싹의 끝은 가지런하게 되어 있다. 색은 짙은 녹색으로 맑은 향이 있고, 맛은 신선하고 부드럽지만, 우려낸 찻물은 밝으면서 엷은 녹색이며, 우려낸 후의 찻잎은 여리고 고르며, 여러 번 우려내 마셔도 변함이 없다.

경산 찻잎 생산의 역사는 당대부터 시작하여 송대에 최고의 전성기를 이루었다. 경산은 또 불교의 성지이기도 하며, 차와 불교는 깊은 연관을 가지고 있다. 남송 때 일본의 선승 성일(聖一)선사와 대응(大應)선사가 중국으로 건너가, 경산사에서 불교를 연구하였다. 그들은 귀국할 때 경산차의 종자와 차 도구를 가지고 돌아와 중국의 「연다법(碾茶法: 點茶法)」을 일본에 전하였다. 《속여항현지(續余抗縣志)》에 의하면 경산의 능소봉에서 생산된 차가 가장 좋다는 기록이 있다. 경산차는 1978년 생산이 회복된 이래 각각의 차 심사평가 중 연속 3년 명예상을 받았으며, 가장 아름다운 차라는 칭호를 받았다. 1985년 6월 전국명차로 인정받았다.

10) 노산운무(盧山雲霧)

예전부터 문림차(聞林茶)라 부르고, 명대부터 현재의 명칭을 사용하였다. 강서성의 노산에서 생산되고 있다. 노산의 북쪽은 장강(長江)에 인접해 있고, 동쪽은 파양호(鄱陽湖)에 인접해 있다. 최고봉의 해발은 1,543m이고, 산에는 단애(斷崖)나 깎은 듯이 솟은 절벽이 많고 협곡은 깊다. 차나무는 해발 500m이상의 수정암(修靜庵)·팔선암(八仙庵)·마미수(馬尾水)·마이봉((馬耳峰)·패운암(貝雲庵) 등에 분포되어 있다. 호수의 물이 증발하면서 구름이나 안개가 항상 발생하는 자연환경을 가지고 있다. 연간 평균기온은 11.5도, 주야의 온도차는 21~23도, 연간 강우량은 1,245~1,339mm, 평균습도는 78%, 해발이 높고 봄이 늦게 오기 때문에 차나무의 싹이 나오는 시기는 곡우 이후, 4월 하순부터 5월 상순이 된다. 안개가 가장 많은 시기이기 때문에 운무차(雲霧茶)의 독특한 품질을 가지고 있다.

제다 공정과 품질

다른 차보다 채취시기가 늦기 때문에 곡우에서 입하의 사이에 채취한다. 채취를 하는 찻잎의 크기는 1심(一芯)으로 펴진 잎이 5cm이내의 한 잎을 채취한다. 자색(紫色)을 띠는 새싹이나 벌레가 먹은 찻잎, 비틀어지거나 생육이 불량한 찻잎 등을 제거하여, 햇빛이 없고 통풍이 좋은 곳에서 4~5시간 정도 말린다. 그 후 살청, 진산(振散), 유념, 리조(理條), 착조(搓條), 제호(提毫), 건조(乾燥), 선별 등의 공정으로 제조한다. 즉 살청, 유념, 2차 덖기, 찻잎모양 정리, 찻잎 비비기 등으로 나누는데 앞에서

서술한 이런 절차들은 가마에서 완성된다.

　한편으로 덖는 동시에 긴 모양을 형성하며 80%정도 건조될 때까지 덖은 후 가마에서 꺼내어 고른다. 제호(提毫)는 찻잎을 손바닥으로 힘껏 비벼서 찻잎 솜털을 일어서게 하고 백호가 드러나게 하는 절차를 말한다. 나중에 찻잎 부스러기 제거, 쬐어 말리기, 구어 말리기 등 절차를 거쳐 완제품으로 된다. 노산운무차는 특급, 1~3급으로 나누는데 특급은 2개 등급으로 나누고 기타는 등급을 나누지 않는다. 고급 품질차는 찻잎이 송이로 되어있고 외형은 난초 꽃 모양이다. 가지마다 아름답고 푸르며 솜털이 많고 향(豆花香, 두화향)이 시원하고 오래 간다. 찻잎의 외형은 도톰하면서 백호(白毫)가 있으며, 짙은 녹색으로 난 향과 같은 상쾌한 향이 있고, 농후한 맛은 신선하고, 상쾌하고 달짝지근하기 때문에 여러 차례 우려낼 수 있다. 찻물은 밝은 녹색으로 뒷맛의 여운은 달다.

　노산운무차는 예로부터 호평을 받던 것으로 차 중에서도 높은 평가를 받고 있다. 폴리페놀 성분은 28.4%, 수침물 48.9%, 알카로이트와 비타민C도 많이 함유되어 있기 때문에 건강에 매우 효과가 좋다. 노산에서 차나무의 재배는 진대(晋代)부터 시작하였다. 구강(九江)은 당대에 이미 찻잎을 거래하는 항구로 유명하였다. 백거이(白居易 : 樂天)의《琵琶行》에「전월 부량(浮梁)에 차를 사 가지고 갔다.」의 시구(詩句)는 차상(茶商)들이 구강에서 부량(景德鎭)의 사이를 왕래하면서 찻잎을 판매하는 모습을 묘사한 것이다.《본초강목》에는 이미 운무차를 명차(名茶)의 반열에 기록하고 있다. 운무차의 명칭은 명대부터 시작되었으며, 지금까지 300여년의 역사가 있다.[11]

11) 남경우화차(南京雨花茶)

　남경우화차는 1960년대에 녹차 종류로서 새로 등장한 명차이다. 강소성 남경시에서 투명하고 아름답고 오색찬란한 우화석(雨花石)이 산출되고 있는 우화대

● ● ●

11)《노산지(盧山地)》에 의하면 동한(東漢)시기에 불교가 중국에 전해지면서 노산에는 사찰이 300여 개가 되었는데, 승려들은 야생차를 따는 여가를 이용해 백운(白雲)의 깊은 골짜기에 밭을 일구어 차를 재배했다. 가공한 차는 승려들이 마셨고 운무차라 불렀다. 즉 노산운무차는 산 이름으로 얻은 이름이고, 명·청시대에 나타나기 시작했으며 민국시기에 발전이 흥성했다.

(雨花台)에서 생산하고 있기 때문에 이름 붙여진 것이다. 1958년부터 연구개발을 계속하여 현재까지 30여년의 역사를 가지고 있다. 우화차 산지는 녕진(寧鎭)의 구릉지대에 속하고, 지형은 기복이 많고, 해발은 60m, 산성갈색토양으로 연간 평균 기온은 15 · 5도, 무상기(無霜期)는 225일, 연간 강우량은 900~1,000㎜이다.

남경우화차의 산지는 최초의 생산지인 남경시 산릉(山陵)과 우화대 원림경승지에서 서하(栖霞), 포구교외(浦口郊外)와 강령(江寧) · 강포(江浦) · 육합(六合) · 율수(溧水) · 고순(高淳) 등으로 광대하다. 제조공정은 수작업에서 기계화로 생산이 이루어지고, 품질도 매년 수준을 높여가고 생산량은 8~9톤에 달한다.

✖ 제다 공정과 품질

청명전후로 1심1엽 또는 1심2엽을 채취한다. 벌레가 먹은 잎이나 자줏빛 나는 잎, 붉은 빛을 띄는 잎, 잎에 구멍이 있는 잎은 채취하지 않는다. 채취한 찻잎은 햇빛이 쐬이지 않도록 바로 가공을 한다. 초청녹차의 제다 공정으로써 가볍게 위조(萎凋) · 고온살청 · 적당한 온도의 유념, 건조 등을 통해서 선별작업을 하여 특급과 1~4 등의 5가지 등급으로 분류한다.

완성된 우하차의 모양은 솔잎처럼 곧으며, 녹색이며, 백호(白毫)가 나타나 있다. 우려내면 찻잎은 부드럽고, 크기가 고르다. 맛이 상쾌하면서 향이 진하고 색은 투명하고 맑다. 마시면 기분을 전환시키고 지방의 농도를 떨어뜨리는 효과가 있다. 1982년 사업부 전국명차평가회에서 전국 30명차 중 하나로 뽑혔으며, 1983년 · 1985년 전국명차평가회에서 우량품종 중의 하나로 뽑혔고, 1986년 · 1990년 전국 명차평가회에서 다시 연속 전국명차로 인정받았다.

12) 신양모첨(信陽毛尖)

신양모첨은 하남성 남부 대별산지역의 신양현(信陽縣)에서 생산되고 있다. 곧게 뻗은 것으로 끝이 뾰족하면서 백호가 나타나 있기 때문에 신양모첨이라 부른다. 차 생산지역은 차운산(車雲山) · 집운산(集雲山) · 천운산(天雲山) · 운무산(雲霧山) · 진뇌산(震雷山) · 연운산(連雲山) · 흑룡담(黑龍潭) · 백룡담(白龍潭)

및 하남성과 호북성 경계의 '의양삼관(宜陽三關)' 등 해발 300~800m 계곡에 분포되어 있다. 푸르른 산들이 중첩되어 있고, 계곡이 종횡으로 통하여 시원한 경관이 일품이다.

다원은 과수원(果樹園)·죽원(竹園)·소나무나 삼나무 사이에 분포하고, 사계절을 안개가 감싸고 있다. 평균 연간기온이 15도, 강우량이 1,200mm, 비옥한 부식토양이기 때문에 차나무의 성장에 적합하다. 좋은 자연환경과 오랜 경험을 바탕으로 한 차나무 재배자의 과학적인 다원관리에 의해 도톰하면서도 부드러운 차싹이 잘 자라므로 고급스러운 명차를 제조하는 것이 가능하다.

✄ 제다 공정과 품질

신선한 찻잎을 솥에서 고온 살청하고, 그 후 솥에서 볶는다. 수작업으로 찻잎의 형태를 만들고, 열로써 건조하고 널어서 온도를 식힌다. 다시 건조를 하고 선별을 하여 수분이 5~6%정도로 될 때까지 건조한다. 그 후 곧 밀봉포장하고, 저온에서 햇빛이 닿지 않는 곳에 보관한다. 외형은 가늘면서 둥글고 부드러우면서 곧게 펴진 백호가 많고, 색은 짙은 녹색이다. 우려낸 찻물은 향이 진하고, 맛은 순하면서 농후하다. 색은 투명하면서 밝고, 뒷맛의 여운은 달짝지근하다.

신양의 차 생산은 오랜 역사가 있다. 이미 당대에 차 생산지의 하나로 알려져 있었다. 1936년《중수신양현지(重修信陽縣志)》에서는 「본산은 이미 옛날부터 차를 생산하고, 당의《지리지》에서는 의양(현재의 신양현)에 헌상품의 차로 알려졌다. 소동파가 회남차(淮南茶)는 신양이 제일이다라고 하였다.」고 하는 내용이 엿보인다. 청대에 이르러 신양모첨은 오늘날의 독특한 특징으로 완성하였다.

13) 고저자순(顧渚紫笋)

고저자순은 절강성 호주시 장흥현 수구향 고저산 일대에서 생산된다. 신선한 차 싹은 자주빛으로 부드러운 찻잎은 죽순껍질과 비슷하기 때문에 붙여진 이름이다. 장흥현은 절강성의 서북쪽, 태호(太湖) 부근에 위치하고 있다. 남과 북, 서쪽에는 산으로 둘러 싸여 있고, 동쪽에는 태호가 인접해 있다. 현(縣)내에는 대소의 봉우리가 300여개이고, 아열대 계절풍 지역이다. 연간 평균기온은 15·6도, 연간 강유량은 1600㎜정도이다. 연간 서리가 내리지 않는 기간은 235일에 달하며, 산간지역은 아침과 저녁에 안개가 발생한다. 토양은 황색과 적색의 흙 및 모래가 대부분이다.

차나무의 대부분은 산간에서 재배되고 있다. 지역을 분류할 때 이러한 산간지역을 「계(界)」라 부르고, 서오계(西塢界)·방오계(方塢界)·고오계(高塢界) 주변에서는 가장 많은 차나무가 재배되고 있다. 차나무의 성장에 적합한 자연환경이고, 새싹이 잘 자라고 풍성하며 잎이 고르게 돋고, 찻잎에 솜털이 많다. 생산량도 많고 홍차·녹차의 제다에 적합한 원료이다.

✖ 제다 공정과 품질

찻잎 따는 시기는 매년 청명전에 시작하여 곡우까지이며, 찻잎은 1심1엽, 또는 1심2엽을 잎이 막 펴지기 전의 것을 채취한다. 제다 방법은 먼저 찻잎을 펼쳐 널어 시들게 한 후 살청하고, 외형을 만들어 다시 서늘한 곳에 펼쳐 널어 식힌 후 불에 쬐어 말리기를 한 다음, 다시 불에 쬐어 말린다.

완성된 극품(極品)의 찻잎 모양은 죽순과 많이 닮았다. 상등품의 차는 부드러우면서 곧고 여리며 조금 길고, 난의 꽃과 비슷하다. 색은 짙은 녹색, 은색의 털이 선명하게 나타나 있다. 혜란(蕙蘭)의 향이 있고, 맛은 상쾌하면서 단맛이 도는 맑고 그윽한 녹차이다. 우려낸 찻물은 투명하면서 밝고, 찻잎은 가늘고 부드럽고 각각의 모양이 고르게 되어 있다. 그러므로 「푸른 비취색과 아름다운 향이 있고, 향을 맡으면 사람을 취하게 하고, 마시면 마음을 온화하게 한다」라 말하고 있다.

장흥현 고저산(顧渚山)의 차는 역대 명차로서, 당나라 중기부터 그 명성이 자자했다. 다성 육우가 당의 대력(大歷)년간, 고저산에 다원(茶園)을 설치하고, 스스로 찻잎을 채취하여 차를 만들어 맛을 보았다고 전해지고 있다. 또 육우는 《고저산기》(현존하지 않는다)를 지어서 고저산의 차에 대해서 기록하고 있다. 《다경》에 의하면 「자주 빛을 띄는 차는 상품이며 녹색 빛은 차등이고, 죽순모양을 한 것이 상품이며 잎의 모양을 한 것은 그 다음이다.」라고 하였으며, 고저자순차를 제2의 명차라 하였다.

당대의 황실은 헌상차의 제다를 감독하기 위해 고저산에 공차원(貢茶院)을 설립하였다.《오흥지

《吳興志》의 기술에 의하면 당의 대력(大曆) 5년(770)에는 고저원에 고옥(稾屋) 30칸을 건립하고, 헌상차의 제다를 위하여 금사천(金沙泉)을 끌어 들였다. 고저자순은 당의 광덕(廣德)년간(763~764)에서 명의 홍무(洪武) 8년(1375)까지 600여년을 거치면서 헌상차로 지정되어 왔다. 즉 전국 헌상차 중에서도 매우 오랜 기간 헌상차로 지정되었다. 제다 방법도 병차(餅茶), 용단차(龍団茶)로부터 산차(散茶), 증청(蒸靑)에서 초청(炒靑)까지 여러 가지 다양한 방법으로 제다 기술이 발전되어 왔다. 1982 · 1985 · 1986 · 1990년에 전국 명차로 선정되었다.

14) 아미모봉(蛾眉毛峰)

봉명모봉(鳳鳴毛峰)이라 부르고 있는 아미모봉은 1978년에 지금의 이름으로 바꾸었다. 사천성 아안시 봉명향 계화촌(桂花村)에서 생산되고 있다. 산지는 북위 30도, 동경 103.3도에 위치하고, 사천분지의 서부, 티베트 고원의 동쪽에 있다. 주위는 산으로 둘러싸여 있고, 충분한 강우량과 온화한 기후, 겨울은 따뜻하고 여름은 시원하다.

다원은 해발 1,000m의 산간 지역에 위치해 있고, 항상 안개가 일어나며 비가 많다. 햇살은 그다지 강하지 않고 온도와 습도는 모두 자주 변화한다. 연간 서리가 내리지 않는 기간은 280일간에 달한다. 토양은 비옥하고 산성도 적당하다. 차나무의 성장은 양호하고 새싹이나 찻잎은 도톰하고 부드럽다.

사천성 아안지역의 명차 재배와 제다는 오랜 역사를 가지고 있고, 지금부터 1,200여년 전, 당대에 육우가 지은 《다경》에도 그 기록이 보인다. 1978년 아안지역의 다엽공사(茶葉公司)가 계화촌과 제휴하여 원래의 제다 공정을 근거로 하여 초춘(初春)에 1심1엽의 좋은 원료로서 초(炒) · 유(揉) · 배(焙)의 공정을 혼합하여 가공한 독특한 녹차, 즉 아미모봉을 개발했다.

찻잎의 외형은 단단하고 윤기가 있는 얕은 녹색, 새싹은 가늘고 곧게 뻗어 있으며 백호가 있다. 향은 신선한 향을 지니고 있으며, 맛은 농후하면서 상쾌하다. 우려낸 찻물은 투명하면서 약간 황색을 띄는 녹색이다. 우려낸 후의 찻잎은 부드럽고 고른 모양을 지닌 옅은 녹색이다.

15) 고교은봉(高橋銀峰)

고교은봉은 백호(白毫)가 흰눈과 같고 산처럼 쌓여 있는 것에서 이름이 붙여졌다. 호남성 다엽연구소(茶葉硏究所) 차실험장에서 생산되고 있다. 다엽연구소는 1932년에 설립된 것으로 원래는 호남성 차사(茶事)시험장 고교(高橋)공장이었다. 1945년부터 찻잎의 과학적 연구를 시작하고 고교진(高橋鎭)의 미곡산(彌谷山)에 새로운 다원(茶園)을 만들고 우량 품질의 차나무를 재배 관리하면서 찻잎 제다의 연구를 실시하였다.

고교은봉은 연구소가 1959년 신 중국성립 10주년을 맞이하여 개발에 성공한 신품종의 녹차이다. 고교다원은 옥황산록(玉皇山麓)에 위치하고, 남동은 유양(瀏陽)에 접해 있으며, 북쪽은 평강(平江)의 구릉산지에 접해 있다. 평균적인 해발은 200~300m로 산과 저수지가 가까이에 있으며 계곡 물이 흐르고 있다. 온화한 기후에 충분한 강우가 있고, 겨울은 따뜻하고 여름은 시원하다. 토양은 대부분 자색의 판혈암홍양(板頁岩紅壤)이고, 인(燐)이 매우 많이 포함되어 있다. 산성과 알카리 성분이 적당하여 차나무 재배에 적합하다.

고교진은 역사상 장사현(長沙縣) 찻잎의 주요한 산지·집산지로서 차향(茶鄕)이라 부르고 있다. 고교은봉은 1심1엽을 소중하게 채취하고 외형은 가늘고 부드럽게 굽어진 형태로 은색의 털이 흰눈처럼 돋아나 있다. 색은 짙은 녹색이고, 상쾌하면서 강한 향을 가지고 있으며, 맛이 순하고 부드럽다. 우려낸 찻물은 밝고 투명하고, 찻잎은 부드럽고 고르다.

1959년 개발에 성공한 후, 1960년 중국 상업부 다엽국(茶葉局), 중국 농업과학원다엽연구소, 상해다엽진출구공사 및 호남성 금마다연국 등의 감정에서 품질은 우수한 명차의 기준에 일치하고, 찻잎의 성분으로 훼미놀 18%, 아미노산 3.98%, 가용성당분 2.56%, 수용성물질 37%가 포함되어 있다. 고교은봉의 고급품은 상쾌하면서 신선하고, 맛은 부드럽고 순해서 마시기가 쉽다. 기분을 전환시키고 시력을 회복시키는 효과가 있다.

16) 황산모봉(黃山毛峰)

황산모봉은 역사적으로 녹차류의 명차이다. 안휘성 황산시 흡현(歙縣) 황산지역에서 생산되고 있다. 오랜 역사를 가지고 《휘주부지(徽州府志)》의 기술에 의하면 「황산차는 송대(宋代) 인종의 가우(嘉祐)년간(1056~1063)에 처음으로 생산되었으며, 명대 목종의 융경(隆慶)년간(1567~1572)에 성행하였다.」 명대에 저술된 허차서(許次紓)의 《다소(茶疏)》에 역사적으로 널리 알려진 명차를 논하면서 황산차를 언급하고 있다.

황산은 중국 동부에 위치한 제일 높은 산봉우리로 이름 있는 유람지구이며, 전통차 생산지이기도 하다. 차 이름은 산 이름을 따서 지었다. 황산모봉차는 청나라 광서(光緒)년간에 사유진(謝裕秦) 찻집에서 만들어낸 차 제품이다. 1875년 전후로 이 찻집에서는 청명이 되면 황산탕구(黃山湯口), 충천(充川) 등지의 고산 차순을 사들이고 정성껏 덖고 쬐어 말린 후 완성품을 동북, 화북일대로 운송 판매하여 큰 호평을 받았다. 1986년에는 중국 외교부에 의해 외교행사 선물 차의 칭호를 받았다.

황산모봉은 명승지로 유명한 황산지역의 도산암(桃山庵)·송곡암(松谷庵)·조교암(弔橋庵)·운곡사(雲谷寺)·자광각(慈光閣) 및 흡현(歙縣) 동향의 옥만전(汪滿田) 일대에서 생산되고 있다. 기후가 온화하고, 연간 평균기온은 15~16도, 강우량은 년간 2,000mm이다. 산이 높고 우뚝 솟아 있으며 계곡은 좁고 깊다. 초목이 무성하고, 구름과 안개가 발생하여 습도가 높다. 다원은 대부분이 해발 700m 이하의 비탈과 계곡에 분포되어 있다.

주위의 울창한 숲 때문에 그늘이 지고, 토양은 산성의 오사(烏沙)토양이고, 물이 스며들기 쉽고 보수력(保水力)이 높다. 유기물질 및 인산비료, 칼륨비료가 많이 포함되어 있는 적황색 토양, 황색 토양, 짙은 황갈색토양, 산성 갈색토양이 위주이다. 때문에 차나무를 재배하기에 적합하고, 찻잎이 도톰하면서도 부드럽다. 차나무 종류에는 중요한 황산 대엽종(大葉種)이 있는데, 중국에서 중점적으로 선전하는 품질이 우수한 차나무이다. 그 외 기문저엽종(祁門低葉種) 등이 분포되어 있다.

찻잎은 특급, 1~3급으로 분류되고 있다. 특급은 대표적인 찻잎이지만, 3급 이하는 흡현홍청(歙縣 烘靑)이다. 흡현홍청은 다른 지역의 홍청 품질보다 우수하다. 청명에서 곡우 사이에 채취한 찻잎은 특급 명차에 사용되는 원료로서, 이 지방사람들은 「참새가 약간 벌리고 있는 입」의 형상이라고 말하고 있다. 1심1엽을 채취한다.

신선한 찻잎을 채취한 후에 곧 넓게 편 후 선별작업을 시행한다. 모든 수작업을 거쳐서, 새싹을 상하지 않도록 거친 잎이나 줄기 및 부스러기를 제거하고, 새싹을 고르게 아름답게 보존한다. 채취한 당일에 찻잎을 반가공하여, 유효성분의 손실을 막아 진한 향과 농후한 맛을 유지하도록 한다. 맑은 날씨에 채취한 찻잎이 가장 좋은 품질이고, 흐린 날씨에 채취한 찻잎은 그 다음이다. 특급 황산모봉은 가늘고 편상(扁狀)이다. 형태는 참새의 혀와 비슷하다. 다른 모봉과 달리 물고기 형상과 같은 황금색을 가지는 것이 특징이다. 차 싹은 도톰하면서도 고르며, 솜털이 많다. 고운 윤기가 있는 옅은 녹색을 띠고 있다.

다른 모봉과 구별해서 「상아색」이라 부른다. 향이 상쾌하면서 진하다. 맛은 신선하며 부드러운 맛이다. 우려낸 후의 찻물은 투명하면서 밝은 색이고, 찻잎은 통통하면서 색은 옅은 황색이고, 찻잎은 고르면서 송이로 되어 있다. 황산모봉이 우수한 품질을 유지하는 데에는 다음의 두가지 요인이 있다.

첫째 우수한 자연환경에서 우수한 품질의 신선한 찻잎을 기른다.

둘째 제조 공정은 충분하게 신선한 찻잎에 포함되어 있는 물질을 적당하게 유효성분으로 변화시키고, 진한 향과, 상쾌한 맛, 맑은 찻물, 윤기 있는 색 등이 그 특징이다.

17) 무원명미(婺源茗眉)

무원명미는 녹차의 명품이다. 찻잎의 형태는 가늘면서 길고, 미인의 눈썹과 비슷하기 때문에 붙여진 이름이다. 산지는 강서성 무원현(婺源縣)이다. 명미차의 산지는 산 속에 있고, 연 평균기온이 16 · 7도, 낮과 밤의 온도차가 10도 이상이다. 연간 강수량이 2,000mm, 습도가 83%, 서리가 내리지 않는 기간이 250일간, 안개로 덮여 있는 계곡에 있는 차나무는 복사광(幅射光)이 비치기 때문에 싹이 자라는 것이 빠르고 찻잎이 도톰하면서 부드럽다. 영양성분도 풍부하게 포함되어 있다.

1심1엽 또는 1심2엽을 채취한다. 싹이 도톰하면서 백호가 풍부한 것을 선택하여, 살청·유념·배홍(焙烘)·과초(鍋炒)·복홍(復烘) 등의 여섯 가지 가공공정을 거쳐서 정제한다. 완성된 찻잎에서 우려낸 차는 향이 진하고, 맛이 순하고, 찻물은 투명한 황녹색이다. 가늘고 긴 형태를 하고 있는 찻잎은 부드럽고 윤기와 광택이 있기 때문에 미차(眉茶)의 극상품으로 알려져 있다.

무원현은 당대부터 1200년의 역사를 가진 차 생산지이다. 그러나 명미차는 '상매주(上梅州: 灌木·中葉·早芽)'라 하는 우량품종으로 대엽종 차나무의 새로운 싹을 선택하고, 무원의 전통기술을 이용하여 1959년에 무원차연구회에서 개발된 신품종이다.

18) 몽산감로(蒙山甘露)

몽정차(蒙頂茶)도 녹차의 초청류(炒青類)에 속한다. 당대부터 몽정차는 헌상품으로 되어 청대까지 매년 조정에 헌상되었다. 차의 역사에서 이처럼 오랜 세월동안 여러 왕조를 거치면서 헌상된 것은 매우 드문 일이다.

전한(前漢) 말기에 감로사(甘露寺)의 보혜(普慧)선사가 몽산의 주봉에 차나무 8그루를 심었는데, 「높이 성장하지도 않고, 마른 것도 없다」라 알려졌으며, 후세에는 선약(仙藥)이라 불렀다. 이때부터 몽산(蒙山)에서 차를 만드는 역사가 시작되었다는 전설이 있다. 이 전설은 전한 말에 촉(蜀)나라에 사찰이 있었던 것으로 되어있지만, 당시 불교는 촉에 전래되지 않았기 때문에 차나무를 심었다는 것은 후세 사람들이 만들어낸 전설일 것이다.

몽산차는 예로부터 차의 명품으로 찬송을 받았으며, 당대에는 많은 상찬시문(賞讚詩文)이 지어졌다. 예를 들면 백거이(낙청)는 「거문고의 세계에 알려져 있는 것은 녹수의 굽이 만이고, 차 중에서는 예로부터 몽산차가 유명하다.」라 노래하고 있다. 명대의 진사 진강(陳降)도 「물은 양자강의 물, 차는 몽산차가 훌륭하다.」라 하는 민요를 인용하여 몽산차를 칭찬하고 있다.

몽산차의 재배는 전한(前漢)부터 시작하였고, 현재까지 지속하여 2000년 정도의 역사가 있다. 당의 원화 8년(813) 이길보(李吉甫)가 지은《원화군현도지(元和郡縣圖志)》에「엄도현의 몽산은 현의 남쪽 10리에 있고, 현재 매년 헌상차를 생산하는데, 헌상차 중에서 촉의 차가 최고이다.」라고 기록하고 있다.

매년 청명절 전에 명산의 현령(縣令)이 길일을 선택하여 목욕예배하고 의관을 정제하고 산에 오른다. 산의 정상에서 사찰의 주지에게 경을 독송케 한 다음에 다원을 열고,「황다원(黃茶園)」에서 찻잎 360매를 채취하여 가공한다. 운반하는 과정에서 찻잎을 두 개의 은으로 된 병에 보존하여 황도로 이송한다.

황제는 이 귀중한 차로서 선조의 사당에 먼저 예를 올리고, 동시에 몽산의 상청봉(上淸峰)·감로봉(甘露峰)·옥녀봉(玉女峰)·정천봉(井泉峰)·능각봉(菱角峰)에 있는 찻잎을 채취하고, 과자차(顆子茶)를 만들고, 18개의 주석으로 만든 병에 넣어서「부차(陪茶)」와 함께 궁정에 헌상한다.「몽산의 차는 실크처럼 가볍고 당대의 헌상차로서 천부(天府: 사천성)에서 운송한다」라는 노래가 있는 것처럼 몽산차는 헌상차로서 역대 황실에서 즐겨 마셨던 것으로, 헌상차의 역사는 1000여년에 이른다.

✄ 제다 공정과 품질

청명 전후에 1심1엽을 채취하고, 삼초(三炒)·삼유(三揉)·정형(整形)·초홍(初烘)이라 하는 공정이 필요하다. 단단한 형체로서 털이 많다. 싹과 잎은 고르며 옅은 녹색이다. 우려낸 찻물은 황색으로 투명하고, 향은 진하며 맛은 달짝지근하다. 몽산감로는 눈으로 보는 아름다움뿐만 아니라 색·향·맛이 통일되어 있기 때문에 녹차 중에서도 명품에 속한다고 할 수 있다.

19) 경정녹설(敬亭綠雪)

경정녹설은 역사가 오래 되었으며, 독특한 맛을 가지고 있기 때문에 녹차 중에서도 명품이라 말한다. 이 차는 싹이 녹색이고, 백호가 눈처럼 흰색이기 때문에 붙여진 이름이다. 명·청시대에 헌상차로 지정되었고, 안휘성에서도 일찍부터 유명하게 된 녹차의 하나이다. 생산지는 선주시(宣州市)의 경정산이다.

경정산은 황산과 구화산의 지맥으로 원명(原名)은 「소정산(昭亭山)」이라 하고, 진(晉)의 초기에 이름을 바꾸어 현재에 이르고 있다. 육조(六朝)의 유명한 시인 사조(謝朓)가 선주태수에 임명된 때에 시를 지었기 때문에 유명하게 되었다.

이백(李白)도 여러 차례 이 산에 올라 시를 창작하였던 것으로 알려졌다. 특히 「홀로 경정산에 앉는다」는 사람들에게 애창되고 있다. 그 후, 많은 문인들이 여기에 와서 무수한 시편(詩編)을 남겼다. 그러므로 경정산은 「강남시산(江南詩山)」이라고 부른다.

경정산은 차를 생산하는 역사가 오래되었으며, 2세기부터 차를 생산하고, 3세기에는 헌상차를 생산한 것으로 알려져 있다. 경정녹설은 예로부터 강남지역에서 유명하였지만, 청대말기부터 생산이 줄어들고, 중일전쟁 기간에 그 제다 기술이 사라져 버렸다. 1970년대 중기에 선주 차연구소에서 안휘농업대학 다업(茶業)학부의 유명한 차학(茶學)전문가인 진연(陳椽)교수의 지도아래 연구 개발하여, 마침내 역사적으로 유명하였던 명차를 재생산하기 시작하였다.

✖ 제다 공정과 품질

경정녹설은 우수한 생태환경과 완벽한 제다기술에 의해 독특한 품질로 되었다. 경정산은 기후가 온화하고, 일사(日射)가 짧기 때문에, 차나무가 번식을 하기에 안성맞춤이고, 찻잎은 도톰하다. 매년 청명과 곡우의 사이에 「1심은 1엽을 품는다」 다시 말해 1심1엽 또는 1심2엽을 채취하고, 살청(殺靑)·정형(整形)·제호(提毫)·건조(乾燥) 등의 공정으로 정제한다.

차는 청녹색이며 눈처럼 백호가 덮여 있으며 참새의 혀와 같은 형상이고, 단단한 모양을 하고 있다. 우려낸 찻물은 녹색으로 맛은 산뜻하면서 단맛이 있고, 세 번을 우려내어도 향이 진하다.

20) 벽라춘(碧螺春)

벽라춘은 「동정벽라춘(洞庭碧螺春)」이라고도 부르며, 녹차 중에서도 명품에 속한다. 생산지는 강소성 오현 동정동(洞庭東), 서산에 있다. 강희(康熙)황제가 이름을 붙였다는 설도 있지만, 청록의 색을 가지고 있으며, 라상(螺狀)으로 말려 있고 봄에 채취하는 점과 벽라봉(碧螺峰)에서 나온 차이기 때문에 「벽라춘」이라 부른다는 설도 있다. 이 찻잎의 역사는 오래되었으며 청대(淸代)부터 헌상차로서의 명성이 높다.

벽라춘은 동정동, 서산에 있는 오현(吳縣)의 서남쪽에 있고, 태호(太湖)의 동남쪽에서 생산된다. 여기에는 기후가 온난하고 연 평균 기온은 15.5~16.5도이며, 강수량은 1,200~1,500㎜이다. 태호에는 구름과 안개가 많고, 햇살은 그다지 강하지 않다. 토양은 산성으로 비옥하기 때문에 천연의 찻잎 재배지로서 최고의 환경을 갖추고 있다. 주로 동산의 양만(楊灣), 전산의 간교(澗橋) 등 18개 촌에서 재배되고 있다. 또 동산 향상금촌(鄕尙綿村)에는 둘레가 36cm 높이가 4.5m, 300년의 수령을 가진 오래된 차 나무가 아직도 자라고 있다.

여기의 차 농가들은 경험이 풍부하고, 과일 나무들 사이에 차나무를 재배하고 있다. 이것은 벽라춘이 독특하게 과일의 맛을 가지는 이유일 것이다. 즉 차나무를 복숭아·자두·살구·감·귤·은행·석류나무 등 과일나무와 같이 재배하여, 찻잎에 꽃의 향이 스며들고 과일 향을 차나무가 흡수하게하여 천연적인 꽃의 향과 과일 향이 나는 맛으로 세상 사람들의 사랑을 받고 있다.

청대의 강희 38년(1699) 황제가 남쪽을 순행할 때에 송영(宋榮)이 황제를 맞이하는 일을 맡았다. 송영은 시인으로 글씨와 그림에 조예가 깊었으며 차에 대해서도 많은 지식을 가지고 있었다. 강희황제가 사치스럽고 요란함을 싫어하는 것을 알고 아랫사람에게 시장에서 판매하고 있는 신선한 동산의 차인 「혁살인향(嚇殺人香)」을 사 올 것을 명령하였다. 강희황제가 태호에 도착 후, 동정동산의 아름다운 절경을 즐기고 있을 때, 송영은 황제에게 「혁살인향」을 헌상하였다.

이 차는 강하게 유념하여 전라(田螺)처럼 말려 있고 백색의 부드러운 털이 많고, 흰 털이 찻잎의 녹색을 덮고 있어서 매우 귀엽게 보인다. 물을 부으면 찻잎이 구름이나 파도처럼 떠오르고, 찻물은 청녹색으로 향기로운 차향이 그윽하다. 차를 마셔보면 상쾌하면서도 순한 맛으로 맛이 좋다.

강희황제가 차의 이름을 묻자 송영은 「지원(地元)의 동정 동산 벽라봉에서 생산 되는 것으로 농후한 맛이 있기 때문에, 지원의 사람들은 '혁살인향' 이라 부르고 있습니다.」라 대답하였다. 황제가 그 방언을 잘 알아듣지 못했기 때문에 「매우 좋은 향을 가지고 있다라 하는 의미입니다.」라 송영이 보충하여 설명하였다. 이에 황제는 「향과 맛이 좋은 차이지만 이름이 그다지 좋지 않구나. 벽라봉에서 생산되고 전라(田螺)처럼 말려 있는 것이 때문에 이름을 벽라춘이라 하여라.」라 명령하였다.[12]

📧 제다 공정과 품질

매년 3월 하순부터 4월 중순까지 차싹이 1~2cm되면 1아1엽을 채취한다. 찻잎의 안쪽에는 500~600미크론의 섬모(纖毛)가 밀집되어 있다. 잎이 어리면 어릴수록, 다 자란 찻잎에는 백호가 많고 맛이 뛰어나다. 수작업으로 어린 잎을 선별·살청·유념·차단(搓团)·건조한다. 완성된 제품의 벽라춘은 500g에 6만매의 어린잎이 들어 있기 때문에 어린잎을 4개의 솥에서 각각 4, 5분간 볶는 것이 필요하다. 완성된 찻잎은 조금 밀집되어 있고, 라상(螺狀)으로 말려 있고, 섬세하면서 고른 형태를 가지

● ● ●

12) 태호 동정동산은 중국의 이름난 풍경유람 지역으로 차 이름은 산 이름을 본 따 지은 것이며, 세상에 널리 알려져 있다. 벽라춘차는 명나라 때 재배하기 시작하여 청나라 때 명성을 얻었는데, 당시의 《소주부지(蘇州府志)》, 《속다경(續茶經)》 등 문헌의 기록에서 볼 수 있다. 비교적 공인되는 것으로 《유남속필柳南續筆》 중의 기록을 들 수 있다. 「동정동산에 벽라봉이 있는데… 야생 차가 나는데…토인(土人)들은 찻잎을 따 일상용으로 하였다… '혁살인향(赫殺人香)' 이라 불리웠다…강희(康熙)황제가 수레에 앉아 남쪽을 향해 태호를 행차할 때 순무(巡撫)가 이 차를 구입하여 바쳤다. 위의 차 이름이 우아하지 않아 '벽라춘' 이라 이름지었다.」

고 있다. 색은 윤기가 있으면서 약간 은색을 띠는 녹색이며, 향이 진하고 맛이 상쾌하면서 달다. 우려 낸 찻물은 투명한 녹색이고, 찻잎은 부드럽고 뒤 맛은 달다. 우려낼 때는 먼저 끓인 물을 찻잔에 넣고 나서 찻잎을 넣는다. 그러면 찻잎이 천천히 찻잔의 바닥으로 가라앉는다. 혹은 찻잎을 넣으면서 80도 의 물을 붙는다. 마시는 사람은 그때 찻잎이 춤을 추듯이 날아오르는 모습을 감상하게 될 것이다.

21) 황산녹모단(黃山綠牡丹)

황산녹모단은 안휘성의 황산시(黃山市)에서 생산되고 있다. 흡현(歙縣)과학기 술실험소 소장과 안휘성에 있는 차엽(茶葉) 전문가 왕방(汪芳)씨가 만들고, 황산 시 녹모단다엽공사가 생산판매하고 있다. 찻잎의 형태가 꽃과 같은 모양을 하고 있는 고급 초청녹차(炒靑綠茶)이다. 세계적으로 유명한 관광지 황산에서 태평후 괴, 황산모봉 다음으로 우수한 품질과 기려(綺麗)한 모양으로 호평을 받고 있다.

녹모단은 현재 황산시에서 새로 개발된 명차 중 가장 호평을 받으며 판매되고 있다. 녹색, 백호, 향, 맑고 선명한 찻물, 달콤한 맛, 아름다운 모양으로 유명하다. 마시면서 좋은 맛을 음미하고, 또한 동시에 관상용의 가치도 있다. 꽃받침과 꽃이 함께 고르며, 둥근 형태로서 펴지지 않는다. 꽃의 직경은 5.5cm 전후이며, 꽃 한 송이의 무게는 4~5g, 속과 표면이 건조되어 있다.

✖ 제다 공정과 품질

녹모단의 제다공정으로 먼저 우수한 품질의 차나무에서 신선한 찻잎을 채취한다. 찻잎을 채취하 는 시기는 청명 후부터 곡우 전까지이다. 채취하는 잎은 기본적으로 1심2엽이다. 제조는 살청경유, 초홍리조, 선아장통, 선형미화, 정형홍배, 족간축장의 6가지 공정으로 나눈다.

① 살청경유(殺靑輕揉)

살청은 팔통과(八桶鍋)라 하는 솥에서 작업을 한다. 하나의 솥에 찻잎을 200~300g을 넣는다. 찻잎을 솥에 넣으면, 노(撈: 잡을 노) · 대(帶) · 정(淨) · 양(揚) · 두(抖: 손을 움직이면서 떠는 것) · 산(散) · 경(輕) · 쾌(快) 등과 같은 손의 움직임이 요구된다. 찻잎은 갈색으로 변색되지 않도록 적색의 줄기나 꽃받침이 그을리지 않도록 주의한다. 솥에서 꺼내기 전에 찻잎을 조금 식힌 뒤에 찻잎에서 즙이 나올 정도로 가볍게 주무르면서 꺼낸다.

② 초홍리조(初烘理條)

대나무 혹은 쇠로된 롱(籠) 위에서 덖는 작업을 한다. 숯을 연료로 사용하지만, 전기 건조기가 있으면 사용하기에 편리하다. 온도는 90~110도 정도가 알맞다. 덖을 때는 가볍고 빠르게 실시하며, 1회째에 찻잎의 싹을 펴지게 하며, 마치 난의 꽃과 같은 형태가 된다. 수분이 40~50%정도가 남아 있으면 멈춘다. 그리고 나서 찻잎을 널어놓은 상태에서 선별작업을 한다.

③ 선아장통(選芽裝筒)

길이와 크기가 고른 찻잎을 선별해서 조형용의 대나무 통속에 넣는다. 통의 길이는 7cm, 직경이 3.5~5cm정도이다.

④ 선형미화(選型美化)

정형용(定型用)의 판 등을 사용하여, 통속에 들어 있는 찻잎을 둥근 꽃과 꽃받침의 형태로 만든다. 가능하면 다화(茶花)는 직경이 5~5.5cm 이내로 하고, 꽃받침의 직경이 1~1.5cm 이내로 하지 않으면 안 된다. 다화의 양면은 둥글게 만든다.

⑤ 정형홍배(定型烘焙)

두 번째 단계의 작업을 실시한다. 먼저 만들어진 녹모단(綠牡丹)을 일정한 간격을 두고서 판에 늘어놓고, 그 위에 무게 50kg의 판을 6초간 올려놓는다. 다음에 차의 꽃을 특별하게 제작된 건조 바구니 속에 넣고, 뚜껑을 단단하게 덮고서 건조시킨다. 숯을 연료로 사용하지만, 향을 보존하기 위해서는 숯을 잘 손질할 필요가 있다. 90~110도 정도의 숯불 위에 건조 바구니를 올려놓고, 먼저 꽃받침 그리고 나서 싹을 순서대로 가열한다. 1~2분간 정도로 다화를 돌려가면서 열이 고르게 전달되도록 한다. 수분이 7, 8할 증발하면 다화를 꺼내서 3~4시간 정도 널어서 건조시킨다.

⑥ 족간축장(足干蓄藏)

포장하기 전의 건조작업은 온도의 조정이 중요하다. 처음엔 높은 온도로써, 다음에는 약한 불로써 천천히 건조시킨다. 온도는 70~80도 정도이며, 2분마다 다화를 움직인다. 잡으면 가루가 되는 것처럼 가열하고, 열이 식으면 상자에 넣어서 보관한다.

2. 청차 (烏龍茶)

1) 문산포종(文山包種)

문산포종은 경도(輕度)의 반발효 오룡차로서, 대만의 대북시와 도원(桃園)에서 생산되고 있다. 「포종」이라는 이름에는 유래가 있다. 청대 광서(光緒) 초년에 지방관리가 궁정에 헌상하는 4량(兩, 200g)의 찻잎을 향이 날아가지 않도록 2장의 4각 종이로 포장을 하였다. 광서황제가 그것을 마시고 나서 '포종'이라 이름을 붙였기 때문에, 이후로 이 이름을 사용하게 되었다고 한다.

대북현의 문산(文山)지역은 대만 찻잎의 발상지이지만, 제다방법은 1881년에 복건성에서 도입했다. 현재 공장은 20여개소가 있으며, 다원(茶園)이 2,300ha이다. 1980년대 중기에는 생산고가 130만kg에 이르렀다고 한다.

문산포종의 제다과정은 매우 정밀한 공정이 요구된다. 비 오는 날이나 이슬이 많은 날은 찻잎을 채취하지 않는다. 맑은 날 오전 11시부터 오후 3시 사이에 찻잎을 채취한다. 이때의 찻잎은 간밤의 이슬로 촉촉하게 젖은 후이며, 아침의 햇살로 인하여 찻잎의 이슬이 증발하여, 찻잎 내의 수분도 적당하고 알맞은 형태로 되어 있다.

봄과 가을에 1심2엽의 찻잎을 채취한다. 채취할 때는 자른 흔적이 남지 않도록 주의하면서 빠르게 자른다. 찻잎 내의 즙이 나오면 발효 후에 색이 붉어지기 때문에 찻잎의 질에 영향을 미친다. 찻잎의 신선도를 유지하기 위해서는 채취한 후에 곧바로 가공하는 곳으로 운반한다.

✕ 제다 공정과 품질

초제(初製)와 정제(精製)로 구별된다. 초제는 일광위조(日光萎凋), 실내위조, 각반(攪拌), 살청, 유념, 해괴(解塊), 홍건(烘乾) 등의 공정이 있다. 살청을 함에 가장 중요한 것은 찻잎을 능숙하게 뒤집는 것이기 때문에 향을 내기 위해서는 1~2시간 정도에 4, 5회 뒤집을 필요가 있다. 정제는 불에 쬐는 작업으로 찻잎을 항온(恒溫) 70도 정도의 건조기에 넣고서, 뒤집으면 향이 나온다. 그렇게 하면 찻잎은 외형이 자연스럽게 굽어져 있다. 찻물의 색은 황금색으로 향이 매우 진하다. 마시면 입 속에서 달콤함과 시원한 향이 가득 찬다. 문산포종은 영양이 풍부하고, 니코친과 알콜을 해소하는 효능을 가지고 있으며, 또 혈액내의 지방을 제거하여 혈관경화 방지에 효과적이다.

2) 봉황단총(鳳凰單欉)

봉황단총은 광동성 조주시(鳳凰鎭) 봉황산, 오동산에서 생산되고 있다. 산지는 바다에 인접하고 있으며, 기후는 온화하고 강우량이 충분하며, 차나무는 해발 1,000m이상의 산에서 자라며, 1년 중 구름과 안개가 끼는 날이 많으며 공기는 습기가 많다. 산은 주야로 온도차가 심하고, 연 평균기온은 22도 이상이며, 연간 강수량은 1,800mm이다. 토지는 풍부한 유기물과 다양한 미량원소가 포함되어 있기 때문에 매우 비옥하다. 차나무의 성장과 페놀이나 방향물의 형성에 유리한 환경이다.

봉황산의 차 농가들은 차나무의 품종갱신과 재배에 대해서 경험이 풍부하다. 현재 3,000여그루의 단총차나무를 보존하고 있는데, 이 차나무들의 수령은 모두 100년 이상 되었으며, 한그루 한그루가 기이하게 생겼는데, 찻잎의 품질은 매우 우수하고 매년 한그루의 나무에서 따는 찻잎으로 제조된 차가 약 10kg정도나 된다.

❉ 제다 공정과 품질

단총차는 봉황수선의 품종 중에서 우량한 차나무를 재배, 채취, 가공한 것이다. 향과 맛의 차이에 따라서 현지에서는 황지향(黃之香), 지란향(芝蘭香), 도인향(桃仁香), 옥계향(玉桂香), 통천향(通天香) 등으로 분류한다. 1심2엽 내지 1심3엽을 채취하는 것이 기본이다. 찻잎을 따는 손 기술은 말이 달리는 것과 같은 속도로 진행되어야 하며, 태양이 강열할 때와 비가 오는 날, 찻잎에 이슬이 많을 때는 따지 않는다. 일반적으로 오후에 찻잎을 따서 저녁에 가공을 시작한다. 제다공정은 야간에 실시한다.

쇄청(曬靑), 량청(晾靑), 주청(做靑), 살청(殺靑), 유념(揉捻), 홍배(烘焙) 등 10시간 정도의 제조시간이 걸린다. 만들어진 찻잎의 외형은 가늘고 긴 것이 균일하며 약간 흑색을 띠는 짙은 녹색으로 기름기가 있고 광택이 나며 주사색 같은 붉은 점이 있으며, 차를 우려내면 그 향기가 오래도록 지속되고 독특한 천연 난초꽃 향기가 있으며, 맛은 진하고 순하며 시원하면서 상쾌하다. 또한 부드럽게 목으로 넘어가며 끝맛의 여운은 달콤하다. 우려낸 찻물은 맑은 황색으로 찻잎 찌꺼기의 잎 끝은 주홍색을 띄며, 중앙 부분은 밝은 황색을 가지고 있기 때문에, 「연입홍양(綠葉紅鑲)의 변(邊)」이라 부른다.

3) 안계철관음(安溪鐵觀音)

안계철관음은 오룡차의 최고급품이라 부른다. 찻잎은 육질이 도톰하면서 짙은 녹색이며, 진한(馥郁) 향이 있다. 관음정수처럼 고급품이기 때문에 이 명칭이 붙여졌다. 복건성 동남부 안계현 경내에서 산출된다. 산지는 해발 100~1,000m이며, 산과 물이 수려하고 기후가 온화하며 비와 안개가 많은 아열대기후이다.

서북쪽에 높은 산이 있기 때문에 겨울의 찬바람을 막아 준다. 동남은 대만해협에 인접하여 있기 때문에 해양성 기후의 영향을 받고, 연 평균 기온은 15~18.5도 정도가 된다. 서리가 내리지 않는 기간은 292일이고, 연 강수량은 1,700~1,900mm, 상대습도가 78%정도이다. 토양은 대부분이 산성의 붉은 땅으로 부드러우며 유기질 함량이 풍부하다.

안계철관음은 청의 건륭(乾隆) 연간 초기부터 재배되었기 때문에 200년간의 역사를 가지고 있다.

✕ 철관음 차나무의 특징

차나무의 가지가 비스듬하게 자라고 있기 때문에 차나무의 윗부분이 넓다. 잎은 타원형으로 끝이 뾰족하다. 잎은 약간 뒤쪽으로 젖혀져 있으며, 육후(厚肉)에서 잎의 표면은 굴곡이 있다. 잎의 색은 짙은 녹색으로 윤택함이 있다. 어린 가지는 약간 자색(紫色)을 띈다.

철관음의 차나무는 춘분(春分) 전후에 싹이 돋는다. 연간 4회 정도 채취(5회를 채취하는 것이 가능한 경우도 있다)하는 것이 가능하다. 춘차(春茶)는 입하(立夏), 하차(夏茶)는 하지 후, 서차(署茶)는 대서 후, 추차(秋茶)는 백로 전에 채취한다. 춘 차는 가장 좋은 맛으로 연 생산고의 50%를 차지하고 있으며, 하차(夏茶)는 약간 쓴맛이 있고, 향 역시 그다지 좋지 않으며, 연 생산량의 25%를 차지하고 있다. 서차(署茶)는 하차보다는 좋다. 추차는 향은 진하지만 맛은 춘차를 따라가진 못한다. 잎이 개화되면 1심과 2, 3매의 잎과 함께 채취한다.

맑은 날 오후에 채취한 찻잎이 가장 품질이 좋다. 쇄청(曬靑), 량청(晾靑), 주청(做靑: 搖靑, 做手), 살청(殺靑), 유념(揉捻), 초배(初焙), 포유(包揉), 문화만배(文火慢焙 : 약한 불로서 천천히 불에 쬐어 말린다) 등의 공정을 거쳐 모차(毛茶)가 나온다. 주청은 차의 색, 향, 맛을 형성하는데 가장 중요한 것이다. 모차는 다시 사분(篩分), 풍선(風選), 간척(揀剔: 선택하여 가리는 것), 건조(乾燥), 균퇴(均堆) 등의 정제공정으로 제품이 된다.

철관음은 가늘게 말려 있고, 둥글면서 무겁다. 윤택함이 있고, 짙은 녹색으로 곳곳에 붉은 점이 뚜렷이 보인다. 청령(蜻蛉)의 머리, 나선(螺旋)의 신체, 개구리의 발이라 하는 특징이 있다. 우려낸 찻물의 색은 투명한 황금색이고, 우려낸 후의 찻잎은 중후하면서 광택이 있다. 맛은 향긋하면서 신선한 단맛이 있다. 특히 차를 마시고 난 여운이 달짝지근한 맛이 입안에 그윽하다. 「차 중의 王」「연엽홍양(綠葉紅鑲)의 변(邊), 7포(泡)로서 은은하게 남는 향이 있다.」(녹색의 잎에 붉은 녹색으로 7회 정도 우려내어도 향이 남는다)라 알려져 있다.

이 차는 반발효차로서 홍차의 단맛과 녹차의 향을 섞어서 가지고 있다. 향은 독특한 난 꽃의 향이 있고, 비타민 · 후라보노 · 카테킨 등을 풍부하게 포함하고 있기 때문에 혈관과 눈을 맑게 하고, 동맥경화를 예방하고 복사(輻射)의 피해를 감소시키고, 지방을 감소시키는 효과가 있다. 《청수벽지(淸水岩志)》의 기술에 의하면, 「청수의 고봉에는 구름과 안개가 있고, 사찰의 승려들은 차나무를 심고, 산의 산비람에 길러지고, 일월의 정을 받아, 연하(煙霞)의 아지랑이에 덮여서 성장한다. 첫 찻잎을 먹으면 백가지 병을 치료한다.」라 기재되어있다.

전설에 의하면 안계 서평진 송암촌 송림두의 차농(茶農) 위음(魏蔭)은 불교의 신앙에 대해 해박하고, 매일 아침이면 반드시 한 잔의 맑은 차를 관음상 앞에 올렸다. 어떤 날 그가 풀을 베러 갔다가 우연히 돌 사이에 있는 한 그루의 차나무를 발견하였다. 햇빛 아래에서 자세히 보니 다른 나무들과는 달리 독특해 가지고 돌아와 온 정성을 다 기울여 재배하고, 차 제조를 시험하였다. 차를 만들 때 철(鐵)처럼 무겁고, 매우 뛰어난 향이 있기 때문에 관음보살로부터 하사받은 것이라 믿고 「철관음」이라 이름 붙였다.

또 다른 전설은 한 사람이 남산 은정평 관음석 아래에서 차나무 한그루를 발견하였는데, 재배한 후 제다한 결과 품질이 하도 우수한지라 여러 번 입궁하여 황제에게 바쳤다.

4) 동정오룡(凍頂烏龍)[13]

동정오룡은 대만 남투현(南投縣) 봉황산의 지맥인 동정산의 녹곡향(鹿谷鄕)이 중요 생산지이다. 이곳은 해발 500~900m, 평균기온이 22도, 년 강수량은 2,200mm이며, 습도가 높으며, 1년 중 운무로 덮여 있는 날이 많다. 다원(茶園)의 토양은 갈색의 고점도성 토양으로 풍화된 가늘고 작은 돌이 섞여 있기 때문에, 배수와 저수가 잘 되는 토양이다. 다원은 겨울에도 따뜻하다.

그러면 왜 동정(凍頂)이라 하였을까? 동정산은 1년 중 안개와 비가 많기 때문에, 산길이 매우 험악해서 걷는 것조차 힘들다. 산에 오르는 사람은 발을 힘차고 단단하게 밟지 않으면 산에 오르는 것이 불가능하기 때문에 「발을 단단히 밟는다.」는 것을 대만어로는 「동각청(凍脚尖, 발끝이 얼다)」라 말이다. 산의 이름을 「동정산」이라 불렀다. 그러기 때문에 찻잎도 산의 이름과 같이 사용한 것이다.

● ● ●

13) 명말 청초기 복건성 안계현에 용이라는 사람이 깊은 산골에서 사냥과 차 농사로 살았는데 얼굴이 검어서 오룡(烏龍)이라 불렀다한다. 하루는 사냥 나갔다가 늦게 돌아와 사냥감을 가족과 함께 맛있게 먹고 모두 피곤한 탓에 그만 잠이 들고 말았다. 다음날 일어나 보니 따 다둔 찻잎이 변색되어 발효가 되어가고 있었다. 서둘러 차를 만들어 맛을 보니 이전에 생 잎으로 만든 것 보다 훨씬 향이 좋았다. 그 이후로 반쯤 발효를 하여 차를 만들어 내다 팔았는데, 오룡이라는 사람이 만든 차라서 오룡차라 이름하였다.

동정오룡은 1년 중 언제나 채취하는 것이 가능하다. 봄 차는 3월 하순~5월 하순, 여름 차는 5월 하순 ~ 8월 하순, 가을 차는 8월 하순~9월 하순, 겨울 차는 10월 중순부터 11월 하순에 채취한다. 완전히 펴지지 않은 1심과 2, 3매의 어린잎을 채취한다. 채취하는 시간은 매일 아침 10시~오후 2시까지이며 채취하고 나서는 곧 바로 공장에서 가공을 시행한다. 제다공정은 초제(初製)와 정제(精製)로 2단계로 나눈다.

초제는 주청(做靑)이라 하는 작업이다. 먼저 햇볕 아래에서 20~40분간 햇볕에 쬐어 말리는 경도 발효를 한다. 수분이 어느 정도 증발하고, 찻잎이 부드럽게 되면 싹의 형태가 부서지지 않도록 유념을 하고, 그리고 나서 위조(萎凋)를 하고, 찻잎을 여러 번 뒤적거리고, 충분하게 산소를 공급하면서 발효시킨다. 향이 우러나올 때까지 발효시킨 후에 고온에서 살청(殺靑)한다. 살청 후에 가늘고 긴 찻잎을 반구(半球)상태로 만든다. 마지막에는 풍력 선별기에서 찻잎을 조(粗) · 세(細) · 판(片)의 3종류로 분류하고, 각각 홍배기(烘焙機)에서 고온 건조시킨다.

이것은 찻잎 속에 들어 있는 카페인을 감소시키기 위한 것이다. 동정오룡은 외형이 만곡(彎曲)되어 있는 반구형으로 색은 푸른 녹색이고, 자연적인 향이 있다. 우려낸 찻물은 녹색을 띠는 황금색이며, 맛은 윤기가 있는 단맛이 있다. 계화(桂花)의 향이 있어 뒷맛은 달짝지근하다. 동정오룡은 봄에 생산된 것이 최고의 제품으로, 향은 진하고 맛은 농후하면서 색이 아름답다. 가을 차는 그 다음이고, 마지막은 여름 차이다.

대만의 오룡차는 청조의 강희 년간(1661~1722)에 복건성 안계현에서 품종을 수입해서 재배한 것이다.

① 민남오룡차

민남은 오룡차의 발원지로 여기서부터 민북 · 광동성 · 대만 등의 여러 곳으로 전파되었다. 민남에서 나는 오룡차로 가장 유명한 것은 안계(安溪)의 철관음(중발효)이다. 안계 오룡차의 양대 명차인 철관음(鐵觀音)과 황금계(黃金桂: 중발효)는 동남아뿐만 아니라 일본에서도 그 명성이 높아 많은 차인들로부터 사랑을 받고 있다.

② 민북오룡차

무이산(武夷山) 일대에서 생산되는 오룡차는 모두 민북오룡에 속한다. 대표적으로 무이암차

(武夷岩茶), 민북수선(閩北水仙)과 민북오룡 등이다. 그 중에서 무이암차는 가장 이름 있는 차로서 암수선(岩水仙)과 암기종(岩奇種) 두 종류로 나누고, 또 기종(奇種)은 명종기종(名從奇種)과 단종기종(單從奇種)으로 나눈다. 대홍포(大紅袍: 중발효), 철라한(鐵羅漢: 중발효), 백계관(白鷄冠: 중발효), 수금귀(水金龜: 중발효) 등을 가리켜 4대 명종이라고 부르는데, 과거에는 제일 유명한 것은 대홍포이며, 지금은 육계(肉桂: 발효)가 그 자리를 차지한다.

③ 광동오룡차

광동성에서 생산되는 주요 오룡차는 봉황단종(鳳凰單種), 봉황수선(鳳凰水仙: 중발효), 포종(包種) 등이 있다.

④ 대만오룡차

대만오룡과 대만포종이 있는데 이는 제다 중에 푸른 잎을 시들게 하는 과정인 위조(萎凋)의 정도 여하에 따라 오룡, 또는 포종(包種) 으로 나누어 부른다. 심하게 위조된 것은 오룡 가볍게 위조 한 것을 포종이라 한다. 대만포종은 발효정도가 비교적 적기 때문에 녹차처럼 잎이 푸르고 탕색은 노랗고, 차 맛도 녹차와 유사하나 향이 무척 강하다. 따라서 포종차의 청향(淸香)한 맛이 강하기에 청차(淸茶)라고도 부른다. 이에 반해 중반발효 차로서 홍차의 특징을 많이 나타내는 대만의 고급 오룡인 백호오룡(白毫烏龍)은 백호가 덮인 어린 차 싹으로 제조한 것이다.

역자 보충

오룡차는 홍차와 녹차의 두 가지 성질을 모두 갖춘 특별한 풍미를 지닌 차로서, 외관은 녹차나 홍차 보다 크게 잘 말려져 있으며, 발효의 정도는 10~60%에 따라 녹갈색에서 홍색에 이르기까지 수많은 탕색을 나타내고 그 맛의 변화도 다양하다. 물에 우린 오룡차의 찻잎을 보면 빨간 색과 푸른색이 함께 나타난다. 빨간 색은 발효된 것을 말하고, 푸른 색 부분은 발효가 녹차와 같이 전혀 되지 않은 것을 말한다. 따라서 찻잎이 빨간 색 쪽에 가까울수록 많이 발효된 오룡차로 보면 된다.
오룡차의 발효 정도가 가벼울수록 향기가 강한 것이 특징이고, 많이 발효될 수록 쓰고 떫은맛이 적어진다. 모든 오룡차는 자연적인 화향(花香)과 과향(果香)이 배어있으며, 우려낸 차는 진하고 부드러운 맛이 나며, 그 향기가 오래도록 지속되어 독특한 뒷맛의 여운이 오래 동안 입 속에 남으며, 찻물의 색깔도 발효의 정도에 따라 연한 녹색에서 연한 홍색까지 여러 가지 색이 있다. 오룡차는 녹차들처럼 어린 찻잎을 따지 않고 다 자란 찻잎을 딴다. 이것은 다 자라서 펼쳐진 찻잎만이 오룡차(烏龍茶)의 독특한 향기와 맛을 제대로 낼 수 있기 때문이다.
오룡차는 맛보다 향이 중시되기 때문에 만들 때 쓰고 떫은맛은 가볍게 하고, 산뜻한 꽃향을 갖도록 하며 화학 성분상으로는 아미노산류가 적고, 카테킨의 일부가 산화 중합되어 찻물의 색깔이 황갈색에서 홍갈색을 띤다. 대체로 기온이 높은 고산 지역에서 생산된 오룡차는 찻물의 색깔, 맛과 향이 강하기에 품질이 좋으며 일교차가 큰 지역에서 찻잎의 방향성분이나 이들 유도 물질이 많이 생겨 차의 향이 강해진다. 많은 오룡명차(名茶)들이 해발 1,500~2,000m의 고산지대에서 생산되는 이유도 여기에 있다. 오룡차는 주로 복건성(福建省), 광동성(廣東省), 대만성(臺灣省) 등지에서 생산된다. 중화인민공화국 건국 이후 대체로 지역에 따라 민남오룡 · 민북오룡 · 대만오룡 등 3종류로 나눈다.

5) 무이육계(武夷肉桂)

무이육계는 간단하게 육계라고도 부르며, 신나몬[14]과 비슷한 향이 나기 때문에 붙여진 이름이다.《숭안현신지(崇安縣新志)》에 의하면, 청대 이전부터 유명하였다. 이 차는 육계(肉桂)의 우수한 품종의 차나무에서 신선한 찻잎을 채취하여 이용하여 무이암차의 제조방법으로 만들어진 오룡차로서 무이암차 중에서도 향이 진한 품종이다. 육계차는 복건성 무이산 시내의 유명한 무이산 풍경구에서 생산되고 있다.

원산지는 무이혜원(武夷慧苑: 慧苑村 慧苑岩)이지만, 마침봉(馬枕峰)이 원산지라는 설도 있다. 20세기 1940년대 초기에 이미 무이산 다원의 10종류 중의 하나가 되었다. 1960년대 이후 다시 차에 대한 평판이 좋아지게 되면서 재배면적도 늘어나고 있다. 현재 무이암차의 주요품종으로 되어 있다.

무이산 다원은 황산괴석과 계림산수가 빼어난 무이산 36봉우리와 9개의 계곡이 굽이 휘돌아 흐르는 평균 해발 650m인 곳에 조성되어 있다. 홍색의 사암이 풍화작용으로 토양을 이루었는데, 이 토질은 푸석푸석하고 부식질 함량이 높으며 산성이 적당하다. 1년 중 강수량이 풍부하고, 산간에 운무가 가득하며 기온은 온

● ● ●

14) 향신료의 하나로 단맛과 매운맛이 남.

화하여 겨울에도 따뜻하며 여름에는 시원하다. 바위틈에서는 샘물이 끊임없이 졸졸 흐른다. 차나무의 성장은 산의 골짜기가 가장 좋으며, 이곳은 운무가 많으며 일조량이 짧고 반사광이 많으며 차나무 잎은 신선하고 여리며 비교적 많은 엽록소를 함유한다.

✖ 제다공정과 품질

찻잎은 반드시 맑은 날을 선택하여 따고 찻잎이 펼쳐지기를 기다렸다가 1심과 2~3매의 찻잎을 채취한다. 세간에서 흔히 「개면채(開面採)」라 알려져 있다. 차나무가 자라는 지형과 차나무의 등급에 따라서 새싹에 각각 다른 제다기술과 방법을 사용한다. 현재도 의연하게 전통적인 수작업을 사용하고 있다. 신선한 잎을 시들기에서 뒤집어주기, 살청, 유념, 홍배 등 열 가지가 넘는 공정으로 가공을 한다. 찻잎의 시들기 정도에 따라서 향과 맛을 내기 때문에 암차의 품질을 형성하는 중요한 점이다. 뒤집으면서 찻잎과 찻잎끼리 맞부딪치기는 암차의 품질 형성에 중요한 과정이 된다.

뒤집기를 할 때에는 반드시 시들기를 무겁게 하고, 가볍게 흔들어가면서[重萎輕搖], 가볍게 시들기를 하고 무겁게 흔들어 놓고[輕萎重搖], 많이 흔들고 적게 부딪치기를 하고[多搖少做], 먼저 가볍게 한 후에 무겁게[先輕後重], 먼저 작게 한 후에 많이[先少後多], 먼저 짧게한 후에 길게[先短後長], 간청주청[看靑做靑]이라 하는 공정을 엄격한 기술로 매우 세심하게 정성을 다해 차를 만든다. 최근에는 회전식의 주청기(做靑機)에서 주청하는 것이 많다.

육계의 외형은 고르며 말려져 있고 색깔은 갈녹색이며 빛이 나고, 찻잎은 달콤한 향이 나며, 우려낸 차에는 우유·과일·계피껍질 냄새가 나며, 마시면 순하고 두텁고 단맛이 감돈다. 마신 후에는 입안과 볼에서 그 향기가 여운으로 길게 남는다. 우려낸 찻물의 색은 오렌지계열의 황색으로 맑고, 차 찌꺼기는 고르고 밝다. 찻잎은 엷은 녹색이며 가장자리가 홍색을 띈다. 6~7번을 우려도 은은하게 육계향이 남는다.

6) 무이대홍포(武夷大紅袍)

봄에 찻잎(싹)의 색이 자홍색(紫紅色)이 되기 때문에 멀리서 바라보면 차나무 주위가 홍색의 옷처럼 보이는 것에서 이 이름이 붙여졌다. 또는 멀리서 바라보면 차나무에서 아름다운 홍색의 빛이 마치 활활 타오르는 불같은 모양에서 얻어진 이름이라 한다. 또는 대홍포(大紅袍)가 차나무에 걸쳐진 듯하여 얻어진 이름이다.

대홍포는 중국 명차 중에서 「차중장원」(茶中壯元: 차 중에서 최고급이다.)이라 알려져 있다. 즉 대홍포는 중국 명원(茗苑) 중의 기이하고 아름다운 꽃이며, 차 중의 장원이라는 명예를 갖고 있으며 암차 중의 왕이며 심지어는 국보(國寶)라고 까지 칭하고 있다.

산지는 복건성 무이산시 무이산 동북부 천심암(天心岩) 서쪽의 구룡과(九龍窠)라 하는 절벽에서 생산된다. 산 절벽에는 주덕제(朱德題)가 새긴 대홍포(大紅袍)의 붉은 홍색의 세 글자가 있다. 이곳은 해발 약 600m, 연평균 강수량 2,000mm이상, 상대습도 80%이다. 사계절의 기후는 따뜻하고, 연 평균기온은 18.5도이다. 산간 계곡에는 언제나 물이 흐르고 구름과 안개가 가득 피어오른다. 토양은 모두 산성이며 암석의 풍화 작용으로 이루어진 토양이다. 대홍포의 차나무는 관목형이며, 차나무의 형은 반쯤 펼쳐졌으며 잔가지와 잎이 많다. 잎은 타원형이며, 끝은 약간 늘어져 있으며, 진한 녹색의 광택이 있다. 찻잎은 좀 두껍고 쉽게 부서지며 여린 잎은 도톰하고 솜털이 뚜렷하며 진녹색의 약간 자줏빛을 띄고 있다.

대홍포는 천년이 된 고목의 차나무로서 귀중한 품종이다. 현재 구룡과의 절벽에 겨우 5그루만(上3下2)이 남아 있다. 여기 절벽의 갈라진 틈 사이로 샘물이 흘러 축축하여 거름을 주지 않아도 성장이 왕성하다. 매년 5월 13~15일쯤 높은 사다리를 이용해 찻잎을 채취한다. 극 소량으로 밖에 채취되지 않기 때문에 귀중품으로 다룬다.

생산량은 작지만 세계적인 명성을 자랑하며, 원·명대에서부터 역대 황실의 헌상차로 지정되었다. 무이대홍포는 단총(單欉)가공법으로 모두 수작업으로 가공한다. 완성된 차의 향기는 진하고 그윽하며 맛은 순하다. 마시면 입에 은은한 향이 남기 때문에 암운(岩韻)이라 부른다. 마신 후 입안과 치아 사이사이, 볼과 뺨에 그 향기가 오래도록 머무르고 9차례를 우려 마셔도 계화향이 남아 있는 것에서 무이차왕(武夷茶王), 차중지성(茶中之聖)이라 부르기도 한다.

대홍포의 훌륭하고 우수한 품질에 관해서는 많은 전설이 유포되어 있기 때문에 사람들의 호기심을 불러일으키고 있다.

첫 번째 전설은, 대홍포는 사람이 오를 수 없는 절벽 위에 야생하고 있기 때문에 매년 차의 계절이 오면 승려가 과일을 먹인 원숭이에게 찻잎을 채취하도록 한다는 것이다. 두 번째 전설은, 차의 나무는 10척의 높이로서 절벽에서 자라고 있기 때문에 바람이 불면, 승려가 떨어진 잎을 모아서 차로 제조했다 한다. 그 잎은 100종류의 병을 치료한다고 한다.

지원(地元)의 또 다른 하나의 전설은 대홍포는 산신이 소유하고 있기 때문에 승려가 원일(元日)의 날에 선향을 올리고, 소량을 부처님께 헌공하고 예불한다고 한다.

옛날 대홍포를 채취할 때는 반드시 제단을 설치하고 선향을 올리고, 예배를 하고, 경을 읽었다. 제다를 할 때는 특제(特製)의 기구로써 숙련된 전문가에 의해 만들어 졌다.

7) 민북수선(閩北水仙)

민북수선은 오룡차 계통의 상등품에 해당하는 것으로 100년 전에 민북의 건양현 수길향 대호촌 부근에서 처음으로 제다(製茶)된 것이다. 현재의 주요한 산지는 건구(建甌), 건양(建陽)의 두 곳이다. 이곳은 산이 계속해서 서로 연결되어 있으며, 구름과 안개가 충분하며 계곡에 많은 물이 흐르고 있다. 평균기온은 19.9도, 연 강수량은 1,600mm이상으로 상대습도는 80%이다.

토양은 비옥하고, 인·칼슘·마그네슘 등의 유기물이 풍부하게 포함되어 있으며, 토양의 산성도도 적당하다. 여기에서 재배되고 있는 수선종(水仙種)의 차나무는 중엽종 소교목형(小喬木型)에 속한다. 줄기와 가지가 단단하고 잎은 두툼하면서 윤기가 있다. 어린 싹은 황녹색이다.

봄 차는 매년 곡우 전후를 기점으로 채취한다. 채취하는 싹의 크기는 1심과 3, 4옆을 채취하고, 위조(萎凋)·주청(做靑)·살청(殺靑)·유념(揉捻)·초배(初焙)·포유(包揉)·족화(足火) 등의 가공공정을 거치면서 모차(毛茶)가 만들어진다. 부드럽게 된 수선의 잎은 수분을 많이 함유하고 있기 때문에, 주청을 할 때는 「가볍게 흔들면서 얇게 늘어 말린다. 흔드는 것에 의해서 만드는 모양을 잘 조정할 수 있다.」 이와 같은 방법으로 임기응변식의 작업을 한다. 포유(包揉)는 수선차의 형태를 만드는 중요한 작업이기 때문에 적당하게 주물러 마지막에는 약한 불에 말린다.

완성된 제품의 차는 외형이 단단하면서 모양이 고르다. 끝부분은 약간 굽어 있으며, 색은 윤기가 있는 검은 색을 띤 녹색이지만, 백색의 반점이 여러 곳에서 나타난다. 그윽하고 은은한 난의 향을 가지고 있으며, 향기로운[芳醇]¹⁵⁾ 맛으로 끝맛의 여운이 달짝지근하다. 우려낸 찻물의 색은 투명한 느낌이 있는 붉은 색이다. 찻잎은 부드러우면서 붉은 듯한 녹색을 띤다.

3. 백차(白茶)

1) 백호은침(白毫銀針)

백호은침은 약칭으로 은침, 혹은 백호라 한다. 아두(芽頭)라 하는 아직 피지 않은 새싹을 사용하고, 전체에 백호가 있고 은색의 광택이 있다. 침(針)처럼 가늘고 긴 형태를 가지고 있기 때문에 이처럼 우아한 이름이 붙여졌다. 백호차는 대부분이 백차 중에서 고급품으로 역대 황제의 헌상(獻上)품으로 지정되었다.

복건성 복정현 태모산(太姥山)의 중턱에서 생산되고 있다. 이곳은 아열대 지역

---

15) 원래는 향기가 좋은 술을 뜻함.

의 구릉지역으로 일년 중 기후가 따뜻하고 습하다. 연 평균기온은 18.5도이며 강수량은 1,600mm, 토양은 적색과 황색의 토양으로 비옥한 토질을 가지고 있기 때문에 차나무에 적합한 환경이다. 여기에서는 주로 복정(福鼎) 대백차를 재배하고 있다.

청의 가경(嘉慶)초년(1796) 이후에 처음으로 백호은침을 생산할 때에 차나무의 다 자란 싹을 원료로 사용했다. 1885년부터 복정대백차와 정화대백차의 다 자란 싹을 사용하게 되었다. 현재는 처음으로 돋아난 봄의 새싹이 가장 좋다. 보통 3월 하순부터 청명절까지로 대개 1심1엽을 채취하여 제다한다.

제다공정과 품질

먼저 신선한 찻잎을 선별한다. 불필요한 잎을 골라내고 체(篩)에 늘어놓아서 건조시킨다. 수분이 8할 내지 9할 정도 증발하면, 30~40도의 약한 불로 완전하게 건조할 때 까지 천천히 불에 쬔다. 이것으로 모차(毛茶)가 완성된다. 모차를 6호 내지 7호의 체(篩 : 비교적 체의 구멍이 가는 체)로 쳐서, 위의 찻잎은 우량한 품질, 아래로 빠지는 찻잎을 그 다음의 품질로 분류한다. 다시 수작업으로 작은 줄기나 잡티 등을 주워 내고, 각각 약한 불로 건조시키면서 상자에 넣는다.[16)]

은침은 외형이 단단한 침처럼 곧게 펴져 있으며 백호가 있기 때문에 광택이 있다. 우려낸 찻물의 색은 투명한 느낌이 있는 엷은 황색이며, 마시면 맛이 향기로우면서 상쾌하다. 차를 우려내기 시작할 때 찻잎의 뾰족한 끝이 위로 향해 있다가 서서히 밑으로 가라앉으며 줄곧 물에서 꿋꿋이 서있다. 성질은 차며 열을 내리거나 더위를 몰아내며 해독작용 등의 효능이 있다.

16) 아침(芽針)이 부러지거나 부서지는 것을 방지하기 위하여 더운 기운 그대로 박스에 포장한다.

2) 백모단(白牡丹)

백모단은 녹색의 잎에 은색의 흰솜털이 많으며 흰 줄기가 꽃과 같은 형태를 하고 있기 때문에 이 이름을 붙였다. 1922년 이전에 복건성 건양현의 수길향(水吉鄕)에서 만들어 졌지만, 그 후 정화현이나 기타의 다른 현에서도 생산되기 시작하였다. 현재 주로 정화·건양·송계·복정현 등에서 제조되고 있다. 정화대백차, 복정대백차, 수선 등 뛰어난 차나무 품종의 큰 싹을 사용한다.

✖ 제다공정과 품질

중요한 작업은 위조(萎凋)로써 실내와 실외의 햇볕 위조가 있다. 기후에 따라서 봄·가을의 맑은 날 혹은 여름의 맑은 날에 실내 위조 혹은 실내위조와 햇볕위조를 반복해서 실시한다. 정제(精製) 공정은 작은 줄기[莖]·편(片)·납엽(蠟葉)·홍장(紅張)·암장(暗張)을 제거한 후에, 약한 불에 쬐어 말리는 작업을 한다. 찻잎내의 수분함유량을 4%~5%까지 건조하면서 온도가 식지 않도록 상자에 넣는다.

찻잎의 색은 짙은 이끼처럼 녹색으로 백호도 조금 보인다. 맛은 그윽하고 신선하며 순한 맛이며, 우려낸 찻물의 색은 오렌지계열의 황색 또는 투명한 느낌이 있는 황색이다. 차를 우려내면 찻잎은 엷은 홍색이 된다, 성질은 청량하여 열을 내리는 효과가 있기 때문에 특히 여름에 더위를 물리치는 효과가 있으므로 여름철에 마시는 것이 좋다.

4. 황차(黃茶)

1) 군산은침(君山銀針)

군산은침은 황차 계열 중에서도 침(針)계통의 차이다. 당과 송대에는 모양이 새의 날개와 비슷하였기 때문에 황령모(黃翎毛), 백학령(白鶴翎)이라 불렀다.[17] 청대에는 백색의 산모(産毛)가 있기 때문에 백모첨(白毛尖)이라 불렀으며, 1957년에 군산은침이 정식명칭으로 지정되었다. 군산은침은 호남성 악양시 동정호 군산지역에서 생산되고 있는데, 군산은 동정호 중의 하나의 섬으로 강남 제일명루-악양루와 서로 마주 바라보고 있다. 군산은 중국의 이름난 관광지로써 전체 섬은 구릉으로 되어 있고 사면이 물에 둘러싸여 있으며, 공기 습도가 높고 사양토층이 깊고 푸석푸석하다.

군산은침은 색(色), 향(香), 미(味), 기(奇)라 하는 4가지의 특징으로 명성이 높다. 군산의 총면적은 1평방km에 높이 80m이다. 토질은 비옥하고, 기후는 온화하고, 습도가 적당하기 때문에 차나무가 자라기에는 최적의 환경이다. 다원은 여러 곳에 있다.

군산에서의 찻잎을 가공한 제다의 역사는 오래 되었는데,《파릉현지(巴陵縣志)》에「호남성 동정호의 군산에서는 차를 채취하였는데, 어린 싹은 연꽃의 심(芯)과 비슷하다. 매년 황제에게 헌상을 하였다. 당대에 많이 생산되었지만, 헌상을 시작한 것은 오대(五代)이다.」라 기술하고 있다.

예부터 군산은침은 1년에 1근(500g)밖에 채취하지 않았다. 건륭황제가 강남을 순행활 때(1871)년 군산차를 마시고서 1년에 18근(9kg)을 헌상하도록 칙명을 내렸다. 현재 군산은침은 1년에 300kg 정도밖에 제다되지 않기 때문에 가격이 매우 비싸다.

✖ 제다공정과 품질

매년 청명절의 3, 4일 전에 신선한 찻잎을 채취한다. 봄 차는 차의 새싹만을 채취한다. 1kg의 은침차에는 5만매의 찻잎(싹)이 필요하다. 이 차의 제다에는 숙련된 고급기술이 요구된다. 찻잎의 외형

●●●

17) 찻잎은 많은 솜털로 덮혀 있고, 밑 색은 황금색 띠고 있었기 때문에 당나라 때 '황령모(黃翎毛)'로 불렸다. 송나라 백학사(白鶴寺) 승려들은 차를 재배하고 차를 가공한 후 그곳의 백학(白鶴)우물로 차를 우렸는데 찻잎이 마치 백학이 수면에서 노니는 것 같았다고 한다.

이 원래 상태를 유지하면 좋지만, 색·향·맛에 정성을 기울이는 것이 요구된다. 탄청(攤靑)·살청·초포(初包)·복홍(復烘)·탄량(攤涼)·복포(復包)·족화(足火)·고르기 등으로 약 72시간에 걸쳐서 가공을 한다.

특징으로 살청과 홍배는 모두 저온에서 시행하며, 살청작업은 가볍고 빠르게 시행하며, 홍배 발효에는 뽕나무 껍질로 만든 종이로 60시간을 쌓아 둔다. 근래에 들어서는 살청을 마치면 증청(蒸靑) 기법을 사용하기 때문에 찻잎이 찻잔 속에서 곧게 서 있는 것을 볼 수 있다. 군산은침에는 독특한 맛이 있다. 찻잎의 외형은 단단하고 견고해서 날개처럼 백호가 있고 황금색으로 윤기가 있는 황색이다. 향과 맛도 상쾌하고 달콤하다. 우려낸 찻물의 색은 밝고 투명한 오렌지색 계열의 황색, 우려내었을 때의 찻잎은 부드러우면서 윤기가 있는 황색이다.

군산은침은 청대(淸代)에 헌상품으로 되었다.《파릉현지(巴陵縣志)》의 기록에 의하면 「군산은침의 헌상은 청대부터 시작되었으며, 매년 18근을 헌상하였다. 곡우의 전에 장관이 승려에게 새싹의 끝부분인 1심1엽을 채취하도록 하였다.」 즉 흰 털이 빽빽하게 돋아나 있기 때문에 백모차(白毛茶)라 불렀다. 청대의 군산은침은 노군차(老君茶)라고도 불려졌다.《홍루몽》41권의 「용암다품매화설」 중에서 묘옥이 가모(賈母)에 우려내어 주었다. 곧 가모는 "육안차는 마시지 않아요."라 말했다. 묘옥이 웃지 않으면서 "알고 있다. 이것은 노군미(老君眉)요"라 말했다. 그 노군미는 오늘날의 군산은침이다.

군산은침의 싹은 빽빽하게 곧은 모양으로 되어있다. 싹의 크기를 균등하게 하고, 흰 털이 은침처럼 보인다. 차를 우려내면 찻물은 밝은 오렌지색이며, 상쾌한 향이다. 투명한 유리컵에서 군산은침을 우려내면, 처음에는 싹이 먼저 위로 표면에 뜬다. 또 뜨기도 하고 가라앉기도 하고 많을 때는 3회 왕복한다. 그러므로 군산은침은 「3기 3낙(三起 三落)」이라 알려졌다. 마지막에 찻잎이 모두 가라앉으면, 칼과 창과 나무가 서있는 것처럼 되고, 또는 죽순이 지면에서 돋아나는 것처럼 보이기도 한다. 싹의 색이나 우려낸 찻물의 색이 일체가 된다. 마시는 것은 말할 것 없고, 감상하는 것 만으로도 사람들을 황홀한 경지로 이끈다.

2) 몽산황아(蒙山黃芽)

몽산황아는 사천성 명산현 몽정산에서 생산되고 있다. 사천성 국영 명산현 차재배장에서 제다를 한다. 몽산에는 5개의 봉우리가 있고, 최고봉은 상청봉으로 해발 1,440m이다. 여기에는 아름다운 산림이 있고, 토질은 PH치가 4.5~5.4이고, 평균기온이 13도, 년 강수량이 2,000~2,200mm, 구름과 안개가 낀 날이 1년에 220일간이다. 많은 비와 많은 안개와 많은 구름이 산을 둘러싸고 있다. 이러한 자연 환경 속에서 차나무의 성장이 빠르고 싹이 신선하면서 어리다.

✖ 제다공정과 품질

매년 청명절 전에 조금 벌어진 큰 싹만을 채취하고, 1살청(殺靑), 양색황(兩色黃), 1퇴방(堆放), 3복과(復鍋), 2홍배(烘焙) 등의 가공 공정을 실시한다. 제품으로 완성된 차는 전체적으로 고르며 곧게 펴져 있으며, 색은 황색으로 백호가 보인다. 우려낸 찻물의 색은 녹색을 띠는 황색으로 달면서도 시원한 듯 하고, 향은 농후하다. 차를 우려냈을 때의 찻잎은 황색을 가진 녹색으로 황아(黃芽) 차 종류의 명차이다.

3) 곽산황아(霍山黃芽)

곽산황아는 안휘성 곽산현에서 생산된다. 어린 싹을 「민황(悶黃)」한 차이기 때문에 이 이름을 붙였다. 황차 계통의 극품(極品) 명차이다. 현(縣)내의 여러 곳에서 제다를 하고 있지만, 그 중에서 금강대(金剛台)에서 생산되는 것이 가장 좋은 품질이다. 산지는 안휘성 서쪽에 있는 대별산 지역이고, 해발 800m이상, 1년 중 운무가 충분하고 일조시간이 짧고 약하다. 기후는 온난하고 습도가 높다. 평균기온이 14~16도, 평균강수량이 1,300mm이상, 상대습도가 80%이다. 토질은 약간 산성의 황색토양으로 PH치는 5~6이다. 이러한 산에는 새들이 많이 서식하기 때문에 대량의 새똥으로 인해 토양은 매우 비옥하다. 이러한 환경에서 산출되고 있는 찻잎은 싹이 여리고 찻잎이 도톰하고 품질이 좋다.

✖ 제다공정과 품질

매년 곡우 3~5일 전에 산의 날씨가 좋은 날을 선택하여 찻잎을 따며(약 10일정도)가장 가늘고 가장 여린 잎을 선택하여 살청을 한 후[炒靑] 형태를 만들고[做形], 보자기에 넣어 주무른 후[初包], 불에 쬐어 말리기 하고[初烘], 다시 펼쳐놓았다가[攤放] 다시 건조를 하는[復火] 공정으로 완성품이 만들어진다. 제품으로 완성된 차는 고르고 가지런하며, 색깔은 황녹색으로 가늘고 여린 잎으로 백호가 많고, 형태는 참새의 혀와 같다. 우려낸 찻물의 색은 밝은 황녹색이고, 우려낸 후의 찻잎은 황색이며, 맛은 순하고 단맛이 있다. 향은 잘익은 밤의 향기가 나며, 마시면 입 속에 시원하고 상쾌한 향이 가득하다.

곽산(참산(潛山), 또는 천주산(天柱山)이라 부른다)의 찻잎 생산의 역사는 당나라부터 시작되었다. 청의 동치(同治) 년간 《육안주지(六安州志)》의 기록에 의하면 명 · 청대에 곽산차는 전주(全州)의 4분의 3을 차지하였으며, 매년 우전(雨前)의 극품을 채취하여 헌상차로 제조하였다.

5. 흑차(黑茶)

1) 육보차(六堡茶)

육보차는 광서 장족자치구 창오현(蒼梧縣) 서북의 육보산에서 생산되고 있는 차이다. 창오현은 북위 23도 27분에 위치하고, 태양의 복사열이 매우 강하다. 기온이 높고, 년 평균기온은 21.5도, 강우량이 풍부하고 평균강수량은 1500 · 7mm이다. 그러나 육보산은 기온이 비교적 낮고 습도가 있기 때문에 토양이 비옥하고 차나무는 키가 크게 자란다. 찻잎은 크면서 부드럽다. 신선한 찻잎을 가공하는 공정은 위조 · 유념 · 절쇄(切碎) · 악퇴(渥堆) · 홍건(烘乾)이 있다.

가장 중요한 점은 찌는 작업이다. 건조한 찻잎을 등급별로 분류하여 다시 큰 통(桶)에 놓고 찐다. 그리고 나서 특별히 제작한 둥근 대나무 그릇[籠 : 바닥이 사각형]에 늘어놓고, 창고에서 자연 건조한다. 그대로 1, 2개월 방치하여 놓으면서 완성품을 만든다. 이 차의 우려낸 찻물의 색은 짙은 적색이며, 맛이 진하면서[濃厚] 순하다. 과일의 향이 있고, 독특한 풍미(風味)를 가지고 있다. 육보차는 해열과 목을 부드럽게 하고, 기침을 멈추게 하고 소화에 효과가 있다.

2) 보이차(普洱茶)

운남 보이차는 운남성 서쌍판납 태족(傣族)자치주에서 생산되고 있다. 서쌍판납은 옛날 보이현의 관할이기 때문에 생산된 차를 보이차라 불렀다. 현재 맹해현(勐海縣) 맹해다원의 생산량이 가장 많은데, 보이차 생산량의 총 70%를 차지하고 있다. 차나무는 교목형 대엽종으로 우량품종의 하나이다. 대부분이 메콩강 서안의 구릉지대에서 자라고 있다. 이곳은 기온이 18~20도로써, 겨울과 봄에도 서리가 없다.

연 평균 강수량은 1,000~1,600mm, 상대습도는 80~92%이고, 1년 중 운상(雲霧)으로 둘러쌓인 날이 많으며, 일조시간이 짧고, 자외선이 강하다. 4계절의 온도차는 없지만, 밤낮의 온도차는 큰 편이다. 대엽종의 차나무는 싹이 자라는 것이 빠르고 어린 싹의 상태가 오래 동안 지속되며, 찻잎이 크기 때문에 산모(産毛)가 많다. 찻잎의 질은 부드럽고 신선한 찻잎은 수분을 충분하게 함유하고 있다.

✖ 제다공정과 품질

채취한 찻잎의 모차(毛茶)는 봄·여름·가을과 3가지의 순위가 있다. 봄 차는 춘첨(春尖)·춘중(春中)·춘미(春尾)의 3가지 등급으로 나눈다. 여름 차는 이수(二水)라고도 불린다. 가을 차는 곡화(谷花)라 한다. 이중에서도 춘첨과 곡화의 품질이 가장 좋다. 신선한 찻잎으로 제다한 보이차는 그윽한 향이 있고, 우려낸 찻물의 색은 밝은 황색이며, 순하면서 단맛이 있다.

산차(散茶)와 가공한 모양과 형태에 따라서 타차(沱茶), 방형차(方形茶) 등 긴압차가 있다. 산차는 외형이 크면서 단단한 형이다. 광택이 있는 오색(烏色: 黑)과 갈홍색(褐紅色: 흑색을 띠고 있는 붉은 색)이 있다. 우려낸 찻물의 색은 투명하면서 짙은 붉은색이며, 맛이 은은한 향이 있으면서도 순하고 뒷맛의 여운이 달다. 특수한 진향(陳香)이 있다. 저장하면 할수록 향이 좋아진다.

보이차에는 의학적인 효과가 있다. 청대의 조학민(趙學敏)이 쓴 《본초강목습유(本草綱目拾遺)》에는 「보이차의 맑은 향은 독특한 것이다. 술을 마신 뒤에 보이차를 마시면 술을 깨는데 효과적이며, 소화불량을 다스려 위장을 튼튼하게 하는데, 그 효과는 매우 좋다.」라 기술하고 있다. 역사상에 나타난 보이차는 최초가 진남(滇南 : 운남성)에서 생산된 대엽종 쇄청차(晒靑茶)였다. 그 후 가공기술이 발달하여 오늘날의 보이차가 되었다.

보이차는 남송시대의 이석(李石)의《속박물지》의 기록에 의하면, 서번지방(현재의 운남성)에서 사용된 보차(普茶)는 당대부터 생산되기 시작하였다. 보이차는 윤기가 있는 흑색(黑色)으로 순한 맛이다. 마신 후는 단맛이 목에 남는 독특한 향이 있다. 보이차는 예부터 콜레스테롤을 억제, 소화, 살균, 다이어트 등에 효과가 있기 때문에 우수한 건강음료로서 많은 사람들에게 판매되고 있다.

《홍루몽》의 63권에서는 보옥(寶玉)의 탄생일에 습인(襲人), 청문(晴雯) 등이 이홍원에서 야간의 연회를 개최했을 때 임지효의 부인이 밤에 돌아 올 무렵에 보옥이 오늘은 면을 먹었기 때문에 소화가 잘 되지 않아 조금 밖에 놀 수 없다고 말했다. 이에 임지효의 부인이 습인에게 보이차를 우려내어 마실 것을 가르쳐 주었다. 그 시대의 사람들은 이미 보이차가 소화기 계통에 효과가 좋은 것을 알고 있었다.

보이차는 제다의 방법에 따라 산차와 긴압차의 두 종류가 있다. 산차는 찌는 작업으로 만들어 지고, 긴압차는 긴압(緊壓)가공을 통해서 만들어 지기 때문에 긴압차가 된다.

6. 긴압차(緊壓茶)

1) 흑전차(黑磚茶)

흑전차는 재가공차 종류 중에서 긴압차의 하나이다. 호남성 안화 백사계 일대에서 생산되고 있다. 흑모차를 원료로서 증(蒸), 긴압(緊壓), 건조의 제조과정을 통해서 흑전차가 된다. 제품으로 만들어진 흑전차의 표면은 고르고, 모양이 단단하고 분명하게 되어 있다. 흑색으로 향이 있으며, 맛은 농후하면서 약간 쓰다. 우려낸 찻물은 적황색이면서 약간 어둡다. 주로 감숙성, 녕하회족(寧夏回族) 자치구, 청해성, 신강성 위구르[維吾爾] 자치구 등에서 판매되고 있다.

2) 복전차(茯磚茶)

복전차는 전통적인 긴압차이다. 무더운 여름에 가공을 하기 때문에 「복차」라고도 부르고 있다. 흑모차를 원료로 증·발효, 침(浸), 증압(蒸壓), 발화, 건조의 제조 과정을 거친다. 발화(發花: 꽃을 피우는 것)의 독특한 과정이 있기 때문에 가운데에 황금색의 미균과립(黴菌顆粒)이 들어가 국화꽃의 향이 있어 「금화(金花)」라 부르고 있다. 「금화」가 많은 정도에 따라 품질의 좋고 나쁨을 결정한다. 차의 표면은 흑색으로 향이 있다. 우려낸 찻물은 밝은 적황색이며, 위구르족·티베트족과 감숙성, 녕하회족 자치구 주위의 사람들이 좋아하는 차이다.

3) 칠자병차(七子餠茶)

칠자병차는 원차(圓茶)라고도 불리며, 원형의 병차를 7매로 1통에 넣었기 때문에 이렇게 이름을 붙였다. 운남성 서쌍판납 봉족 자치주 맹해현 맹해다원에서 생산되고 있다. 보이 산차를 원료로 사(篩), 선별, 고온해독, 증(蒸), 압축(壓縮), 정형(定型) 등의 공정으로 가공한다. 완성된 제품은 둥근 병형(餠型)으로 직경이 21cm이며, 끝부분(頂部)이 약간 튀어나오고, 중심부의 두께는 2cm이고, 테두리는 약간 얇은데 1cm정도 두께이다. 밑부분은 평평하면서도 약간 덜어 간 듯한 구멍이 있다.

병차 하나의 무게는 357g이며, 백색의 종이로 포장되어 있다. 이 둥근 병차를 7개 한 세트로 대나무의 껍질로서 통의 형태로 포장을 하고 있다. 휴대나 장기간 보관에도 문제가 없다. 칠자병차의 생산역사는 1000년 전부터 시작되었다라고 기록하고 있다. 예부터 증답(贈答)품으로 지정되어 서로 주고받았다. 이 차는 외형이 단단하고 단정하며, 표면이 균일하다. 차의 색은 투명하고 밝은 적색으로 그윽한 향이 있다. 맛은 상쾌하면서 순한 향이 있다.

4) 운남타차(雲南沱茶)

운남타차는 운남성 대리시 하관다원(下關茶園)에서 독자적으로 개발해 낸 상등품의 긴압차이다. 상표(商標)는 원래 「중다패(中茶牌)」였지만, 1993년부터 「송학패(松鶴牌)」로 바꾸었다.

운남타차는 중국차의 명차로서 이미 90여년의 역사가 있다. 1902년 하관의 복춘

화(復春和) 등의 제다공장에서 「단차(團茶)」를 기원으로 해서 타차(沱茶)를 개발했
다. 1917년 마침내 성공해서 주발[碗]의 형태로 만들었다. 운남 사람들이 주발의 형
태를 한 것을 「타(坨)」라 불렀던 관습이 있었기 때문에 「타차(坨茶)」라 이름을 붙
이기도 했다. 이 「타차」는 당시 사천성의 서부(敍府 : 의빈시)에 전해지고, 타강(沱
江)의 물로 우려내면 차 맛이 매우 좋았기 때문에 「타차(沱茶)」라 개명하였다.

운남타차는 운남의 대엽종 중에서도 우량한 품질의 찻잎을 사용하여 과학적인
방법으로 정제한 긴압차이기 때문에 수출용과 국내 판매용의 두 가지로 분류된
다. 국내용의 타차는 외형이 단단하면서 단정(端整)하고 윤기가 있는 갈색으로 백호
가 있다. 우려낸 찻물의 색은 밝은 오렌지 계열의 황색, 향은 진하고 맛도 그윽하면서
[芳醇] 달짝지근하다. 국내의 각 지방에서 판매되고 있으며, 1991년부터 수출되기 시작
했다. 수출용의 운남타차(보이타차라 하는 다른 이름이 있음)는 외형이 주발의 형
태로 단단하면서도 단정한 형이다. 찻잎의 색은 갈홍색이고, 우려낸 찻물의 색은
짙은 홍색으로 그윽한 향이 있으며, 맛은 순하다.

이러한 종류의 타차는 홍차와 녹차와는 달리 온성차(溫性茶)라 말하는데, 주로
미국이나 홍콩, 마카오에 수출된다. 운남타차는 독특한 의료효과가 있다. 프랑스
국립 건강의학연구소의 임상시험의 결과에 의하면 타차는 지방의 신진대사와 평
형, 콜레스테롤의 억제작용이 있다. 혈액내 지방과다의 사람은 매일 운남타차를 3
잔 정도 마시면 1개월 후 혈액내의 지방량이 4분의 1로 감소한다고 보고하고 있다.

7. 홍차(紅茶)

1) 운남홍차(雲南紅茶)

운남홍차의 약칭은 전홍(滇紅)이라 하며, 운남성 남부와 서남부의 임창, 보산,
봉경, 서쌍판납 봉족자치주, 덕굉 봉족경파족 자치주 등에서 생산된다. 이곳은 산
맥이 서로 연결되어 있으며 평균고도가 해발 1,000m이상이다. 아열대 기후로 평균

기온은 18~22도, 밤낮의 온도차가 심하고, 연 평균 강수량은 1,200~1,700mm이다.

맑을 때에는 아침부터 늦게까지 안개가 끼여 있으며, 구름이나 비가 올 때는 하루 종일 산에 구름이 덮여 있다. 숲이 매우 무성하고, 토양의 부식층이 깊고 풍부하여서 비옥하다. 차나무는 키가 크고 찻잎의 싹이 크며, 잎도 도톰하면서 백호가 많이 나타난다. 잎이 5~6매로 자랐는데도 여리고 부드럽다. 특히 찻잎에 폴리페놀류의 함유량이 많고 알카로이드의 성분 함유량이 많아 중국 찻잎의 우두머리라 할 수 있다.

✖ 제다공정과 품질

전홍은 우수한 운남대엽종 차나무의 새싹을 위조, 유념 혹은 유절(揉切), 발효, 건조시켜서 만들어낸 찻잎이다. 다시 가공을 하면 전홍공부차가 된다. 이 공부차를 유절(揉切)해서 전홍쇄차(滇紅曬茶)가 만들어 진다. 이상의 각 공정은 1939년에 봉경과 맹해현에서 처음으로 시험 작업에 성공하였으며, 그 이후 500여 년간 계속해서 수작업으로 시행하였다.

제품으로 완성된 차의 외형은 단단하면서 크고, 윤기가 있는 흑색이다. 우려낸 찻물은 깨끗한 홍색으로 향이 진하다. 맛은 순하고 깊으면서[芳醇] 수렴성이 있다. 우려낸 후의 찻잎은 균일하면서 밝은 적색이고, 금색의 털이 보인다. 털의 색은 엷은 황색, 흰 빛을 띠는 황색, 황금색 등이 있다. 이 전홍은 수출용의 명차이다.

전홍쇄차는 전홍분급차라고도 부르며, 1958년에 제다를 시작하였다. 중, 소엽종의 홍차를 섞어서 엽차(葉茶), 쇄차(曬茶), 편차(片茶), 말차(末茶)의 4가지로 분류한 11종의 홍쇄차가 있다. 이러한 홍쇄차는 각각의 기준이 있지만, 기본적으로 균일한 색이며, 우려낸 찻물은 깨끗한 적색이면서 금색의 초록빛이 보인다. 신선하면서 상쾌한 향이 있고, 자극적인 짙은맛이 있다. 우유를 넣어도 맛이 변하지 않는다. 맛이 짙고, 강하며, 신선하다는 특색이 있다.

2) 정산소종(正山小種)

정산소종은 홍차류에 속하며, 인공(人工)소종과 아울러 소종홍차라 불린다. 18

세기 후기에 복건성 숭안현(무이산시) 동목지구에서 처음으로 제다되었다. 성촌 (星村)이라는 곳을 집산지로 하기 때문에 성촌소종이라고도 부른다. 아편전쟁 후 정산차와 외산차의 경쟁이 시작되면서 정산(正山)이라 하는 것은 정통이라 하는 의미가 있다.

찻잎의 생산은 동목(桐木)을 중심으로 숭안, 건양, 광택의 3현의 경계에 있는 고지대의 다원에서 한다. 이 주위는 산으로 둘러쌓여 있으며, 기후가 한랭(寒冷) 하다. 연 강수량은 2300mm이상이며, 상대습도는 80~85%, 안개가 있는 날이 100 이상이다. 일조시간이 짧고 서리가 내리는 기간이 비교적 길다. 토양은 수분이 충 분하기 때문에 비옥하다. 유기물의 함유량도 풍부하다. 여기서 재배된 차나무는 매우 무성하며 잎이 크며, 새싹의 여린 상태를 지속하는 기간이 길다.

✖ 제다공정과 품질

제품으로 완성된 차는 외형이 단단하고 크며, 윤기가 있는 흑색이다. 우려낸 찻물의 색은 깨끗한 적색으로 순하면서 깊은 맛을 가지고 있으며, 농열(濃烈)한 향이 있다. 소나무를 태울 때 나오는 연기 와 같은 향이 있으며, 달짝지근한 대추와 같은 맛이라 하는 3가지의 큰 특색이 있다. 우유를 넣으면 곧 좋은 맛을 내는 밀크티가 된다.

정산소종은 생산의 역사가 길고, 1917년 숭안 현령 육적(陸廸)이 쓴《속다경(續茶經)》에「무이차는 산 에 있는 것을 암차라 하고, 물가에 있는 것을 주차(洲茶)라 하고, ···(중략) 가장 좋은 것은 공부차라 한 다. 공부차보다 좋은 것은 소종이다.」라는 기록이 남아 있다.

3) 영홍공부(寧紅工夫)

영홍공부차는 영홍(寧紅)이라 불린다. 중국에서 가장 빠르게 제다된 귀중한 공 부홍차의 진품 중 하나이다. 주요 산지는 강서성 수수현(修水縣)으로 수수현은 원 대에 영주(寧州)라 불렸고, 청대에는 의녕주(義寧州)라 불렸는데 차의 이름은 여 기에서 얻었다. 수수현의 차 생산은 이미 1,000여년의 역사를 지니고 있다. 영홍은 청대 중엽에 시작되었다. 청대 광서18년(1892) 영홍은 유명하게 되어 대량으로 수출된다. 수출량은 전국 생산총량의 80%를 차지한다. 광서 33년(1904) 영홍의 진품인 태자차(太子茶)는 헌상차로 지정된다. 그 후 전쟁 등의 영향으로 찻잎 생산이 쇠퇴했다.

신중국이 성립하면서 45년간 수수현의 찻잎 생산이 서서히 회복하면서 발전하게 되었다. 1990년대 초기에 다원 면적은 666,700ha에 달하였으며, 국영 제다공장은 14개소, 정제차장(精製茶場) 3개소, 개인이 운영하는 제다공장은 280개소가 있다. 년 생산량은 250만kg, 수출량은 200만kg에 달하였다.

영홍차 생산지는 수수현 뿐만 아니라 인근의 무령(武寧), 동고(銅鼓)의 두 현도 포함된다. 이곳은 산맥들이 연결되어 있고 숲이 울창하고 무성하다. 연간 강수량은 1,600~1,800mm이며, 일조 시수가 1,700~1,800시간이다. 차나무의 싹이 자라는 봄과 여름기간에 산에는 항상 구름과 안개가 덮여 있으며, 안개가 끼는 날은 80~100일간이다. 상대습도는 80%정도이다. 토양은 적색의 점토질로서 매우 비옥하다. 유기물의 함유량이 풍부하기 때문에 차나무의 성장에 매우 적합한 환경이다.

✖ 제다공정과 품질

매년 곡우전에 채취하는데 3cm정도의 1심1엽을 위조, 유념, 발효, 건조를 하여 홍모차를 만든다. 완성된 모차를 체로 쳐서 두절(抖切), 풍선(風選), 선별(選別), 복화(復火), 균퇴(均堆) 등의 가공공정을 거친다. 이렇게 완성된 차를 특급과 1~7등급의 8가지의 등급으로 나눈다. 특급 영홍은 단단한 형태로 솜털이 많고 윤기가 있는 흑색이며, 신선하면서 상쾌한 맛이 있다. 우려낸 찻물의 색은 깨끗한 홍색이다.

4) 기문홍차(祁門紅茶)[18]

기문홍차는 기홍(祁紅)이라고도 부른다. 황산 서남의 안휘성 기문현에서 생산된다. 홍차 중에서도 가장 최상급에 속하는 찻잎으로 국내외의 품평회에서 높은 점수를 얻고 있다. 기문의 인근 현에서 제다된 홍차를 포함해서 전부 기문이라 부르고 있지만 현재 기문 이외의 현에서 만들어진 홍차는 「지홍(池紅)」이라 부르도록 하였다.

산지의 자연환경은 차나무의 성장에 매우 좋다. 이곳은 산이 많고 나무들도 잘 자라 숲이 매우 무성하다. 다원은 대부분이 100~350m의 구릉에 분포하고 있다. 기후가 온난하고 년 평균기온 15도, 연 평균 무상기(無霜期)가 232일간 이상이며, 공기가 습하고, 상대습도가 80.7%이다. 강우량이 충분하고, 연 평균 강수량은 1,600mm이상이다. 특히 4~6월 사이의 강수량이 많은데 200mm가 넘는다.

토양은 황색 토양으로 비옥하면서 통기성이 있고 보수력(保水力)도 있다. 산성도가 PH치 5~6으로 적당하며, 풍부한 산화알루미늄과 철분을 포함하고 있다. 특히 봄과 여름에 비와 안개가 많기 때문에 차나무는 충분한 수분을 가지고 있으며, 적당한 일조량으로 새싹이 여린 상태로 오래 동안 지속하는 것이 가능하다.

✖ 제다공정과 품질

기문은 매년 청명절 전후부터 곡우 전까지 채취한다. 찻잎의 신선함과 유효성분을 유지하기 위해 채취한 후 곧 바로 가공한다. 신선한 찻잎의 질에 따라 등급이 결정된다. 특급기문은 1심1엽, 또는 1심2엽을 주로 한다. 그 제다과정은 초제와 정제로 나눈다.

● ● ●

18) 기문홍차는 유구한 역사를 가지고 있는 바 청나라 광서 이전에는 녹차가 생산되었다고 한다. 1875년 이 고장출신인 여간신(餘幹臣)은 관직을 버리고 고향에 돌아가 차를 재배하였는데 홍차 판로가 좋고, 수익이 높을 것을 보고 복건성 홍차 제다법을 모방하여 시험한 결과 성공하였다고 한다. 자연조건이 우월하고 찻잎의 독특한 천연적 향기로 하여 기문홍차의 품질은 어느덧 민홍(閩紅), 녕홍(寧紅)을 초월하고 국내외 시장에서 선호하는 제품으로 되었다. 민국시기에 영국에 수출되어 각광을 받으면서부터 세계에 이름을 날리게 되었다.

초제(初製)라 하는 것은 위조, 유념, 발효, 건조를 포함한 것이고, 정제(精製)는 다시 선별, 정형, 급분(級分), 복화(復火), 조합(組合)을 시행하여 형태와 질이 우수한 제품차를 만드는 것이 가능하다.

기문홍차의 특색은 외형이 가늘고 조밀하고 황금색의 털이 보인다. 윤기가 있는 흑색이며, 우려낸 찻물이나 찻잎은 밝은 적색이다. 그윽한 향은 사과 향이나 난초 향과 비슷하며 향이 오래 간다. 국제 시장에서는 이 향을 「기문향」이라 부른다. 우유를 넣으면 상쾌하고, 핑크색의 밀크티가 된다.[19] 차에는 여러 가지 성분의 영양물질이 포함되어 있다.

기문홍차는 1875년 이래, 중국의 전통적인 수출품이 되었으며, 인도 대길령홍차(大吉嶺紅茶), 스리랑카 우워차[烏沃茶]와 함께 세계 3대 명차로 꼽히고 있다.

중국차의 제다법(製茶法)

중국차의 제다방법은 종류에 따라 여러 가지가 있다. 중국에서 찻잎을 채취하는 방법은 기본적으로 수작업으로 실시한다. 그렇기 때문에 하나하나의 찻잎이 그 형태 그대로 채취된다. 최근에는 일부에서 기계로 채취를 시작하고 있지만, 중국차에 있어서 찻잎의 아름다움을 그대로 간직하고 있는 것은 수작업으로 채취를 하기 때문이다. 만약 기계로 채취할 때는 고급스러운 차를 생산하는 것이 불가능하다고 보아도 좋다. 중국차가 세계에서 명성을 떨치고 있는 비밀이 여기에 있다.

중국차의 제다법은 여러 가지가 있으며, 생산농가 독자의 공부(工夫)도 있지만 기본적인 제다법을 소개하고자 한다. 중국의 차 생산 농가는 현재 기계화가 추진되고 있다. 그러나 한집 한집이 생산자인 경우가 많기 때문에 독특한 공부(工夫)를

● ● ●

19) 우려낸 찻물은 투명한 붉은 색이며 차를 우려낼때 때 찻잎이 가라앉은 부분이 밝은 진붉은 색을 띤다. 차를 마실 때 차 잔 내벽에 금 황색 광환이 돌며 우유나 설탕을 첨가해도 향기에 손상을 주지 않는다.

하고 있는 곳도 많다. 그 때문에 동일한 이름을 가지고 있어도 향과 맛이 다르다. 또 다른 한편으로는 최근에 대규모로 차를 생산하는 공장도 생겨나고 있다. 청대 말기까지는 간단한 다구(茶具)로 제다되었기 때문에, 일부에서는 비위생적인 면도 있었지만, 오늘날에는 제다공정의 기계화가 추진되어 위생적인 면에서도 대폭 개선되고 있다.

◎ 녹차(綠茶)

① 찻잎을 채취 → ② 살청(殺靑) → ③ 유념(揉捻) → ④ 건조(乾燥)

역 자 보 충

> 살청은 고온을 이용하여 발효활성을 억제하여 찻잎의 푸른색을 보존하는 동시에 고온으로 풀냄새를 제거하여 차향을 만든다. 찻잎이 연해지면 유념(揉捻)으로 모양을 잡기가 쉬워진다. 유념은 찻잎을 가늘고 긴 형태로 만드는 것인데, 이것은 곡선형과 직선형의 녹차 형태를 만드는 방법이다. 이 외에 많은 고급 녹차는 유념과정을 거치지 않는 경우도 있다. 예를 들어 납작한 모양의 용정차는 솥에서 덖으면서 납작한 모양을 만든다. 난화(蘭花)형의 태평후괴도 솥에서 가볍게 만지고 두드리면서 형태를 잡는다. 건조는 모양을 굳히고 향기를 만들어 내는 단계이다. 다양한 고급 녹차들은 모두 건조 과정 중에 각기 다른 조형의 방법을 사용하여 만들어진 것이다.

◎ 청차(靑茶)

① 찻잎을 채취 → ② 위조(萎凋) → ③ 요청(搖靑) → ④ 살청(殺靑) → ⑤ 유념(揉捻) → ⑥ 홍배(烘焙) 및 건조(乾燥)

◎ 철관음의 경우

① 찻잎을 채취(손으로 채취한 것과 기계로 채취한 것) → ② 가지의 선별과 잎의 채취 → ③ 일광위조[曬靑] → ④ 실내위조[涼靑] → ⑤ 요청(搖靑) → ⑥ 초청(炒靑) → ⑦ 유념(揉捻) → ⑧ 포유념(包揉捻) → ⑨ 조반(繰返) → ⑩ 건조(乾燥: 烘焙) → ⑪ 지적(枝摘) → ⑫ 선별(選別) → ⑬ 출하(出荷)

① 차를 채취하는 모습

② 차를 선별하는 모습

③ 햇볕에 말리는 모습

④ 실내에서 말리는 모습

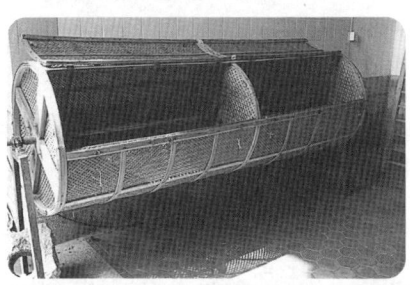

⑤ 요청(搖靑)

⑥ 살청(殺靑)

⑦ 유념(揉捻)

⑧ 포유념(包揉捻)

⑨ 반복하는 모습

⑩ 건조(乾燥)

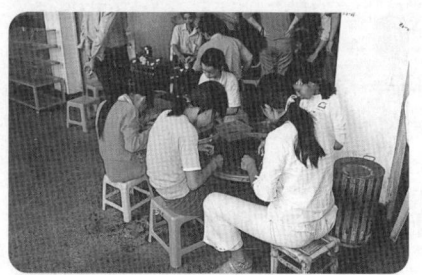

⑪ 가지를 골라내는 모습

⑫ 선별(選別)

청차 중에서 오룡차의 가공 과정은 비교적 복잡하다. 살청 이전의 공정은 홍차와 비슷하고, 살청 이후의 공정은 녹차와 비슷하다.

◎ 백차(白茶)

① 찻잎을 채취 → ② 위조(萎凋) → ③ 건조(乾燥)

백차 중에서 백호은침의 제조 방법은 생잎을 채취한 후에 차의 싹 부분과 잎 부분을 분리하는데 이 과정을 추침(抽針)이라고 한다. 차 싹은 은침을 만들고 잎은 수미(壽眉)를 만든다. 위조는 찻잎으로 하여금 서서히 수분을 증발하게 하여 잎의 질감이 부드러워지고 차향기가 우러나게 한다. 건조는 한 차례 더 수분을 빼고 형태를 완성하는 단계로 햇볕에 말릴 수도 있고 건조기로 말릴 수도 있다.

◎ 황차(黃茶)

① 찻잎을 채취 → ② 살청(殺靑) → ③ 유념(揉捻) → ④ 초홍(初烘) → ⑤ 민황(悶黃) →

⑥ 복홍(復烘) → ⑦ 민황(悶黃) → ⑧ 건조(乾燥)

역자보충

황차의 종류에 따라 제조 순서에 차이가 있는데, 군산은침과 같은 황아차는 일반적으로 유념의 단계를 거치지 않고 살청 단계에서 불에 말려 일부분의 수분을 뺀 후에 민황을 진행하고 마지막에 건조한다.

◎ 홍차(紅茶)

① 찻잎을 채취 → ② 위조(萎凋) → ③ 유념(揉捻) → ④ 전색(轉色) → ⑤ 건조(乾燥)

역자보충

위조는 수분을 빼는 과정으로 유념을 위한 준비 단계이다. 그러나 홍쇄차는 유절의 단계를 거쳐 찻잎을 작게 부수고 잘라야 한다. 발효는 홍차품질을 결정하는 관건이다. 녹색의 잎이 발효를 통해서 홍색이 되고 탕색도 홍색이 되는 것이다. 건조는 모양을 굳히고 차향을 만들어 내는 과정이다.

◎ 흑차(黑茶)

① 찻잎을 채취 → ② 살청(殺靑) → ③ 유념(揉捻) → ④ 악퇴(渥堆) → ⑤ 복유(復揉) →

⑥ 건조(乾燥)

역자보충

흑차의 종류가 많아서 퇴적발효(악퇴) 과정이 어떤 것은 건조 전에 이루어지고, 어떤 것은 건조 후에 이루어진다. 소위 후발효란 찻잎을 이미 고온처리한 후에 다시 발효를 진행하는 것을 의미한다. 이 후발효과정은 미생물 작용과 습열작용이 동시에 이루어지는 과정이다. 흑차는 산차를 원료로 하여 증기로 쪄서 압축하여 덩어리 모양, 둥근 빵모양, 벽돌 모양 등 여러 가지 형태의 긴압차로 만든다. 제품에는 타차, 병차, 전차 등이 있다

용어설명

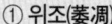

① 위조(萎凋)

위조는 찻잎으로 하여금 서서히 수분을 증발하게 하여 잎의 질감이 부드러워지고 차향기가 생겨나게 한다. 위조의 방법에는 일광위조와 실내자연위조의 두 가지 방법이 있다.[20]

② 요청(搖靑)

찻잎을 손으로 들어 올려서 가볍게 흔들어 주는 것. 발효의 속도를 도와주는 것. 방향성분을 이끌어 내기 위한 작업.

역 자 보 충

> 요청은 "순서에 따라 점차적으로 나아간다."는 원칙을 지켜야 한다. 흔드는 것을 처음에는 적게 나중에는 많게 하고, 힘을 쓰는 것은 처음에는 가볍게 하고 점차적으로 세게 하며 흔든 후에 잎사귀를 넓게 펼쳐서 말리는 것을 처음에는 얇게 하고 나중에는 두껍게 한다.

③ 유념(揉捻)

찻잎을 반복적으로 비비는 것으로, 찻잎의 세포를 파괴하고 차즙을 짜내어, 차를 우릴 때 물에 잘 녹도록 하여 차의 농도가 진하게 되도록 하는 것.

역 자 보 충

> 유념을 할 때는 "뜨거울 때, 적당량을, 신속하게 짧은 시간에"란 원칙을 지켜야 한다.

④ 홍배(烘焙)

대나무 등에 찻잎을 넣어서 저온에서 천천히 수분을 제거하는 건조방법.

● ● ● ●

> 20) 위조를 통하여 일부의 수분을 발산시켜서 찻잎의 탄성과 인성(靭性)을 높여서 후속의 요청 작업을 할 수 있도록 하는 동시에 탈수 과정을 거침으로써, 차의 생잎으로 하여금 일련의 화학변화가 일어나게 하여 찻잎의 활성을 증가시켜주는 작용을 한다.

홍배는 차를 건조하는 작업으로 잎의 산화를 억제하고 수분을 증발시키고 열화작용을 일으켜, 쓰고 떫은 맛을 제거하여 맛이 맑고 진하게 하기 위해서 한다.

⑤ 살청(殺靑)
채취한 신선한 찻잎에 열을 가하여, 산화효소가 활동하지 않도록 하는 것.

살청은 주로 잎사귀의 활성을 억제하여 폴리페놀의 산화진행을 억제하여 잎사귀가 지속적으로 붉게 변하는 것을 방지하여, 품질을 일정상태에서 고정시킨다.

⑥ 악퇴(渥堆)
수분을 함유하고 있는 찻잎을 쌓아 놓고, 균의 힘으로 발효시키는 것.

⑦ 건조(乾燥) : 건조하는 것.

건조는 바로 족화(足火)인데 저온에서 천천히 말리는 방법을 취한다.

⑧ **복유(復揉)** : 두 번째의 유념

⑨ **초홍(初烘)** : 첫 번째의 홍배

⑨ **복홍(復烘)** : 두 번째의 홍배

⑩ **민황(悶黃)** : 약간 습기가 남아 있는 찻잎을 균의 힘으로 천천히 가볍게 발효시키는 것

⑪ **전색(轉色)** : 홍차를 제다할 때에 찻잎의 발효를 촉진하는 것.

현재 160여개국에서 30억의 사람들이 차를 마시고, 50여개국에서 찻잎을 생산하고 있다. 그 중에서도 중국은 최초로 차를 마시기 시작한 나라이고, 차나무·찻잎·생산기술·차를 마시는 방법 등은 모두 중국에서 다른 나라로 전파되었다고한다. 따라서 세계 각국의 언어의 「차(茶)」의 발음은 중국 남북의 방언에서 취하여 발음하는 것이다. 예를 들면 영어의 tea, 프랑스어의 the, 독일어의 tee, 이탈리아·스페인어의 te, 네덜란드어의 thee, 스리랑카어의 they, 남인도어의 tey, 라틴어의 thea 등은 모두 복건성의 방언(閩語)의 발음 「차(茶 : dei)」에서 음역한 것이고, 러시아어의 yaй, 일본어·인도어의 cha는 한어 「차(茶 : cha)」의 발음에서 음역한 것이다. 이처럼 세계의 「차」라 하는 언어는 중국에서 전파된[(轉訛)] 것이다. 언어의 발생에서도 미루어 찻잎의 고향이 중국임을 알 수 있다.

1. 한국으로의 전파

4세기 말부터 5세기 초에 불교가 중국에서 고구려에 전래되었다. 불교와 함께 발전한 차는 당시에 불교와 함께 한반도에 전래되었던 것이다. 중국의 당대(唐代) 무렵에 한반도에서 처음으로 차나무 재배를 시험한 것으로 보인다.《동국통감》에 당시의 상황에 대해서 「신라 흥덕왕 시대에 견당대사 김대렴이 당의 문종으로부터 차나무의 종자를 받아 가지고 와서 전라도 지리산에서 처음으로 차나무의 재배를 하였다」라 기술하고 있다. 12세기 고려 송광사(松廣寺)와 보림사(寶林寺)가 음다(飮茶)를 적극적으로 제창하고, 차를 마시는 풍습을 민간까지 보급시켰다.

이처럼 꽤 빠른 시기에 한반도에는 차가 전래되었음과 동시에 보급되고 있었음을 알 수 있다. 한반도는 기본적으로 차의 재배에 적합한 기온은 아니지만, 현재도 매우 우수한 품질의 녹차를 생산하고 있다.

2. 일본으로의 전파

찻잎이 일본에 전래 된 것은, 확실한 문헌기록에 의하면 당대부터이다. 이찌죠오 가네요시(一條兼良)의 《공사근원(公事根源)》(1422)에 의하면 「792년, 일본의 성무천황은 백명의 승려에게 독경을 시킨 후에 차를 내었다. 그는 당시의 고승들을 불교 공부를 시키기 위해 중국에 파견했다.

그 후, 당의 영정(永貞)원년(805)에 최징(最澄 : 전교대사)가 천태산 국청사에서 유학을 마치고 차나무의 종자를 일본에 가지고 돌아와 근강(近江: 현재의 滋賀懸내)의 대록산(台麓山)에 심었다. 또 공해(空海: 弘法大師)도 불교 연구를 위해 중국으로 건너가 차나무 종자를 일본에 가지고 돌아와 심었다.」라 기록하고 있다. 이것을 통해서 최징과 공해는 일본에서의 차나무 재배의 시조라고 말할 수 있을 것이다.

다시 《일본후기》(840년), 《유취국사(類聚國史)》(892)에는 홍인(弘仁) 6년(815) 4월 차아(嵯峨)천황이 비파호(琵琶湖)의 「당기(唐崎)」에 행차하였을 때 숭복사(嵩福寺)의 승려 영충(永忠)이 「전차(煎茶)」를 받쳤다. 6월에는 근강(近江), 단파(丹波), 파마(播磨) 등에 칙명을 내려 차나무 종자를 심었다라 알려져 있다. 그 외에도 자료는 있지만, 이 당시 일본의 차는 조정, 귀족, 승려 등의 일부 계층에 한하여 보급되었던 것 같다.

송(宋)의 건도(乾道) 4년(1168)과 송의 순희(淳熙) 14년(1187) 영서(榮西)가 두번이나 중국에 유학을 하고, 건구(建久) 2년(1191) 대량의 차나무 종자를 일본에 가지고 돌아왔다. 그는 비전(肥前: 佐賀縣) 배진산(背振山)의 석산방(石山坊)의 정원에 차나무 종자를 묻었다고 전해지고 있다. 후에 건보(健保) 2년(1214)의 봄에 산성(경도부)의 모미고산사의 명혜상인에게 차를 선사하였다.

차가 본격적으로 보급되기 시작하였음은 물론, 그의 노력에 의해 차나무의 재배가 일본에 널리 보급되었으며, 일본에서 비로소 찻잎의 생산이 시작되었다. 또한 영서는 《끽다양생기》 2권을 저술하면서 적극적으로 차를 보급시켰다. 그래서 영서를 「일본의 육우」, 「일본의 다성」이라 부르고 있다. 이 시대부터 본격적으로 일본에서도 차나무를 재배하게 되었고, 실정(室町), 강호(江戶)로 일본만의 독특한 발전을 이루어 오늘날 차를 애용(愛飮)하기에 이르렀다.

3. 유럽으로의 전파

차가 유럽에 전파된 것은 16세기 무렵이다. 1517년 포르투갈 사람이 중국에서 차(찻잎)를 가지고 돌아간 것이 최초이다. 이 시기의 차에 대해서 구체적으로는 잘 알 수 없지만, 홍차의 습관(習慣)이 유럽에 보급된 것으로 보아 홍차가 전파되지 않았나 생각된다. 중국에서 유럽으로는 매우 멀기 때문에 신선한 찻잎이나 차를 전한다는 것은 무리라 생각한다.

그 뒤로 수 십년에 거쳐서 먼저 포르투갈에서 차를 마시는 습관이 보급되었다. 1662년 차의 애음가(愛飮家)였던 포르투갈의 한 여인이 영국의 찰리 2세에게 시집을 가서 영국의 왕실에 차를 소개했다. 그 후 1714~1729년의 죠지 1세 시대에는 중국에서 대량의 찻잎을 구입해 영국의 런던 시장에서 팔기 시작하였고, 그로부터 차를 마시는 풍습이 영국의 전역으로 확산되었다. 「오후의 차」「다섯 시의 차」라 말할 정도로 오후에 간식의 형태로 모두 차를 마시는 풍습이 이 시기에 형성되었다.

영국에서는 차를 자국에서 생산하는 것이 불가능하였기 때문에 인도나 스리랑카 등의 식민지에서 생산재배 하였다. 영국은 또 찻잎을 독일, 프랑스, 이집트, 덴마크, 스페인, 미국 등에 판매를 하였다. 그 결과 유럽뿐만 아니라 미국까지 차를 마시는 풍습이 전해지게 되었다.

찻잎 전래의 최고의 융성기를 맞이한 시기에, 미국 이민자들이 영국 차에 대한 세금을 인상하자, 이에 항의한 결과 보스턴 항구에 정박하고 있던 영국 화물선의 찻잎을 모두 바다에 빠뜨리는 사건이 일어나면서 전쟁이 시작되었다. 이 전쟁은 미국 독립전쟁의 원인이 되기도 하였다.

서양인들은 16세기 이후에 차를 마시는 관습이 시작되었다고 볼 수 있다.

4. 러시아로의 전파

찻잎이 북방의 러시아에 전래되었던 것은 17세기 초기이다. 1618년 중국의 사신이 찻잎 여러 상자를 러시아의 황제에게 증정하면서 차를 마시는 풍습이 러시아에도 보급되었다. 그 후, 찻잎은 중국과 러시아의 무역상품의 하나가 되었으며, 중국에 찻잎 공장을 건설하고, 가공한 찻잎을 러시아로 운송하는 러시아 상인도 생겨나게 되었다.

5. 남방으로의 전파

차 꽃(철관음·鐵觀音)

찻잎이 남방에 전해진 것은 비교적 늦었다. 인도는 1780년 초에 중국의 차나무 종자를 도입하였으며, 인도네시아가 본격적으로 찻잎 생산을 시작한 것은 1826년에 화교들이 중국에서 차나무 종자를 수입하면서부터이다.

또 스리랑카도 1841년에 커피가 해충의 피해를 받으면서 중국의 차나무를 수입하기 시작했다. 20세기 1960년대에 중국은 아프리카의 여러 나라로부터 의뢰를 받고 기니, 모로코 등의 나라에 찻잎 전문가들을 여러 차례 파견하였다. 이러한 찻잎 재배의 역사가 아프리카에서도 시작되었다.

다기의 기초지식

차를 맛있게 우려내기 위해서는 좋은 다기가 필요하다. 좋은 다기는 다예(茶藝)의 분위기를 고조시키는 것이 가능하고, 무엇보다도 안정되고 조용하게 차를 마시는 것이 가능하다. 따라서 다례를 할 경우, 다기의 지식이나 감정을 할 수 있는 혜안은 기본적인 교양으로 생각하지 않으면 안 된다. 명대(明代) 허차서는 《다소》에서 「차는 물로서 결정되고, 물은 기구에 의해서 결정된다.」고 하였다.

CHAPTER 2
다기(茶器)의 기초지식

　차를 맛있게 우려내기 위해서는 좋은 다기가 필요하다. 좋은 다기는 다예(茶藝)의 분위기를 고조시키는 것이 가능하고, 무엇보다도 안정되고 조용하게 차를 마시는 것이 가능하다. 따라서 다례를 할 경우, 다기의 지식이나 감정을 할 수 있는 혜안은 기본적인 교양으로 생각하지 않으면 안 된다. 명대(明代) 허차서는《다소》에서 「차는 물로서 결정되고, 물은 기구에 의해서 결정된다. 차를 끓이는 것은 불의 가감(加減)에서 결정된다. 이 네 가지는 상호 작용을 하고 있기 때문에 하나라도 빠져서는 안 된다.」[21]라 기록하고 있다.

　차를 마실 때에는 찻잎의 색, 차의 향, 차의 맛, 찻잎의 모양, 마음의 준비나 각오(심리적인 상태), 차를 마시는 장소의 분위기 이외에도 다기의 예술성도 중요한 요소이다. 다기의 아름다움은 앞에서 이야기 한 것처럼 그 장소를 문화적인 공간으로 변화시키는 힘이 있기 때문에 예로부터 중시하였다.

●●●

21)「茶滋於水 水藉於器 湯成於火 四者相顧 缺一則廢」, 許次紓『茶疏』.

육우는《다경》〈四之器〉에서 다기에 대해서 상세하게 설명하고 있다. 그는 차를 채취하고 생산에 사용하는 기구를 「구(具)」라 부르고, 차를 넣어서 마실 때에 사용하는 기구를 「기(器)」라 불렀다. 오늘날에는 역사적인 명품과 함께 현대적인 분위기에서도 역시 우아한 것을 만들어 내기 때문에, 중국 다예의 분위기를 고조시키기 위해서는 중요하게 생각할 필요가 있다.

도자기(陶磁器)의 다기(茶器)

다기는 마시는 방법의 변천에 따라서 모양과 재질이 끊임없이 변화하여 왔다. 초기의 다기는 진대(晋代)의 두육(杜育)이《천부(荈賦)》에 「다기를 선택하고자 한다면 동구(東甌)의 도기(陶器)가 좋다」[22]라 기록하고 있는 것처럼, 주로 도자기였다. 동구는 현재의 절강성이고, 당시는 청황색의 청자기를 생산하고 있었다고 되어 있다. 그러나 동구(절강성)의 북방에서 사용되고 있었던 것은 백자(白磁)였다.

당대(唐代)에도 청자다기가 유행하였던 것은 육우의《다경》〈四之器〉의 「주발은 월주(越州: 절강성 자계현)의 상등품이고, 정주(鼎州: 협서성 동천시 황보진)의 것이 차등품이고, 무주(婺州: 절강성 금화시 오주당)의 것이 그 다음이고, 악주(岳州: 호남성 악양시 상음현 철각시진)의 것이 다음이고, 수주(壽州: 안휘성 회남시)·(洪州: 강서성 남창시)의 것이 그 다음이다.

어떤 이는 형주의 것을 월주 것보다 상등품이라고 자처하는데 절대로 그렇지 않다. 형주의 오지그릇은 은(銀)의 종류라면 월주의 오지그릇은 옥(玉)의 종류와 같을 뿐이다. 형주의 생산품이 월주의 생산품보다 못한 첫 번째 이유이다. 또 형주의 오지그릇

---

22) 「器擇陶揀 出自東甌」『荈賦』

자기다기(磁器茶器)

은 눈[雪]과 같은 종류이지만 월주의 오지그릇은 얼음과 같은 종류로써 형주의 생산품이 월주의 생산품만 같지 못한 두 번째 이유이다. 형주의 오지그릇은 희어서 차의 색이 붉고 월주의 오지그릇은 청색으로 차의 빛깔이 녹색이다.」[23]라 말하고 있다.

또 육우는 「당대에 북방의 형주에서 만들어진 백색다기는 월주의 청자기와는 달리 좋은 것이다.」라 지적했다. 그것은 「백자기 다기에 넣은 차는 색이 보다 더 붉게 보이고, 청자기에 넣은 차는 색이 보다 더 청녹색으로 보인다.」[24]라 하는 이유였다. 다시 말해 다기가 우려낸 찻물의 색을 돋보이게 하는 역할을 하기 때문에 다기의 색에 의해서 찻잎의 색을 좋게 할 수도 나쁘게 할 수도 있다는 것이다.

송대에는 차를 마시는 방법이 크게 변화였으며, 게다가 투다(鬪茶)의 유행으로 복건이나 강서 길주(강서성 길안)에서 만들어진 흑유다완(黑釉茶碗)이 사람들에게 애용되었다. 투다의 승부에서 차의 색이 깨끗하면서 선명한 것을 백색에서 살

●　●　●

23) 「碗, 越州上, 鼎州次, 婺州次, 岳州次, 壽州, 洪州次. …越州瓷, 岳瓷皆靑, 靑則益茶.」, 陸羽, 『茶經·四之器』
24) 「邢瓷白而茶色丹, 越瓷靑而茶色綠」

퍼볼 필요가 있고, 흑유의 다완을 사용하면 결과를 판정하기 쉽기 때문이다.

송·원 시대에 강서성의 경덕진에서 매우 우수한 기술로 청자기를 제조하였고, 특히 송대의 청자다기와 원대의 청화자다기가 인기가 있었다. 그리고 명대이후 투다가 쇠퇴하면서 탕(湯)에서 산차(散茶)를 우려내는 다법(茶法)으로 바뀌면서 흑유다완은 서서히 사라졌다. 그러나 경덕진의 자기(磁器)와 청화자(靑花磁)의 다기는 차의 색이 더욱더 생생하게 녹색으로 보인다고 하는 것에서, 오늘날에도 사람들에게 애용되고 있다. 오늘날 백자의 찻잔(茶杯)은 단순하게 녹색을 돋보이게 하는 것뿐만 아니라, 여러 가지 중국차의 특징인 색의 변화를 적절하게 파악하는 것이 가능하기 때문에 높이 평가되고 있다.

자사다기(紫砂茶器)

명·청 시대의 다기에서 도자기와 함께 유명한 것이 자사다기이다. 태호서안(太湖西岸)에 위치하고 있는 강소성 의흥시(宜興市)[25] 정촉진(丁蜀鎭)에 자감색

●●●●

25) 역자 주 : 자사호(紫砂壺)의 생산지로 유명하여 '도도(陶都)' 라고까지 불리우는 '의흥(宜興)' 은 현재 중국 강소성(江蘇省)의 무석시(無錫市) 서남부에 위치하며, 태호(太湖)를 사이에 두고 소주(蘇州)는 태호의 동쪽에, 의흥(宜興)은 태호의 서쪽에 위치하여 서로 마주 보고 있는 듯하다. 의흥은 무려 4천년의 역사를 가진 도시로 진(秦) 이전에는 형계(荊溪), 진(秦)나라 통일 이후에는 양이(陽羨)현으로 개칭되었다가, 삼국시대에 오(吳)나라에 속하여 오흥군(吳興郡)에 속했었다. 진(晉)나라 초기에는 오(吳)나라의 구제(舊制)를 그대로 따르다가 영가(永嘉 : 307년 ~ 312년) 년간에 잠시 군(郡)으로 승격하여 의흥군(義興郡)이 되었다. 수(隋)나라 때, 다시 군에서 현(縣)으로 강등되어 의흥현(義興縣)이 되었다. 당(唐)나라 초에는 아주(鵝州)·남흥주(南興州)로 불리다가 6년 후에 다시 구명칭(舊名稱)인 의흥(義興)으로 환원되었고, 송(宋)나라 태평흥국(太平興國) 원년때 태종 조광의(趙光義)의 휘(諱: 황제의 이름)를 피하여 '옳을 의(義)' 를 '마땅할 의(宜)' 로 고치어 '의흥(宜興)' 이라고 불렀던 것이 줄곧 지금까지 의흥(宜興)으로 불리워지게 되었다.

도기의 다기(陶器茶器)

의 독특한 종류인 징니도(澄泥陶)가 있고, 이곳에서 만들어진 기구(器具)를 「자사기(紫砂器)」라 부른다. 이 종류의 질그릇[陶器]는 명·청 시대에 유행하였으며, 현재까지도 높은 평가를 받고 있다. 자사의 원료는 도자기의 원료가 되는 점토(粘土) 「도토(陶土)」이고, 다른 지역의 것과 비교하면 철과 규소의 함유량이 조금 많다. 그래서 자사호의 색에 따라서 3종류로 구분한다.

첫째는 「자사니(紫砂泥)」라 하는 것으로 흑색을 띠는 홍색이나 얕은 자색으로, 불에 구우면 흑자색이나 자갈색으로 되는 것이다.

둘째는 「녹니(綠泥)」라 하는 것으로 회색이나 엷은 녹색으로, 불에 구우면 엷은 회색이나 회황색이 되는 것이다.

셋째는 「홍니(紅泥)」로 밤색을 하고 있으며, 불에 구우면 회흑색이 되는 것이다.

이러한 도토(陶土)로서 구워서 만든 도기에는 다음의 4가지의 장점이 있기 때문에 소개하고자 한다.

첫째는 침전(沈殿)과 가열을 반복하고, 가소성(可塑性)을 가지면서 타기 때문에 축소율(縮小率)이 낮아 변형이 되지 않는다.

둘째는 기공율(氣孔率)이 도기와 자기의 중간으로 2%이하일 정도로 좋은 흡수율이 있기 때문에 자사다기에 차를 넣으면 색, 향, 맛이 모두 갖추어져 맛이 좋아진다.

셋째는 니분자(泥分子)의 배열이 비늘 모양이기 때문에 열의 전도성이 낮고, 파열이 잘 되지 않을까하는 등의 걱정을 할 필요가 없다.

넷째는 자사니를 가지고 해당홍(海棠紅) · 홍자(紅紫) · 심록(深綠) · 규황(葵黃) · 백사(白砂) · 천묵색(淺墨色) · 침향(沈香) · 수벽(水碧) 등 수십 종류의 색을 만들어 내는 것이 가능하다.

특히 네 번째의 장점은 모두 자연 색조이기 때문에 매우 귀중한 것이다. 자사다기의 색에 인기가 집중되자, 그것과 함께 자사다호(紫砂茶壺)의 인기도 상승하였다. 명대(明代)의 주고기(周高起)가 지은《양선명호계(陽羨茗壺系)》〔양선은 의흥(宜興)의 옛 지명〕에「최근 백년간에 다호는 은이나 주석, 복건이나 하남의 도자기 뿐만 아니라 의흥의 도기가 최고로 되었다.」[26] 그것은 이 의흥의 도기호(陶器壺)가「차 본래의 색, 향, 맛을 우러나오게 하는 것이 가능하기 때문이다.」[27],「명인이 만든 다호라면 무게 몇 백g의 다호 하나가 황금 2kg이 된다. 그 때문에 흙과 황금의 가치 전쟁이 일어났다.」[28]

문진형(文震亨)이 지은《장물지(長物志)》에「다호는 자사가 차의 향을 보존하고, 탕기(湯氣)도 많지 않기 때문에 상등이다.」[29], 강희(康熙)가 지은《상주부지(常州府志)》〈물산편(物産篇)〉에「다호에는 의흥의 다호가 있고, 징니(澄泥)로 만들어 진 것이다. 화존(花樽) · 국합(菊盒) · 향반(香盤) · 십금환(十錦環) 등을 제작한다. 모두 그것을 산다.」[30]와《도계객어(桃溪客語)》에는「의흥의 호는 명대부터 성행하

● ● ●

26)「近百年中 壺黜銀 錫及閩 豫瓷 而常宜興陶」, 周高起,『陽羨茗壺系』
27)「能發眞茶之色, 香, 味」
28)「至名手所作, 一壺重不數兩, 價重每一二十金, 能使土與黃金爭價」
29)「茶壺以砂者爲上 蓋旣不奪香, 又無熟湯氣」, 文震亨,『長物志』
30)「惟宜興 則宜興有茶壺, 澄泥爲之 …並制爲花樽, 菊盒, 香盤, 十錦環等者, 精美絶倫, 四方皆爭
購之」, 康熙,『常州府志 · 物産篇』
31)「陽羨瓷壺瓷明季始盛, 上者與金玉等價」,『桃溪客語』

였으며, 상등품의 것은 황금이나 옥(玉)과 같은 가치가 있다.」[31]라 하는 등, 의흥의 다호(茶壺)에 대해서 그 가치를 여러 가지 기술한 것을 살펴 볼 수 있다.

자사다호는 청대에는 공물(貢物)로서 궁궐에 헌상되었으며, 같은 시기에 일본, 동남아시아, 유럽 여러 나라에도 수출되었다. 이 시대에 문인들이 제작에 참여하였기 때문에 자사다기는 보다 더 문화적인 예술성을 갖추게 되었다. 작품에 따라서 가치 있는 예술작품은 실제보다 백배에 가까운 가격으로 판매되었다. 이러한 자사호들 중에서 의흥의 다기가 매우 높은 예술성을 가지고 있었으며, 생활용구로서의 다기라 하기 보다는 예술품으로서의 가치를 인식하기에 이르렀다.

역사상으로 의흥자사 다호의 발전에 큰 공헌을 한 인물들이 많다. 이중에서 특히 유명한 다호예술가를 소개하고자 한다.

1. 공춘(供春: 1506년? ~ 1566년)

원래는 명대의 역인(役人) 오사(吳仕: 雅號는 頤山)의 하인이었다. 오사는 공춘을 데리고 의흥 동남 금사사(金沙寺)에서 과거시험 공부를 하였다. 절에는 도기(陶器)인 다호를 직접 손으로 제작하는 스님이 한분 계셨고, 공춘은

공춘(供春)

그 스님으로부터 다호 만드는 법을 배웠다.[32] 수년 후 공춘은 다호를 만드는 명인이 되었고, 그의 작품은 가치 있는 것으로 존숭되었다. 명대의 문진형이 지은《장물지(長物志)》에는 다호는 「공춘의 것이 가장 좋다.」[33]라고 기록하고 있다.

또 명대의 장대(張岱)가 지은《도암몽억(陶庵夢憶)》에서는 「공춘의 다호는 상

(商)·주(周)시대에 만들어진 청동 솥(鼎)과 쌍벽을 이룬다.」[34]라 높이 평가되고 있다. 공춘은 자사다호에 있어서 최초의 다호예술가였다.

역 자 보 충

공춘의 뒤를 이어서 역시 많은 명가들이 배출된다. 그중에서도 특히 '동한(董翰)·조량(趙梁)·원창(元暢)·시붕(時朋)' 같은 이들은 후인들에 의해 '사대천왕(四大天王)' 혹은 '사가(四家)'로 존칭된다. 이 중에서 동한(董翰)의 작품이 비교적 공춘의 기법을 전승하여 준후하면서도 섬세하고 신기(新奇)하다. 그외 3가(家)는 대체로 고아(古雅)하며 졸박(拙撲)하다. 이외에도 '이무림(李茂林)' 같은 이도 있었는데, 그는 원형의 소형(小型) 다호를 잘 만들었다.

• • • •

32) 자사호(紫砂壺)란 자사(紫砂)로 만든 차호(茶壺) 우리나라에서는 다관(茶罐)을 가리키는 말이며, '자사(紫砂)'란 이름에서 그대로 나타나듯이 '자주색 모래흙'이라는 뜻이다. 다호를 만드는 데 사용되는 자사(紫砂)는 대체로 진흙처럼 찰기가 있고, 모래의 입자는 윤택이 있으며 소조(塑造)에 용이하여야 한다. 자사호(紫砂壺)의 창제(創製)는 중국 다기 발달의 과정에 있어 가장 획기적인 사건이었으며, 또한 중국 전체 도자기사(陶瓷器史)에 있어서도 매우 중요한 일획을 그었다고 할 수 있다. 의흥 자사호의 예술적 창조는 바로 중국 명나라 정덕(正德) 년간(年間: 1505~1521년)에 비롯되었다. 강소성 의흥현 동남쪽 40리 밖에 위치한 금사사(金沙寺)란 절에 어느 한 스님이 있었는데, 그는 자사(紫砂) 진흙을 이용하여 다호(茶壺) 만들기를 좋아했다. 그런데 그는 다호(茶壺)를 완성 후 낙관(落款)이나 인장(印章)을 남기지 않았음은 물론 서명(署名)조차도 하지 않았다. 이로 인해 안타깝게도 후인들은 그의 작품을 식별해낼 길이 없었다. 최초로 다호 밑바닥에 서명(署名)을 한 사람은 명나라 가정(嘉靖) 년간(年間: 1521~1566년)에 살았던 의흥명호가(宜興名壺家) '공춘(供春 혹은 龔春 또는 공공춘(龔供春)이라고도 한다.)'이다. 그래서 후인들은 그를 가리켜 의흥(宜興) 자사호(紫砂壺)의 창제자라고 한다. 또 일설에 의하면 공춘(供春)이 금사사(金沙寺)의 노승(老僧)에게서 자사호를 만드는 기예를 익혔다고 전하고 있다. 공춘(供春)은 명대(明代) 사천성(四川省) 참정(參政)이었던 오이산(吳頤山)의 노비였다. 주인인 오이산이 금사사(金沙寺)에 공부하러 갈 때 몸종으로 따라갔던 것이다. 그는 본래 손재주가 비범하여 금사사의 노승(老僧)이 다호를 만드는 것을 보고는 금방 흉내내어 다호를 만들어 내었다. 그는 노승에게 다호 만드는 법을 열심히 배웠고, 마침내 자신만의 독특한 풍의 다호(茶壺)를 예술의 극치로까지 이끌어내는 데 성공하였다.

33) 「供春最貴」, 文震亨 著 『長物志』.

34) 「宜興罐以供春爲上…直躋商彝周鼎之列爾毫無愧色」, 張岱, 『陶庵夢憶』

2. 시대빈(時大彬: 1580? ~ 1650년)

공춘 다음으로 유명한 다
호예술가는 시대빈이다. 그는
처음 공춘의 작품을 모방하는
것으로 유명하게 되었다.[35]
대형(大型) 다호를 좋아하였
던 그였지만, 문인들의 영향
으로 소형의 다호제작을 시도
하였고(당시의 문인들은 조그

시대빈(時大彬)

만 한 다호에 차를 넣었다), 그것이 시대빈을 유명하게 하였다.

　왕사정(王士禎)이 지은 《지북우담(池北偶談)》에 「그 이름은 전국에 알려졌다.」
[36] 청 초기의 진정혜(陳貞慧)가 지은 《추원잡패(秋園雜佩)》에 「시대빈의 호(壺)는
유명하였는데 변경지역에까지도 알려져 있다. 그 제작은 공춘으로부터 시작되었
다. 호의 형태는 소박하면서 아름다움이 있다. 차를 호 속에 넣으면 좋은 분위기를
자아낸다.」[37]라고 시대빈에 대해서 기록하고 있다.

● ● ●

35) 16세기 말에서 17세기 초에 걸치는 의흥도기 발전에 있어서 제일 중요한 시기이다. 개산종
　조(開山宗祖)격인 공춘(供春)의 의발(衣鉢)을 제대로 계승한 이가 있다면, 바로 시대빈(時大
　彬)을 꼽을 수가 있다. 시대빈은 이중방(李仲芳), 서우천(徐友泉)과 더불어 '3대국수(三大國
　手)' 혹은 '3대(三大)'로 병칭된다. 이들은 초창기의 '사가(四家)'를 이어서 나온 명장(名
　匠)들로 시대빈은 바로 시붕(時朋)의 아들이고, 이중방은 곧 이무림(李茂林)의 아들이다.
36) 「知名海內」, 王士禎, 『池北偶談』
37) 「時壺名遠甚 卽遐陬絶域猶知之, 其制始於供春壺, 式古朴風雅, 茗具中得幽野之趣者」, 陳貞
　慧著, 『秋園雜佩』

3. 혜맹신(惠孟臣: 1598년? ~ 1684년)

혜맹신(惠孟臣)

혜맹신(惠孟臣)은 중국 「4대 명호(名壺)」의 반열에 들어있는 그 유명한 「맹신호(孟臣壺)」의 제작자이다. 작품에는 주자색(朱紫色)의 것이 많다. 그의 작품을 보면 대체로 대호(大壺)는 소박하고, 소호(小壺)는 아주 정교하여 「시대빈」 이후로는 단연히 으뜸으로 꼽는다. 후세에 전해지는 혜맹신의 작품 중에는 소호(小壺)가 비교적 많다. 그래서 그는 소호(小壺)의 대가로 유명하다. 또 하나 주목할 점은 그의 작품 중에는 그 시대의 특징인 근문형(筋紋型)이 거의 없다는 것이다. 그가 만든 소호(小壺)의 종류는 둥근 것·길쭉한 것·납작한 것 또는 밑이 평평한 것 등 아주 다양하다. 이것은 훗날 후세의 도공들의 소호제작의 표준이 됨은 물론 많은 이들이 그의 작품을 모방하여 만들었다.

4. 진명원(陳鳴遠 : 1651? ~ 1722년)

진명원(陳鳴遠)

이름은 원(遠)이고, 아호는 명원(鳴遠), 호은(壺隱)이다. 그는 제1기의 명장(名匠)인 진자휴(陳子畦)의 아들이기도 하다. 진자휴(陳子畦)가 만든 남과호(南瓜壺: 호박형의 다호)는 근문(筋紋)과 자연의 멋을 겸비한 것이 특색이다. 시대빈 이후, 가장 큰 영향력을 가졌던 다호예술가이다. 청초기에 태어난 그는 문인들의 영향을 받아, 수십 종류의 형태가 다른 다기를 만들었다. 특히 그가 만든 호(壺), 배(杯), 병(瓶), 상(箱), 과일 모양의 도자기는 매우 정교하여 당시의 걸작으로 평가되었다.

이 시기에서 또 한명의 주목할 만한 인물은 제2기 말기에 나타나 제1기 때와 같이 「사대명호(四大名壺)」 중의 하나인 「일공호(逸公壺)」를 제작한 혜일공(惠逸公)을 꼽을 수 있다. 그는 18세기에 주로 활약한 명장(名匠)으로 다호제작의 기법면에 있어 혜맹신(惠孟臣)과 거의 쌍벽을 이루고 있다. 그래서 세상에서는 그들 두 사람을 가리켜 「이혜(二惠)」라 칭송하고 있다.

5. 양팽년(楊彭年 : 1772년? ~ 1854년)

청대 가경(嘉慶)시대의 유명한 다호작가로 자연풍의 작품을 남기고 있다. 그는 의흥부근의 율양현(溧陽縣)에 있는 진홍수(陳鴻壽)와 협력하여 「만생호(曼生壺)」를 창작했다. 「만생호」란 다호의 표면에 글이나 그림이 조각되어 있는 것이다. 이때부터 서

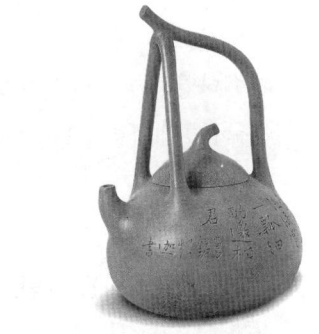
양팽년(楊彭年)

도(書道), 회화(繪畫), 시문(詩文) 등과 자사다호가 결합해서 다호예술을 새로운 단계로 이끌었다. 새롭게 창작된 「만생호」는 매우 완성도가 높고, 오늘날 까지 강한 영향력을 가지고 있다. 이들 자사호는 기본 형식을 18가지로 정리하여 「만생 18식」이라 부르고 있다. 현재도 이 형식이 기본으로 되어 있다.

6. 진홍수(陳鴻壽 : 1768년? ~ 1822년)

호는 만생(曼生), 절강성 전당(錢塘) 사람이다. 문학·서화·전각 등에 조예가 깊었고, 의홍에서 3년간 현재(縣宰)라 하는 직책으로 근무하였다. 그는 자사(紫砂)를 좋아하여 스스로 18호식을 설계하여 양팽년 형제에게 제작

진홍수(陳鴻壽)

을 의뢰했다. 이렇게 해서 만들어진 다호는 밑바닥에 「아만타실(阿曼陀室)」, 손잡이의 아래에 「팽년(彭年)」이라 하는 인감이 조각되어 있으며, 그 후에 「만생호」라 부르며 유명하게 되었다. 그는 다호를 만드는 직업인은 아니지만 자사다호를 시(詩)·서(書)·회(繪)와 결합이라 하는 형태를 만들어 내어 자사다호와 의홍의 발전에 크게 공헌을 하였다.

진만생 이후 또 하나의 중요한 인물로 꼽을 수 있는 사람은 바로 「구응소(瞿應紹)」이다. 도광(道光) 년간의 사람으로 자(字)를 「자치(子治)」라고 하며 호(號)를 「월호(月壺)」라고 한다. 그의 작품엔 매화와 대나무가 다호 표면에 새겨진 것이 자주 보인다. 제호(題壺)로는 행서(行書)가 주로 많이 보이고, 간혹 해서(楷書)도 보인다. 낙관으로는 '자치(子治)' 와 전장(篆章)으로는 「월호(月壺)」와 「길안(吉安)」을 함께 사용한다.

이 시기에도 기하형(幾何型)의 다호 외, 소호(小壺)계통의 다호도 끊임없이 계속하여 만들어졌다. 더구나 말기에 이르러서는 소호(小壺)계통의 걸작품이 하나 출현하였다. 그것은 바로 「4대명호(四大名壺)」 중의 하나로 육사정(陸思亭)이 제작한 「사정호(思亭壺)」이다.

7. 소대형(邵大亨: 1831년? ~ 1874년)

청 말기 도광(道光), 함풍(咸豊)시대의 유명한 다호작가이다. 그는 다호의 덮개(蓋) 손잡이에 용의 머리 형상을 만들어 놓고, 게다가 머리와 혀가 움직이는 것 같은 다호 「어화용호(魚化龍壺)」를 명작으로 세상에 남겨놓았다.

소대형(邵大亨)

이 기술은 매우 훌륭한 것으로 보통 사람들은 도저히 흉내 낼 수 없는 기술이었다. 이 때문에 「어화용호」는 한때 매우 유행하였다.

8. 고경주(顧景洲 : 1913년 ~ 1996년)

이름은 경주(景舟)이며, 현대의 유명한 자사다호 작가이다. 현재 중국 내에 알려져 있는 다호예술 명가들은 대부분이 그의 문하생들이기 때문에 「호예태두(壺藝泰斗)」나 「일대종사(一代宗師)」라 존

고경주(顧景洲)

칭되고 있다. 그는 여러 가지 형태의 다호를 만들었지만, 특히 소박하면서 간단한 형태로 정평(定評)이 나 있다.

현대를 대표하는 고경주 이외에도, 그를 전후해서 훌륭한 자사다호의 작가들이

배출되었다. 주가심(朱可心), 고해경(高海庚), 배석민(裵石民), 왕인춘(王寅春), 오운근(吳雲根), 서수당(徐秀棠), 이창홍(李昌鴻), 여효신(呂曉臣), 왕인선(汪寅仙), 서한당(徐漢棠), 장용(蔣蓉) 등의 자사다호의 작품은 선인들의 작품에 비교해도 손색이 없다. 이러한 사람들의 작품을 반드시 감상하기를 바란다. 최근 중국차의 붐과 함께 자사다호가 여러 각도에서 평가되고, 또한 젊은 사람들 중에도 우수하고 훌륭한 작가들이 탄생되고 있다.

자사호(紫砂壺)의 발전원인과 그 시대적 배경이 어찌 되었던 간에 자사호(紫砂壺)는 명대(明代)에 이르러 흥성하기 시작하였는데, 그 원인은 명나라 태조 주원장(朱元璋)이 다법(茶法)을 개혁하면서 비롯되었다. 주원장은 당(唐)·송(宋)·원(元)을 거쳐 당시 전해져 내려오던 차제조법(용단봉병: 긴압차의 일종)이 서민 생계에 유해할 뿐 아니라 사대부들의 사치를 조장한다고 판단하였다.

이에 태조는 즉시 칙명을 내려 다법(茶法)을 제정하고 상인들의 밀거래와 밀수출을 금지하는 한편 긴압차(緊壓茶) 및 말차(抹茶)의 제조를 금지하고, 산차(散茶: 엽차) 제다법으로 개혁하였다. 이러한 다법(茶法)의 개혁은 다기(茶器)의 운명에까지 커다란 영향을 미치게 되었고, 이로 인해 말차나 병차(餅茶)에 주로 사용되던 다완(茶碗)의 사용은 점차 적어지고, 엽차(葉茶)를 마시는데 용이(容易)한 소호(小壺)의 사용이 점차 흥성하게 되었던 것이다.

이렇듯 의흥의 자사호는 명대에 크게 유행하게 되는데, 그 재질은 주로 의흥 특산의 「자니(紫泥)」·「홍니(紅泥)」·「단산니(團山泥)」를 사용하여 구워 내는데 이들 삼자(三者)를 합칭하여 통상 「자사(紫砂)」라고 한다. 청대에 이르자 자사호(紫砂壺)의 화려한 문양(紋樣)과 문식(紋飾)은 더욱 더 절정에 달한다. 이미 단순한 다기(茶器)의 실용적인 범주에만 머무는 것이 아니라 화려하고도 다채(多彩)로운 형태의 고급 예술품으로까지 승화되어 간다.

평생 차를 즐겨 마셨다던 청나라의 건륭황제(乾隆皇帝)도 의흥(宜興) 자사(紫砂)로 만든 다호(茶壺)를 가리켜 「세상의 다기(茶器) 중에서 최고이다.」라고 극찬을 아끼지 않은 것만 보더라도 능히 짐작하고도 남을 것이다.

공부차(工夫茶)에 가장 중요한 다기는 자사다호이다. 자사다호라면 어떠한 것이라도 좋은가 하면, 꼭 그러한 것은 아니다. 좋은 자사다호를 선택하는 것이 그리 쉬운 일은 아니다. 도기(陶器)를 보는 눈을 기르지 않으면 당연히 좋은 것을 손에 넣을 수 없다. 가장 중요한 것은 항상 훌륭한 작품을 보는 것이다. 그러나 어느 누구든지 항상 훌륭한 작품을 보는 것은 아니다.

기본적으로 자사다호를 선택할 경우에 필요한 것은 무엇인가? 물이 잘 흘러나오고, 손의 감촉이 좋은 것이 필수이다. 다호의 출구와 입구가 동일하게 평면을 이루고 있는가? 어떤가? 그렇지 않은 경우에 찻잎이 밑바닥 쪽으로 흘러나올 가능성이 있다. 다호를 선택할 때, 덮개(蓋)를 집어서 다호를 뒤집어 놓고, 출구와 입구가 평면을 이루고 있는지, 또는 그렇지 않은지를 확인한다. 이렇게 해서 선택하는 것이 자사다호를 선택하는 가장 첫 번째 원칙이다.

구단(寇丹)이 지은 《감호(鑑壺)》에 자사다호의 선별에 주의해야 할 10개 조항이 명시되어 있다.

① 두드려서[叩] 소리를 듣는다. 깨지거나 갈라지는 듯한 소리가 있는가? 어떤가? 답답한 소리라면 불에 덜 구웠기 때문이며, 가늘고 높고 날카로우면 너무 지나치게 구웠기 때문이다. 덜 구운 것은 다호 자신이 많은 양의 물을 흡수해버리고, 지나치게 구운 것이라면 갈라지기 쉽기 때문에 피한다.

② 호를 탁상(卓上)에 놓고, 네 모퉁이를 각각 눌러 보고 안정감이 있는지 어떤지를 확인한다. 또 덮개가 잘 맞는지 어떤지를 확인한다. 덮개는 수온과 향을 완전하게 보존하는 것으로 중요한 역할을 담당하기 때문에 신중하게 조사한다. 확인하는 방법은 다호에 물을 가득 넣고, 덮개를 단단하게 덮고 기공(氣孔)을 손가락으로 막고서 기울인다. 물이 흘러나오지 않는 다호가 「금수(禁水)」라 말하는 좋은 호(壺)이다.

③다호의 출구에서 물이 흘러나오는 모양은 어떤가? 30cm 높이에서 물을 따르다가 멈추어 보자. 출구에서 새고 있는(또는 흐르는) 물은 없는가? 또 물방울이 떨어지지는 않는지를 확인한다. 그러한 것이 확인된다면 결함(缺陷)이 있는 다호이기 때문에 주의한다.

④물을 가득 넣은 다호를 한 손으로 잡아 본다. 잡기가 쉬운가, 어떤가?

⑤다호의 용량은 각각에 따라서 다르기 때문에 자신의 습관이나 기량에 따라 선택한다.

⑥다호의 덮개를 열고서 속을 들여다 본다. 내벽이 깨끗하게 마무리가 되어 있는지 어떤지를 살펴본다. 출구는 구멍이 하나, 또는 망상(網狀), 구형망상(球形網狀) 등 여러 가지 종류가 있다. 구멍이 한 개만 있는 다호의 경우, 구멍이 좁거나 적으면 물이 흘러나오기 어렵고, 지나치게 크면 찻잎도 함께 흘러나올 가능성이 있다. 또 망상의 경우도 구멍이 너무 적거나 혹은 너무 큰 것은 씻는 것이 어렵기 때문에 주의가 필요하다.

⑦색이 선명한가, 어떤가?

⑧모양이 자신이 좋아하는 것인지 어떤지?

⑨표면의 장식이 자신이 좋아하는 것인지 어떤지?

⑩조금 멀리서 바라보았을 때 다호에 대한 만족감이 있는지 어떤지?

이상의 10가지를 모두 만족시킬 만한 다호가 자신에게 있어서 가장 좋은 다호라 말할 수 있다.

새로 구입한 다호인 경우 처음에는 좋지 않은 냄새가 난다. 또 윤기도 없고, 색도 밝지 못하고 탁하고, 표면이 까칠까칠하다. 질(質)도 변변치 못하다. 그것에 대해 오래 동안 사용한 다호에는 윤기가 있고, 부드러우면서 손의 감촉도 좋다. 이것은 뜨거운 물과 찬 물을 서로 교대로 넣는 것에 의해서 일어나는 것으로 다호 내의 석영(石英)의 변화와 사람이 손으로 어루만진 것에 의해서 생긴 것이다. 다시 말해 다호라 하는 것은 자주 사용을 하다보면 점차로 손에 익은 좋은 다기가 되는 것이다.

중국茶문화

(136)

다기의 기초지식

양호(養壺)

양호란 자사다호를 장기간에 걸쳐서 사용할 때, 그 다호를 숙성시키는 것을 말한다. 도기(陶器)의 자사다호는 특히 청차(오룡차)를 우려내기에 적합한 것이다. 그 이유로 자사다호는 도기(陶器) 이기 때문에 찻잎에서 나오는 차즙(茶汁)이 다호자체에 조금씩 스며들어 간다. 그러면 미묘(微妙)한 청차 의 향과 맛이 다호에 베어들어 오랜 기간 동안 다호자체가 청차의 향이나 맛을 가지게 된다. 그러 한 것에 의해서 다음에 우려낸 차는 차 자체와 다호에 스며 있는 향과 맛이 잘 배합하여 다시 훌륭 한 차 맛이 나오게 된다.

그렇기 때문에 차를 우릴 때, 다호 속의 찻잎을 버리지 않고 하루 동안 놓아두었다가 다음날 버리 는 것이 좋다. 다만 찻잎을 넣은 채로 곰팡이가 생기게 해서는 절대로 안 된다. '다호에 놓아두면 곰팡이가 생기기 때문에 불결하다' 라 말하는 사람이 있지만, 그것은 본인의 부주의 때문에 그러한 것임으로, 차를 즐기는 사람으로서는 매우 치욕스럽고 부끄러운 일이다. 주의 깊게 양호를 하는 것 으로 다호 자체도 아름다움이 베어 있는 물건으로 변하고, 차도 매우 맛이 좋게 된다.

따라서 양호(養壺)를 한 다호는 하나의 차만을 위한 전용다호로 사용할 필요가 있다. 다른 종류의 차를 우려내면 향과 맛이 혼동되어, 맛과 향을 잘 분간 할 수 없는 차가 되어 좋지 않다. 예를 들면 「철관음」, 「무이암차」, 「동정오룡차」 등 각각의 이름을 붙인 다호를 전용으로 사용하는 것이 가장 이상적이다. 중국의 차인(茶人) 중에는 많은 다호를 전용의 찻장에 진열해 놓고서 차의 종류에 따라 다호를 다르게 사용하는 경우를 본적이 있다. 이것은 다호를 수집하여 놓은 것뿐만 아니라, 마땅히 차를 즐기기 위한 도구로써 사용하고 있는 것이다.

자사다호의 특성을 살리기 위해서는 「양호」를 하지 않으면 안 된다. 엄밀한 의미에서 자사다호는 청차 이외에는 그다지 적합하지 않다. 특히 보이차 등의 흑차 계열에 자사다호를 사용하는 것을 권 해서는 안 된다. 여러 가지 종류의 차를 우려 내는 것이라면 자기(磁器)나 유리의 다기를 사용할 것 을 권하고 싶다. 자사다호는 그 특성을 잘 살려야만 가치가 있는 것이다. 자사다호를 「양호」하여 사용한다면, 중국차(특히 청차)는 차인의 손에 의해서 다시 고급품으로 태어난다고 말해도 지나친 말이 아니다.

새로운 다호를 구입했다면 먼저 솥에 차가운 물을 붙고 다호를 넣는다. 그리고 차 찌꺼기를 조금 넣고 30분 가량 끓여서 냄새를 없앤다. 이때 다호의 덮개와 다호가 맞지 않는 곳이 있으면 갈아도 좋다. 이렇게 해서 새로 구입한 다호를 사용하는 것이 좋다. 또는 밤에 찻잎을 재탕・삼탕 하고 난 후에, 물로 다호를 깨끗하게 씻어서 거꾸로 뒤집어 놓는다. 사용하고 찻장에 넣어 놓을 때에 「양 호」도 중요하다. 세제 등을 사용하여 다호를 씻어서는 안 된다.

편의상 뚜껑을 다호와 함께 가는 끈으로 묶어서 보관하지 않는 것이 차를 우려 낼 때에는 편리하지 만, 찻잎을 넣거나 바꿀 때 등 불편한 경우도 있기 때문에, 다호를 사용하는 사람이 잘 생각해서 전 체의 아름다움을 훼손하지 않는 범위 내에서 잘 조절 할 필요가 있다.

시대 발전과 차를 마시는 방법의 변화에 따라서 다기의 종류도 끊임없이 변천하여 왔다. 특히 당대의 차를 마시는 방법은 복잡하였기 때문에 다기도 많이 필요하였다. 육우가 지은 《다경》에 기술된 다기는 25종류로 꽤 많다. 그것에 비해 송대에 유행하였던 점다(点茶)에 필요한 다기는 채양(蔡襄)이 지은 《다록》에 기술된 9종류뿐이며, 또 송대의 심안노인(審安老人)이 지은 《다구도찬(茶具圖贊)》에 상찬(賞贊)된 다기는 12종류이다.

명대이후 차를 마시는 방법이 간단하게 변화되면서 다기도 간략화 되고, 다호와 다완이 주요한 도구로 되었다. 다기의 소재에서 보면 청대 까지는 도자기, 그 후 옻칠을 한 다기가 나타났다. 복건성 복주의 탈태(脫胎)칠기 다기가 가장 유명하였다. 근·현대에 이르면 유리나 플라스틱 등의 다기가 나타났다. 자기와 유리의 다기가 가장 많이 사용되고, 다음에 자주 사용되는 것은 도기〔紫砂器〕이다. 플라스틱의 다기는 될 수 있으면 사용하지 않는 것이 좋다. 자기와 도기는 열의 전도성이 낮고, 보온이 좋고, 차의 화학변화를 방지하는 것도 가능하다. 그래서 차의 색과 향과 맛을 보다 좋게 한다. 또 정교하면서 아름다운 외관은 예술성이 있다. 다만 도자기는 불투명하기 때문에 찻잎의 색이나 형태를 관찰하기에 불편하다는 결점이 있다.

유리로 된 다기는 뜨거운 열을 가하면 깨지기 쉬운 단점은 있지만, 용정(龍井)·벽라춘(碧螺春)·군산은침(群山銀針)·육안과편(六安瓜片)과 같은 명차를 넣을 때에 찻잎에 뜨거운 물 속에서 변화하는 것을 살펴 볼 수 있는 즐거움이 있다. 플라스틱으로 된 다기는 휴대하기에 쉽고 장기간 사용할 수 있기 때문에 임시적으로 사용하기에는 좋지만, 예술성이 결여되어있기 때문에 그다지 사용하지 않는 것이 좋다.

중국은 넓은 지역에서 다양한 민족이 생활하고, 민족마다 독특하게 차를 마시는 방법을 가지고 있다. 그렇기 때문에 당연하게 차를 마시는 다기도 각각 다르다. 양자강 보다 북쪽의 사람들은 꽃차를 좋아하여 큰 다호에 꽃차를 넣고, 다완에 나누어 마신다. 뚜껑이 덮여 있는 다완(蓋碗)을 사용하는 사람도 있다. 뚜껑을 덮으면 향이 날아가지 않게 하고, 뚜껑을 열면 차의 색을 관상하는 것이 가능하다.

강소성과 절강성 부근에서는 뚜껑이 있는 다완으로 녹차를 마시는 사람이 많고, 자사다기를 사용하는 사람도 있다. 상해시·항주시·녕파시·북경시·천진시 등의 대도시에서는 유리로 된 찻잔에 서호용정, 벽라춘, 황산모봉, 군산은침과 같은 명차를 넣어 마시는 관습이 있다. 향과 맛을 감상하는 동시에 찻잎의 모양과 색을 감상하는 즐거움이 있기 때문이다.

복건성·광동성의 조주(潮州)·산두(汕頭) 등에서는 주로 공부차를 마시기 때문에 필요한 다기는 조산풍노(潮汕風爐: 風爐)·옥외서(玉碨書: 물을 넣는 것)·맹신부(孟臣缶: 急須)·약침구(若琛甌: 茶杯)의 네 가지뿐이다. 사천성에서는 개완(蓋碗)으로 화차를 마시는 것을 좋아한다. 그 외의 소수민족의 다기에는 더욱 많은 종류가 있다.

이처럼 차를 마시는 장소에 따라서 다양한 다기를 사용하고 있다. 그러나 현재 각 지역에 있는 다예관에서 사용되고 있는 다기는 그 목적에 따라 다섯 종류로 나눈다. 자수기(煮水器)·비다기(備茶器)·포다기(泡茶器)·성다기(盛茶器)·결척기(潔滌器)이다. 이러한 다기가 모두 사용되는 것은 아니지만, 차를 우려내는 방법에 따라 필요한 다기를 사용하면 좋다. 또 다기를 부르는 명칭도 지방에 따라서 독특한 이름을 붙이는 경우도 있다. 다기의 사용방법도 지방에 따라서 다르며, 찻잎의 모양과 형태에 따라 적절한 다기를 사용하는 방법을 공부할 필요가 있다.

1. 자수기(煮水器: 물을 끓이는 기구)

1) 주전자(水壺 : 물을 담는 그릇)

옛날에는 「주자(注子)」라 불렀으며 현재는 「수주(水注)」라 부르는 곳도 있다. 즉 물을 끓이기 위한 도구이다. 소박하면서 중후한 도기가 인기가 있다. 최근에는 금속으로 만든 주전자가 열의 전도성이 매우 좋기 때문에 인기가 높다. 그러나 금속의 이온이 차의 향에 영향을 미치기 때문에 홍콩이나 대만에서는 유리 주전자처럼 투명한 것을 많이 사용하고 있으며, 최근에 중국에서도 유행하고 있다.

현대는 전기포트가 많이 이용되고 있으므로 수호(水壺)의 필요성이 점차 낮아지고 있다. 그러나 조용하면서 분위기 있는 다예(茶藝)에는 아름답고 예술적인 가치가 있는 수호도 중요한 도구이다.

2) 명로(茗爐)

물을 끓이기 위한 화로이다. 옛날에는 화로를 진흙으로 만들었으며, 연료는 숯을 사용하였다. 현대의 도시에서는 숯을 사용하는 것이 불편하기 때문에 진흙으로 만들어진 화로는 그다지 사용하지 않는다. 그 대용으로 전기나 가스를 사용하고 있다. 홍콩이나 대만에서는 다예(茶藝)를 널리 알리기 위해 주전자와 화로가 세트로 된 「명로」라 하는 도기(陶器)의 화로를 사용한다. 화로 속에는 알콜램프에 불을 붙여 주전자를 올려놓고 물을 끓인다.

명로(茗爐)

현재의 명로로서 가장 사용하기 쉬운 것이 전기포트이다. 뜨거운 물이 많이 필요한 중국차에서는 언제나 뜨거운 물을 끓일 수 있는 전기포트가 편리하다.

2. 비다기(備茶器: 차를 넣을 때까지의 과정에 사용하는 다구)

1) 다부(茶缶)

찻잎을 보관하는 것으로 도자기가 가장 좋지만 주석으로 된 다부도 좋다. 알루미늄 통이나 양철과 종이로 만든 것도 비교적 좋다. 플라스틱이나 유리로 만든 것은 좋지 않다. 플라스틱으로 만든 것은 좋지 않은 냄새가 나며, 유리로 만든 것은 햇빛에 노출이 되면 찻잎이 산화하여 변색이 되기 싶다. 차를 보관하기 위해서는 일정한 낮은 온도에서 직사광선이 들어오지 않는 곳이 가장 적당하다. 습기가 많은 무더운 여름이나 특히 좋은 명차는 냉장고 등에 밀봉해서 넣어 두는 것이 좋다.

다부(茶缶)

2) 다하(茶荷)

하(荷)란 싣거나 얹는다라는 의미가 있다. 다시 말해 다부에서 찻잎을 꺼내어 다호나 다완에 넣기 전에 찻잎을 놓아두는 도구로서, 일반적으로 도자기로 된 것이 많다. 또 손님에게 찻잎을 감상시키기 위해서 쓰이기도 한다. 현재의 중국다기는 포유

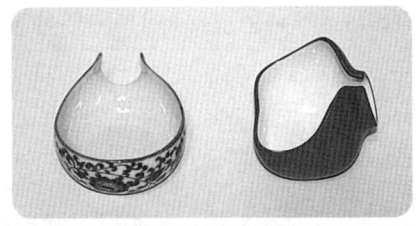

다하(茶荷)

념(包揉捻)한 오룡차 등에 적합하고, 대엽종의 찻잎은 다호에 넣기 어려우므로 일단 다하에 꺼내 놓았다가 다호에 넣으면 좋다.

3) 다칙(茶則)

칙(則)이란 헤아린다(測)는 의미로서 다부에서 찻잎을 꺼내어 다호에 넣기 위한 도구이다. 일반적으로 대나무나 질이 좋은 나무로 만든 것을 사용한다. 다칙은 기본적으로 포유념을 한 청차류의 찻잎에 사용하는 것이

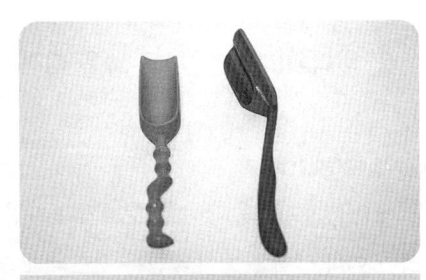

다칙(茶則)

다. 그 외의 산차(散茶)에 사용할 경우는 찻잎을 부스러뜨릴 경우가 있으므로 주의를 하지 않으면 안 된다. 그 외의 찻잎의 경우는 다표(茶杓)나 다통(茶通)을 사용해도 좋다.

4) 다루(茶漏)

원형으로 된 깔때기[漏斗]를 말한다. 작은 다호에 찻잎을 넣을 때는 이것을 다호의 입구에 놓고, 찻잎이 흩어지지 않도록 다호에 넣는다. 다호에 따라서는 다하를 사용하는 쪽이 편리한 경우가 있다. 따라서 다루를 대신하여 다하를 사용하는 경우가 증가하고 있다.

다루(茶漏)

5) 다시(茶匙)

다표(茶杓)라고도 한다. 가늘고 긴 소형의 귀이개 같은 물건이다. 다하내의 찻잎을 다호나 다완에 조금씩 넣기 위한 도구이다. 또 차를 다 마신 후에 다호내의 찻잎을 긁어내는 것으로도 사용한다. 찻잎에 따라서 다부에서 긁어내는 것으로 사용해도 좋다. 녹차나 대엽종의 찻잎은 다칙보다도 사용하기 용이하다.

6) 다통(茶通)

다침(茶針)이라고도 한다. 끝이 뾰족하게 되어 있는 소형의 봉으로 다호의 입구가 막혔을 때 찻잎을 제거하기 위한 것이다. 대나무나 동물의 뼈나 뿔로 만든 것이다.

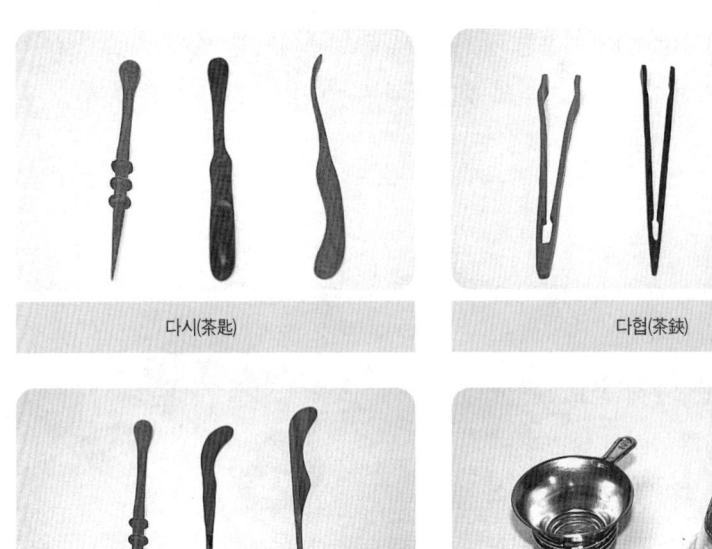

다시(茶匙)

다협(茶鋏)

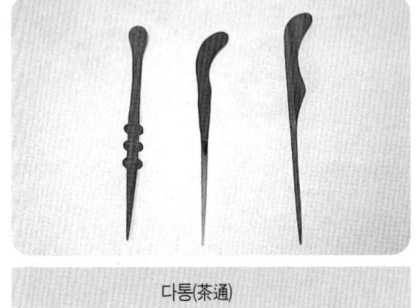

다통(茶通)

차 그름 망

7) 다협(茶鋏)

대나무나 나무로 만든 것으로 핀셋과 비슷한 모양이다. 특히 청차를 우려낼 때, 뜨거운 물을 사용하기 때문에 화상을 입지 않도록 하기 위해 사용한다.

8) 다록(茶漉: 찻잎을 거르는 기구)

찻잎을 거르는[漉] 것. 일반적으로 다해[茶海]에 차를 옮길 때에 사용한다.

3. 포다기(泡茶器: 차를 우리는 과정에 사용하는 도구)

1) 다호(茶壺)

한국에서는 차 우리는 그릇, 일본에서는 급수(急須)라 한다. 찻잎을 넣고서 뜨거운 물을 붓고, 뚜껑을 덮고서 조금 기다렸다가 차를 우려내는 다기이다. 도자기로 된 것을 많이 사용한다. 크기는 차를 마시는 사람의 수에 따라 결정하지만, 공부차에는 작은 다호를 사용한다.

다호(茶壺)

청차계통은 일반적으로 자사다기 (의흥에서 만든 것)의 다호가 적합하고, 녹차·백차·황차·홍차계통은 자기(磁器: 경덕진에서 만든 것)의 다호가 적합하다. 흑차 계통은 유리로 된 다호가 적합하다. 그 외에 찻잎의 종류에 따라서 적합한 다호를 찾아서 사용하는 것이 좋다.

2) 다잔(茶盞)

개완(蓋碗)이라고도 한다. 뚜껑이 붙어 있는 찻잔으로 다호와 같이 활용한다. 4인이상 마시는 경우는 양이 부족하다. 각종 차를 넣는 것이 가능하기 때문에 자주 이용된다. 녹차 등은 다완만으로 마시는 경우가 많다. 개완으로 청차류를 우려내는 것은 복건성의 남부나 광동성의 조

다잔(茶盞)

주 지역에서 자주 볼 수 있는 풍습이다. 현재에도 위의 지방에서는 이와 같은 방법으로 차를 우려내 마시는 사람들이 많다. 그러나 차의 향을 즐긴다고 하는 점에서는 그다지 적당하지 않다. 일반적으로 개완은 녹차 · 백차 · 황차 계통의 차를 우려내 마시기에 적합한 도구이다.

4. 성다기(盛茶器: 차를 마시기 위한 기구)

1) 다해(茶海)

다충(茶盅) 또는 공도배(公道杯)라고도 한다. 홍차를 마실 때에 우유를 넣어 마시는 그릇과 비슷한 것으로 자기로 된 것이 많다. 우려낸 차를 고르게 다완에 분배하기 위한 것과 쓴맛을 억제하기 위하여 다호에서 나온 차를 먼저 다해에 따른다. 그리고 나서 다시 다완에 따른다. 이것은 최근 홍콩이나 대만의 다예계(茶藝界)

다해(茶海)

에서 새롭게 창안한 다기이다. 일반적으로는 자기로 된 것이 좋다. 특히 백자로 된 것은 차의 색을 정확하게 판단하는 것이 가능하기 때문에 적합하다. 유리로 된 것도 많이 사용하고 있다.

2) 다배(茶杯)

다배는 음용배(飲用杯)라고도 하며, 찻잔을 말한다. 차를 마시기 위한 그릇이다. 보통 백색의 자기를 즐겨 사용하지만, 공부차를 마실 때는 자사다배를 사용하기도 한다. 찻잔에는 여러 가지 색과 크기가 있다. 오룡차 등 고농도의 차에는 소

다배(茶杯)

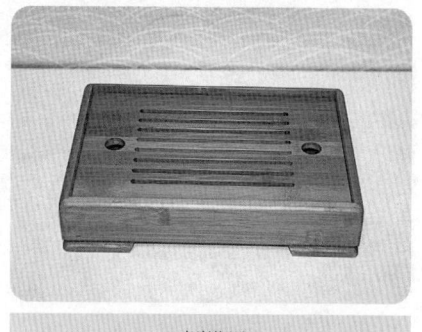

다반(茶盤)

형의 찻잔이 사용되고, 녹차나 화차나 보이차에는 대형의 찻잔을 사용하고 있다.

최근에는 여러 가지 형태의 것이 만들어지고 있기 때문에 목적에 맞는 음용배를 선택하면 좋다. 원래 북방처럼 건조지역의 음용배는 크고, 남방처럼 습도가 많은 지역에서는 작은 것을 주로 사용한다.

3) 다탁(茶托)

찻잔의 아래에 까는 기구이다. 자기로 만든 것과 대나무 · 나무로 만든 것이 있다. 일반적으로는 둥근 것이나 사각형의 다탁이 많다. 최근에는 문향배(聞香杯)의 사용이 보급되기 시작하면서 함께 놓을 수 있는 장방형의 다탁이 사용되고 있다.

4) 다반(茶盤)

다례를 할 때에 사용하는 받침접시와 같은 것. 간단한 것으로 플라스틱으로 만든 것도 있지만, 대부분이 대나무나 나무로 만든 것을 사용한다. 또는 도자기로 만든 것을 사용하기도 한다. 크기는 사용하는 방법에 따라 다양한 크기가 있다. 또 물이 흐르는 입구도 다반의 아래로 바로 직접 떨어지는 것과 호스를 사용해서 폐수(廢水) 용기로 흐르게 하는 것도 있다.

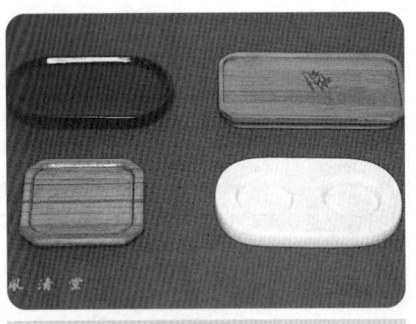

다탁(茶托)

쟁반(盆)

다선(茶船)

군자배(君子杯)

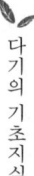

5) 접시

찻잔을 나를 때에 사용. 또 다호나 그밖의 다기를 정리할 때에도 사용한다.

6) 다선(茶船)

다호를 따뜻하게 유지하기 위해 사용하는 도구. 다지(茶池)라고도 한다. 다반과 같은 용도로 사용하는 경우도 있다. 일반적으로 도자기로 만든 것이 많다.

7) 군자배(君子杯)

다호에서 우려낸 찻물을 따라 놓는 것. 다해를 두 가지를 준비하여 하나를 군자배로 사용해도 좋다. 중국차는 다호에서 차를 잘 우려내지 못하면 두 번·세 번 우려내어도 쓴맛이 남아 있기 때문에 마시기에 좋지 않은 것이 있다. 그러므로 여분의 군자배를 준비할 필요가 있다. 물론 다호의 크기에 따라서 준비를 하면 더욱 더 좋다.

8) 문향배(聞香杯)

차의 향을 음미하기 위한 도구이다. 도자기로 만든 것이 대부분이다. 문향배에 먼저 차를 따르지만, 마시는 것이 아니라 다시 음용배(飮用杯)에 따라 놓는다. 그리고 나서 문향배에 남아 있는 향을 음미하면서 즐기는 것이다. 형태는 가늘고 긴 형

문향배(聞香杯)

태를 하고 있다. 최근 홍콩이나 대만의 다예계에서 새롭게 만들어 낸 다기이다. 1980년 대만의 대북시 차문화협회의 성립대회에서 정식으로 발표되었다.

5. 결척기(潔滌器)

1) 다지(茶池)

원형으로 된 용기로 구멍이 있는 덮개를 가지고 있다. 차를 넣을 때에 다호나 다잔(茶盞)을 올려놓으면 여분의 물은 아래로 흘러내린다. 자기로 만든 것이 많다. 또는 다호를 올려놓고 따뜻한 물을 부어 식지 않도

다지(茶池)

수우(水盂)

척방(滌方)

록 하는 용도로 사용하는 경우에는 다선(茶船)이라 한다. 기본적으로는 다반과 다
선의 기능을 가진 다기이다.

2) 수우(水盂)

남은 물이나 찻잎을 버리는 소형의 그릇으로 자기로 만든 것이 많으며, '폐수
부(廢水缶)'라 부르기도 한다. 대나무나 나무로 만드는 등 다양한 소재로 만들어
져 있다. 다반에 호스를 연결하여 물이 떨어지도록 하는 경우도 있다.

특히 형태나 모양이나 소재가 정해진 것이 아니기 때문에 가정 등에서 수우가 없
는 경우에는 플라스틱 물통 등을 사용해도 좋다. 다만 그것은 임시적으로 사용하는
것이다.

3) 척방(滌方)

다포라고도 한다. 면이나 삼베 등을 사용하여 만든 것으로 물이나 다기 등을 씻
거나 닦을 때 사용한다.

이상에서 소개한 다기를 살펴보면, 다기에서 가장 중요한 것이 다호와 개완이라 말할 수 있을 것이다. 다호와 개완의 각 부분에는 각각의 전문적인 명칭이 있기 때문에 아래에 소개하고자 한다.

1. 다호(茶壺)

다호는 호개(壺蓋)·호신(壺身)·호저(壺底)의 세 부분으로 구성되어 있다. 또한 호개는 기공(氣孔)·개뉴(蓋鈕)·개진(蓋唇)·개궁(蓋弓)으로 나누고, 호신은 호진(壺唇)·호견(壺肩)·호복(壺腹)·호류(壺流)·호취(壺嘴)·호파(壺把)로 나눈다. 호저는 호각(壺脚)과 호저(壺底)로 나눈다.

다호 각부 명칭

호순(壺唇)
호견(壺肩)
호복(壺腹)
호류(壺流)
호취(壺嘴)

기공(氣孔)
개뉴(蓋鈕)
호개(壺蓋)
개순(蓋唇)
개궁(蓋弓)
호파(壺把)

호각(壺脚)
호저(壺底)

2. 개완(蓋碗)

개완은 개뉴(蓋鈕)·잔개(盞蓋)·잔신(盞身)·잔탁(盞托)·잔각(盞脚)으로 구성되어 있다.

개완(蓋碗 : 다잔(茶盞)) 각부 명칭

개뉴(蓋鈕)
잔개(盞蓋)
잔신(盞身)

잔탁(盞托)
잔각(盞脚)

중국 茶문화

149

다기의 기초지식

CHAPTER 3

중국차
문화사

차나무는 6, 7천년 전부터 존재하고 있었다. 그러나 언제부터 차를 마시게 되었는가는 정확하게 알 수가 없다. 최초로 차를 마셨던 것은 일반적으로 신농씨부터라고 알려져 있다. 물론 신농씨는 전설상의 인물인데, 「원시 사회의 지도자로서 인류를 생존의 위기에서 구해내기 위해 사람들에게 농사짓는 법을 가르친 인물」로 되어 있다. 농업을 가르쳤기 때문에 '신농(神農)' 이라 불리고, 육우의 《다경》〈六之飮〉에서 「신농씨 시대에 인류가 처음으로 차나무에서 찻잎을 채취하여 음료로 마셨다」라 기술하고 있다.

CHAPTER 3
중국차 문화사

신농(神農)시대부터 진(秦)까지

언제 어디서부터 인류는 차를 마시기 시작하였을까?

차나무는 6, 7천년 전부터 존재하고 있었다. 그러나 언제부터 차를 마시게 되었는가는 정확하게 알 수가 없다. 최초로 차를 마셨던 것은 일반적으로 신농씨부터라고 알려져 있다. 물론 신농씨는 전설상의 인물인데, 「원시사회의 지도자로서 인류를 생존의 위기에서 구하기 위해 사람들에게 농사짓는 법을 가르친 인물」로되어 있다. 농업을 가르쳤기 때문에 「신농(神農)」이라 불리고, 육우의 《다경》〈六之飮〉에서 「신농씨 시대에 인류가 처음으로 차나무에서 찻잎을 채취하여 음료로 마셨다」[38]라고 기술하고 있다.

그것은 《신농식경(神農食經)》의 기록에 「도명(荼茗) 다시 말해 차를 오랫동안

· · ·

---

38) 「茶之爲飮, 發乎神農氏, 聞與魯周公.」『茶經 · 六之飮』

마시면 사람들은 모두 원기(元氣)가 왕성하게 된다.」³⁹⁾를 근거로 하고 있다. 또 주공이 《이아(爾雅)》에 「차(檟)는 고도(苦茶)라 한다.」라는 기록이 남아 있다. 그러나 《신농식경》은 후대 사람들의 저술이고,《이아》도 전국시대 이후의 저술이기 때문에 과학적이고 학문적인 근거로서의 가치는 없다.

《장자(莊子)》·《백호통의(白虎通義)》 등의 사서에 의하면, 신농의 시대는 「어머니는 알 수 있지만, 아버지는 알 수 없다.」⁴⁰⁾라 하여 모계사회임을 나타내고 있다. 지금부터 5000년 전, 고고학적으로는 신석기 시대의 중후기라 하는 시기이다. 당시의 원시농업에서는 그것만으로는 식량을 자급자족하는 것이 불가능하여, 사람들은 야생의 과일·산나물·뿌리나 줄기·새싹·잎 등을 채취하고, 이러한 것들을 쌀과 함께 토기로 만든 솥에 삶아서 먹었다. 채취한 음식들 중에는 차나무의 싹이나 잎도 포함되어 있었을 것이다. 후에 인류는 차나무의 잎이 갈증을 치유하는 이외에, 피로함을 없애고 질병을 치료하는 효과가 있는 것을 발견하고, 찻잎만을 밥과 함께 끓이거나 달여서 마셨을 것이라 추측된다.

후한의 《신농본초경(神農本草經)》에 「신농이 백가지 종류의 풀을 먹다가 어느 날 72종류의 독에 중독이 되었는데, 찻잎을 먹고서 이를 해독하였다.」⁴¹⁾라 기록하고 있다. 이를 통해서도 신농이 최초에 차나무의 잎을 식량으로 한 것을 알 수 있다.⁴²⁾ 현

• • • ·

39) 「茶茗久服, 令人有力, 悅志」,『神農食經』
40) 「只知其母, 不知其父」,『庄子』·『白虎通義』
41) 「神農嘗百草, 一日遇七十二毒, 得茶乃解」『神農本草經』
42) 중국에는 예부터 이미 '신농(神農)과 차(茶)'에 관한 다음과 같은 고사(故事)가 민간에 널리 전해져 내려오고 있었다. 신농(神農)은 수정같이 투명한 배(腹)를 가지고 있어서 무엇을 먹든지 간에 사람들은 그의 위장 속을 자세하게 훤히 들여다 볼 수가 있었다. 당시의 사람들은 아직 불로써 음식을 익혀 먹는 법을 몰랐었다. 그래서 그들은 화초(花草)나 들판에 열린 과실(果實), 또는 독이 든 생선이나 짐승 등을 잡아 날것으로 먹을 수밖에 없었다. 그러다 보니 자주 병에 걸리게 되었다.
  이에 신농은 사람들을 음식물을 통한 중독(中毒)이나 질병으로부터 벗어나게 해주기 위해

재 중국의 서남지역에도 찻잎과 쌀을 넣어서 죽을 끓여 먹거나, 나무의 어린잎을 차처럼 달여서 마시는 풍습을 가진 소수민족이 있다. 이렇게 해서 신농이 백 종류의 약초를 맛보았다고 하는 전설이 생겼던 것이다. 이러한 기록은 전설이지만 중국 서남지역의 소수민족들에게는 민족적 풍습으로 살아 전해져 왔음은 틀림없는 것이다. 따라서 시기는 정확하게 알 수 없지만 역사이전의 시대에도 차를 먹거나 마셨던 것을 알 수 있다.

은(殷)·주(周) 시대가 되면 차를 마시는 풍습이 전승되어 더욱더 발전되었다. 이 무렵에 '차(茶)'에는 '도(荼: 씀바귀 도)'라 하는 별칭도 있었다. 《시경(詩經)》〈빈풍(豳風)·七月〉에는「채도(採荼)」라 하는 기록이 있고, 또《이아(爾雅)》에는「가(檟)는 고도(苦荼)」라 기록하고 있으며, 진대의 곽박(郭璞)이 지은《이아주(爾雅注)》에는「나무는 치자나무와 같고, 겨울에도 푸르게 (생생하게) 자라며, 잎은 삶아서 국을 만들어 마실 수가 있다. 아침에 채취한 것은 도(荼)라 하고, 저녁에 채취한 것은 명(茗)이라 한다. 혹은 그 날에 채취한 것을 천(荈)이라 한다. 사

● ● ● ●

눈에 띄는 식물은 무엇이든 닥치는 대로 모두 맛을 보게 되었고, 이 식물들이 배(腹:위장) 속에서 어떠한 변화를 일으키게 되는지를 관찰하게 되었다. 그리고 나서 사람들로 하여금 독이 없고 먹을 수 있는 식물이 어떤 것이며, 또 어떤 식물이 독이 있어 먹을 수가 없는 것인지를 알게 해 주었다.

이렇게 하여 신농은 백초(百草)를 맛보게 되었다. 하루는 우연히 우유빛(乳白色, 유백색) 의 꽃송이가 열린 나무 위에 싹튼 연한 나뭇잎을 맛보게 되었다. 그때 그는 이 푸른 잎[綠葉]이 매우 희귀한 것임을 발견하고 한입에 뱃속으로 삼키고는 가만히 지켜보았다. 위장(胃腸)에 들어간 그 녹엽(綠葉)은 들어가자마자 곧 위에서 아래로, 아래에서 위로, 위장(胃腸)의 곳곳을 유동(流動)하며, 위장의 내부를 깨끗하게 세정(洗淨)하는 것이었다. 마치 뱃속에서 무언가를 검사(檢査)라도 하듯이 위장을 깨끗이 청소하였던 것이다. 신농은 이에 곧 그 신비한 녹엽(綠葉)을 가리켜 "査(사,cha´)"라고 불렀고, 이에 후대(後代) 사람들은 "査(사,cha´)"와 동음(同音)인 茶(차,cha´)로 바꾸어 부르게 되었다는 전설이 있다.〔중국어로 '사(査)'와 '차(茶)'는 모두 '차(cha´)'로 발음됨〕

43)「樹小如梔子 冬生 葉可作羹飲 今呼早採爲荼 晚取者爲茗 或一日荈 蜀人名之苦荼」郭璞 『爾雅注』

천(四川)의 사람은 이것을 고채(苦菜)라 말하고 있다.」43)라 기록하고 있다. 고도 (苦茶)라 한 것은 찻잎이 쓰기 때문에 그런 것은 아닐까?

《신농본초경》에 「苦菜… (중략) 一名茶苦」라 하는 것을 볼 때 고도(苦茶)가 고 채로도 불려졌던 것을 알 수 있다. 물론 당시에 모든 야채를 고도(苦茶)라 불렀을 가능성도 있지만, 찻잎이 주요한 식용야채였던 것은 틀림이 없다. 분명하게 찻잎 은 쓰지만 단맛도 있다.《시경》〈패풍(邶風) · 谷風〉에서는 「누가 차(茶)를 쓰다고 하였는가? 그 맛은 냉이[薺]처럼 달다.」44)라 설명하고 있다.

서민들뿐만 아니라 귀족도 애용하였으며, 각처에서 좋은 품종을 찾았다.《화 양국지(華陽國志)》〈巴志〉에 「주무왕은 주(紂)를 토벌하고 파촉(巴蜀)의 나 라를 얻었다. 곡물 · 가축 · 뽕나무[桑] · 누에[蚕] · 삼베[麻] · 영(薴) · 생선[魚] · 소 금[塩] · 동(銅) · 철(鐵) · 단사[丹] · 칠(漆) · 도(茶) · 꿀[蜜] --- 등의 특산물을 헌 납 받았다.」, 「뜰에는 향기가 있는 잎이 있으며, 그것은 차이다.」, 「남안(南安: 지금의 사천성 낙산시)」과 무양(武陽: 지금의 사천성 팽산현)에 명차(名茶)가 난다.」45)라 기록하고 있다.

여기에서 무왕은 기원전 1066년에 주(紂)를 토벌하고 찻잎의 생산을 시작하였 다. 때문에 약 3000년전부터 파촉(지금의 사천성 중경시) 지역에서는 일정 규모 의 찻잎생산을 하였고, 게다가 중앙 정부에 고급 찻잎을 헌상하였음을 알 수 있 다. 이 파촉지역은 중국 차나무 발상지의 하나이다.

춘추전국시대가 되면 찻잎은 황하의 중류와 하류지역으로까지 전해져 당시의 제(齊)나라(지금의 산동성 내) 사람들이 찻잎으로 만들어진 반찬(부식)을 좋아하 였다고 한다. 이러한 풍습에 대해《안자춘추(晏子春秋)》에 「안자가 제나라 경공

● ● ●

44)「誰謂茶苦 其甘如薺」『詩經』「邶風 · 谷風」
45)「周武王伐紂, 實得巴蜀之師 – 土植五穀 牲具六畜桑蚕麻薴魚塩銅鐵丹漆茶蜜 – 皆納貢之」
　　「園有芳薴 香茗」「南安 武陽皆出名茶」『華陽國志 · 巴志』

의 제상으로 근무하고 있을 때에, 식사는 밤으로 만든 밥과 불에 구워 익힌 새〔鳥〕세 마리, 알이 다섯 개, 명채(茗菜)뿐이었다.」46)라 기록하고 있다. 「명채」는 찻잎으로 만들어진 반찬을 말한다. 같은 시기에 찻잎이 음료로서 이용되었는지에 대해 확실한 문헌기록은 없다.

그러나 그 후, 청대의 고염무(顧炎武)가 지은《일지록(日知錄)》에 「진나라가 촉나라를 멸망시킨 후, 촉나라의 영향으로 차를 마시는 풍습이 확산되었다.」47)라 하는 기록이 보이기 때문에 전국시대 말기, 진나라가 파촉을 멸망시키면서 황하유역이 영향을 받아서 차를 마시는 풍습이 생겼다고 하는 내용이다. 다시 말해 역사상 가장 처음에 찻잎을 음료로써 사용한 것은 역시 차나무 원산지인 파촉(巴蜀)지역이었다는 것을 알 수 있다.

● ● ● ●

46)「嬰相齊景公時 食脫栗之飯 炙三弋 五卵 茗菜而已.」『晏子春秋』

《신농식경(神農食經)》에 이르기를, 「도명구복(茶茗久服), 영인유력열지(令人有力悅志) 즉, 차를 오래 복용하면 사람으로 하여금 힘있게 하고, 뜻을 기쁘게 한다.」라고 하였다. 또《이아(爾雅)》에도 이 글자의 기록이 보이며, 당(唐)《옥편(玉篇)》에 이르기를 「명(茗)은 차아(茶芽)이다.」라고 하였다. 차의 발상지인 사천성(四川省)의 방지(方志)인《화양국지(華陽國誌)》에는 다음과 같이 기록하고 있다. 「파촉원유방약(巴蜀園有芳蒻), 향명(香茗)…….」「파촉(四川)지방의 뜰에는 향기로운 부들 싹이 있으니, 향명(香茗)이라 …….」이상에서 살펴 본 '명(茗)' 자는 비교적 늦게 출현한 글자이다. 그 출현이 '도(茶)'나 '천(荈)'보다 훨씬 늦다. 한(漢)나라 허신(許愼)의《설문(說文)》에 보면 이 글자를 새로 추가로 첨부하였기 때문에 '명(茗)' 자의 해석이 없다. 어떤 이는 추측하기를 "이 글자가 동한(東漢)시기에 차엽(茶葉)을 표시하는 글자로 쓰이지 않았을까?' 하고 조심스럽게 의견을 내놓는다. 그러나 어원(語源)에 근거하여 보면 '명(茗)' 자는 운남성(雲南省) 일대에서 주로 사용 차(茶) 자의 토착어(土着語)이다. 태국어의 차(茶)의 독음(讀音)은 아마 이 '명(茗)' 자에서 유래된 것이라 생각된다.

47)「自秦人取蜀而後 始有茗飮之事」, 顧炎武,『日知錄』

한대(漢代)가 되면 찻잎이 건강에 미치는 효과에 대해 더욱더 부각 되면서 찻잎에 대한 문헌기록도 증가하였다. 전한의 사마상여(司馬相如: 기원전 179년~11년)는 《범장편(凡將篇)》에 찻잎은 「바곳[烏喙, 또는 草烏라고도 함] · 도라지[桔梗] · 팥꽃나무[芫華] · 머위[款冬] · 패모[貝母]⁴⁸⁾ · 나무[木] · 당귀[蘗] · 황금[芩] · 쑥[蔞] · 초(草) · 작약(芍藥) · 계피(桂) · 지황(漏芐) · 향랑자[蜚蠊] · 관균(蘿菌) · 차[荈詫] · 백렴(白斂)⁴⁹⁾ · 지초(白芷) · 창포(菖蒲) · 망초(芒硝) · 왕골[莞] · 산초나무[椒] · 수유(茱萸)」⁵⁰⁾ 등 20여종의 약물을 소개하면서 그 중에 하나로 「천타(荈詫)」를 소개하고 있다.⁵¹⁾ 삼국시대 위나라의 《잡자(雜字)》에는 「천(荈)은 차(茶)의 다른 이름이다.」⁵²⁾라 소개하고, 후한의 《설문해자》에는 「천(荈)은 차이고, 도(茶)는 차의 싹이다」⁵³⁾라고 차에 대해서 기록하고 있다.

또 전한의 왕포(王褒)의 《동약(僮約)》에 「차를 다릴 도구를 깨끗이 씻는다.」와 「무양(武陽: 사천성 팽산현)에서 차를 사다.」⁵⁴⁾라는 내용이 있으며, 특히 일상생활에서 찻잎이 필요하였음을 나타내고 있다. 이 무렵부터 찻잎이 식료뿐만 아니라 음료로써 일상생활의 필수품이었음을 알 수 있다. 그래서 여기에서 말하는 찻잎은

• • •

48) 백합과에 속하는 다년초
49) 포도과 속하는 낙엽만목으로 뿌리는 약재로 씀.
50) 「烏喙 · 桔梗 · 芫華 · 款冬 · 貝母 · 木 · 蘗 · 芩 · 蔞 · 草 · 芍藥 · 桂 · 漏芐 · 蜚蠊 · 蘿菌 · 荈詫 · 白斂 · 白芷 · 菖蒲 · 芒硝 · 莞 · 椒 · 茱萸」, 司馬相如『凡將篇』
51) 역자 주 : 『범장편(凡將篇)』이란 후세(後世)의 계몽잡자(啓蒙雜字) 교과서와 비슷한 것이며, 동시에 또 일종의 고자서(古字書)이기도 하다. "타(詫)"자는 차(茶)자의 옛날 정자(正字)이다. 음운학상으로 분석해보면 "타(詫)"자와 "도(茶)"자는 동성자(同聲字)이다.
52) 「荈, 茗之別名也.」『雜字』
53) 「荈茗, 茶芽也」『說文解字』
54) 「烹茶盡具」, 「武陽買茶」, 王褒『僮約』

이전의 산채(山菜)가 아니라, 시장에서 구입하는 음료용의 찻잎임을 알 수 있다.

또 후한의 《동군록(桐君錄)》에 「서양(西陽)·무창(武昌)·진릉(晉陵)에서는 좋은 차가 나오고, 파동(巴東)에서는 좋은 향이 있는 차가 있다. 끓여서 마시면 졸음을 없앤다.」[55]라고 기록하고 있다. 여기에서도 찻잎이 음료용으로 사용되었음을 알 수 있다. 다시 말해 한대에 이르러서 차를 마시는 풍습이 시작되었다.

위·진남북조시대가 되면, 차를 마시는 풍습이 장강(長江)의 중류와 하류에까지 전해지고, 차는 일상음료서 뿐만 아니라 연회(宴會)·접대(接待)·제사(祭祀)에도 사용되었다. 예를 들면 삼국시대, 오나라의 황제 손호(孫皓)는 술을 대신하여 차로서 관리 위요(韋曜)를 대접하였다. 《삼국지》〈오서·위요전(韋曜傳)〉에 「손호는 연회를 개최할 때에 참석하는 모든 사람에게 술 일곱 되[七升]를 마시게 했다. 참가한 사람들은 술을 잘 못 마셔도 무리를 해서라도 마시지 않으면 안 되었다. 그러나 위요(韋曜)는 아무리 완고하게 권장을 해도 두되 이상의 술을 마시는 것이 불가능하였다. 손호는 위요를 신임하였기 때문에 연회에 부를 때는 남들 모르게 술을 대신하여 차를 마시게 하였다.」[56]

진의 《중흥서(中興書)》에는 다음과 같은 이야기가 있다. 「오흥(吳興) 태수 육납(陸納)은 매우 청빈한 생활을 하는 사람이었다. 하루는 육납이 장군 사안(謝安)을 초대하였다. 그는 생활신조에 따라서 차와 과자만을 준비했다. 조카인 육숙(陸俶)은 육납의 입장을 생각해서 부끄럽지 않도록 진수성찬을 준비했다. 이에 육납은 청빈한 본래의 의도를 이해하지 못한 것이라 하여 조카를 벌 주었다.」

● ● ●

55) 「西陽, 武昌, 晉陵皆出好茗, 巴東別有眞香茗, 煎飮令人不眠」『桐君錄』.
    역자주 : 《동군록(桐君錄)》이 성립한 연대가 불확실하다. 춘추(春秋)설과 동한(東漢)설이 있다. 여기에 보면 「南方有瓜蘆木, 亦似茗, 至苦澀, 取爲屑, 煮飮, 亦通夜不眠」이라하여 「남방에 과로목이 있는데, 이 또한 명(茗)과 같이 아주 쓰고 떫다. 그것을 가루로 취하여 끓여 마시면, 또한 밤새로록 잠을 잘 수 없다.」라 하였다.
56) 『三國志·吳書·韋曜傳』

제사에 차를 사용하게 된 것에 대해《남제서(南齊書)》「무제본기(武帝本紀)」에 「동물을 제사의 물품으로 살아 있는 것을 받치는 것을 폐지하였다. 떡[餠], 차(茶), 밥, 술만을 받치도록[奉納] 하였다. 모든 사람들은 신분과 지위 고하를 막론하고 모두 이 제도를 따르게 되었다.」[57]라는 기록이 있고, 남제의 무제가 그러한 유언을 남기고 있는 것에서도 알 수 있다.

문인들도 차를 좋아하고 차사(茶事)를 묘사한 시문을 창작했다. 장맹양(張孟陽)의 「성도루(成都樓)에 올라」에 「방도(芳茶)는 육청(六淸)을 초월하고, 넘치는 맛이 천하에 퍼진다.」[58] 등이 있다. 또한 중요한 것은 진대의 문인 두육(杜育)의 《천부(荈賦)》는 차에 대해서 노래한 유명한 시가이다.

오직 큰 산악은 신령스런 산이라
기이한 것들이 함께 산다네.
거기 찻잎이 자라나니
산골짜기마다 가득하다네.

●●●

풍성한 대지의 자양분을 먹고
하늘에서 내리는 감로를 마신다네.
때는 초가을
농사일 한가로움 틈타
무리 지어 먼 길 떠나는 건
차 따러 가는 것이라네
물은 민강의 것
흐르는 맑은 물 길러
다기는 잘 가려 월주 도기로 해야 한다네
표주박으로 찻잔을 삼는 건
옛 조상님들이 하던 그대로라지
바야흐로 첫탕을 달이니
차 가루는 살포시 내려앉고
다정은 그윽하게 떠오르니
빛나기는 흰 눈 같고
환하기가 봄 햇살 같다네.[59)]

다시 말하면 신령스러운 기운이 깃들어 있는 큰 산에 특별하게 훌륭한 것이 있다. 그 산에는 차의 나무가 계곡과 산등성이에 가득하다. 비옥한 토양에서 품질이 좋은 차가 되고 감로비가 밤에 내린다. 달이 밝은 초가을 무렵, 들판의 농사일을 휴식하면서 우연히 같은 시기에 여행을 하면서 차를 채취하여 차를 마실 것을 생

59)「靈山惟岳, 奇産所鐘. 厥生荈草, 彌谷被岡. 承豊壤之滋潤, 受甘霖之宵降. 月惟初秋, 農功少休. 結偶同旅, 是採是求. 水則岷方之注, 挹彼清流. 器擇陶揀, 出自東甌. 酌之以匏, 取式公劉. 惟玆初成. 沫沈華浮, 煥如積雪, 曄若春敷.」杜育『荈賦』

각한다. 물은 민강에서 흐르는 것으로 맑고 깨끗한 물을 기른다.

다기를 선택함에 도기(陶器)를 선택할 때에는 동구(東甌)의 것이 좋다. 표주박으로 찻잔을 삼은 것은 주대(周代)의 공유(公劉)가 술을 마신 방법과 같은 것이다. 그래서 차는 처음에 달이면 가루는 가라앉고 찻잎은 꽃처럼 뜬다. 빤짝거리는 모양은 눈처럼 휘고, 환하기가 봄의 꽃밭과 같다라 하였다.

찻잎에 관한 시부(詩賦)로서는 두육의《천부》가 최초이다. 이 시에는 찻잎의 성질, 성장 상황, 채취방법과 차에 사용하는 물, 기구(器具), 차의 색깔 관찰 등이 묘사되어 있다. 이 시기부터 찻잎은 갈증을 해소하고 피로를 없앤다는 건강적인 측면 외에도 문화적인 색채를 가지고 있었다. 위진남북조시대는 차가 문화로서 형성되기 시작한 중요한 시기이다.

1. 고대음다법(古代飮茶法)

차는 수천년 전부터 마셨던 것이고, 그 사이에 마시는 방법도 변천을 거듭하여 왔다. 최초에 찻잎은 쌀과 함께 끓였던 것으로, 말하자면 '식료(食料)'로서 사용되어 졌던 것이지만, '음료(飮料)'로서 이용되기 시작한 시기가 언제부터였는가는 정확하지 않다. 그러나 삼국시대 위국의 장읍(張揖: 230년 전후)이 지은《광아(廣雅)》에「형파(荊巴)지구에서는 가도의 잎을 구워, 콩잎(콩의 어린잎), 귤껍질 등을 넣어 명(茗: 차)을 만들어 그것을 마셨다. 이것을 마시면 술이 깨고, 잠을 오지 않게 한다.」[60]라고 한 것처럼 술을 깨고 잠을 쫓기 위해서 차를 마셨다.

또 앞에서 언급한《삼국지》〈오서·위요전〉처럼 술을 대신하여 차를 마셨다고

60)「荊巴間炙檟茶之葉, 加入菝蕭橘子等爲茗而飮之, 其飮醒酒 令人不眠」, 張揖著『廣雅』

하는 기록을 통해서 이 무렵부터 차는 일종의 음료로 이용하고 있었던 것을 추측할 수 있다. 또 《광아》에 「차를 끓여서[煮] 마셨다」라고 하는 구절을 통해서 당시는 「끓인다[煮]」는 방법으로 차를 마셨던 것을 살펴볼 수 있다.

또한 《광아》에 「차를 채취하여 떡[餠]으로 만든다.」[61]는 구절이 있는데, 이는 병차(餠茶)를 구워서 가루로 내어 콩잎·생강·귤껍질 등과 함께 솥에 넣어서 끓여서 마셨다고 한다. 이러한 방법은 당대(唐代)에 이르러 더욱더 개량되었으며, 송대 이후에는 크게 변화였다.

당대(唐代)

당대 중기에는 차를 마시는 풍습이 전국적으로 보급되었다. 육우의 《다경》〈육지음(六之飮)〉에 의하면 「당나라는 차를 마시는 것이 유행하였다. 두 개의 도시에서 호북과 호남에 이르기까지 어느 집에서나 차를 마셨다.」[62]라 하는 내용이 보인다.

작자불명 『궁락도(宮樂圖)』

《봉씨문견기(封氏聞見記)》에는 「남쪽의 사람들은 자주 차를 마셨지만, 북쪽의

● ● ●

61)「採茶爲餠」『廣雅』
62)「滂時浸俗, 盛與國朝, 兩都並荊渝間, 以爲比屋之飮」, 陸羽, 『茶經·六之飮』

『육우상(陸羽像)』

사람들은 처음에는 차를 마시는 사람이 그렇게 많지는 않았다. 개원(開元) 중기, 산동에서 낙양(또는 장안)에 이르기 까지 많은 찻집에서 차를 끓여서 팔았다. 길을 가는 사람들은 모두 돈을 지불하고서 차를 사 마셨다. …(중략)새벽부터 밤까지 마시고 있었기 때문에 그의 일반적인 풍습이 되었다. 차를 마시는 풍습이 중앙(낙양 또는 장안)에서 유행하였기 때문에 변방지역까지 전파되었다.」[63]라고 기록하고 있다.

《구당서(舊唐書)》〈이옥전(李玉傳)〉에도 「차는 쌀이나 소금과 같이 일상적인 음식물이 되었다. 어디를 가더라도 차를 마시는 풍습을 볼 수 있다. 또 차는 쌀이나 소금과 달리 피로를 없애고 질병을 치료하는 효과가 있기 때문에 매우 중요한 음식물이 되었다. 특히 민간에서 자주 마시고 있었다.」[64]라는 기록이 보인다.

당대의 남쪽에서는 43개의 주(州)와 군(郡)에서 찻잎을 생산하였다고 한다. 그 당시의 찻잎 생산지가 현재의 찻잎 생산지이며, 남쪽의 13개성에 분포되어 있다. 따라서 당대는 중국의 찻잎 생산의 기초를 확고하게 다진 시기라고 말할 수 있을 것이다. 이 무렵에 북쪽에서는 아직 찻잎이 생산되지 않았기 때문에 남쪽과 북쪽

● ● ●

63) 「南人好飮之, 北人初不多飮, 開元(713-744)中… 自鄒, 齊(山東), 滄(河北), 棣(山東) 漸至京邑, 城市多開店鋪, 煮茶賣之, 不問道俗, 投錢取飮…窮日晨夜, 殆成風俗, 始與中地, 流與塞外」, 『封氏聞見記』

64) 「茶爲食物, 無異米塩, 於人所資, 遠近同俗, 旣祛竭乏, 難舍斯須, 田間之間, 嗜好尤甚」『舊唐書』

은 서로 찻잎 무역이 이루어졌다.

《봉씨견문기》에 「차는 강회지역(江淮地域: 장강과 회하(淮河)유역에서 운송되었다. 많은 종류의 차는 산적(山積)하여서 배나 수레로 운송되었다.」[65]라 기록되어 있다. 그래서 당 왕조는 재정수입을 늘리기 위해 찻잎에 세금을 부과하였다.

《구당서》〈식화지(食貨志)〉에 당의 문종 건중(建中) 원년(780)에 「천하의 차(茶)·칠(漆)·죽(竹)·목(木)에서 10분의 1의 세금을 거둬어 들였다.」[66]라 기록하고 있다. 또 《구당서》〈문종본기〉에는 대화 9년(835)에 처음으로 찻잎 전매제도가 제정되었다고 기록되어 있다. 후에 조정은 매년 각지에 고급명차를 헌납시키는 것과 동시에 절강호주(浙江湖州)의 고저산(顧渚山)에 「공차원(貢茶院)」이라 부르는 궁정 전용의 「자순차(紫筍茶)」를 생산하는 공장을 설립하였다. 이렇게 해서 각 지역의 제다기술도 점차로 향상되었다.

당대에 차를 마시는 풍습이 널리 확산되었던 것은 불교의 번영과 깊은 관계가 있다. 사찰의 승려들이 아무것도 먹지 않고 철야로 좌선을 하였다. 그 때에 차를 마셔서 피로를 없애고 졸음을 쫓는 것이다. 이처럼 차를 마시는 풍습을 일반의 신도들도 흉내를 내면서 서서히 사회전체로 확산되었다.

《봉씨견문기》에 「개원 연중에 태산 영암사의 항마(降魔)선사가 선종의 사상과 교리를 강의를 할 때에, 제자들은 저녁도 먹지 않고 조금의 휴식도 없이 선의 학습에 전념하였기 때문에 식사를 대신해서 차를 마셨다. 그 후 제자들은 각자의 기호에 따라 차를 구입하고, 머무는 곳에서 차를 끓여서 마셨다. 사람들이 서로 모방하였기 때문에 더욱더 대중적인 풍습으로 되었다.」[67]라고 기록되어 있다.

● ● ●

65) 「其茶自江淮爾來, 舟車相繼, 所在山積, 色額頗多」『封氏聞見記』.
66) 「稅天下茶, 漆, 竹, 木 十取一.」, 『舊唐書·食貨志』
67) 「開元中, 泰山靈岩寺有降魔禪師大興禪宗, 學禪務於不寐, 又不夕食, 皆許其飮茶, 人自懷夾, 到處煮飮, 從此轉相仿劾, 遂成風俗」『封氏聞見記』

차가 선종과 밀접한 관계가 있기 때문에 문인들은 차를 마시면서 선을 수행하였다. 말하자면 「선다일미(禪茶一味)」를 실천하였던 것이다.

당대에는 차의 수요가 증가하고, 찻잎 생산이 현저하게 발달하였기 때문에, 많은 명차(銘茶)가 생산되었다. 당대의 사람들은 《당국사보(唐國史補)》에서 19종류의 명차를 나열하고 있다. ① 검남 몽정석화(劍南 蒙頂石花)·소방(小方) 또는 산아(散芽)라고도 부른다 ② 호주 고저자순(湖州 顧渚紫筍) ③ 동천신천 소단(東川神泉 小團)·창명수목(昌明獸目) ④ 협주벽간(峽州碧澗)·명목(明目)·방예(芳蕊)·수유료(荼萸寮) ⑤ 복주 방산로아(福州 方山露芽) ⑥ 기주향산(蘷州香山) ⑦ 강릉남목(江陵楠木) ⑧ 호남형산(湖南衡山) ⑨ 악주 옹호함고(岳州 灉湖含膏) ⑩ 상주 의흥자순(常州 義興紫筍) ⑪ 무주 동백(婺州 東白) ⑫ 육주 구갱(睦州 鳩坑) ⑬ 홍주 서산백로(洪州 西山白露) ⑭ 수주 곽산항아(壽州 霍山黃芽) ⑮ 기주 기문단황(蘄州 蘄門團黃) 등이 있다.

이 중에서도 사천 몽정산의 석화(石花)라 하는 찻잎이 최고라고 단언하고 있다. 후세 사람의 「양자강의 물, 몽정산의 차」[68]라 하는 한시[69][聯]나 백거이(白居易: 백낙천)의 시 《금다(琴茶)》에서도 「거문고는 오직 녹수곡을 즐겨 듣고, 차는 몽산차만 오랫동안 마셨다네.」[70]라 하여 몽정산차를 노래하고 있다.

당대에는 차에 대해 노래한 시인들이 많다. 유명한 시인은 이백(李白)·두보(杜甫)·백거이(白居易)·두목(杜牧)·유종원(柳宗元)·노동(盧仝)·교연(皎然)·제기(齊己)·피일휴(皮日休)·안진경(顏眞卿)·정곡(鄭谷)·원진(元稹) 등 100여인이며, 차사(茶事)에 관련된 시(詩)만 해도 약 400여수이며, 찻잎의 시문을 약 70수 정도 창작했다. 이중에서도 노동(盧仝)의 〈햇차를 보낸 맹간의에게 글로

---

68) 「揚子江心水, 蒙頂山上茶」
69) 한시의 하나, 律의 대구의 이름.
70) 「琴里知聞唯淥水, 茶中故舊是蒙頂」, 白居易, 『琴茶』.

감사하며)라는 시의 일부분을 소개하고자 한다.

> 첫째 잔은 목과 입술을 적시고
> 둘째 잔은 외로운 번민을 씻어주네.
> 셋째 잔은 메마른 창자
> 오로지 수많은 문자가 오천권이 되고
> 넷째 잔에 가벼운 땀이 솟아나고
> 평생의 불만 모두 털구멍으로 흩어지네.
> 다섯 잔에 기골이 맑아지고
> 여섯 잔에 이르니 신선과 통하였다네.
> 일곱째 잔은 채 마시지도 않았건만
> 두 겨드랑이에 맑은 바람이 솔솔 일어나네.[71)]

이 시는 일곱 잔의 차를 마신 후에 느껴지는 각각 다른 감각과 느낌을 잘 묘사한 명작이다. 또 차를 마시는 장면을 묘사한 그림도 이 시기에 처음으로 나타났다. 유명한 작품으로는 염입본(閻立本)의 〈숙익잠란형도(肅翼賺蘭亨圖)〉, 장훤(張萱)의 〈명황화락도(明皇和樂圖)〉, 작자 불명의 〈궁락도(宮樂圖)〉, 주방(周昉)의 〈조금상명도(調琴啜茗圖)〉 등이 있다.

당대 차문화의 집대성은 역시 육우와 그의 명저인 《다경》이다. 육우는 자(字)를 홍점(鴻漸), 질(疾), 계비(季疵) 등 세 가지를 가졌으며, 스스로를 상우옹(桑苧翁)이

• • •

71) 「一椀喉吻潤, 二椀破苦悶, 三椀搜枯腸, 惟有文字五千券, 四椀發輕汗 平生不平事盡向毛孔散, 五椀肌骨清, 六椀通仙靈, 七椀吃不得也, 唯覺兩腋習習淸風生」, 盧仝. 「走筆謝孟諫議寄新茶」, 노동은 당나라 때 시인으로 지금의 하북성 탁현 사람이다. 호는 옥천(玉川:795~835)이다.

72) 「楚人陸鴻漸爲茶論, 說茶之功効, 並煎茶焙茶之法, 造茶二十四事…於是茶道大行, 王公朝士無不飮者」, 『封氏聞見記』

중국 茶문화

166

중국차 문화사

라 자칭하고, 또 사람들로부터 경릉자(竟陵子)라고도 불려졌다. 복주(復州) 경릉현(호북성 천문시) 출신이다. 당의 지덕원년(756)에 당시 24세의 육우는 안사의 난을 피하기 위해 고향을 떠나서 강남지역으로 갔다가 마지막에는 절강성의 호주에 정착했다. 육우는 14년에 걸쳐서 연구한 다사(茶事)의 내용을 정리하여 《다경》을 저술하고, 10년 후에 다시 정리하여 당의 건중원년(780)에 정식으로 출판되었다.

내용은 10장으로 구성되어 있다.

제1장은 차나무의 원산지, 특징, 명칭, 자연조건과 차의 품질과의 관계, 차의 효용

제2장은 차를 채취할 때 사용하는 도구, 제조도구 및 사용방법

제3장은 차 채취 및 품질감별의 방법

제4장은 차 도구의 종류 및 용도

제5장은 차를 끓이는 방법과 수질의 등급

제6장은 차를 마시는 방법, 의의와 역사 및 연혁

제7장은 고대부터 당대에 이르기까지의 다사에 관한 내용

제8장은 전국명차의 산지와 우열

제9장은 일정한 조건에서 차를 채취하는 도구와 음다도구에서 생략한 것을 부연설명

제10장은 차에 대한 그림(한 폭의 비단에 《다경》을 써서 차실에 걸어 놓는 것)

당대까지 찻잎의 역사 · 산지 · 효과 · 재배 · 채취 · 제다 · 전다(煎茶) · 마시는 법에 대한 지식과 기술을 논하고 있다. 이것은 세계 최초의 종합적인 차연구서이며, 중국의 찻잎 생산의 발전 및 음용풍습이 확산되는 데에 큰 역할을 하였다.

《봉씨견문기》에 「초(楚) 출신의 육우라 하는 사람이 차를 논한 책을 지었다. 차의 효과 및 차를 끓이는 방법, 건조하는 방법, 형태를 만드는 방법 등 차에 관한 24가지 문제를 언급하였다. 그런 까닭으로 다도가 유행하게 되고 귀족에서 조정의 역인(役人)에 이르기까지 모두 차를 마시게 되었다.」[72]라 하였으며, 피일휴의 저 《다중잡영(茶中雜詠)》에 「육우 이전에 명(茗)이라 하는 것을 마셨던 사람은, 차에 여러 가지 재료를 넣어서 함께 끓여 마셨다.

일반적으로 야채스프와 비슷한 방법으로 마셨다. 육우가 《다경》 3권을 지어서 차의 근원, 제조도구, 만드는 방법, 다기, 끓이는 방법을 소개하였다. 이것에 따라서 마신 사람들은 질병을 치료하였기 때문에, 차는 의사들로부터 질병을 치료하는 효과가 있는 것이라 말해지고 있다.」[73]라 기록되어 있다. 육우에 대한 평가는 매우 높고, 후에 육우는 「다성」, 「다신」이라 불려지게 되었다.

중국에서 찻잎과 차를 마사는 법은 당대부터 외국으로 전파되어, 특히 한국과 일본에 큰 영향을 주었다. 당대는 위·진남북조 시대에 형성되기 시작한 중국 차 문화가 성숙(成熟)된 시기라 말할 수 있다.

1. 당대의 음다(飮茶)법, 팽다(烹茶)와 암차(痷茶)

당대의 음다 방법은 차를 끓이는 것이다. 이것을 전다(煎茶)라고도 한다. 육우의 《다경》에 「맑게 개인 구름 없는 날에 채취하고 찌고·찧고·치고·불에 쬐고·꿰미에 꿰고·봉하면 차가 건조되는 것이다.」[74]라 하여 찻잎 가공의 순서를 기록하고 있다. 즉 맑은 날에 채취한 찻잎을 찌고, 부드럽게 만들기 위해서 찧는다. 찧은 찻잎을 쇠로 만든 틀에 넣어서 두드린다. 평평하게 된 찻잎을 꿰미에 끼워서 불에 건조시킨다. 가장 마지막에 밀봉하여 보존한다.

차를 넣을 때에는 먼저 병차(餠茶)를 불에 구워서 수분을 제거한다. 그리고 나서 돌절구로 빻아서 가루로 만들고, 체로 쳐서 탕으로 끓인다. 탕이 끓기 시작하

---

73)「季疵(陸羽)以前, 称茗飮者, 必渾以烹之, 與夫瀹蔬, 爾啜者無異也, 季疵始爲經三卷, 由是分其源, 製其具, 教其造, 設其器, 命其煮, 飮之者肖瘠爾去病, 唯疾醫之不若也,」, 皮日休, 『茶中雜咏·序』
74)「晴, 採之, 蒸之 搗之 拍之 焙之 穿之 封之 茶之 乾矣」, 陸羽, 『茶經』

면서 처음에는 물고기의 눈과 같은 작은 거품이 수면위로 떠오른다. 이때 「희미한 소리가 난다.」, 이것을 「일비(一沸)」라 한다. 이때에 소금을 조금씩 넣는다. 거품이 샘물처럼 용솟음 칠 때를 「이비(二沸)」라 한다. 이때에 한잔의 탕을 덜어 낸다. 이것은 나중에 사용하기 위한 것이다.

그리고 대나무 젓가락으로 솥의 중심부를 강하게 휘저으면서 찻잎의 가루를 넣는다. 잠시 기다리면 탕 속에서 차가 「등파고랑(騰波鼓浪: 물이 끓어오르면서 북을 두드리는 소리를 내는 것)」이나 「세차게 솟구치는 기세는 마치 물방울이 튀어 오르는 모습과 같다.」는 것처럼 끓어오른다. 이것을 「삼비(三沸)」라 한다. 이때에 덜어 내 놓은 한 잔의 차를 다시 솥에 붙는다. 이것으로 차가 완성된다. 그러나 너무 오랫동안 끓이면 육우는 「물이 늙어서 먹을 수가 없다(즉 너무 지나치게 끓이면 물이 상하여서 마시기가 힘들다).」라고 말하고 있다.

마지막에는 차를 다완에 나눈다. 끓이는 물과 찻잎의 양에 대해서 육우는 「물한 대의 경우에 가루로 된 찻잎을 조금 넣는다. 진한 맛을 좋아하는 경우에는 다시 조금 더 넣는다.」[75], 「물 한 대를 끓이는 경우에는 다섯 사발로 나누어 담고, 뜨거운 것을 마신다.」[76]라고 기록하고 있다. 또 차의 맛은 3잔째 까지가 제 맛을 느낄 수 있지만, 4~5잔째는 마시기가 불충분하기 때문에, 다섯 잔 이후는 「갈증을 느끼는 이외에는 마시지 않는 것이 좋다.」[77]라고도 했다.

이상이 《다경》에 기록된 당시에 유행한 차를 끓이는 방법이지만, 《다경》〈육지음〉에 「마시는 차에는 거친 차(각차), 가루로 된 차(산차), 거친 가루로 된 차(말차)가 있고 병차(餠茶)처럼 단단한 차가 있다.」[78]라 말하고 있는 것에서 다른 종

• • •

75) 「凡煮水一升, 用末方寸化, 若好薄者減, 嗜濃者增」, 陸羽, 『茶經』

76) 「凡煮水一升, 酌分五碗, 乘熱連飲之」, 陸羽, 『茶經』

77) 「非渴其莫之飲」, 陸羽, 『茶經』

78) 「飲有粗茶, 散茶, 末茶, 餠茶者」, 陸羽, 『茶經』

류의 찻잎이 있고, 끓이는 방법도 각각 다른 방법이 있었음을 알 수 있다. 육우가 권한 방법은 병차를 마시는 방법에 해당한다.

민간에서는 「찻잎을 잘라 수분을 없애고, 건조시켜 가루로 내어서 병(瓶)이나 뚜껑이 있는 그릇[缶]에 보존한다. 마실 때에는 뜨거운 물을 부어서 마신다. 이것을 암차(庵茶)라 부른다.」[79]고 한 것처럼, 찻잎을 가루상태로 만들어서 병에 넣어 그대로 뜨거운 물을 붓는 방법과 찻잎을 처음부터 다른 식물과 함께 끓이는 방법이 있다. 「혹은 파, 생강, 대추, 귤껍질, 수유, 박하 등을 넣고 오랫동안 끓인 후 혹은 차탕을 떠내어 매끄럽게 하거나 혹은 끓여서 거품을 버리기도 하는데, 이는 도랑에 물을 버리는 것과 같은 일일 뿐인데도 세상에는 이런 습속이 그치지 않고 있다.」[80]

후자의 방법은 육우《다경》에서는 「폐수」라 하여 경시되고 있지만,《광아》에 의하면 삼국시대부터 당대에 이르기까지 백년간, 형파(荊巴: 현재의 호북성과 중경시)지역에서는 계속해서 이 방법으로 차를 받아 들였다고 한다. 이것은 마치 '식료(食料)'로서의 찻잎과 '음료(飮料)'로서의 찻잎으로 변해가는 과도기였다고 할 수 있다.

다시 말해 사람들이 처음에는 찻잎을 「음료」로서 끓일 때는 파·생강·대추·귤껍질 등을 함께 끓였다는 것을 알 수 있다. 쓴맛을 줄이기 위해서 그랬을 것이다. 육우는 차에 파나 생강 등을 넣는 것을 반대하고 소금을 조금 넣었다. 그렇기 때문에 고대의 차는 짠맛을 내었다. 그러나 찻잎에 조미료를 첨가하면 본래의 맛을 잃어버린다고 하는 이유 때문에 송대 이후, 소금을 넣는 것을 멈추었다.

● ● ●

79) 「乃斮, 乃熬, 乃煬, 乃舂 貯於瓶缶之中 以湯沃焉 謂之庵茶」
80) 「或用葱, 薑, 棗, 橘皮, 茱萸, 薄荷之等, 煮之百沸, 或揚令滑, 或煮去沫, 斯溝渠間棄水耳 爾習俗不已」

송대(宋代)

용봉단차(龍鳳團茶)

「차는 당대에 일어나 송대에 융성하게 되었다」[81], 송대가 되면 찻잎의 생산이 급격하게 증가하고 차를 마시는 풍습도 융성하게 되었다. 먼저 상류사회에서 자주 차를 마셨다. 귀족들은 빈번하게 차회(茶會)를 열고, 황제도 귀족들과의 간담(懇談)회를 위해 헌상 받은 찻잎으로 조정의 대신 등을 초대하는 일이 자주 일어났다. 후에 귀족들처럼 일반 서민들도 차를 마시게 되었기 때문에 찻잎은 일상생활의 필수품으로 되었다.

《몽양록(夢粱錄)》〈권16〉에 의하면, 「일반 가정에서 매일 빠뜨리지 않는 것으로 땔나무[柴]·쌀[米]·기름[油]·염[塩]·젓갈과 간장[醬油]·식초[酢]·차[茶]이다.」[82]라 기록하고 있으며, 매요신(梅堯臣)의 《남유가명부(南有嘉茗賦)》에 「중원의 한족도 변방의 유목민족도 차를 매일 배불리 마시고 있다. 부자나 가난한 사람도 항상 차를 마시고 있다.」[83], 이구(李覯)가 저술한 《간강기(旴江記)》에는 「군자나 악인을 가릴 것 없이 모두 차 마시기를 좋아하였으며, 돈을 많이 가졌

81) 「茶興于唐而盛于宋」
82) 「蓋人家每日不可闕者, 柴米油塩醬醋茶」, 『夢粱錄卷16』
83) 「華夷蛮貊, 固日飲爾無厭, 富貴貧賤, 亦時啜爾不寧」, 梅堯臣, 『南有嘉茗賦』

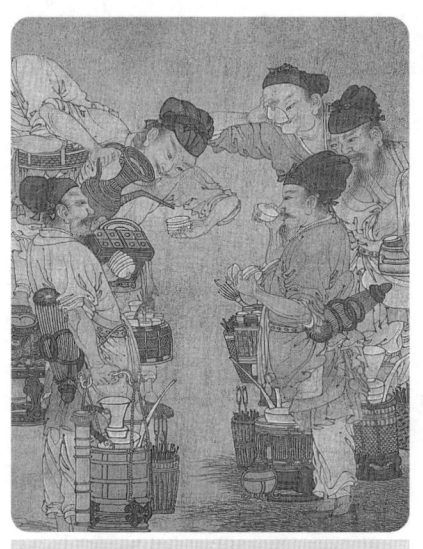

조맹부(趙孟頫) 『투다도(鬪茶圖)』

『청명상하도(清明上河圖)』

『문회도(文會圖)』

거나 가난한 자라도 차를 마시지 않
는 자가 없었다.」[84]라 하였으며, 왕
안석(王安石)이 저술한 《의다법(議
茶法)》에는 「차는 쌀과 소금처럼 하
루라도 빠뜨릴 수 없는 것이다.」[85]라
기록하고 있다. 이들 자료들을 통해
서 알 수 있듯이 찻잎은 당시의 생활
에 있어서 결코 빠뜨릴 수 없는 필수
품이었음을 알 수 있다.

　송의 휘종 조길(趙佶)이 차를 연구하고서 《대관다론(大觀茶論)》이라는 차 전문
서를 저술하였던 것도 이 시기이다. 이 책은 찻잎의 생산, 우리는 법, 품질 등에 대
해서 전반적으로 상세하게 논술한 것이다.

　송대는 당대(唐代)의 연 평균기온보다 2~3도가 낮아 졌다. 특히 한기(寒氣)에 의해 차나무의 피해가 심했고, 찻잎의 생산에도 많은 영향을 주었다. 이로 인해 절강성의 호주(湖州)와 고저(顧渚)의 헌납 찻잎은 청명절 전에 도(都: 하남성 개봉시)로 운송하는 것이 불가능하게 되어, 헌납차의 생산지는 남쪽의 복건성 건안(建安: 복건성 건구시(建甌市)으로 옮겨지게 되었다.

건안에서는 그 북쪽 동산에 궁정전용 찻잎을 생산하는 공장을 설립하고, 주로 용봉차(龍鳳茶: 병차의 일종으로 편차(片茶)라고도 부른다. 압축한 차의 표면에 용과 봉황의 도안이 새겨져 있기 때문에 붙여진 이름이다)를 생산한다. 송대의 웅번(熊蕃)이 지은 《선화북원공차록(宣和北苑貢茶錄)》에 용봉차에 대해서 「태평의 해에 나라가 융성해지기 시작할 무렵 용봉차가 모방(模倣)되었다. 그래서 궁정에서는 사자(使者)를 파견해서 북원에서 보통의 차와 다른 단차(團茶)를 제조하도록 하였다. 용봉차는 대체로 이 무렵부터 시작되었다.」[86]라 기록하고 있다. 그 때에 용봉차와 건차(복건성에서 생산된 찻잎)를 제조했다. 이것을 계기로 건안이 전국 찻잎 생산의 중심지로 발전하게되었다. 연간 생산량은 2~3만kg에 이르렀으며, 그 중에서 용봉차 2~3천매(약 150kg)를 궁정에 헌납하였다. 차나무의 재배 구역도 더욱 더 확대되고, 찻잎의 생산도 급속하게 발전하였다. 남송에서는 전국의 찻잎 생산지가 당대의 43주에서 66주 242현으로 증가하였으며, 제다기술도 연구[工夫]되고 개량되었다.

송대의 용봉차의 제조는 매우 복잡하다. 송대의 조여려(趙汝礪)가 지은 《북원별록(北苑別錄)》에 의하면, 송대의 용봉차는 찌고[蒸]·짜고[搾]·잘게 부시고[碎]·누르고[壓縮]·말리는[乾] 공정을 거쳐서 만들어 진다고 언급하고 있다. 다

●●●●

84) 「君子小人靡不著也, 富貴貧賤無不用」, 李覯, 『旴江記』
85) 「夫茶之用 等於米鹽, 不可一日以無」, 王安石, 『議茶法』
86) 「太平興國初, 特製龍鳳模, 遣使北苑造團茶 以別庶飮, 龍鳳茶蓋始之此」, 熊蕃, 『宣和北苑貢茶錄』

시 말해서 채취한 찻잎을 먼저 물에 담그고, 찻잎의 모양이 찢어지거나 깨지지 않은 것을 가려내어 찐다. 그리고 찬물로 씻고서 남아 있는 수분과 차의 즙[汁]을 짠다. 짠 찻잎에 다시 물을 조금씩 부어 가늘게 부신다. 마지막에는 가루처럼 된 찻잎을 용이나 봉황의 문양이 조각된 틀에 넣고 떡처럼 압축해서 건조시킨다.

이상의 과정을 거쳐서 용봉차는 완성된다. 특히 당시 복건성의 전운사(轉運使)였던 채양(蔡襄)의 감독하에 만들어진 찻잎으로 「소룡단(小龍団)」이라 하는 소형(小型)의 매우 귀중한 용봉차가 있다. 구양수(歐陽脩)가 지은《귀전록(歸田錄)》에 「차 중에서 가장 고귀한 것은 용봉차이다. 소단(小団)이라 하는 종류는 20개의 중량이 500g, 금 두 냥의 가치가 된다. 금을 구하는 것은 가능하지만, 이 소단차를 구하는 것은 매우 어렵다.」[87]라고 기록하여 당시의 상황을 잘 알 수 있다. 이 시기에는 병차(餠茶) 이외에도 산차(散茶)의 생산도 시작되었다. 산차란 잘게 부수거나 압축하여 만드는 것이 가능한 찻잎이다.

《송사》〈식화지〉에 「차에는 두 가지 종류가 있는데 편차(片茶)와 산차이다. 편차는 용봉·석유(石乳)·백유(白乳) 등 12가지 종류가 있다. 산차는 회남귀주(淮南歸州)·강남형호(江南荊湖)에서 생산된 것이고, 용계(龍溪)·우전(雨前)·우후(雨後)·녹차 등 11가지 종류가 있다.」[88]라고 산차에 대해서 기록하고 있다. 송대 이후, 산차의 수요가 점차로 증가하여 병차 이상으로 발전하게 된다.

그리고 이 시기가 되면 차를 단지 마시는 것뿐만 아니라 찻잎의 품질과 차를 우려내는 기술로 승부를 겨루는 「투다(鬪茶)」가 유행하게 된다. 「투다」에 사용한 찻잎은 이 무렵에 생산된 산차가 아니라 병차이다. 당대는 병차의 가루를 솥에 끓여

중국茶문화

중국 차 문화사

• • •

87) 「茶之品莫貴於龍鳳, …謂之小團, 凡二十餠, 重一斤, 其價値金二兩, 然金可有, 爾茶不可得」, 歐陽脩,『歸田錄』
88) 「茶有兩類, 曰片茶, 曰山茶, 片茶 有龍鳳, 石乳, 白乳之類十二等. 山茶出淮南歸州, 江南荊湖, 有龍溪, 雨前, 雨後, 綠茶之類十一等」,『宋史·食貨志』

서 마셨던 것에 대해, 송대는 병차를 우려내는 방법으로 변화였다. 솥에서 끓이는 것을 멈추고, 직접 다완에 넣어서 우려 마셨다. 먼저 다완 내의 가루차에 뜨거운 물을 조금씩 부어서 잘 섞는다. 그리고 나서 뜨거운 물을 조금씩 보충하면서 다선(茶筅)으로 충분하게 저어서 잘 혼합한다.

「투다」란 이렇게 우려낸 것으로 차의 색·거품의 색·향·맛을 겨루는 것이다. 이것은 당대말기에 복건지방에서 시작하였다. 마지(馮贄)가 지은 《기사주(記事珠)》에 「투다는 복건지방의 사람들은 투다란 말을 명전(茗戰)이라고도 한다.」[89] 라 하였고, 당시 투다가 「명전」이라고도 부르고 있었던 것에서 그 장소의 분위기가 비슷하다. 투다의 유행과 함께 당시의 제다기술은 더욱더 향상하고, 마시는 방법도 점차 세련되게 되었다.

차를 마시는 풍습이 융성하게 발전한 것은 끽다점(喫茶店) 문화의 발전에도 반영되고 있다. 끽다점은 당대에 출현하였다. 앞에서 이야기한 《봉씨견문기》에 「도시의 길가에는 차를 끓여서 파는 상점이 많다. 다양한 계통의 사람들이 돈을 지불하고 차를 마시고 있다.」[90]라고 기록하고 있다. 송대가 되면 화려한 장식을 한 특색이 있는 끽다점이 시중에 출현한다. 당시의 끽다점은 다사(茶肆)·다방(茶坊)이라 불렸다.

송대의 오자목(吳自牧)은 《몽양록(夢梁錄)》 권16에 「다사」라는 한 절(節)을 만들어 성도와 항주의 다사를 소개하고 있다. 「사계절의 꽃과 진기한 분재가 상점 내에 장식되어 있다. 또 상점 내에서 다완을 두드리면서 노래를 부르기도 한다. 동시에 도자기의 다완과 옷칠을 한 다탁(茶托)을 팔고 있다.」[91], 「도로 가에 차를

89) 「鬪茶, 建人謂鬪茶爲茗戰」, 馮贄, 『記事珠』
90) 「京邑城市, 多開店鋪, 煎茶賣之, 投錢取飮 不問道俗」, 『封氏聞見記』
91) 「挿四時花, 掛名人畵, 裝点店面, 四時賣奇茶異湯, 冬月賣七寶擂茶, 饊子, 葱茶…今之茶肆, 列花架, 安頓奇松異檜等物於其上, 裝飾店面, 敲打響盞歌賣, 止用瓷盞漆托供賣」

팔고 있는 상점이 있다. 왕래하는 사람들이 그곳에서 차를 마시는 것이 가능하기 때문에 매우 편리하였다.

또 끽다점에는 돈을 많이 가진 사람들과 관리들이 자주 모여서 악기와 노래 연습을 하였다. 이러한 사람들을 '괘패아(掛牌兒)'라 한다.」[92], 「또 서민이나 평민들이 자주 모이는 찻집과 '시두(市頭)'라 하는 심부름 하는 사람이나 거리의 예술인들이 자주 모이는 찻집도 있다.」[93], 「또한 큰 국수집 부근에 '황첨취축구다방(黃尖嘴蹴球茶坊)'이라 하는 찻집이 있다. 또 중와(中瓦) 내에 '일굴귀다방(一窟鬼茶坊)'이라 하는 왕 할머니의 찻집도 있다. 또 '대가차아다사(大街車兒茶肆)', '장검열다사(將檢閱茶肆)'는 조정의 관리들이 모이는 찻집이다.」[94]라 기술되어 있다.

당시의 끽다점은 우아한 분위기와 조용한 음악, 아름다운 다구, 다양한 차가 있는 문화적 공간이다. 문인들도 끽다점에서 친구들과 차를 마시면서 시를 음미하거나 시를 짓거나 그림을 그리기도 하는 등 일반서민들과 자주 왕래하였다.

송대의 시인은 차를 좋아하고, 차를 노래한 사람이 많고, 시인들은 모두 차에 관한 시를 지었다. 유명한 시인 구양수(歐陽脩)·매효신(梅曉臣)·소식(蘇東坡)·범중엄(范仲淹)·황정견(黃庭堅)·육유(陸游)·양만리(楊万里) 등 많은 시인들이 차에 관한 작품을 남기고 있다.

구양수의 「쌍정차(雙井茶)」는 유명하다.

● ● ●

92) 「夜市與大街有車担設浮鋪 点茶湯以便遊觀之人. 大凡茶樓多有富室子第, 諸司下直等人會聚, 習學樂器, 上教曲賺之類, 謂之掛牌兒」
93) 「又有茶肆專爲五奴打聚處, 亦有諸行借工賣伎人會聚行老 謂之市頭」
94) 「更有張賣面店隔壁黃尖嘴蹴球茶坊, 又中瓦內王媽媽家茶肆名一窟鬼茶坊, 大街車兒茶肆 將檢閱茶肆 皆士大夫期朋約友會聚之處」, 吳自牧, 『夢梁錄』卷16「茶肆」

서강수 맑은 물이 흐르는 해묵은 바위
거기서 자란 차는 봉황새 발톱 같구나.
섣달 그믐날 춥지 않고 봄기운이 이르면
쌍정차의 새싹은 뭇 풀보다 앞서 나온다네
하얀 털이 보송보송한 것을
청홍색 비단 주머니에 넣은 한 냥의 차
본디 열 근의 차를 만들 수 있는 것이었지
장안의 권세가 왕씨 집안들
한 번 마시고는 사흘이나 자랑하네.[95]

　　또 황정견은 쌍정차의 고향 강서성 수수현(修水縣)에서 태어났으며, 평생동안 약 백수의 차에 관한 시를 지었던 인물이고, 「완랑귀(阮郎歸)」라 하는 사(詞)에서 차를 따면서 차를 마신 후의 감각까지를 자세하게 묘사하고 있다.

산에서 따서 만든 소룡단
색은 향과 녹아들어 맛도 담백하네.
맷돌 소리도 멈추고 밤은 깊어가니
차를 끓일 때에 학은 연기를 피하고,
가슴의 답답함을 해소하며
세상 번뇌 떠나보내니
금구에 하얀 거품 가득하네.

중국 차 문화사

177

●　●　●

95) 「西江水清江石老, 石上生茶如鳳爪, 窮臘不寒春氣早, 雙井芽生先百草, 白毛裏以紅碧紗, 十
斤茶養一兩芽, 長安富貴五候家 一啜尤須三日誇」, 歐陽脩, 『雙井茶』

시름을 차에 마셔서 쉬게 하고
물이 허공으로 흐르는 것처럼
마신 후의 맑음이 밤을 뒤척이네.[96]

　소식(소동파)은 차에 관하여 수 십수의 시사를 지었는데, 그 중에서 『수조가두(水調歌頭)』라 하는 사(詞)에서 다예에 관하여 생생하고 자세하게 묘사하고 있다.

몇 차례 비가 오고,
지난밤의 우뢰소리
깃발을 올려 전쟁을 하며
시냇물은 봄으로 완연하고,
차나무의 어린잎을 따니,
연초의 해로움이 이슬에 사라지고,
모여서 신성한 구름을 이루며
황금으로 된 절구를 옮겨오니,
푸른 먼지 나부낀다.
묵은 용단,
봉황골수,
잔속에 달이 비치니,
잠깐 사이 그 맛이 혀에 감도네,
청주의 일이 떠오르고,
전쟁이 끝나자 지독한 졸음에 쫓기어,

● ● ●

96) 「摘山初制小龍團, 色和香味全, 碾聲初斷夜將闌, 烹時鶴避煙, 消滯思 解塵煩, 金甌雪浪翻. 只愁啜罷水流天, 餘淸攪夜眼」, 黃庭堅, 『阮郎歸』

달콤한 잠에서 깨어,

양 겨드랑이에서 시원한 바람이 불고

나는 봉래(蓬萊)에 오르기를 원하노라.[97]

소식의 『조포학원(曹鋪壑源)의 신차를 시음하면서』의 「재미로 지은 시를 군주는 웃지 말라, 좋은 차는 좋은 사람과 같으니」[98]라 하는 시구는 유명한 문장으로 자주 인용되고 있다.

또 소식은 자택에서 차가 선물로 들어오는 것을 노래한 회문시(回文詩) 두수(二首)를 지었다. 그 중의 한 수는 다음과 같다.

헛된 꽃이 다 떨어지니 술잔을 기울이고

해가 중천에 떠오르니 눈이 녹아 강으로 흐르네.

얇은 잔을 불에 말리니 불길이 일어나고

용단을 찧는 맷돌은 봄을 알리네.[99]

송대에서 가장 유명한 다시는 범중엄의 「투다가」이고, 이 시는 송나라 사람들의 투다에 대해서 생생하게 묘사하고 있다.

북원의 차 천자님께 제 날짜에 올려야만 하느니

숲에서 나리들이 먼저 차의 우열을 가리네.

● ● ● ●

97) 「已過幾番雨, 前夜一聲雷, 旗槍爭戰, 建溪春色占先魁, 採取枝頭雀舌, 帶露和煙搗碎, 結就
     紫雲堆, 輕動黃金碾, 飛起綠塵埃. 老龍團, 眞鳳髓, 点將來. 兔毫盞里, 霎時滋味舌頭回. 喚
     醒靑州從事, 戰退睡魔百萬, 夢不到陽台, 兩腋淸風起, 我欲上蓬萊」, 蘇軾, 『水調歌頭』.
98) 「戲作小詩君勿笑, 從來佳茗似佳人」, 蘇軾, 『次韻曹鋪壑源試新茶』
99) 「空花落盡酒傾缸, 日上山融雪漲江, 紅焙淺甌新火活, 龍團小碾鬪春窗」, 蘇軾

수산의 구리로 만든 차 풍로에는 구름이 조각되었고

찻 병에는 진강 중령천의 물을 가져온 거라네

멧돌 가에는 찻가루 날리고

흑유 다완에는 흰 물결 일어나네.

맛을 겨루니 제호보다 부드럽고

향을 겨루니 난지보다 은은하다

그것들의 등급을 어찌 속일 수 있으랴

다섯 사람이 차 달이는 모습을 눈여겨보는데

이기면 그 기상이 신선처럼 하늘을 날 듯하고

진다면 그 심경이 패장처럼 부끄럽다네.[100]

　　송·원 시대의 민간의 투다풍경을 묘사한 것으로 원대의 화가 조맹부(趙孟頫)
의 「투다도」라 하는 그림이 있다. 이 그림에는 당시의 투다의 모습을 매우 자세하
게 묘사하고 있기 때문에, 차 문화의 역사에 있어서 명작으로 손꼽힌다.

　　다른 화가들도 다사(茶事)에 대해서 그림을 많이 창작하였다. 유명한 것으로는
송의 성도 동경개봉(東京開封)의 천연(川沿)의 끽다점에서 차를 마시면서 휴식하
고 있는 사람들의 모습을 생생하게 묘사한 「청명상하도(淸明上河圖)」, 문인들이
차를 마시는 장면을 묘사한 송의 휘종 조길(徽宗趙佶)이 그린 「문회도(文會圖)」,
투다에 관한 전선(錢選)의 「품다도(品茶圖)」, 노동(盧仝)의 「노동팽다도(盧仝烹
茶圖)」, 유송년(劉松年)의 「투다도(鬪茶圖)」, 「연다도(攆茶道)」 등이 있다.

●●●

100) 「北苑將期獻天子, 林下雄豪先鬪美, 鼎磨雲外首山銅, 瓶携江上中冷水, 黃金碾畔綠塵飛,
碧玉甌中翠濤起. 鬪茶味兮輕醍醐, 鬪茶香兮薄蘭芷. 其間品第胡能欺, 十目視而十手指, 勝
若登仙不可攀, 輸同降將無窮恥」, 范仲淹, 『和章岷從事鬪茶歌』」

송대의 문인들은 다사(茶事)를 거문고 · 바둑 · 책 · 그림과 융화시켰다. 『장물지(長物志) · 발(跋)』에는 「관리들은 유교를 중요시하고, 서평(書評) · 품화(品畵) · 약명(瀹茗) · 분향(焚香) · 탄금(彈琴) · 선석(選石) 등 모든 것을 자세하게 알아야 한다.」[101]라 기술되어있다.

매요신(梅堯臣)의[102]

> 거문고를 타면서 옛 그림을 감상하니
> 차를 끓이는 데도 일정한 때가 있다 한다.

장미(張未)의[103]

> 그림을 보면서 차를 우리니 속이 든든하고,
> 집으로 돌아와 문을 걸어 잠그니 사방이 적막하다.

오칙례(吳則禮)의[104]

> 차를 끓여 달 아래로 가,
> 장기를 두니 기쁘기 그지 없다.

등의 시로부터 송대의 다사의 문화적 품격은 더욱더 높아져 갔다.

● ● ●

101)「士大夫以儒雅相常. 若評書, 品畵, 瀹茗, 焚香, 彈琴, 選石等事無一不精」,『長物志 · 跋』
102)「彈琴閱古畵, 煮茗仍有期」梅堯臣.
103)「看畵烹茶每醉飽, 還家閉門孔寂歷」, 張未.
104)「煮茶月巇上, 觀棋興未史」, 吳則禮.

원대가 되면 병차(餅茶)와 단차(團茶)는 차의 가루를 눌러서 단단하게 만든 판상(板狀)형의 것을 깎아서 이용하는 등, 가공기술이 복잡하고 시간과 비용이 많이 들기 때문에 차차 쇠퇴하고, 산차와 분차가 중심으로 되었다. 특히 단차에는 담그거나[浸] 짜는[搾] 것에 의해서 찻잎의 향이 손실되는 결점이 있어 서서히 도태되었다.

찻잎의 생산에는 증청(蒸靑)이라고 하는 기술이 도입되고, 그 순서는 원대의 왕정(王禎)이 지은 《농서(農書)》의 「백곡보(百谷譜)」에 「채취한 찻잎을 찌는 기구로 반정도 익을 때까지 찐다. 바구니에 겹치지 않도록 얇게 펴서 늘어놓고, 부드러워 질 때까지 유념을 한다. 그 후 타지 않도록 불에 건조시킨다. 엮은 대나무를 왕골로 싸서 불[火] 위에 걸어 놓는다. 이것으로 불기[火氣]를 억제한다.」[105]라고 자세하게 기록되어 있다.

이 기술은 현대의 녹차를 만드는 증청기술로 거의 변화지 않았다. 이 무렵 민간에서는 현대의 중국에서도 마시고 있는 산차를 마시게 되었다. 그러나 당시의 마시는 방법은 솥에서 끓여서 마셨던 것으로 오늘날 마시는 방법과는 다르다.

원대의 홀사혜(忽思慧)가 《음선정요(飮膳正要)》〈권2청차〉에 「먼저 뜨겁게 끓인 물을 부어서 따뜻하게 하고, 그 다음에 여과하고 찻잎을 넣는다. 조금 달이면서 완성된다.」[106]라 하여 마시는 방법을 기술하고 있다. 현재와 같이 찻잎을 뜨거운 물에 넣어서 마시는 방법으로 변한 것은 명대에 들어서부터이다.

● ● ●

105) 「採訖, 以甑微蒸, 生熟得所, 蒸已, 用筐箔薄攤, 乘濕揉之, 入焙, 勻布, 火焙令乾, 勿使焦, 編竹爲焙, 裏蒻, 復之, 以收火氣」, 『農書』
106) 「先用水滾過, 濾淨, 下茶芽, 少時煎成」, 忽思慧, 『飮膳正要…卷二淸茶』
107) 「羅細則茶浮, 羅粗則末浮」, 蔡襄, 『茶錄』
108) 「鈔茶一錢化 先注湯調令極勻, 又添注入, 環回擊拂, 湯上盞可四分則止, 視其面色鮮白, 著盞無水痕爲絶佳」, 蔡襄, 『茶錄』

1. 송대의 음다법 : 점다(点茶)와 투다(鬪茶)

송대가 되면 차를 삶아서[煮] 마시던 팽다(烹茶)가 도태되고, 점다법이 유행하였다. 이것은 당대의 암다법(痷茶法)에서 변화한 것이다. 송대의 채양(蔡襄)이 지은《다록》에 이 점다법의 순서가 기술되어 있다.

먼저 병차를 구워서 가루로 잘게 부수고 체로 친다.「친 것은 미세하기 때문에 차가 뜬다. 반대로 가루가 거친 것은 뜨지 않는다.」[107],「찻잎을 5g정도 가지고, 먼저 조금 뜨거운 물을 부어서 고르게 휘저어 섞는다. 다시 뜨거운 물을 붓고, 돌려가면서 섞는다. 물이 다완의 4분정도까지 되면 멈춘다. 그러면 차의 표면은 선명한 백색이 된다. 다완의 둘레에 물의 흔적이 남지 않으면 맛있는 차가 된다.」[108] 체로 친 가루의 찻잎을 다완에 넣고, 뜨거운 물을 조금씩 붓는다. 잘 섞어서 저어주면서 뜨거운 물을 더 붓는다. 그리고 다선으로 거품이 일어날 때까지 저어준다. 이때 다완의 둘레까지 거품이 가득 차게 되면 차가 맛있게 우러나왔다고 판단한다.

당대와 비교하면 가장 큰 변화는 솥에서 삶던 것을 멈추고 다완에 직접 물을 붓는 방법으로 바뀌었고, 다선으로 거품이 일어 날 때까지 저어 주는 것이다. 물론 소금도 넣지 않기 때문에 차 본래의 맛을 느낄 수가 있게 되었다. 점다법은 송대에 일본으로 전해지고, 현재까지도 일본의 다도에서는 이 방법을 사용하고 있다.

점다법은 송대의 투다에도 사용되었다.「투다」는「명전」이라고도 알려졌지만, 서로 의미가 통하는 것은 차의 품질이 좋은 것인지 나쁜 것인지를 판정하는 것이다.「투다」는 오대(五代)에 시작하였고, 최초는 복건 건안 일대에서 유행되었지만 북송시대에 들어서면서부터 매우 성행하였던 것 같다. 북송의 범중엄은「장민(章岷)과 차 겨루기를 하고 노래하다」중에서 생생하게 투다의 풍경을 묘사하였다. 소철(蘇轍)은「자첨(子瞻)의 전다(煎茶)를 노래한다.」에서,

「그대는 보았는가!
민중(閩中)의 차 품질은 천하 제일이고,

몸이 쇠하였을 때 차를 마시면 피로를 알지 못한다.」[109]

「그대는 보았을 것이다. 복건의 차 맛은 세상에서 가장 좋은 것이고, 몸이 피로하였을 때 차를 즐겨 마시면 피로를 풀어 준다.」라 노래하여 복건성에서의 투다의 유행을 나타내고 있다. 북송중기 이후 「투다」는 서서히 북방지역으로 확대되었고, 짧은 기간 내에 전국으로 유행되기도 하였다. 고관귀족에서 문인・서민에 이르기까지 「투다」에 매혹되었다. 그러한 유행이 북송 말기에 귀족 등 상층계급의 사람들 사이에서는 일반적으로 행하여졌고, 남송 시대에 투다는 많은 사람들이 흥미를 가졌다. 「투다」는 원대에 이르러 쇠퇴하기 시작하여 명대에는 거의 보이지 않게 되었다.

송대의 사람들이 「투다」에 사용하였던 것이 주로 건안(建安)에서 생산된 병차이다. 그래서 투다에 사용할 차를 엄격하게 선택한다. 엄격한 과정을 거쳐서 선택된 병차는 잘게 부수기 전에 위생적이면서 아름답고 깨끗한 종이로 싸고, 조금씩 부셔가면서 절구로 빻는다. 그 후, 체로 쳐서 거친 것과 부드러운 것을 나눈다. 매우 부드럽고 가는 입자의 차 가루[茶末]는 물의 표면으로 떠오르고, 차의 표면에는 거품이 형성된다. 이러한 상태가 차의 색이 가장 좋은 것이 된다.

송대의 사람들은 투다 과정에 있어서 처음은 「협잔(燴盞 : 다완을 따뜻하게 데우는 것)」을 한다. 점다(点茶)를 하는 것이라면 반드시 잔을 따뜻하게 데우지 않으면 안 된다. 만약 잔이 식어 있으면 차는 위로 뜨지 않는다고 채양(蔡襄)은 말하고 있다. 그 다음에 「조고(調膏)」를 한다. 다시 말하면 잔의 크기에 따라서 차표(茶杓)로 일정한 양의 찻 가루를 잔속에 넣고, 뜨겁게 끓인 물을 붓는다. 그러면 짙은 크림 상태로 되기 때문에 그 후에 「점다」와 「격불(擊拂)」을 행한다.

● ● ●

109)「君不見閩中茶品天下高, 傾身事茶不知勞」, 蘇轍, 『和子瞻煎茶』

점다라 하는 것은 다병(茶甁) 속에 넣었던 뜨거운 물을 잔에 붓는 것이다. 송대의 시문 중에서, 가끔 투다를 점다라 부르고 있는 시문이 보인다. 그러므로 「점(点)」이 「투다」의 전 과정 중에서 가장 중요한 부분이다. 뜨거운 물을 부을 때는 정량을 붓는 것이 중요하다. 뜨거운 물을 다호에서 따를 때는 물줄기가 시원하게 나오는 것처럼 한다. 「격불」이라 하는 것은 특제(特製)의 다선으로 정해진 규칙에 따라 끊어짐이 없이 잘 저어서 찻물을 섞어서 거품을 만들어 낸다.

「투다」를 판정하는 것은 먼저 찻물의 표면의 색과 거품의 균형을 본다. 또 잔의 내측과 찻물이 닿는 곳이 물의 흔적 유무를 확인하고, 찻물 표면의 거품의 색이 밝은 백색인가를 편정기준으로 삼는다. 민간에서는 이 찻물의 색을 「냉죽면(冷粥面)」이라 부르고 있다. 다시 말해서 거품은 죽이 식은 후, 약간 응결되어 있을 때의 모습과 비슷한 형태를 하고 있기 때문이다. 거품[泡]은 「죽면속문(粥面粟紋)」이라 부르고 있다. 즉 쌀이 속립(粟粒)처럼 가늘고, 균형과 조화가 좋은 상태이다.

거품이 오랜 시간 지속하고 잔의 내측에 닿은 것은 「교잔(噛盞 : 다완을 갉아먹는 모습)」이라 부르고, 짧은 시간 내에 흩어져서 점(点)이 되는 때, 점으로 곧 흩어지는 것을 「운각환란(雲脚渙亂 : 구름이 곧 흩어지는 상태)」이다. 거품이 흩어지고, 잔의 내측에 물의 흔적이 남아 있는 상태를 송대의 사람들은 「수각(水脚 : 물의 흔적의 모양)」이라 부르고, 거품이 빠르게 흩어지고 물의 흔적이 나타나는 쪽이 지게 된다. 투다에 사용하는 다완은 모두 흑색으로, 선백색(鮮白色)과 물의 흔적이 잘 나타나기 때문이다. 복건성에서 생산된 흑유다완(黑釉茶碗)이 특히 인기가 있었다.

「투다」는 차의 생산지구에서 시작되었지만, 높은 기법과 융화되어서 신속하게 문인과 사대부들에게 받아들여져 발전하였다. 그들은 세간에 대한 혐오와 은둔으로 하나의 도(道)를 즐기는 것으로 생활에 취미를 주었다.

역사상 정식으로 단차·병차가 쇠퇴하도록 한 것은 명의 태조 주원장이다. 주원장은 홍무(洪武) 24년(1391) 9월 16일에 「단차를 만드는 것을 금지시키고, 산차를 만들도록 하라.」[110]라는 조서(詔書)를 내렸다. 그 후, 궁궐로 헌납하는 차는 모두 산차로 바뀌었다. 어린 싹을 증청(蒸靑)한 것이기 때문에 「탐춘(探春)·선춘(先春)·차춘(次春)·자순(紫笋)」이라 하는 네 가지 종류가 있다. 궁정에서 산차를 마시게 되자 민간에서도 모두 따랐다. 그렇지만 앞에서 말한 것처럼 끓여서 마시는 방법을 현대와 같이 뜨거운 물을 부어서 우려 마시는 방법으로 바뀌었다.

명대의 주고기(周高起)가 《양선명호계(陽羨茗壺系)》에 「주전자에 차를 넣어 뜨겁게 끓인 신선한 물을 부어서 마신다. 뜨거운 물에 차를 담궈다가 차를 마신다. 이렇게 마시면 색·음·향·맛을 음미할 수 있다.」[111]라 기술하고 있다. 여기에 「선약선철(旋瀹旋啜 : 끓인 물에 차를 담궜다가 차를 마시는 것)」은 찻잎에 뜨거운 물을 부어서 마시는 방법이다. 이것은 찻잎의 음용사상(飮用史上)의 혁명이라 할 수 있다.

명대에는 마시는 방법 이외에 찻잎의 생산이나 가공에도 중요한 발명이 나타났다. 녹차의 가공기술에서는 증청이 곧 개량되어, 초청(炒靑)이라 하는 건조방법이 나타났다. 초청이란 채취한 어린잎을 찌지 않고 열을 가한 솥에 볶아서 살청(殺靑)하는 건조방법이다. 장원(張源)이 지은 《다록(茶錄)》에서는 「솥이 매우 뜨거워 질 때까지 열을 가하고, 찻잎을 넣고 강한 불로 빠르게 볶는다. 뜨거운 것을 롱(籠)에 넣고 여러 번 비벼준다. 다시 솥에 넣고 불을 서서히 약하게 하면서 완전하게 건조할 때까지 기다린다.」[112]

• • •

110) 「罷造龍團, 惟採茶芽以進」, 朱元璋.
111) 「壺供眞茶, 正在新泉活火, 旋瀹旋啜 以盡色聲香味之蘊」, 周高起, 『陽羨茗壺系』

허차서(許次紆)의 《다소(茶疏)》(1597)에 「처음 딴 생 찻잎을 채취할 때는 향이 없기 때문에 화력(火力)으로 향을 만들어 낸다. … 차를 볶는 솥은 반드시 닦아서 놓는다. 차는 따는 대로 덖는데 한 솥에는 겨우 200g정도의 차를 넣는다. 먼저 약한 불에 덖어서 보들보들하게 하고, 이어서 강한 불로 재촉한다. 손에는 나무 손가락을 끼고 재빠르게 손으로 움켜 올려서 뒤집는다. 절반정도 익은 것을 기준으로 삼아 조금 기다리면 향이 나온다.」[113]

나름(羅廩)이 지은《다해(茶解)》(1605)에 「찻잎을 볶을 때는 한 움큼[一握] 정도가 적량이다. 솥이 뜨거워지면 찻잎을 넣고 소리 날 정도로 빠르게 고르게 볶는다. 그리고 나서 롱(籠)에 꺼내놓고 얇게 펼쳐서 부채로 식힌다. 조금씩 비벼가면서 다시 볶는다. 약한 불로서 비취색으로 변할 때까지 따뜻하게 건조한다.」[114]라 초청의 기술에 대해 기술하고 있다.

화차(花茶)도 이 무렵에 큰 발전을 이루고 있다. 원래 화차는 송대에 용뇌수(龍腦樹)라 하는 나무에 핀 용뇌의 향이 있는 꽃을 찻잎에 넣어서 마신 것에서 시작하게 되었다. 이것은 채양이 지은 《다록(茶錄)》에 「차에는 본연의 향기가 있다. 그러나 헌납하는 차에는 용뇌를 조금 섞어서 찻잎의 향을 도우려 하였다.」[115]라 기록하고 있다. 그 후, 남송에서 말리(茉莉:쟈스민)의 꽃으로 가공한 화차가 발매되었다. 시악(施岳)의 저《보월(步月)》〈말리〉에 「말리의 생산은 진령(秦嶺)의 북

112)「俟鍋極熱, 始下茶急炒. 火不可緩, 待熱方退火, 徹入篩中輕團挪數遍, 復下鍋中, 漸漸減火, 焙乾爲度」, 張源, 『茶錄』

113)「生茶初摘, 香氣未令透, 必借火力, 以發其香. …鐺必磨瑩, 旋摘旋炒, 一鐺之內, 妏容四兩, 先用文火焙軟, 次加武火催之, 手加木指, 急急炒轉, 以半熟爲度, 微俟香發, 是其候矣」, 許次紆, 『茶疏』

114)「凡炒, 止可一握, 候鐺微炙手, 置茶鐺中, 札札有聲, 急手炒勻, 出之箕上, 薄攤, 用扇扇冷, 略加揉按, 再略炒, 入文火鐺焙乾, 色如翡翠」, 羅廩, 『茶解』

115)「茶有眞香, 爾入貢者微以龍腦和膏, 欲助茶香」, 蔡襄, 『茶錄』

쪽이다. …이 꽃은 4월부터 목서(木犀)가 피는 시기까지 피고, 향이 좋기 때문에 옛사람들은 이 꽃을 찻잎에 넣어서 함께 건조하였다.」116)라고 말리화차에 대해서 기록하고 있다.

명대가 되면, 전춘년(錢椿年)이 지은 《다보(茶譜)》(1539)에 「목서(木犀) · 말리 (茉莉) · 장미(薔薇) · 난(蘭) · 귤(橘) · 치(梔) · 목향(木香) · 매(梅) 등 모두 찻잎 에 첨가하여 가공한다.」117)라고 기록하고 있는 것처럼, 다양한 꽃을 사용하여 화 차의 가공이 성행하게 되었다.

오룡차는 명대 중기에 복건 숭안(崇安 : 복건성 무이산시) 지구에서 생산되었 다고 생각된다. 청대의 육정찬(陸廷燦)이 《속다경(續茶經)》을 지었을 무렵, 왕초 당(王草堂)의 저 《다설(茶說)》에서 「무이의 차를 채취한 후, 바람과 햇볕을 적당 하게 쐴 수 있는 곳에 대나무 채반에 고르게 펴서 늘어놓는다. 이것은 쇄청(曬靑) 이라 한다. 찻잎의 청색이 조금 약해질 무렵에 볶는다. 양선개편(陽羨岕片)종류 의 차는 볶지 않고 쪄서 곧바로 불로서 건조할 뿐이다.

대라용정(待蘿龍井)은 볶으면서 불로서 건조하지 않기 때문에 그 색은 순수한 녹색이다. 무이차(武夷茶)는 볶으면서 건조하기 때문에 완성된 찻잎은 청색과 홍 색으로 된다. 청색은 볶은 색이고 홍색은 건조한 색이다. 찻잎을 채취하면서 곧바 로 흔들면 향이 나온다. 너무 늦거나 빨리해서는 안 된다. 그 외에 볶으면서 곧 바 로 건조한다. 그 후, 차에 섞여 있는 마른 잎이나 가지나 불순물 등을 골라내고, 깨 끗하게 균일한 색이 되게 한다.」118)라 인용한 내용의 오룡차 제다공정이 있다. 오

● ● ●

116) 「茉莉嶺表所産…此花四月開, 直至桂花時尙有玩芳味, 古人用此花焙茶」, 施岳,『步月 · 茉莉』
117) 「木樨, 茉莉, 薔薇, 蘭蕙, 橘花, 梔子, 木香, 梅花皆可作茶」, 錢椿年,『茶譜』
118) 「武夷茶…採茶後, 以竹筐勻鋪, 架於風日中, 名曰晒靑, 俟其靑色漸收, 然後再加炒焙. 陽羨 片, 只蒸不炒, 火焙以成, 待蘿龍井, 皆炒爾不焙, 故其色純, 獨武夷炒焙兼施, 烹出之時, 半 靑半紅, 靑者乃炒色, 紅者乃焙色也. 茶採爾攤, 香氣發越即妙, 過時不及皆不可. 旣炒旣焙, 復棟去其中老葉, 技蒂, 使之一色」, 王草堂,『茶說』

룡차를 만드는 방법은 그 후, 현재에도 복건성에는 《다설(茶說)》에 기재된 것과 같은 전통적인 방법으로 오룡차를 생산하고 있는 곳이 있다.

홍차는 명대에 탄생하여 청대에 번성하게 된다. 그래서 홍차도 오룡차와 같이 복건성 무이산시 지구에서 생산되고 있는 것이라 생각된다. 청대의 유정(劉埥)이 《편각여한집(片刻余閑集)》(1753년)에서 「무이산 제9곡의 끝 쪽에 위치한 성촌진(星村鎭)에는 각종의 차를 판매하고 있는 상점이 많이 있다. 복건성의 소무(邵武)와 강서성의 광신(廣信) 등에서 생산한 차도 있다. 그 차는 잎이 흑색이고, 완성된 차는 홍색이 된다. 그 차는 강서오(江西烏)라고도 부르고, 성촌의 각 상점에서 판매되고 있다.」[119]라고 홍차에 대해서 기술하고 있다.

이 책에 기록되어 있는 홍차는 소종홍차(小種紅茶 : 正山小種)라 하는 것으로 뒤에 공부홍차가 된다. 그 후, 홍차의 생산기술은 안휘, 강서 각 지역으로 전파되었다. 유명한 기문홍차(祁門紅茶)는 복건에서 일하는 안휘성 출신의 역인(役人) 여건신(余乾臣)이 임무를 마치고 돌아 갈 때에 고향에 홍차의 생산기술을 가지고 돌아가서 기문의 입구에 홍차의 공장을 건립하였던 것이 시초이다. 이것이 「기문 공부홍차」이다.

명청시대의 최대의 성과는 「공부다예(工夫茶藝)」의 완성이라고 할 수 있을 것이다. 공부차라는 것은 오룡차를 넣는 방법에 독특한 작법을 가미한 것이고, 일종의 다예기술이라 말할 수 있는 것이다. 최초는 명대의 강서와 절강 지구의 도시에서 나타나기 시작하였으며, 그로부터 광동·복건으로 전해졌다. 그래서 청대가 되면 「조산공부차(潮汕工夫茶)」가 매우 유명하였다. 이것은 오늘날 각 다예관에서도 주요한 하나의 작법이 되었다.

● ● ●

119) 「(武夷)山之第九曲盡處有星村鎭, 爲行家萃聚所. 外有本省邵武, 江西廣信等處所産之茶, 黑色紅湯, 土名江西烏, 皆私售於星村各行」, 劉埥, 『片刻余閑集』

처음으로 공부다예에 관해서 기술된 책은 청대초기의 문인 원매(袁枚)가 지은 《수원식단(隨園食單)》「다주단(茶酒單)·무이차(武夷茶)」이다. 「건융 51년 가을에, 나는 무이산을 유람하였다. 만정봉(曼亭峰)과 천유사(天遊寺) 등을 돌아 보고 있을 때에 어디를 가더라도 차를 내었다. 다완은 호도와 같은 크기로서 호(壺 : 주전자)도 적었다. 한 잔의 차는 50g도 되지 않았다. 입에 넣으면 먼저 향이 느껴지기 때문에 곧 다 마시게 되었다. 그러면서 차의 맛을 천천히 즐겼다. 향이 코에서 나오고, 혀의 표면에 단맛이 남아 있다. 한 잔을 마신 후, 두잔·세잔까지 기분 좋게 마셨다. 이 차를 마셔보면 용정이나 양선(陽羨)은 모두 향이나 맛이 약하고, 무이의 차가 보다 더 뛰어남을 알게 되었다. 옥이나 수정처럼 품격이 완연하게 다르기 때문이다.」[120] 이것은 무이차의 맛을 묘사하고 있는 것이지만, 여기에 등장한 다기와 차를 넣는 방법은 정식의 공부차와 다르지 않음을 알 수 있다.

이러한 모습은 후에 유교(兪蛟)가 지은 《몽장잡저(夢場雜著)》에 「공부차」라 이름 붙여진 것이 있다. 「공부차를 우리는 방법은 육우의 《다경》을 따르고 있지만, 다기는 좀더 개량되었다. 화로(焜爐)는 대롱의 모양으로 높이가 약 30cm로 흰 흙(白泥)으로 만들어 진 것이다. 호(주전자)는 의흥에서 구워진 것이 가장 좋다. 둥근 형으로 중앙이 부풀어 있고, 물을 따르는 입구가 뾰족하고, 잡는 손잡이가 굽어 있다. 큰 것은 50g의 물이 들어간다.

다완과 다반은 백자로 만든 것이 많다. 자기의 안과 밖에 산수화나 인물화를 아름답게 묘사하고 있기 때문에 고전적인 취향이 있다. 따라서 제작 시기는 정확하지 않다. 화로·호·다반은 하나씩, 다완은 손님의 수에 따라서 준비를 한다. 다

●　●　●

120) 「乾隆五十一年, 丙午秋, 余遊武夷, 到曼亭峰, 天遊寺諸處. 僧道爭以茶獻. 杯小如胡桃, 壺小如香櫞, 每斟無一兩. 上口不忍遽咽, 先嗅其香, 再試其味, 徐徐咀嚼爾體貼之. 果然淸芬撲鼻, 舌有余甘. 一杯之後, 再試一, 二杯, 令人釋躁平矜, 怡情悅性. 始覺龍井雖淸, 爾味薄矣. 陽羨雖佳, 爾韻遜矣, 頗有玉與水晶, 品格不同之故」, 袁枚, 『隨園食單·茶酒單·武夷茶』

완은 적은 것으로, 다반은 보름달처럼 둥근 형으로 되어 있다.

이 외에 와당(瓦鐺 : 큰 흙 솥)·종점(椶墊)·지선(紙扇)·죽협(竹夾) 등이 있다. 모두 소박하면서 아름다운 모양을 하고 있다. 호(주전자)와 다반과 다완은 오래된 것으로 좋은 것은 옥과 같은 것처럼 귀중한 것이기 때문에 간단하게 손에 넣을 수 없다. 뚜껑을 덮으면서 그 위에 뜨거운 물을 붓는다, 그리고 나서 차를 다완에 나누어 따라서 마신다. 향이 풍부하기 때문에 매화꽃을 먹고 있는 것처럼 산뜻한 모습이다. 일반 사람들은 그 멋을 알기 어렵다.」[121]

공부차는 다기·우리는 방법·분위기·환경·음악과의 아름다운 조화를 매우 중시한다. 명·청시대의 다인들에 의하면 다예는 최고의 경지에 이른 것으로 공부차는 최고의 전성기를 맞이한다. 차문화의 발전은 문화예술의 영역에도 반영된다. 차에 관한 문화예술로서 지금까지 이야기 하였던 시와 그림 이외에도 노래·무용·연극이 나타난다. 지금까지 많았던 음용에 관한 것 외에도 찻잎을 생산하는 농민들의 수고와 헌납에 대한 불만 등을 노래한 시들이 증가하였다.

유명한 것으로 고계(高啓)의 『채다사(採茶詞)』가 있다.

돌아오는 길에 맑은 향이 아직도 손에 남아 있네.
고급품은 먼저 태수에게 보내고
죽로에서 건조한 햇차는 아직 뛰어나지 못하고
대바구니에 채워서 호남의 상인에게 팔고.

● ● ●

121)「工夫茶, 烹治之法, 本諸陸羽『茶經』爾器具更爲精致. 爐形如截筒, 高約一尺二三寸, 以細白泥爲之. 壺出宜興窯者再佳. 圓體扁腹, 努嘴曲柄, 大者可受半升許. 杯盤花瓷居多. 內外者山水人物, 極工致, 類非近代物, 然無款志, 制自何年, 不能考也, 爐及壺, 盤各一, 惟杯之數, 則視客之多寡. 杯小爾盤如滿月, 此外尙有瓦鐺, 棕墊, 紙扇, 竹夾, 制皆朴雅, 壺, 盤與杯, 舊爾佳者, 貴如拱璧, 尋常舟中不易得也, 蓋定, 復遍澆其上, 然後斟爾呷之, 氣味芳烈, 較嚼梅花更爲淸絶, 非拇戰轟飮者得領其風味」, 兪蛟『夢場雜著』

산사람은 벼와 기장 심는 법을 알지 못하고,
매년 의식(衣食)은 봄비에 달려 있네.[122]

　다시 말하면 차를 채취하고 돌아오는데 맑고 아름다운 향이 아직도 손에 남에 있고, 고급의 차는 먼저 태수에게 보낸다. 그러나 대나무 화로에서 건조한 햇차는 칭찬을 받지 못하고, 대바구니에 가득 담아서 호남의 상인들에게 팔았다. 산에 머무는 차농업에 종사하는 농민들은 곡물을 농사짓는 법을 모르고, 일상생활의 양식은 매년 봄비[天候]에 좌우된다.라고 노래하고 있다.

　한방기(韓邦奇)가 기록 정리한 절강성 차생산지의 민요 『부양강요(富陽江謠)』에서는, 차를 채취하는 민중들의 고통에 대해 다음과 같이 노래하고 있다.

강에는 물고기가 풍요로이 노닐고,
산에는 차가 넉넉하네.
물고기가 살찌니 자식을 팔고,
차향이 우리 집을 무너뜨리네
차를 따는 아낙과 고기 잡는 지아비,
관리의 고문으로 성한 곳이 없네.
하늘이 이리도 매정하신가.
이승에 무슨 죄가 있어,
물고기는 어찌 다른 현에 태어나지 않고
차는 어찌 다른 도(都)에 나지 않는가?

● ● ●

122) 「歸來淸香猶在手, 高品先將呈太守, 竹爐新焙未得賞, 籠盛販與湖南商, 山家不解種禾黍, 衣食年年在春雨」, 高啓, 『採茶詞』

산은 언제나 그 풍요로움을 다할 것이며

물은 언제나 메마를 것인가.

산에 차가 나지 않으면 죽은 것과 같고

강에 고기가 없으면 아무 의미 없으니,

아아! 산은 다하지 않을 것이요

강도 메마르지 않을 것이니,

민중도 다시 일어나지 못할 것이네.[123]

또 찻잎의 제작과정에 있어서 불[火]의 가감을 정확하게 묘사하여 칭찬하고 있다. 청대의 건융황제가 강남으로 여섯 번째 시찰할 때에 용정차에 관한 시를 다섯 수 지었는데, 그 중의 한 수가 〈차 따는 것을 보면서 지은 노래〉가 그것이다.

불이 있기 전에는 여리고, 그 후에는 쇠하니

그 기운이 지나치니 화품이 최고라

서호 용정은 그 명성이 자자해 그 숨은 도를 살피는구나.

시골 총각이 잇따라 내려가

바구니를 기울여 어린 찻잎을 따고

약한 화롯불이 쉬지 않고 피어올라

마른 솥에 부드러운 기운이 돌자 볶는다.

돌을 깔아 볶고 말리는 데에도 순서가 있어

그 노고가 이루 말할 수 없이 크다.

● ● ●

123) 「富春江之魚, 富陽山之茶. 魚肥賣我子, 茶香破我家. 採茶婦, 捕魚夫, 官府拷掠無完膚, 昊天何不仁, 此地一何辜, 魚何不生別縣, 茶何不生別都, 富陽山, 何日摧, 富春水 何日枯, 山茶亦死, 江枯魚始無, 嗚呼, 山難摧, 江難枯, 我民不可蘇」,『富陽江謠』

왕숙의 노예라 할지라도 이에 이르지 못하고,

육우 다경도 탐문할 만하구나.

내 비록 차를 바쳐 최고를 구하지 않은 것은

그 정묘함을 조금이라도 내비치는 것을 미연에 방지하고

언제라도 차를 따서 백성을 살피고 어려움을 도우려함이네. 124)

이 시대의 유명한 다화(茶畵)로서는 명대의 당인(唐寅)의 『사명도(事茗圖)』, 문 징명(文徵明)의 『혜산다회도(惠山茶會圖)』, 정운붕(丁雲鵬)의 『옥천팽명도(玉川 烹茗圖)』, 청대의 설회(薛懷)의 『산창청공도(山窓淸供圖)』등이 있다.

차를 채취할 계절이 되면 차를 채취하는 아낙들은 찻잎을 채취하면서 그 때의 심정이나 찻잎 생산지의 생활을 노래했다. 현재도 강남 각 성의 찻잎생산지에는 차를 따면서 하는 노래와 무용이 많이 남아 있다. 찻잎을 채취할 때의 노래와 민 요에 민간의 음악을 합해서 형성한 것이 연극(劇)·태고극(太鼓劇)·제등극(提燈 劇)이라 하는 지방 연극이 있다.

차를 채취할 때 하는 연극은 2, 3명의 사람들이 차를 따면서 하는 가무로서 명 대 중기 이후에 강서(江西)의 구룡산 지역에서 최초로 나타났으며, 청대에는 더욱 더 융성하게 되었으며, 그 후 다른 성에도 전파되었다. 지방 연극의 번영도 명청 시대의 차문화 사상의 중대한 성과 중의 하나이다.

124)「火前嫩 火後老, 惟有騎火品最好. 西湖龍井舊擅名, 適來試一觀其道. 村男接踵下層椒, 傾 籠雀舌還鷹爪. 地爐文火續續添, 乾釜柔風旋旋炒. 㙮炒細焙有次第, 辛苦功夫殊不少. 王肅 酪奴惜不如, 陸羽茶經太精討. 我雖貢茗未求佳, 防微猶恐開奇巧, 防微猶恐開奇巧, 採茶 去+曷 覽民艱曉」, 乾隆帝, 『觀採茶作歌』」

1. 명대의 음다법(飮茶法) : 포다(泡茶)

명·청시대에 병차의 헌상이 폐지되면서 초청(炒靑)이라 하는 산차가 등장한 것은 앞에서 이야기 하였다. 이 산차에는 뜨거운 물을 부어서 우려내는 「촬포법(撮泡法)」이 사용되었다. 이 방법은 간단하지만 차의 향을 잘 유지하기 때문에 전국으로 확산되었으며, 오늘날에도 시행을 하고 있다.

「촬포법」의 대표적인 「공부차」는 명대부터 시작하여 청대에 성행하였다. 현재도 복건성, 광동성, 대만 등의 연안지방에서 전과 다름없이 성행하고 있다. 공부차의 순서를 자세하게 설명한 것은 청대의 기천(寄泉)이 지은 《접계외사(蝶階外史)》「공부차」에 「다호는 모두 의흥의 것이다. 공춘과 시대빈이 제작한 호는 각각 다른 형태를 하고 있다. 찻잎의 종류에 따라 다호 한 개가 필요하다.

화로 위에 주전자를 올려놓고 세 번까지 끓을 때까지 기다린다. 첫 번째 끓는 것은 게[蟹]의 눈처럼 거품이 끓어오르는 것이고, 두 번째는 물고기의 눈처럼 거품이 끓어오르는 것이다. 곧 연주(漣珠)처럼 되면서 물이 끓는 것이다. 물은 미지근하면 약간 쇠하여서 뜨거울 때보다 맛이 없어진다. 정확한 온도로 뜨겁게 하는 것은 어렵다. 그러므로 적당한 정도로 뜨겁게 한 물은 천상에 뜬 보름달이라든가 세상에서 가장 진귀한 것이라 알려져 있다. 좋은 물은 좋은 차 맛에 관계가 있기 때문에 적절한 가감(加減)을 해야 좋은 차를 마실 수 있다.」

「처음에 끓인 물을 빈 다호에 부어 다호를 씻은 다음 버린다. 두 번째로 물을 끓일 때에 준비한 찻잎을 다호에 고르게 넣고, 끓인 물을 붓는다. 곧 뚜껑을 덮어서 다호를 동으로 만든 다반위에 놓는다. 세 번째의 물이 끓으면 다호의 바깥에 물을 부어서 향이 나오도록 한다.」

「찻잔은 잔(杯)과 같은 크기로 손님에게 하나씩 준비한다. 마실 때에는 차를 입속에 머금고 천천히 맛을 음미하면서 삼킨다. 한번에 마셔버리면 차의 맛을 알 수 없는 사람이 되어 손님으로서는 품격을 잃어 차 모임의 자리에서 추방된다.」

공부차에 사용하는 다기는 정교한 의흥자사호가 최고라고 쓰여져 있고, 당시의 재산가들은 공춘과 시대빈 등 명장들이 제작한 자사호에 차를 우려 마셨다. 공부차는 끓인 뜨거운 물로 먼저 다호를 따뜻하게 데우고[복건다예의 「맹신임림(孟臣淋霖)」과 비슷하다], 찻잎을 넣고 물을 붓고 난 다음에 뚜껑을 덮고, 다호의 위에 뜨거운 물을 붓고, 찻잎의 향을 이끌어 낸다[복건다예의 「중세선안(重洗仙顏)」과 비슷하다]라고 하는 순서로 한다. 그리고 마실 때는 작은 다완으로 조금씩 천천히 맛을 음미한다.

　이상처럼 공부차의 발전에 따라 차를 우려내는 방법의 기술성과 예술성이 중시되었다. 그러나 공부차는 어디까지나 고관귀족이나 문인들의 취향이고, 일반서민들은 갈증을 해소하기 위해서 차를 마셨기 때문에 다만 찻잎을 다호나 찻잔에 넣고 뜨거운 물을 부어 잠시 기다렸다가 마시는 간단한 방법을 사용하였다. 물론 이것도 일종의 「촬포법」이고, 공부차를 마시는 방법과 본질적으로 다른 것은 아니다. 오히려 공부차에 기초하여 만들어졌다고 할 수 있다.

현대

　청대후기 찻잎의 생산이 급격하게 쇠퇴하였다. 19세기 후반에는 찻잎의 평균 생산고는 20여만톤, 수출량은 10여만톤에 달하고, 당시의 세계 찻잎 무역량의 80%를 차지하고 있다. 그러나 20세기 초기에 신해혁명이 일어나고, 국가재정의 궁핍으로 찻잎생산이 급격하게 저하되고, 1949년의 생산고는 약 5·12만톤, 수출량도 2·17만톤 까지 떨어졌다.

　중화 인민공화국이 성립되면서 찻잎의 생산은 비약적인 발전을 이루었다. 전국 다원(茶園) 면적은 1950년 21.15만ha에서 1997년의 107.62만ha까지 증가하였으며, 찻잎의 생산고도 1950년의 7.19만톤에서 1997년 61.34만톤까지 늘어났다. 그것과 함께 찻잎의 수출량도 1950년 2.63만톤에서 1997년의 20.31만톤까지 증가하였다. 현재 중국의 다원면적은 세계 제1위가 되고, 생산고가 제2위, 수출량이 제3위로 그 순위는 비교적 안정되어 있다.

또 녹차는 세계찻잎 무역 총량의 70%를 차지하고 있다. 오룡차는 일본·한국·동남아시아에서 애음(愛飮)되고, 화차는 중동·러시아 등에서 호평을 받고 있다. 현재 중국 전국에서 약 8, 9천만 명의 농민이 다업(茶業)을 전업으로 하고, 다업에 관한 겸업자를 더하면 약 1억인 전후가 된다고 알려지고 있다. 찻잎의 생산지는 산지와 빈곤지역에 집중되어 있기 때문에 찻잎 경제의 발전과 함께 농민들의 생활도 점차 여유가 생기기 시작하였다.

최근 티백·인스턴트차가 미국(유럽)이나 일본에서 빠르게 발전하고 있다. 차의 소비량은 일본·유럽·미국·대만에서 빠르게 증가하고 있다. 차는 문화적 음식물이다. 찻잎 경제의 발전과 함께 차문화는 탄생하고 발전하였다. 차문화는 중국의 전통문화의 일부분으로 세계에도 크게 공헌하고 있다. 50년대의 복건성 민간무용 「채다박접(採茶撲蝶)」, 60년대 절강성의 무용 「채다무곡(採茶舞曲)」, 강서성의 노래 〈청다가(請茶歌)〉 등 차에 관한 무용이 공연되었다. 다른 것도 50년대의 노사(老舍)의 《다관(茶館)》, 60년대의 〈다동가(茶童歌)〉 등의 무대극도 매우 인기가 있었다.

그런데 문화대혁명으로 차문화는 큰 타격을 받고, 문예작품이 비판을 받고, 끽다점들이 파괴되었다. 그러나 오랜 옛날부터 역사를 축적하여 온 차는 곧 전통문화로서 민간의 일상생활의 일부분이 되었다. 사람들은 차로서 손님을 대접하기도 하고, 북방의 개완차와 남방의 공부차도 일반 가정에 뿌리를 내리고 도시나 농촌에도 많은 끽다점이 남아 있다. 개혁해방이후, 특히 80년대의 후반부터 경제생활과 문화생활이 크게 개선되었다. 그래서 차문화도 다시 인증을 받고 90년대에는 큰 붐을 이끌어 내었다.

차문화의 붐에 대해 소개하자면 다음과 같다.

1. 매년 각 지역에서 차문화제와 국제차회가 열리고 있다. 서호국제차회(西湖國際茶會), 상해국제차문화제(上海國際茶文化祭), 무이암차제(武夷岩茶祭), 보이국제검토회(普洱國際檢討會), 법문사국제차회(法門寺國際茶會) 등 정기

적인 행사가 여러 차례 개최되어 세계적으로 높은 평가를 받고 있다. 해외에서도 국제차문화연구활동이 있다. 예를 들면 1996년 5월에 서울에서 시행되었던 「제4회 중국차문화연구국제학술토론회」는 참가자가 5천명에 달하였다. 또 1998년 9월 말에 미국의 LA에서 개최되었던 「21세기를 맞이하는 중화차문화국제검토회」는 중국차문화학자와 미국의 문화업계와의 협력으로 북미에서 개최한 최초의 국제규모의 차문화학회이다. 그 후에도 각 지역에서 이와 같은 회의가 개최되고 있다.

2. 「다예관」이라 하는 우아하면서 문화적인 분위기를 지닌 끽다점이 도시를 중심으로 나타나고, 그 세력과 규모는 전국으로 확대되어 찻잎을 생산하지 않는 황토고원과 추원 북방지역에까지 나타났다. 이를 통해 일반 민중에까지 차문화지식이 보급되게 되었다.

3. 한(漢)민족이나 각 소수민족의 차에 관한 풍습에 주목하여 그것에 기초하여 다예프로그램을 창작하고, 널리 알리는 사람들이 증가하였다. 특히 대만에 나타난 새로운 다회 「무아차회(無我茶會)」는 국제적인 조직으로서 한국 · 일본 · 동남아시아의 여러 나라에 영향을 주었다.

4. 차문화의 연구가 진행되고, 중국 · 홍콩 · 대만 · 한국 · 일본 등에서 차문화에 관한 저술들이 출판되고 있다.

5. 차문화에 관한 시사(詩詞) · 회화(繪畫) · 문학작품이 창작되었다. 젊은 여성작가 왕욱(王旭)의 장편소설《남방에 상스러운 나무가 있다》가 국가상을 수상하고, 드라마로 제작되어 TV에서 방영되었다.

6. 차문화의 연구성과를 발표하는 전문지가 차례대로 발행되었다. 특히 대형학술잡지《농업고고 · 중국차문화전호》, 지식 보급 잡지《다박람(茶博覽)》, 대만에서 발행되었던《다여예술(茶與藝術)》,《호중천지(壺中天地)》, 현재 대만에서 발행되고 있는《자옥금사(紫玉金砂)》 등이 각국 차문화 업계에서 호평을 받고 있다.

7. 국제적인 차문화 연구조직 「중국국제차문화연구회」가 성립하고, 일본과 한

국 등에서 국제회의가 개최되고 있다.

이상과 같이 중국의 차문화에 대한 연구는 조직적이고 계획적이며 성숙한 단계로 접어들었다. 중국 차문화 역사에 있어서 당송시대를 하나의 발전의 정점으로 본다면, 제2의 정점은 현재라고 말해도 과언이 아니다. 그렇지만 문제점이 없는 것은 아니다. 중국에 있어서 현대의 중국차 붐은 1980년 이후, 개혁개방의 물결에 따라서 급속하게 발전한 것이다. 따라서 중국 차문화의 내용이 많은 사람들에게 이해된 결과로서의 붐이라고는 말하기 어렵다. 그래서 전국으로 전개된 중국다예관이나 다점(茶店)에도 충분한 차문화에 관한 지식이 부족하고, 자기 멋대로 판단하고 경영되고 있는 곳이 많다. 중국차의 보급은 진척되었지만 차문화가 꽃을 피었다고는 볼 수 없다.

이처럼 중국차의 붐과 함께 1999년 중국 노동 및 사회보장부의 관계부서에 의해서 「다예사국가직업표준(茶藝士國家職業標準)」이 제안되고, 중국 다예에 있어서 일정한 수준을 보존하고, 혼란을 피하기 위한 국가검정제도가 시행되기 시작하였다. 2002년 봄에는 제1회 검정이 시행되었다. 정식적인 발족은 2002년 9월이다. 그러나 이 「다예사국가직업표준」의 본래의 목적은 다예관이나 찻집 등이 개인의 자유로서 개점되고, 설명이나 내용에 준비를 갖추고 있지 않은 경우가 많기 때문에, 직업훈련과 개점 허가적인 의미가 포함되어 있다.

또 하나의 문제는 「다예사국가직업표준」이 중국 국내에서만 통용되었던 것으로 아직 국제적으로 통용되지 않고 있다는 점에 주목하여야 한다. 오늘 이후로 국제적인 중국차의 기술과 지식의 향상을 위한 제도가 불가결한 요소로 될 것이다. 따라서 중국 차문화의 질적인 향상이라 하는 점에서 중요한 의미를 가지고 있지만, 아직 기초적인 단계라고 말할 수 있다. 역사적으로 높은 문화적 지위를 축적하여 왔던 중국차문화는 현재 국제적으로 받아들여져 마침내 비약적인 발전을 꾀하고 있다. 그렇기 때문에 역사상의 차문화를 능가할 필요가 있다.

차문화의 발전은 자신의 문화적인 가치를 향상시키는 것뿐만 아니라 찻잎의 지위를 상승시키고, 찻잎의 소비를 자극하면서 찻잎경제의 발전을 촉진시키고,

반대로 찻잎 경제의 발전은 차문화에 새로운 내용과 형식을 제공하고, 차문화를 보다 훌륭하게 만들어 갈 것이다. 21세기, 중국의 차문화 활동과 찻잎 경제는 더욱더 크게 비약적으로 발전할 것임에 틀림없다.

1. 현재의 음다법 : 부장법(缶裝法)과 다예(茶藝)

「촬포법」은 명대에서 시작된 이래 600년의 역사가 있고, 현재에도 지속되고 있다. 그러나 최근에는 더욱더 간단하면서 편리하고 휴대하기 쉬운 차 제품과 마시는 방법을 연구하고 있다. 그렇기 때문에 티백·인스턴트 차·농축차 등의 신제품이 점차로 등장하고 있다.

한편 전통적인 방법으로 마시는 법이 점차로 줄어들 가능성이 있다. 부(缶)에 넣는 차의 등장은 육백년 전에 주원장이 병차를 산차로 개혁한 이래의 혁명이라고 말해도 과언이 아닐 것이다. 그러나 가정에서는 뜨거운 차를 천천히 음미하는 전통적인 방법이 사라지지 않고, 또 끽다점에서도 문화적으로 마시는 방법이 이어지고 있다. 물론 전통적 다예는 더욱더 가공되어 아름답게 차를 마시게 되었다.

현대의 다예는 전통적 다예의 발전형태로서 재생하고 있는 것이라 해도 좋다. 1960년대부터 70년대에 걸쳐서 홍콩·대만에서 중국차는 하나의 붐을 맞이했다. 물론 이 붐은 중국차 전체의 붐은 아니다. 주로 대만이 동정오룡차와 복건성의 철관음, 홍콩의 음차(飮茶)인 보이차의 붐이었다. 그 사이에 전통적인 다예에 새로운 공부(工夫)가 생겨났다. 이렇게 해서 전통적 다예의 개량으로 다해(茶海)와 문향배(聞香杯)가 생겨나게 되었다.

이러한 것을 종합하여 1980년 대북시 차문화협회의 발족에 따라 발표되었던 것이 오늘날의 다해쌍배법, 다시 말해 종래의 다예에 다해와 문향배를 첨가한 다예였다. 이 중에서 문향배는 청차(오룡차)의 독특한 향을 느끼게 하는 것이다.

이와 같이 대만다예는 1980년대 후반부터 90년대에 걸쳐서 개혁개방의 바람을 타고 중국 경제의 성장결과 대륙에서도 순식간에 보급되었다. 특히 청차경제권인 복건성·광동성을 중심으로 강남지역으로 퍼졌으며, 중국차는 대만다예가 일반적인 중국다예로 이해하는 사람이 증가하였다.

대만 다예의 특징은 동정오룡·철관음 등의 청차에는 적합하지만, 반드시 다른 중국차에도 적합하다고 말할 수 없는 경우가 있다. 예를 들면, 같은 청차인 무이암차와 봉황단총 등은 포유념(包揉捻)을 하지 않기 때문에 차칙으로 찻잎을 다부에서 꺼내면 찻잎을 상하게 할 경우가 많기 때문에 그다지 적합하다고는 말할 수 없다.

이처럼 청차의 세계에 있어서도 중국차의 특징을 가지고 있기 때문에 찻잎에 따라서 공부를 하지 않으면 안 된다. 그러나 대만다예는 지금 중국다예의 중심적인 세력을 이루고 있다. 현재 북경이나 서안 등의 북방 지역이나 운남성처럼 흑차 문화권에서도 이 대만다예는 유행하고 있다.

중국차는 종류가 많기 때문에, 차를 우려내는 방법도 다양하고, 청차를 우리는 방법과 녹차와 흑차의 우리는 방법은 분명하게 다르다. 각 차산지의 사람들은 「각각의 지방에 따라서 다양하게 우려내는 방법이 있다.」라 말하는 사람이 있을지도 모른다. 그러나 중국다예는 1990년대에 급속도로 보급되었기 때문에 충분하게 다예가 완성되었다고는 말할 수 없다.

이후, 중국차의 인스턴트 화와 플라스틱 병으로 점차 발전되면서 본래 인간의 마음과 몸을 치유하는 역할을 가졌던 차는 그 문화성에 있어서 우아한 멋을 잃어버린 것은 아닐까? 꼭 그러한 것만은 아니다. 오히려 기계문명이 발전하면 할수록 차와 인간의 관계는 더욱더 깊어지게 된다. 그 때에, 다예는 다시 높은 경지를 구하지 않으면 안 된다.

현대라 하는 시대는 중국다예의 재생기이며 발전기이다. 오늘날 중국차의 붐은 중국의 경제발전 속에서 가져온 것이고, 다시 발전할 것은 확실하다. 중국다예도 다시 정치(精緻)하게 정리와 정비를 거쳐 더욱더 발전할 것이다.

음차(飲茶)의 삼원칙

차는 본래 목의 갈증을 가시게 하고 건강에 많은 도움을 준다고 한다. 차의 특징을 잘 살려서 음용하는 것이 중요하다. 명병(銘柄)이나 가격에 좌우되어 차를 마시는 사람이 많지만, 차는 기호품이기 때문에 자신이 맛있다고 느끼는 차를 선택 하지 않으면 안 된다. 유명한 차라거나 비싸기 때문에 마신다는 것은 차를 선택하는 방법으로는 잘못된 것이다.

CHAPTER 4
음차(飮茶)의 삼원칙

실용적

중국차를 마실 경우, 실제의 필요와 조건에서 갈증을 가시게 하기 위해 일반적으로 찻잎을 우려내던가, 그렇지 않으면 고급인 명차를 우려내려는 생각을 한다. 성분은 거의 변화지 않기 때문에 보통 차를 마실 때는, 특별히 고급스러운 차를 마실 필요는 없다.

① 비싼 차나 유명한 것보다, 자신에게 맞는 차를 상용한다.

② 건강을 위해서라도, 일정한 양을 매일 마신다.

③ 목적에 맞게, 마실 차를 선정한다.

동시에 사람들의 습관이 다른 것에도 배려를 해야 한다. 차는 본래 목의 갈증을 가시게 하고 건강에 많은 도움을 준다고 한다. 차의 특징을 잘 살려서 음용하는 것이 중요하다. 명병(銘柄)이나 가격에 좌우되어 차를 마시는 사람이 많지만, 차는 기호품이기 때문에 자신이 맛있다고 느끼는 차를 선택하지 않으면 안 된다. 유명한 차라거나 비싸기 때문에 마신다는 것은 차를 선택하는 방법으로는 잘못된 것이다.

또, 가격이 비싸서 좋은 차라는 사고방식도 잘못되었다. 가격은 생산량이 적기 때문에 비싼 경우와 품질이 좋아서 비싼 경우가 있다. 그 밖에도 다양한 요소로 가격은 변화기 때문에 가격에 따라 차를 사는 것은 좋은 방법이 아니다. 자신에게 맞는 차를 선택하는 것이 가장 중요하다. 중국차는 종류가 많기 때문에 간단하지 않지만 (그것을 오랫 동안 찾아), 자신에게 잘 맞는 차를 만났을 때의 기쁨은 말로 표현 할 수 없을 것이다.

건강을 위해서 차를 마시는 것이라면, 중국차가 우연히 손에 들어왔기 때문에 마시는 것이 아니라 건강의 목적에 맞게 마셔야 하며, 적어도 반년이상 계속 차를 마시도록 마음가짐을 가져야 한다.

과학적

과학적으로 차를 우려낸다는 것은 여러 종류의 찻잎의 특징과 과학적으로 우려내는 기술을 파악, 찻잎의 특성을 충분히 이해하는 것이 중요하다. 주로 물의 온도 · 찻잎의 양 · 시간 등을 고려하지 않으면 안 된다. 먼저 찻잎의 양이다. 즉, 3g의 차에 150g의 물을 넣는다. 보이차를 음용 할 경우는 5~10g 찻잎이 필요하다. 가장 찻잎 양이 많은 것은 오룡차로, 다호의 1/3이상의 용량이 필요하다. 그 다음은 각각 찻잎의 특성에 따라 적절한 수온을 파악한다.

고급녹차, 특히 어린 싹, 찻잎이 작고 부드러운 차에는 섭씨 100도의 끓는 물로 우려내서는 안 된다. 섭씨 80도 정도의 수온이 적당하다. 이런 식으로 우려낸 찻물의 색은 엷은 녹색으로 산뜻한 맛이다. 화차와 홍차에는 끓는 물로 우려내는 것이 알맞다. 오룡차, 보이차처럼 찻잎이 거칠고 커서 대량으로 사용할 경우는 섭씨 100도의 물로 우려내는 편이, 차가 가진 본래의 맛과 향을 우려낼 수 있다.

수온을 유지 차향과 맛을 높이기 위해 다호를 따뜻하게 하여 차를 넣은 후, 다시 다호의 바깥에도 뜨거운 물을 부어서 온도를 따뜻하게 유지한다. 또 차를 우려내는 시간과 회수도 배려를 해야 한다. 우려내는 시간은 일반적으로 1~2분간 정도이다. 작고 부드러운 새싹의 경우는 성분의 추출은 거칠고 큰 찻잎보다 빠르기 때문에, 우려내는 시간을 적당하게 줄여서 조절해야 한다.

일반적인 찻잎의 경우 첫 번째 끓일 때에 가용성물질의 추출도는 50%, 두 번째 끓일 때에 추출도가 30%, 세 번째 끓일 때는 10% 네 번째 끓일 때는 거의 추출이 없을 정도이다. 따라서 보통은 세 번째까지 차를 우려내는 편이 좋다. 그러나 오룡차나 보이차는 5~6번째까지 끓여야 맛있는 차를 마실 수 있다.

예술적

「예술적」이란 차를 마시는 적절한 다구를 선택하는 것 외에, 전통적으로 우아하게 차를 우려내는 방법에 대해서도 생각을 해야 한다. 차를 우려내는 예술적인 측면에서 말하면, 이론적으로 우려내는 방법과(실용적이고 과학적), 취미적 취향(문화적)을 응용하여 차를 우려내는 방법을 동시에 시행하는 것이 좋다. 이론이 바르지 못하면 우려내는 방법도 좋지 않다.

차는 자연의 혜택으로, 자연을 느끼고 받아들여 자연과 일체가 되어 차의 향·맛·모양 등을 즐기지 않으면 안된다. 동시에 형식, 멋을 주의 깊게 준비하는 것이 중요하다. 중국의 다예는 일정한 형식이 있지만, 그것에 구애될 필요는 없다. 형식은 형식이고 자연스런 모습이 가장 좋다. 자연스럽게 차를 우려낼 수 있게 되면 스스로의 형식은 아름다운 모습이 된다.

이런 식으로 만들어진 아름다운 형식은, 다예가 예술적으로 승화됨과 동시에 아름다운 멋을 더하여 맛있는 차를 우려낼 수 있었다. 따라서 차를 끓이는 사람은 자주 차를 우려내기 때문에 마음의 준비를 가다듬고, 차의 특징을 사전에 충분히 알아 두지 않으면 안된다. 경험을 많이 쌓은 차인들이 자주 하는 말로 '차의 마음'을 준비한다.

동작은 우아하고 알맞게, 자연스럽게, 속도는 경우에 따라 적당하게 변화한다. 주인과 손님이 차를 우려내는 것과 마시는 것에 집중하고 명차의 '신(神: 심오한 맛)'을 느껴서 최고의 즐거움을 얻을 수 있도록 하는 것이다. 예술적이라는 것은 필요 이상의 모습과 형식을 요구하는 것이 아니고, 자연스런 모습 중에서 차에 대한 높은 정신성을 요구하는 것이다. 그 이유는 중국차에 대한 문화적 측면에서 확실하게 아는 것이 중요하다.

CHAPTER 5

중국다예
(茶藝)

중국의 오래된 차의 역사, 풍부하고 다양한 차 문화 및 차의 효과에 대해 충분하게 이해가 되었다면, 이번에는 차를 우려내 보고 싶은 생각을 가질 것이다. 갈증을 가시는 것만이 목적이라면 물을 넣고 간단히 마시면 좋다. 그러나 가족이나 친구가 모여서 차를 마실 때에는 다예관에서 차를 마시는 것처럼 맛있는 차를 우려내고 싶을 것이다. 그렇기 때문에 「다예」라는 기술을 몸에 익히지 않으면 안된다.

CHAPTER 5

중국다예(茶藝)

중국의 오래된 차의 역사, 풍부하고 다양한 차 문화 및 차의 효과에 대해 충분하게 이해가 되었다면, 이번에는 차를 우려내 보고 싶은 생각을 가질 것이다. 갈증을 가시는 것만이 목적이라면 물을 넣고 간단히 마시면 좋다. 그러나 가족이나 친구가 모여서 차

찻집(茶店)

를 마실 때에는 다예관에서 차를 마시는 것처럼 맛있는 차를 우려내고 싶을 것이다. 그렇기 때문에 「다예」라는 기술을 몸에 익히지 않으면 안된다. 「다예」는 차에서 우려 나온 성분을 충분히 발휘시키고 가장 좋은 상태로 맛있게 마시는 요령이다. 아래에서 차를 맛있게 우려내기 위한 포인트를 들어보겠다. 차의 선택, 물의 선택, 도구를 갖추고, 잘 꾸며진 다실, 충포(冲泡: 차를 우려내는 것), 상미(賞味: 음미해 가면서 맛을 봄) 등이다.

선차(選茶 : 차를 선택한다)

차를 마심에 있어 찻잎을 선택하는 것은 매우 중요하다. 좋은 찻잎의 종류라는 것은 사람에 따라 판단기준이 다르기 때문에 절대적인 것은 아니다. 맑은 향의 녹차를 좋아하는 사람이 있는가 하면, 강한 향의 오룡차를 좋아하는 사람도 있다. 화차를 마시는 사람이 있다면, 빛깔이 진하고 짙은 보이차를 마시는 사람도 있다.

마시는 사람은 각각 자신의 향과 맛을 요구하기 때문이다. 사람들이 좋은 차라고 해서 차를 구입하는 것은 바람직하지 않다. 또 가격이 비싸기 때문에 좋은 차라는 사고방식에도 동의할 수 없다. 자신이 맛있다고 느끼고, 자신과 맞는 차를 선택하는 것이 중요하다. 그리고 찻잎을 구입할 때, 주의해야할 것에 대해 설명한다.

1) 찻잎의 향에 주의한다.

차를 사랑하는 사람에게 있어서 차의 향은 꽃의 향보다도 중요시되고 있기 때문이다. 어떤 종류의 찻잎에도 향이 있기 때문에 자신의 감각을 수련하여 자신에게 좋은 향의 찻잎을 선택하는 것이 중요하다. 오래된 것은 곰팡이의 역한 냄새가 나지는 않는지 주의 깊게 살펴보아야 한다.

2) 찻잎의 색을 관찰한다.

좋은 찻잎에는 알맞은 습기와 광택이 있다. 오래된 것, 혹은 적당하게 처리 해 놓은 것은 마른 색을 하고 있다. 또, 병에 넣어 보존된 찻잎도 일광을 받아 발효해 변색하고 있다. 봉지나 병에 넣어져 있는 찻잎에 대해서는 바닥이나 측면에 기재되어 있는 유통기한에 주의해야 한다. 찻잎은 신선함이 가장 중요하기 때문에, 찻잎을 제조하여 출하한 계절과 시기에 주의하지 않으면 안된다.

3) 모양을 본다.

중국차가 좋은 품질인 것은 대부분을 손으로 채취를 하여 차의 원형을 비교적

중국 茶문화

211

중국다예

잘 갖추고 있기 때문이다. 일심일엽(一芯一葉)의 모양과 아주 좋은 색이 고급품이라고 말할 수 있다. 찻잎의 모양과 색, 크기가 고루 갖추어져 있는가, 또는 찻잎 이외의 다른 불순물이 섞여 있지는 않는가를 살펴본다.

4) 시음을 한다.

겉모습만으로 알 수 없을 때는 시음하고 자신이 좋아하는 차를 선택하는 것이 좋다. 차를 구입할 때 시음은 반드시 해야 한다. 왜냐하면 이름이나 가격이 없기 때문이다. 그렇기 때문에 시음을 빠뜨려서는 안된다. 찻잎의 품질이 좋음은 인간의 감각기관에서 판단하므로 장기간의 실천과 경험이 중요하다. 실천과 경험을 쌓고, 감각을 수련하면 좋은 찻잎을 선택하는 능력을 몸에 익힐 것이다.

택수(擇水:물을 선택한다)

차를 우려낼 때 옛날부터 물을 매우 중요하게 여겼다. 명대의 허차서(許次紓)의 저서《다소(茶疏)》에「좋은 차향은 물에서 끌어 낼 수 있기 때문에 맛있는 물이 없다면 차를 논(論)할 수 없다.」[125] 장원(張源)의 저서인《다록》에「차에 있어서는 물이 그 신수(神髓)이다. 물에 있어서는 차는 그 실체이다. 정말로 물이 없다면 그 신수가 나오지 않는다. 정성을 들여 잘 만든 차가 아니면 그 실체를 모른다.」[126] 장대복(張大復)의 저서인《매화초당필담(梅花草堂筆談)》에「차의 성질은 물에 의해 발휘된다. 팔분의 차를 십분의 물을 넣으면 십분 차가 된다. 십분의 차로 팔분의 물을 넣으면 차는 팔분이 된다.」[127]라고 하여 물의 중요성을 강조하고 있다.

● ● ●

125)「精茗蘊香, 借水爾發, 無水不可興論茶也.」許次紓,『茶疏』

혜산천(惠山泉)

옛날 사람들은 산처럼 솟아 오르는 물을 권했다. 육우의 저서 《다경》에도 「차를 끓이는 물은 산의 물이 제일 좋고 [上], 강물이 중간[中]이며, 우물이 가장 좋지 않다[下]. 산의 물속에 돌에서 천천히 흐르고 있는 물이 가장 좋은 것이다.」[128]라고 말하고 있다.

역사상 유명한 샘물은 절강성(浙江省) 항주시(杭州市)의 호포천(虎跑泉), 강소성(江蘇省) 무석시의 혜산천(惠山泉), 강서성(江西省) 노산(蘆山)의 곡염천(谷簾泉) 등이다. 샘물이 없을 경우 청결하고 위생적인 우물이라도 좋다고 한다. 깊고 수량이 많은 우물이 특히 맛있다.

무석시의 혜산천(惠山泉)은 「천하제이천(天下第二泉)」이라고 불리고 있다. 「천하제이천」은 1200년전에 당의 대력14년(779)에 발굴된 명수(名水)이다. 현재 무석시의 명승지로서 석혜공원(錫惠公園) 안에 위치하고, 의란천(漪瀾泉)이라고도 불린다. 당대의 명수평론가인 유백추(劉伯芻)가 차에 적합한 물을 7등급으로 나눠 금산영천(金山泠泉)은 1위, 혜산천(惠山泉)은 2위라고 평가했다. 차의 달인 육우는 맛을 봤던 물을 20품으로 나눠 노산 강왕곡수 염천(蘆山 康王谷水 簾泉)을 '天下第一泉'으로 정하고, 무석 혜산천(惠山泉)을 유백추와 같이 '천하제이천' 이

126) 「茶者, 水之神. 水者. 茶之体. 非眞水莫顯其神, 非精茶曷窺其体.」, 張源, 『茶錄』
127) 「茶性必發於水, 八分之茶, 遇十分水, 茶赤十分矣. 八分之水, 試八分之茶, 茶只八分耳」, 張大復, 『梅花草堂筆談』
128) 「其水, 用山水上, 江水中, 井水下, 其山水, 揀亂泉石池漫流者上.」陸羽, 『茶經』

라고 평가했다. 그 이후 '천하제이천'은 널리 이름을 알리고, 제왕(帝王)과 귀족, 문인묵객이 한번쯤은 방문하고 싶다는 명승지가 되었다.

남송의 고종(高宗: 趙構)이 남방을 순행할 때에 혜산천(惠山泉)의 물을 마신 후, 감동하여 「이천정(二泉亭)」을 세웠다. 원대의 서도가 조맹부(趙孟頫)와 청대의 서도가 왕주(王澍)가 각각 정자 안과 정자 밖에 「天下第二泉」이라고 제자(題字)를 하였다. 청대의 강희(康熙), 건륭(乾隆)황제가 남방순행 때에 혜산의 죽로산방(竹爐山房)에서 「天下第二泉」의 물로 우려낸 차를 마신 후, 강희황제는 「구름을 가로막는 나무를 덮고서 오랜 해[昔年]를 지나고, 다시 산천을 품평하면서 이 정자에 이르렀다.」, 건륭황제는 「강남제이라 칭하고 성명실(盛名實)에 자주 붙인다.」라는 시를 남겨서 혜산천을 칭찬했다.

명대의 고숙사(高叔嗣)의 저서인 《전차칠략(煎茶七略)》에서는 「우물의 물은 많은 사람들이 이용한다. 그것은 물이 살아 있다는 것이다.」[129]라고 기술하고 있다. 그밖에 빗물과 눈 섞은 물, 강물과 호수의 유수(流水)도 사용할 수 있다. 수돗물은 염소의 함량이 많기 때문에, 금속제의 용기나 통에 하루 밤을 받아두거나 혹은 물을 끓여서 염소를 빼고 사용한다. 미네랄워터의 깨끗한 물로 차를 우려낼 경우도 있지만, 이런 물도 좋지는 않다.

물과 밀접한 관계가 있는 것이 불이다. 명대의 전예형(田藝衡)의 《자천소품(煮泉小品)》에 「물과 차가 있어도, 불이 없으면 안된다. 불이 없으면 물과 차를 잃어버린다.」[130]라 하였다. 또 옛날사람들은 「물을 활용하기 위해서는 숯불을 활용하지 않으면 안 된다.」[131]라고 하였다. 그러나 현재 도시에서는 숯을 사용하는 화로를 사용하는 것이 불편하기 때문에 전기나 가스 등의 화로로 물을 끓이고 있다. 이런 방법이 청결하고 편리하다.

● ● ●

129) 「井取多汲者, 汲多則水活.」高叔嗣,『煎茶七略』
130) 「有水有茶, 不可以無火. 非無火也.」田藝衡,『煮泉小品』

비기(備器 : 다기의 준비)

차를 맛있게 우려내기 위해서는 차에 맞는 다기(茶器)를 갖추는 것이 매우 중요하다. 어떤 다기를 사용하는가는 그 장소와 상황에 따라야한다. 혼자 집에서 마실 경우에는 좋아하는 다기를 사용하면 좋다. 두~세 사람의 친구나 손님에게 차를 우려낼 경우에는 상등품의 다기에 명차를 우려내는 편이 한층 더 차의 맛을 좋게 할 수 있다.

다기의 종류는 차를 마시는 사람의 수에 따라 결정한다. 4명 이하라면 작은 다호나 개완으로도 충분하지만, 4명 이상이라면 더 큰 다기가 필요하다. 또 찻잎의 종류에 따라서도 다른 다기를 사용한다. 녹차에는 절강성(浙江省)의 용천청자(龍泉靑磁)잔이나 절강성(浙江省) 경덕진백자(景德鎭白磁)잔의 청화자개(靑花磁蓋)잔이 좋다. 훌륭한 명차(특히 명전녹차, 우전녹차)에는 모양이 붙여 있지 않는 유리나 경덕진백자(景德鎭白磁), 용천청자창구(龍泉靑磁敞口)잔으로 우려내면 찻잎의 우아한 모양과 아름다운 녹색을 관상할 수 있다.

화차에는 화려한 개완이나 복건(福建)의 탈태칠기호(脫胎漆器壺)와 잔이 좋다. 홍차에는 광동성(廣東省) 광주시(廣州市)의 직금채자개잔(織金彩磁蓋杯) 및 다호라도 좋고, 의흥(宜興)의 자사호나 백유의 자사호도 좋다. 오룡차에는 역시 광동성(廣東省), 조주(潮州)의 공부다기나 복건성(福建省)의 오룡차 다기를 사용해야 한다.

다예관에서는 공부차(工夫茶)가 유행하고 있다. 공부차에는 관상성(觀賞性)이 있기 때문에 다기와 작법에 대한 요구는 엄격하다. 다기에는 우아하고 아름다운 것, 소박하고 사용하기 쉬운 것, 그 밖에 다양한 특징을 가지고 있지만, 그 장소의 상황에 따라서 선택한다.

● ● ●

131) 「活水還須活火煎」

다기와 차

고대 사람들은 「다기는 차의 아버지다」라고 말하고 있다. 전통적인 음다예술이나, 음다문화에서 말하면, 다구는 찻물의 용기뿐만 아니라 차를 마시는 과정 속에서 빠질 수 없는 중요한 부분이다. 우수한 품질과 우아한 조형, 그리고 문화의 깊은 의미를 가지고 있는 다구는 차와 교묘하게 어울리고, 차를 음미하면서 차를 마시는 취향을 고조시키는 것에 중요한 역할을 가지고 있다. 이것을 육우는 「익다(益茶)」라고 말하고 있다.

다구의 변천과 발전은 차와 차문화로 연결되어 있다. 바꾸어 말하면 차와 차를 마시는 방법에 따라서 거기에 맞게 사용하는 다구가 새로 만들어진다는 것이다. 역대의 다구도 여러 시대에 각각 차와 음다풍습에 따라 만들어진 것이다. 당대의 다완에 대해서, 육우는 「완은 월주(越州)가 최상이다」라 말하고, 월요의 청자기완이 당시의 차인에게 있어서 차를 감상하는 것에 가장 좋다고 말하고 있다. 송대에 이르면 투다(鬪茶)에 따라서 찻물이 하얀색에 어울리기 위해서 건주(建州)에서 제조된 흑유 다완이 높은 평가를 얻는 다구가 되었다.

원·명대로 이르자, 투다가 변하여 산차(散茶)가 주류가 되었기 때문에 녹색의 산차가 아름답게 보이고, 백자기(白磁器)와 청화자기(靑花磁器)가 나왔다. 동시에 산차를 우려내는 다예의 발전과 함께 다호는 혼자서도 차를 우려낼 수 있게 한 편리한 물건이 되었다.

청대에 이르면 차를 우려내는 기술은 더욱더 연구가 진행되어 왔기 때문에, 자사호가 나오고 널리 유행하였다. 또 차로 손님들을 접대하는 예의가 보급되면서 많은 다호를 사용하게 되었다.

오늘날의 다예는 다구의 품질이나 모양에 대해서 더욱더 많은 요구를 하였다. 북방 사람들은 화차를 매우 좋아하기 때문에 커다란 다호로 우려낸 후 각자의 찻잔에 따라 마신다. 남방 사람들은 초청(炒靑), 또는 홍청(烘靑)녹차를 일반적으로 좋아하기 때문에 뚜껑이 있는 찻잔, 다완을 습관적으로 이용하고 있다.

복건성의 광동, 홍콩, 대만 일대의 사람들은 오룡차를 좋아하기 때문에 공부다구를 선택하고 있다. 공부 홍차의 다구도 그렇다. 일반 홍차라면 자사호에서 우려내는 편이 맛이 깊다. 여러 종류의 명차, 특히 용정(龍井)·벽라춘(碧螺春)·군산은침(君山銀針) 등 고급녹차를 음용하는 경우는 무색투명한 유리컵 혹은 얇은 백색의 도자기로 된 찻잔이 감상과 음용의 맛을 느끼게 하는데 이상적이다.

아실(雅室 : 차를 마시는 다실을 만든다)

차인들은 옛날부터 차를 마실 때의 환경에 대해서 많은 생각과 의미를 부여하였다. 맛있는 차를 마시는 환경으로 푸른 산과 녹색의 죽림, 흐르는 작은 시냇가와 다리, 거문고 소리, 장기와 바둑, 책, 그림, 정숙하고 아름다운 다실(茶室)

다실(茶室)

등 자연과 문화의 조화가 잘 이루어진 조용한 분위기를 요구해왔다.

명대의 서위(徐渭)가 지은 《서문장밀집(徐文長秘集)》에서 「차를 마시기에 좋은 환경으로는 간결한 방·구름과 숲·대나무와 부뚜막·조용하고 우아한 사람들이, 추위 속에 앉아서, 소나무와 달빛 아래서, 화조(花鳥)에 둘러싸여, 깨끗한 돌, 푸르고 선명한 쇠의 이끼, 맨손으로 물을 기르고, 배에 불을 태우고, 대나무 숲 속에 연기가 자욱하게 펼쳐져 있다.」[132] 등이 기술되어 있다.

위의 내용에서도 알 수 있듯이 고대 문화인들은 차를 마실 때의 환경을 매우 중시하고 있었다는 것을 알 수 있었다. 현대 도시에서는 그렇게까지 다실을 꾸밀 수는 없지만, 가능하면 우아한 환경을 만들고 싶어 한다. 예를 들면 집에서 차를 마실 때의 전용 다실은 없어도 방에서 가능하면 창가 쪽으로 작은 테이블과 소파나 의자를 준비하고, 분재를 놓고, 벽에 책과 그림의 족자를 걸어놓는다. 그것만으로도 충분히 차를

---

132) 「茶宜精舍, 雲林, 竹竈, 幽人雅士, 寒宵 兀坐, 松月下 花鳥間, 淸白石, 綠鮮蒼苔, 素手汲泉, 紅粧掃雪 船頭吹火, 竹里飄煙.」徐渭,『徐文長秘集』

마시기에 쾌적한 환경이라고 말할 수 있다. 또한 날씨가 좋은날, 아름다운 경치를 볼 수 있는 베란다라도 좋다. 설령 이런 조건이 없더라도 단지 청결하고 조용하며 편안하게 이야기 할 수 있는 쾌적한 장소가 있다면 충분하다. 가끔은 교외로 나가 아름다운 자연 속에서 차를 즐기기도 하고, 시를 읊어 보는 것도 좋다.

현재, 사람들은 좋은 다예관(茶藝館)을 이용한다. 다예관은 깨끗하게 장식되어 문화적인 분위기를 자아내고, 차를 마시는 최적의 환경을 만들어내고 있다. 게다가 각각의 다예관 마다 특색을 가지고 있고, 고전적인 분위기를 내는 곳이 있다면 현대적인 분위기를 내는 곳도 있다. 차를 마신다는 것은 자연과 하나가 되고, 몸과 마음의 병을 고칠 수 있기 때문에 될 수 있는 한 그런 분위기를 만드는 것이다. 더욱더 그 내용을 문화적으로 높인다면, 차를 마시는 것은 현대생활에 있어서 오아시스의 역할을 할 것이다.

충포(沖泡 : 차를 우려낸다)

충포(沖泡)는 맛있는 차를 우려내기 위해 가장 중요한 부분이다. 차는 우려내는 방법으로 맛이 결정된다. 보통 충포는 물을 끓인다, 차를 우려낸다고 하는 두 가지 단계로 나눠져 있다.

1) 물을 끓인다.

소철(蘇轍)의 저서 《화자첨전다(和子瞻煎茶)》에서 「차를 우려낸다는 것은, 결국 물을 끓이는 것이고 차의 맛은 끓는 물의 모양에 의해 결정 된다.」[133] 라고 한 것처럼, 물을 끓이는 것은 매우 중요한 것이다. 옛날 사람들은 물을 끓일 때 온도

● ● ●

133) 「相伝煎茶只煎水, 茶性仍存偏有味」, 蘇轍, 『和子瞻煎茶』.

의 파악을 중시했다. 「부족」과 「초과」를 피하지 않으면 안되었기 때문이다.

육우의 저《다경》〈오지자(五之煮)〉에서는 끓는 물의 모양을 3단계로 정의하였다. 「물을 끓인다는 것, 물이 끓는 모양은 물고기 눈의 크기만큼 물방울이 생기고, 미세한 작은 기포의 소리를 들을 수 있는 상태가 '첫 번째 끓음'이다. 그 후에 물고기 눈에 구슬을 꿰어놓은 듯이 연이어 밑바닥에서 수면으로 오르는 상태를 '두 번째 끓음'이다. 수면에 커다란 물방울이 뽀글뽀글 수면으로 올라가고 물결이 파도치는 현상을 일으키면서 소리를 내는 상태를 '세 번째 끓음'이다. 세 번째 끓음은 '초과'이고, 차를 우려내는 것에는 좋지 않다.」[134] 라고 하였다.

당대는 분차를 솥에 삶는 방법이 있었기 때문에 끓는 물의 정도를 사람의 눈으로 보고 판단했다. 송대는 점다법이었기 때문에, 솥 대신에 도기의 주전자로 물을 끓였다. 이 경우는 거품이 보이지 않기 때문에 소리로 판단했다.

남송의 라대경(羅大經)의《학림옥로(鶴林玉露)》의 내용에서 이남금의 의견으로, 「《다경》에서는 물고기의 눈, 「용천연주(涌泉連珠: 거품이 나오는 정도)」로 물의 적당함을 판단한다. 그러나 근세에는 솥(鼎) 등을 전혀 사용하지 않고 도자기로 된 주전자로 물을 끓이기 때문에 끓는 물의 모양을 볼 수 없다. 따라서 소리로 첫 번째 끓음, 두 번째 끓음, 세 번째 끓음을 판단해야 한다.」「두 번째 끓음에서 세 번째 끓음에 이르는 사이의 물이 차를 우려내기에는 최적이다.」[135]라고 하였다.

또한 이남금은 첫 번째 끓음, 두 번째 끓음, 세 번째 끓음의 소리를 묘사하는 시를 한 수 적었다. 그 내용으로 「물이 최초로 끓을 때의 소리는 벌레가 우는 소리처럼 멀리서 들려오는 매미소리 같은 소리다라고 말하고 있다. 이것이 첫번째 소리

● ● ●

이다. 잠시 후 짐을 가득실고 달리고 있는 수레와 같은 소리가 난다라고 말하고 있다. 그것이 두 번째 끓음이다. 그리고 소나무 숲에 부는 바람소리와 작은 시냇물에서 흐르는 물소리처럼 된다고 말하고 있다. 이것이 세 번째 끓음이다. 그리고 세 번째 끓음이 되면 바로 녹차의 차 잎을 넣고 차 그릇에 따르는 것이 좋다라고 말하고 있다.」[136]

현대에서는 금속이나 도자기로 된 주전자로 물을 끓인다. 이런 경우 끓어오르는 물의 모양을 볼 수 없기 때문에 소리로 듣는다. 유리에 물을 넣고 끓일 때는 투명하기 때문에 안의 모양을 관찰할 수 있다. 이 경우 앞에서 말했던 《다경》에서 이야기하는 방법으로 눈으로 직접 판단한다. 그러나 최근에는 더 맛있는 차를 우려내기 위해서 물의 온도를 정확하게 측정하고 차의 종류에 따라 다른 온도로 알맞게 물을 끓이도록 하고 있다.

처음인 사람은 온도계를 사용하는 것이 좋지만 경험을 쌓아갈수록 눈으로 판단할 수 있게 된다. 보통 녹차·화차·홍차는 섭씨80도~ 섭씨90도. 어린 싹으로 만들어진 고급명차 [서호용정(西湖龍井)·군산은침(君山銀針)·하정벽라춘(河廷碧螺春)]은 섭씨75도~ 섭씨80도가 적당하다. 온도가 너무 높으면 어린 싹이 너무 무르게 되기 쉽고, 색도 탁해지고 고유의 향도 잃어버리고 비타민C 등의 영양성분도 파괴되어 버린다. 끓였던 물을 잠시 놓아두었다가 온도가 섭씨 80도 정도로 내려갔을 때를 적당한 때로 가름해서 차를 우려내는 것이 좋다.

또 한 가지, 물을 먼저 컵에 따르고 수온을 내리고 난 다음 찻잎을 컵에 넣는 방법이 있다. 이렇게 하면 찻잎이 물속에서 천천히 펴진다. 소주(蘇州)의 사람들이 자주 이런 방법으로 벽라춘을 넣었다. 오룡차는 높은 수온이 필요하다. 오룡차는 어린 싹이 아닌 성숙한 찻잎으로 만들어지기 때문에 섭씨 90도 이상의 물이 아니면 차즙(茶汁)이 우러나올 수 없기 때문이다. 수온은 다기와도 관계가 있다. 컵에 녹차를

136) 「砌虫卿卿万蟬催, 忽有千車楯載來, 聽得松風並潤水 急呼縹色綠磁杯」, 李南金詩

우려낼 경우, 컵은 열전도성이 좋아서 찻잎은 작은 것이 좋다. 보통 100ml의 컵에 2g의 찻잎, 즉, 찻잎과 물의 양의 비율은 1 : 50으로 수온은 조금 낮아도 상관없다.

또한 작은 자사호로 오룡차를 우려낼 경우, 찻잎의 양은 다호 용적의 2/3이상으로 결정되기 때문에, 조금밖에 넣지 않는다. 따라서 수온은 높은 편이 좋다. 고온을 유지하기 위해 먼저 섭씨 100도의 물로 항아리를 따뜻하게 한 후 차 잎을 넣고 뚜껑을 덮는다. 더욱더 뜨거운 물을 다호의 위에 다시 부어서 고온을 유지한다. 이렇게 하면, 오룡차 특유의 향을 끌어낼 수 있다.

2) 차를 우려낸다.

찻잎의 종류에 따라 각각 다른 방법으로 차를 우려낸다. 또 같은 종류의 찻잎이라고 해도 채취했던 시기(찻잎의 오래됨)에 따라 찻잎을 우려내는 방법이 다르다. 또한, 같은 이름의 차라도 생산지의 차이에 따라 단단함과 부드러움이 미묘하게 다르기 때문에 우려내는 방법을 연구하지 않으면 안 된다. 여기서는 어느 차를 우려내도 공통으로 할 수 있는 순서를 설명하고자 한다.

① 다기의 준비

차를 우려내는 다기 한 셋트와 차통[茶缶]을 테이블 위에 늘어놓는다.

② 탕(湯 : 끓는 물)을 준비

끓었던 뜨거운 물은 차를 우려내는 곳으로 옮기고, 온도가 내려가지 않도록 명로(茗爐)에 놓아둔다. 전기포트기와 알콜램프 등을 사용해서, 테이블 위에서 물이 끓어오르는 것도 좋다.

③ 찻잎의 준비

차통(다부)에서 적당한 양의 찻잎을 다하(茶荷)나 다칙(茶則)으로 꺼낸다. 고급 명차이면 먼저 다하(茶荷)에 넣고, 손님에게 찻잎의 외형과 향을 즐기도록 드린다.

④ 다기를 따뜻하게 한다.

물을 다호·개완(蓋碗)·다완(茶碗)의 순서대로 놓고, 그들의 다기를 따뜻하게 해 두고, 이것을 동시에 살균하게 한다.

⑤ 찻잎을 다호에 넣는다.

다칙의 찻잎을 다호나 개완에 넣는다. 다호의 입구가 작다면 다루(茶漏)나 다하를 사용한다. 찻잎의 크기에 따라서도 사용할 다기를 선택해야 한다. 직접 찻잎에 손을 대는 것은 매너가 좋지 못한 것이다.

⑥ 첫 번째 끓임[一煎目]

물을 다호에 따르고, 수십 초 지난 후에 (찻잎에 따라 적당한 간격을 둔다) 다해(茶海)로 옮긴다. 그리고 다완을 나눈다. 첫번째 끓인 차는 온윤포(溫潤泡)라고 해서 마시지 않는다. 자사호를 사용할 경우는 먹지 않는 첫 번째 끓인 차를 다호에 부어서 보온한다. 차를 부은 다호는 윤기와 아름다운 색을 내며 광택을 증가시킨다. 이것을 「윤기가 있는 다호」라고 한다.

현재는 이러한 방법이 거의 필요 없다. 일전목(一煎目, 첫 번째 끓음)의 차를 마시지 않는 것은 중국차의 성분을 버리는 것과 같다. 일반 찻잎을 첫 번째 끓일 때에는 가용성물질의 추출도는 50%, 두 번째 끓인 차의 추출도는 30%, 세 번째 끓인 차에서는 20%, 네 번째 끓인 차에서는 거의 추출이 없을 정도이다.

중국에서는 차 잎의 정제과정에서 불결한 경우가 있기도 하고 불순물이 혼입되어 있기도 하기 때문에 습관적으로 마시지 않았었다. 오늘날 정제 방법은 청결하게 개량되어, 불순물도 거의 들어가지 않는다. 따라서 온윤포는 형식적인 것이 되어 버렸다. 오히려 차의 영양학적인 측면에서는 필요치 않다는 의견이 많다.

⑦ 두 번째 끓음

다시 물을 다호에 따르고, 뚜껑을 덮고 30~60초 기다린다. 이때 다호에 넣는 물의

① 준비(準備)

② 출장(出場)

③ 비구(備具)

④ 상차(賞茶)

양은 8/10정도가 좋지만, 오룡차의 경우에는 넘칠 정도로 물을 넣는다. 그리고 다해로 옮기고 각각의 다완에 나누어 따른다. 뚜껑을 덮고 또는 다호의 위에 물을 다시 부어서 다호의 온도를 유지하는데, 이는 차의 향을 풍부하게 하기 위해서이다.

⑧ 차를 나눈다.

다호나 개완에 차를 각각 다완의 8할까지만 따른다. 양과 온도에 주의하면서 균일하게 나눈다. 그리고 나서 손님에게 드린다. 이상의 각 항목은 어디까지나 기본적인 순서이고 처음에도 말했듯이 차의 종류와 사용하는 다기에 따라서 우려내는 방법도 다양하다. 손님에게 차를 우려낼 때에는 피로(披露)의 의미가 있기 때문에 정해진 순서와 작법으로 한다. 또 그렇게 하지 않으면 맛있는 차를 만들 수 없다. 현재 녹차·화차·오룡차·보이차가 특히 많이 음용되고 있다. 따라서 차

⑤ 치다(置茶)

⑥ 충포(冲泡)

⑦ 분차(分茶)

⑧ 봉차(奉茶)

를 처음 배우는 사람은 먼저 이 4종류의 차를 우려내는 방법부터 배워야한다.

　중국차는 우려내는 방법에 따라서 현재 일반적으로 행해지고 있는 차와 다기를 잘 조합해서 올바르게 차를 우려내는 방법을 몇 가지 소개한다.

다호로 우려낸다(녹차·백차·황차·화차·홍차)

1) 준비

　대·중·소의 쟁반 세 개를 준비한다. 큰 쟁반에는 다호[다선(茶船)·다지(茶池)가 함께 있는 것] 1개, 다완 6개(다탁(茶托)이 있는 것)], 접시(다호의 뚜껑 등을 놓는다.)를 올려놓고, 테이블의 왼쪽 끝에 세로로 놓는다. 단 자사호를 사용하는

| ⑨ 상미(賞味)-1 | ⑩ 상미(賞味)-2 |

이외에는 도자기의 다기를 사용하는 편이 좋다.

2) 출장(出場)

음악이 흐르고, 주인과 보조자가 등장한다. 손님에게 예의를 갖추고 주인은 앉고, 보조자는 그 오른쪽에 선다.

3) 비구(備具: 준비된 도구)

주인이 양손으로 차통을 꺼내 중간형의 쟁반 앞에 놓고, 다건반(茶巾盤)을 중간형 쟁반의 오른쪽 안쪽, 다하(다칙)와 차통·다표(茶杓)를 그 왼쪽에 놓는다.

4) 상차(賞茶: 차를 감상한다)

주인이 차통(다부)을 열고, 다칙 또는 다표로 소량의 찻잎을 찻잎 관상용 접시에 꺼내 놓는다. 보조자가 주인의 왼쪽에서 접시를 받아들고 손님에게 감상(感賞)시킨다. 그리고 보조자는 퇴장한다.

5) 치차(置茶: 차를 옮긴다.)

주인이 큰 쟁반을 가운데로 이동시킨다. 왼손으로 다호의 뚜껑을 잡고, 접시에 놓는다. 그리고 차통(다부)을 열고, 다표(茶杓)로 약 7g의 찻잎을 다하(다칙)에서 꺼내어 다호에 넣는다.

6) 충포(冲泡)

녹차는 섭씨 80도지만, 화차 · 황자 · 공부홍차는 섭씨 80도~ 섭씨 90도가 적당하다. 양손으로 다건을 집어 들어서 왼손으로 든다. 오른손으로 물이 담긴 그릇을 잡고, 왼손의 다건으로 바닥을 받치고서, 물을 다호의 8할까지 몇 차례 넣는다. 봉황삼점두(鳳凰三点頭: 3회로 나누어 넣는다)의 방법으로 물이 넘칠 정도로 붓는다. 오른손의 물이 담긴 그릇을 제자리에 다시 놓은 후에, 왼손으로 다호의 뚜껑을 잡고 표면에 뜨는 물방울을 뚜껑으로 살짝 스치고 고르게 한 후 뚜껑을 덮고, 1~2분 기다린다.

7) 분차(分茶: 차를 나눈다)

다건으로 다호의 바닥에 젖어 있는 물기를 닦고, 다완의 칠분을 기준으로 차의 농도를 균일하게 되도록, 다호를 6개의 다완의 위에서부터 대략 몇 번 걸쳐서 따른다.

8) 봉차(奉茶: 차를 낸다)

주인이 차를 다 우려냈을 때, 보조자가 다시 나와 주인의 좌측에서 차를 올려놓은 다반을 받는다. 게다가 보조자는 차를 쟁반으로 옮기고, 일어선 주인의 뒤에 서서 객석으로 간다. 주인이 보조자가 들고 있는 쟁반에서 양손으로 다완을 들고 한 사람씩 손님 앞으로 가서 차를 내밀고, '드세요' 라고 권한다. 보조자는 주인과 함께 행동한다.

9) 상미(賞味: 차를 맛보는 방법)

손님은 오른손으로 다완을 들어올린다. 그때 왼손으로 다완의 바닥을 지탱할 것. 먼저 향을 확인하고, 색을 보고, 그리고 조금씩 마신다.

10) 수구(收具: 다기를 회수한다.)

차를 낸 후, 주인은 차를 우려내었던 장소로 되돌아가, 테이블 위에 있는 다완을 큰 쟁반에서 정돈한다. 보조자가 그것을 들고, 두 사람은 예의를 갖추고 난 후에 퇴장한다.

컵으로 차를 우려낸다(녹차 · 백차 · 황차 · 화차 등)

1) 준비

대 · 중 · 소의 쟁반 세 개를 준비한다. 큰 쟁반에 200ml정도의 모양이 없는 컵(다탁이 있는 것)을 6세트를 올려놓고, 테이블 왼쪽 끝에 놓는다. 중간형의 쟁반의 차통(茶筒: 다부) · 찻잎 관상용 접시 · 다건 · 다건 접시 · 다하(다칙) · 다통(茶通) · 다표를 올려놓고 테이블 중앙에 놓는다. 작은 쟁반에 물을 넣은 그릇을 들고 테이블의 오른쪽 끝에 놓는다.

2) 출장(出場)

음악이 흐르고 주인과 보조자가 등장한다. 손님에게 예의를 갖추고 나서 주인이 앉고, 보조자가 그 오른쪽에 선다. 사진의 내용은 주인을 중심으로 소개하고 있기 때문에, 보조자와 손님은 없다. 주인의 작품만 연습한다. 소개하는 문장은 참고가 되도록 다실 전체의 작품을 소개하고 있다. 아래에서의 차를 우려내는 방법도 같다.

3) 비구(備具: 준비된 도구)

주인이 양손으로 다통(다부)을 집어서 중간형 쟁반의 앞에 놓고, 다건 접시를 중간형 쟁반 오른쪽 안쪽, 다하(다칙)과 차통, 다표를 그 왼쪽 안쪽에 놓는다.

4) 상차(賞茶: 차를 감상한다)

주인이 차통(다부)을 열고, 다칙 또는 다표로 소량의 찻잎을 관상용 접시에 꺼낸다. 보조자가 주인의 좌측에서 접시를 받아들고 손님이 관상하도록 한다. 그 후 보조자는 퇴장한다.

5) 치차(置茶: 차를 옮긴다.)

주인이 왼쪽 끝의 컵을 올려놓은 큰 쟁반을 중앙으로 이동시킨다. 오른쪽 손으로 뒤집어 놓은 컵을 좌측으로 들고, 하나씩 바로 뒤집어 놓는다. 그리고 차통(다부)을 열고 다표로 찻잎을 다하(다측)에서 꺼내고, 찻잎을 컵에 넣는다. 한잔에 2g으로 모든 양을 계산한다. 다하(다칙)을 사용하지 않을 경우, 다표로 몇 회를 나누어 컵에 넣어도 상관없다.

6) 온윤포(溫潤泡)

양손으로 다건 접시에서 다건을 왼손으로 집어 든다.

오른손으로 물(수온 섭씨 80도)을 넣어둔 그릇을 잡고, 왼손의 다건으로 바닥을 받치고 물을 컵의 테두리를 따라가면서 컵의 1/4~1/3까지 따른다. 찻잎이 조금씩 부풀어지고 차의 성분이 물에 녹을 때 까지 20~60초를 기다린다.

7) 충포(冲泡)

물이 담긴 그릇을 6)에서 설명했던 것처럼 들고, 봉황삼점두(鳳凰三点頭: 3회로 나누어 넣는다)의 방법으로 물을 이번에는 7할까지 따른다. 이것에는 「칠분차(七分茶), 삼분정(三分情)」이라는 의미가 있다. 3회로 나뉘어 물을 보충하는 것은 찻잎을 움직여서, 차의 농도를 균일하게 하기 위해서이다.

8) 봉차(奉茶: 차를 우려낸다)

주인이 차를 다 우려냈을 때, 보조자가 다시 나와 주인의 좌측에서 차를 올려놓은 큰 쟁반을 받는다. 게다가 보조자는 차를 쟁반으로 옮기고, 일어선 주인 뒤에서서 객석으로 간다. 주인이 보조자가 들고 있는 쟁반에서 양손으로 다완을 들고 한사람씩 손님 앞으로 가서 차를 내밀고, '드세요' 라고 권한다. 보조자는 주인과 맞추어 행동한다.

9) 상미(賞味: 차를 마시는 방법)

찻잎이 완전히 펴진 후 손님들은 오른손으로 컵을 들어올린다. 이 때 왼손으로 컵의 밑바닥을 받치고, 먼저 향을 확인하고 색을 보고 그런 후 조금씩 마신다.

10) 수구(收具: 다기를 회수한다)

차를 낸 후, 주인은 차를 우려냈던 장소로 되돌아가, 테이블 위에 있는 다기를 큰 쟁반에서 정돈한다. 보조자는 그것을 들고, 두 사람은 예의를 갖추고 난후 퇴장한다.

개완(蓋碗)으로 우려낸다(녹차 · 백차 · 황차 · 화차)

1) 준비

대 · 중 · 소의 쟁반 세 개를 준비한다. 큰 쟁반에 개완(다탁이 있는 것)을 6세트 올려놓고, 테이블 왼쪽 끝에 놓는다. 중간형의 쟁반에는 차통(다부) · 찻잎 관상용 접시 · 다건 · 다건 접시 · 다하(다칙) · 다표를 올려놓고 테이블 중앙에 놓는다. 작은 쟁반에 물을 담은 그릇을 놓고 테이블의 오른쪽 끝에 놓는다.

2) 출장(出場)

음악이 흐르고 주인과 보조자가 등장한다. 손님에게 예의를 갖추고 나서 주인이 앉고, 보조자는 그 오른쪽에 선다.

3) 비구(備具: 준비된 도구)

주인이 양손으로 차통(다부)을 집어서 중간형 쟁반의 바로 앞에 놓고, 다건 접시를 중간형 쟁반 오른쪽 안쪽, 다하(다칙)와 차통, 다표를 그 왼쪽 안쪽에 놓는다.

4) 상차(賞茶: 차를 감상한다)

주인이 차통(다부)을 열고, 다칙 또는 다표로 소량의 찻잎을 관상용 접시에 꺼낸다. 보조자가 주인의 좌측에서 접시를 받아들고 손님이 관상하도록 한다. 그 후 보조자는 퇴장한다.

5) 치차(置茶: 차를 옮긴다.)

주인이 왼쪽 끝의 개완을 올려놓은 큰 쟁반을 자기 옆에 이동시킨다. 왼손의 엄지와 중지로 뚜껑의 손잡이를 잡고, 인지를 뚜껑 표면에 대고 뚜껑을 연다. 뚜껑은 차탁의 뚜껑에 기울여서 놓는다. 시계방향으로 6개의 개완의 뚜껑을 순서대로 집어서 옮긴다. 그리고 찻잎을 개완에 넣는다. 찻잎의 양은 개완의 용량으로 결정되지만 대부분 50mg용량의 개완에 2g정도가 적당한 양이다.

6) 충포(冲泡)

양손으로 다건을 집어서 왼손으로 든다. 오른손에 물(수온 섭씨 80도)이 들어있는 그릇을 잡고, 왼손의 다건으로 밑바닥을 받치고 물을 회전식이라 하는 시계 반대방향으로 순서대로 개완의 1/4~ 1/3까지 따른다. 「봉황삼점두」의 방법으로 물이 개완에 가득할 때 까지 채운다. 오른손의 물그릇을 제자리에 갖다 놓은 후 왼손으로는 순서대로 뚜껑을 덮고, 1~2분간 놓아둔다. 그러는 사이에 손님들에게 개완으로 마시는 방법을 설명한다.

7) 봉차(奉茶: 차를 우려 낸다.)

주인이 차를 다 우려냈을 때, 보조자가 다시 나와 주인의 좌측에서 차를 올려놓은 큰 쟁반을 받는다. 게다가 보조자는 차를 쟁반으로 옮기고, 일어선 주인 뒤에서서 객석으로 간다. 주인이 조수가 들고 있는 쟁반에서 양손으로 다완을 들고 한 사람씩 손님 앞으로 가서 차를 내밀고, '드세요'라고 권한다. 보조자는 주인과 맞추어 행동한다.

8) 상미(賞味: 차를 마시는 방법)

오른손의 엄지와 중지로 뚜껑손잡이를 잡고, 인지를 뚜껑 표면에 대고 뚜껑을 연다. 그대로 뚜껑의 안쪽을 바로 앞으로 들어올리고, 뚜껑에 붙은 찻 잎의 향을 확인한다. 고급차는 대부분이 신선하고 순수한 향이 난다. 그리고 뚜껑에서 차의 표면을 바로 앞까지 향하고 살짝 3회 스쳐가고, 떠있는 찻잎을 들어서 차의 색을 잘 관찰하기 위해서이다. 그 다음에 다완에 틈이 열리도록 기울어서 뚜껑을 되돌린다. 다탁을 왼손바닥에 놓고, 오른손의 엄지와 약지에서 다완의 가장자리를 들고 새끼손가락은 올리고, 인지와 중지로 뚜껑 손잡이를 누르면서 다완의 틈으로 조금씩 차를 음미하면서 마신다.

9) 수구(收具: 다기를 회수한다.)

차를 낸 후, 주인은 차를 우려냈던 장소로 되돌아가 테이블 위의 다기를 큰 쟁반에서 정돈한다. 보조자는 그것을 들고, 두 사람은 예의를 갖추고 난후 퇴장한다.

오룡차(烏龍茶) = 다호(茶壺), 개완(蓋碗)

오룡차를 우려내는 방법은 지역과 다기에 따라 다르다. 다호와 개완으로 우려내는 두 가지 방법이 있고, 다호로 우려내는 방법은 다해 쌍배법·다해 단배법·호배법으로 나눌 수 있다. 아래에는 다호로 우려내는 세 가지 방법과 개완법에 대해서 소개한다.

1. 다해쌍배법(茶海双杯法)

이것은 본래 대만에서 유행하는 방법이지만, 현재 중국 다예에서도 자주 행해지고 있다. 이 방법은 예술성이 강하므로 관상가치가 있다. 그러나 어렵기 때문에 차를 우려내는 사람은 자주 연습할 필요가 있다.

1) 준비

다반을 테이블 중앙에 놓고, 안쪽에 다호 · 다해 · 문향배 4~6개, 품명배(음용배) 4~6개를 나열한다. 중간형 쟁반에 차통(다부) · 다조[茶組 : 저통(箸筒)에는 다표(茶杓) · 다협(茶鋏) · 차통(茶通), 다루(茶漏) 등)] · 찻잎 관상용 접시 · 다탁 4~6개 · 다건 · 다건 접시를 올려놓은 것을 왼쪽에 놓는다. 오른쪽에는 물을 끓이는 화로(전기나 가스, 알콜)와 물 담을 그릇을 준비한다.

다반은 다양한 종류가 있기 때문에 설명은 일정하지 않다. 사진의 다반의 경우와 설명문의 경우와는 다름이 있지만, 충분히 이해하고, 다양한 다반을 응용할 수 있는 다예를 시행하지 않으면 안 된다. 기본을 확실히 이해한다면 다반에 따라서 준비를 하도록 한다.

2) 출장(出場)

음악이 흐르고 주인과 보조자가 등장한다. 손님에게 예의를 갖추고 나서 주인이 앉고, 보조자가 그 오른쪽에 선다.

3) 비구(備具: 준비된 도구)

왼쪽에 차통(다부)과 다조[저통(箸筒)]를 다반의 왼쪽 안쪽에, 다건 접시를 바로 앞의 오른쪽으로 옮기고 찻잎 관상용 접시를 다반의 바로 앞에 둔다. 사진속의 다반은 그 안에 다조를 놓는 장소가 있기 때문에 그 위치에 둔다. 그 밖에 다반의 경우, 다조의 위치가 손님들의 눈에 화려하고 아름답게 볼 수 있는 장소에 두도록 한다.

① 준비(準備)

② 출장(出場)

③ 비구(備具)

④ 상차(賞茶)

4) 차미(賞茶: 차를 관상한다)

주인이 차통(다부)을 열고, 다칙 또는 다표로 소량의 찻잎을 관상용 접시에 꺼
낸다. 보조자가 주인의 왼쪽에서 접시를 받아 들고, 손님들에게 관상(觀賞)시킨
다. 그리고 보조자는 퇴장한다.

5)온호(溫壺: 호를 따뜻하게 한다)

주인이 왼손으로 다호의 뚜껑을 열고, 오른손으로 물을 넣어둔 그릇을 들고, 물
을 다호의 2/3까지 따르고, 물그릇을 제자리에 놓은 후 뚜껑을 덮는다. 양손으로
다건을 집어 들어서 왼손으로 든다. 인지로 뚜껑의 기공 근처를 누르면서 왼손의
다건로 다호의 밑바닥을 바친 상태로, 양손으로 다호를 흔들고 다호 전체의 온도

⑤ 온호(溫壺)-1

⑤ 온호(溫壺)-2

⑥ 치다(置茶)

⑦ 온윤포(溫潤泡)-1

를 균일하게 한다. 그리고 오른손으로 다호를 들고, 다호안의 물을 음용배에 떨어
뜨린다. 이후 차를 우려 낼 때도 이 방법으로 한다.

6) 치차(置茶: 차를 옮긴다.)

　왼손으로 다호의 뚜껑을 열고 다반에 놓는다. 양손으로 차통(다부)를 들고, 조
금 흔든 후에 다표(茶杓)로 먼저 큰 찻잎을 꺼내고 다호 안의 출구 근처에 놓는다.
다음에 작은 찻잎을 꺼내고, 이것은 손잡이 부근에 놓는다. 작은 찻잎이 출구를
막는 것을 방지하기 위해서다. 찻잎의 양은 다호의 1/2정도가 적당한 양이다. 처
음 오룡차를 마시는 사람은 1/3 전후가 적당한 양이다. 또한 확실한 모양이 있는
찻잎이면 작게 넣고, 널리 퍼지면 많이 넣는다. 전체가 작은 찻잎인 경우도 많이
넣는다. 찻잎에 따라 필요한 양을 생각하지 않으면 안 된다. 다척을 사용할 경우

⑦ 온윤포(溫潤泡)-2

⑧ 초포(初泡)-1

⑧ 초포(初泡)-2

⑨ 온다해와 온다배(溫茶海, 溫茶杯)-1

는 찻잎을 다칙에 넣고 다표 또는 차통에 큰 찻잎과 작은 찻잎을 나누어 둔 후 다호에 넣는다.

7) 온윤포(溫潤泡)

오른손으로 물이 들어 있는 그릇을 잡고, 다호의 둘레를 따라 돌면서 섭씨 100도 물을 따른다. 왼손으로 뚜껑을 덮고 물그릇을 제자리에 둔다. 그리고 바로 오른손으로 다호를 들고, 다해에 차를 낸다. 이것은 찻잎을 축축한 온도와 향과 맛을 가장 좋게 하기 위한 작업이다. 온윤포는 중국 다예의 풍습으로 취급해온 것이고, 오늘날의 오룡차의 제법기술로 생각되어 지는 것에는 별다른 의미가 없다. 형식적인 경향으로 치우칠 염려가 있으며 오히려 하지 않는 편이 좋다.

⑨ 온다해와 온다배(溫茶海, 溫茶杯)-2

⑩ 분차(分茶)-1

⑩ 분차(分茶)-2

⑪ 봉차(奉茶)-1

8) 초포(初泡: 첫 번째 물의 끓음)

오른손으로 물이 들은 그릇을 들고, 돌리면서 가득 찰 때 까지 물을 따르고, 뚜껑을 덮고 1분 정도를 기다린다. 최근에는 종류가 다양한 오룡차가 있기 때문에 찻잎에 따라 시간을 조절할 필요가 있다.

9) 온다해(溫茶海)와 온다배(溫茶杯)

다호를 따뜻하게 하는 것과 같은 방법으로 다해를 따뜻하게 한다. 그리고 다해의 차를 문향배와 음용배에 넣고 따뜻하게 한 후에 버린다.

10) 분차(分茶)

다호를 들고, 바닥의 물방울을 다건으로 닦은 후 차를 남김없이 전부 다해에 넣

⑪ 봉차(奉茶)-2

⑫ 상미(賞味)-1

⑫ 상미(賞味)-2

⑬ 두 번째 끓이는 모습

는다. 다해에서 문향배의 위에서 2mm정도 되는 곳까지 넣는다. 다해에 남았던 차는 버린다.

11) 봉차(奉茶)

주인이 음용배를 문향배의 위에 뒤집어 덮고, 오른 손바닥을 위로 하고 인지와 중지로 문향배의 양쪽에 끼우고, 엄지로 음용배의 바닥에 댄다. 왼쪽으로 잡고 차를 음용배에 옮긴다. 그대로 음용배에 문향배를 덮어둔 상태에서 그것을 테이블이 좌측에 있는 중간형 쟁반에 올려놓는다. 보조자가 다시 나와 주인 좌측에서 차를 올려놓았던 쟁반을 받아들고, 주인 뒤쪽에 서서 손님 쪽으로 간다. 주인이 보조자가 들고 있는 쟁반부터 양손으로 다완을 들고 한사람씩 손님 앞에 내밀며 '드세요' 라고 차를 권한다. 보조자는 주인과 맞춰서 행동한다. 전원에게 차를 우려

⑭ 세 번째 끓이는 모습

⑮ 수구(收具)

낸 후 주인은 테이블로 되돌아온다. 보조자는 쟁반을 원래의 위치에 올려놓은 후 퇴장한다.

12) 상미(賞味: 차의 맛을 본다)

엄지와 인지로 문향배의 양쪽을 끼워들고, 천천히 돌리면서 문향배를 들어올린다. 그리고 차를 음용배에 따른다. 그리고 문향배를 끼우고 양손을 맞춰 손바닥으로 보온하고 바닥의 향을 맡는다. 코끝까지 들어 올리고 양손의 엄지 사이부터 문향배의 입구를 코에 대고, 찻잔의 향을 맡는다. 손바닥이 향의 발산을 억제하기 때문에 향이 전부 코로 흡입된다. 찻잔의 향이 여운으로 길게 남으면 남을수록 좋은 찻잎이다. 그리고 중지와 엄지로 음용배를 들고 약지로 바닥을 받친다.

이때 인지와 새끼손가락은 자연스럽게 해두면 좋고, 왼손으로 음용배의 바닥을 받쳐도 상관없다. 차의 색을 보고 마신다. 마실 때는 입을 조금 감추도록 하는 편이 좋다. 중국에서는 차를 마시는 것을 「품차(品茶)」라 말하고, '품' 의 글자는 입이 세 개이기 때문에 3회로 나눠서 마신다.

13) 두 번째 끓임

주인은 다호에 두 번째 물을 넣고, 수십 초 정도 놓은 후 다해에서 꺼낸다. 단 시계로 시간을 재는 방법은 바람직하지 않다고 생각한다. 넣은 찻잎의 특성을 생각하고 가장 좋은 시간을 연습하지 않으면 안 된다. 다해를 다건 접시와 함께 좌측의 중간형 쟁반에 놓는다. 보조자가 그 쟁반을 들고 손님의 문향배에 차를 따른다. 다 따랐다면 쟁반을 다시 되돌려 놓는다.

14) 세 번째 끓임

두 번째 끓임과 같지만, 놓아두는 시간이 1분 정도로 한다. 찻잎에 따라 다양하게 다를 수 있기 때문에 시간을 결정하는 것에는 의미가 없다. 단, 서서히 시간이 길어 지게 되는 것은 잘못이 아니다.

주의 최근의 찻잎의 제다방법은 매우 수준이 높기 때문에 오룡차의 경우 4~5번 정도 우려낼 수 있는 것이 많다. 찻잎의 모양을 잘 보고 우려내야 한다.

15) 수구(收具: 다기를 회수한다.)

주인이 중간형 쟁반에 있는 다해를 다반에 다시 놓고, 차통(다부)·다조(저통)· 다건 접시 등을 중간형 쟁반에 놓는다. 주인이 다반을 보조자가 쟁반을 들고 두 사람이 정중히 인사를 하고 퇴장한다. 보조자는 다시 등장하고 다호와 화로를 정리하고 퇴장한다. 최후에 주인과 보조자가 다시 함께 등장해서 다시 한번 인사를 한다.

2. 다해단배법(茶海單杯法)

문향배는 없고, 음용배만으로 마시는 방식이 있다. 작법은 다해쌍배법과 대체로 같지만, 이 방법은 다해를 따뜻하게 했던 물을 직접 음용배에 넣는다. 그리고 엄지와 인지와 중지로 물을 우려냈던 음용배에서 다른 음용배에 물을 옮기면서 씻는다. 그때 다협을 사용해도 좋다. 문향배가 없기 때문에 차를 다해로부터 직접 음용배에 넣는다. 마실 때는 향을 확인하고 색을 보고 3회로 나누어 마신다. 다 마신 후라면 다시 한번 손바닥으로 음용배를 잡고 조금씩 돌리면서 향의 여운을 느낀다.

3. 호배법(壺杯法)

1) 준비
다반을 테이블 중앙에 놓고 안쪽에 다호와 품명배(음용배) 4~6개를 나열한다. 좌측에는 다해쌍배법과 같은 도구를 진열한다.

2) 출장(出場)
조용한 음악이 흐르고 주인과 보조자가 등장한다. 손님에게 예의를 갖추고 나서 주인이 앉고, 보조자가 그 오른쪽에 선다.

3) 비구(備具: 준비된 도구)
왼쪽에 차통(다부)과 다조(저통)를 다반의 왼쪽 안쪽에, 다건 접시를 바로 앞의 오른쪽으로 옮기고 찻잎 관상용 접시를 다반의 바로 앞에 둔다.

4) 상차(賞茶: 차를 감상한다)
주인이 차통(다부)을 열고, 다칙 또는 다표로 소량의 찻잎을 관상용 접시에 꺼낸다. 보조자가 주인의 왼쪽에서 접시를 받고, 손님에게 감상(感賞)시킨다. 그리고 보조자는 퇴장한다.

5) 온호(溫壺: 호를 따뜻하게 데운다.)
주인이 왼손으로 다호의 뚜껑을 열고, 오른손으로 물을 넣어둔 그릇을 들고, 물을 다호의 2/3까지 따르고, 물그릇을 제자리에 놓은 후 뚜껑을 덮는다. 양손으로 다건을 집어서 왼손으로 든다. 인지로 뚜껑의 기공 부근을 누르면서 왼손의 다건으로 다호의 밑바닥을 받친 상태로, 양손으로 다호를 흔들고 다호전체의 온도를 균일하게 한다. 그리고 오른손으로 다호를 들고, 다호안의 물을 음용배에 따른다. 이후 차를 우릴 때도 이 방법으로 한다.

6) 치차(置茶: 차를 옮긴다)

왼손으로 다호의 뚜껑을 열고, 다반에 올려놓는다. 양손의 차통(다부)을 들고, 조금 흔든 후에 다표로 먼저 큰 찻잎을 꺼내고 다호 안의 출구 근처에 놓는다. 다음에 작은 찻잎을 꺼내고, 이것은 손잡이 부근에 놓는다. 작은 찻잎이 출구를 막는 것을 방지하기 위해서다. 찻잎의 양은 다호의 1/2정도가 적당한 양이다. 처음 오룡차를 마시는 사람은 1/3 전후가 적당한 양이다.

찻잎의 크기가 전체적으로 적은 경우는 많이 넣지만, 잘 말려 있는 찻잎은 물에서 퍼지면 양이 많아지기 때문에 적당하게 조절한다. 즉 찻잎의 형태에 따라 필요한 양을 생각하지 않으면 안 된다. 다칙을 사용할 경우는 찻잎을 다칙에 넣고 다표 또는 차통에 큰 찻잎과 작은 찻잎을 나누어 둔 후 다호에 넣는다.

7) 초포(初泡: 첫 번째 끓음)

오른손으로 물이 들어 있는 그릇을 잡고, 돌리면서 다호 가득히 물을 따른다. 왼손에 들었던 뚜껑으로 물방울을 닦고서 표면을 고르게 한 후 뚜껑을 덮는다. 그리고 물을 다호의 위에서부터 따른다. 이것을 「임호(淋壺)」라 하고, 다호의 온도를 유지하기 위해서 시행한다. 이때 기공으로 물이 들어가지 못하도록 주의한다. 눈 깜짝할 사이에 다호의 위에서부터 물을 따른다. 「임호」 후 12~20초 정도 놓아둔다. 매우 단단한 차인 경우에는 조금 오래 놓아둔다.

8) 온배(溫杯: 잔을 따뜻하게 한다.)

음용배의 물로 하나씩 따뜻하게 한다. 오른손의 엄지를 찻잔의 가장자리에 중지를 바닥에 대고, 먼저 음용배 한 개를 잡는다. 안의 물을 2번째의 찻잔에 넣는다. 다음에 인지로 첫 번째의 음용배를 두 번째 음용배 속으로 한 번에 보낸다. 따뜻해진 음용배를 원래대로 되돌려 놓는다. 이런 식의 순서로 음용배를 전부 따뜻하게 한다. 이것이 전통적인 공부차를 따뜻하게 하는 방법이다.

9) 분차(分茶)

오른손의 엄지와 중지로 다호 손잡이를 잡고, 인지를 뚜껑 부분에 대고 다호를 다반의 가장자리를 따라서 시계 반대방향으로 한번 돌린다. 이것을 「유산완수(遊山玩水)」라고 한다. 그리고 다건으로 밑바닥을 닦는다. 그리고 차를 다완에 균일하게 평균적으로 나누는 것이 요령이다.

10) 봉차(奉茶)

주인은 음용배를 들어올리고, 다건 위에 잠시 놓아두어 바닥에 젖어 있는 물기를 제거한 후 다탁에 올려놓고, 그것을 좌측의 쟁반에 올려놓는다. 보조자가 다시 나와 주인의 좌측에서 차를 올려놓았던 쟁반을 받고, 일어서 있는 주인 뒤에 서서 손님들 자리로 간다. 주인이 보조자가 들고 있는 쟁반에서 양손으로 다완을 들고, 한사람씩 손님 앞에서 손을 내밀며 '드세요' 라고 권한다. 보조자는 주인에 맞춰서 행동한다. 전원에게 차를 내놓은 후, 주인은 테이블에 돌아온다. 보조자는 쟁반을 원래의 위치로 되돌려 놓고 퇴장한다.

11) 상미(賞味: 차 맛을 본다.)

마실 때는 향을 확인하고, 색을 보고 3회로 나누어서 마신다. 다 마셨다면 다시 한번 손바닥으로 음용배를 잡고서, 조금씩 돌려가면서 향의 여운을 감상한다.

12) 두 번째 끓임

왼손으로 다호의 뚜껑을 열고 쟁반에 놓는다. 오른손으로 물을 돌려가면서 다호 가득히 따른다. 왼손으로 뚜껑을 덮고 「임호(淋壺)」를 시행한다. 우려내는 시간은 첫 번째와 같은 것이 좋다. 그리고 첫 번째 끓이는 것과 같이 차를 나누어 손님들에게 내놓고, 두 번째 끓인 것을 마시는 방법도 첫 번째 끓인 것과 같은 모양이다.

13) 세 번째 끓임

두 번째와 같지만, 놓아두는 시간을 1분 정도로 한다. 서서히 시간을 길게 하는 것은 찻잎에 따라 판단해야 한다.

4. 개완법(蓋碗法), 다잔법(茶盞法)

개완(다잔), 다완 4개와 자기의 다반으로 우려낸다. 자기의 다기가 향이 진한 오룡차에 적합하다.

1) 준비

큰 쟁반을 테이블 중앙에 놓는다. 그 왼쪽에 다반을 오른쪽에 차선(茶船)을 놓는다. 다반 위에 개완(蓋碗)과 다완 4개를 나열한다. 작은 쟁반에 차통(다부)·다조(저통)·찻잎관상용 접시·다탁 4개·다건·다건 접시를 올려놓고, 테이블 왼쪽 끝에 놓는다. 테이블 오른쪽에는 화로와 물을 담는 그릇을 준비한다.

2) 출장(出場)

음악이 흐르고 주인과 보조자가 등장한다. 손님에게 예의를 갖추고 나서 주인이 앉고, 보조자가 그 오른쪽에 선다.

3) 비구(備具: 준비된 도구)

왼쪽에 차통(다부)과 다조(저통)를 다반의 왼쪽 안쪽에, 다건 접시를 바로 앞의 오른쪽에 옮기고 찻잎 관상용 접시를 다반의 바로 앞에 둔다.

4) 상다(賞茶: 차를 관상한다)

주인이 차통(다부)을 열고, 다칙 또는 다표로 소량의 찻잎을 관상용 접시에 꺼낸다. 보조자가 주인의 왼쪽에서 접시를 받고, 손님에게 감상(感賞)시킨다. 그리고 보조자는 퇴장한다.

5) 온개완(溫蓋碗: 개완을 따뜻하게 한다)

주인이 양손으로 개완(蓋碗)을 잡고, 일단 차선의 앞에 놓아둔 후 오른손의 엄지와 약지로 그 가장자리를 끼워가지며, 인지로 뚜껑을 누르고 개완을 들어올려, 차선에 놓는다. 뒤집어 놓은 다완 4개를 엄지·인지·중지를 사용해 바로 뒤집어 놓고 사각형으로 나열한다. 왼손으로 개완의 뚜껑을 열고 차탁에 올려놓고, 오른손으로 뚜껑을 덮는다. 오른손으로 개완을 들어올리고, 왼손으로 밑바닥을 지탱했던 상태로 양손으로 돌려서 전체를 따뜻하게 한다. 그리고 개완의 물을 4개의 다완으로 나눈 후 차선에 되돌려 놓는다.

6) 치차(置茶: 차를 옮긴다.)

왼손으로 뚜껑을 잡고, 접시에 놓는다. 양손으로 차통(다부)을 잡고, 평평하게 되도록 조금 흔들고 난 후 뚜껑을 연다. 다표로 먼저 작은 찻잎을 개완의 바닥에 깔고, 그 위에 큰 찻잎을 놓는다. 이것은 작은 찻잎이 뜨지 않도록 하는 작업이다. 찻잎의 양은 개완의 1/2정도가 적당량이지만, 이것은 어디까지나 기준이고, 찻잎의 단단한 상태나 음용자의 기호에 따르는 것이 중요하다.

7) 온윤포(溫潤泡)

오른손으로 물이 들어있는 그릇을 들고 개완의 안쪽을 따라 가득 따른다. 왼손으로 뚜껑을 잡고, 거품을 닦고서 표면을 고르게 하고 바로 덮는다. 오른손의 엄지·인지·중지를 사용해서 물을 차선에 버린다.

8) 초포(初泡: 첫 번째 끓음)

오른손으로 물이 들어 있는 그릇을 들고, 돌려가면서 가득 찰 때 까지 물을 따르고, 뚜껑을 덮고 1분 정도를 기다린다. 최근 많은 종류의 다양한 오룡차가 있기 때문에 찻잎에 따라서 시간을 조절할 필요가 있다.

9) 분차(分茶)

1분 정도 기다린 후, 오른손으로 개완을 들고 다건 위에 잠깐 놓아두었다가 개완의 밑바닥에 젖어 있는 물기를 닦는다. 그리고 뚜껑과 그릇의 틈으로 차를 「관공순성(關公巡城)」법으로 4개의 다완에 나누고, 최후에 「한신점병(韓信点兵)」법으로 농도를 높인 마지막의 찻물을 평균적으로 각 다완에 따르고, 개완을 다반에 옮겨놓는다.

10) 봉차(奉茶: 차를 우려낸다)

주인이 차를 다 우려냈을 때, 보조자가 다시 나와 주인의 좌측에서 차를 올려놓은 큰 쟁반을 받는다. 게다가 보조자는 차를 쟁반으로 옮기고, 일어선 주인 뒤에 서서 객석으로 간다. 주인이 보조자가 들고 있던 쟁반에서 양손으로 다완을 들고 한 사람씩 손님 앞으로 가서 차를 내밀고, '드세요' 라고 권한다. 보조자는 주인과 맞추어 행동한다.

11) 상미(賞味: 차 맛을 본다)

마실 때는 향을 확인하고, 색을 보고 3회로 나누어서 마신다. 다 마셨다면 다시 한번 손바닥으로 음용배를 쥐고, 조금씩 돌려가면서 향의 여운을 감상한다.

12) 두 번째 끓음

차선의 찬물을 다반에 버리고, 다시 오른손으로 적당한 양의 물을 차선에 따른다. 그리고 개완을 차선에 놓고, 첫 번째 끓인 것과 같은 방법으로 물을 따르고 1

분정도 기다린다. 그 기다리는 시간은 찻잎에 따라 다르기 때문에 그 정도를 잘 판단한다. 그리고 첫 번째 끓인 것과 같이 차를 나눠서 손님에게 내놓는다. 두 번째 끓인 것을 마시는 방법도 첫 번째 끓인 것과 같다.

13) 세 번째 끓음

두 번째 끓인 것과 같지만 우려내는 시간을 1분 이상으로 한다. 우려내는 시간은 찻잎에 따라 각기 다르기 때문에 정도를 잘 판단한다.

이상 각각의 방법은 매일 실천을 통해서 연습을 해야 한다.

5. 복건공부차(福建工夫茶)

1) 기본 다기(물통 · 화로 · 다호 · 찻잔) 이것을 「사보(四寶)」라고 한다

① 물그릇

원래는 자기로 된 것을 사용. 고대에서는 「옥서외(玉書碨)」라 불리고, 현재는 알루미늄제품 · 스테인레스제품 · 유리제품의 물건이 많다.

② 화로

흙으로 만든 목탄용 화로, 현재는 전기나 알콜을 사용하는 화로를 많이 사용한다.

③ 다호(茶壺)

고대에는 맹신부(孟臣缶)라 불리고, 크기는 귤 크기 정도이다. 의흥의 자사호가 최고였다.

④ 다잔(茶盞)

특별한 이름의 찻잔. 호두알 정도의 크기로 약침배(若琛杯)라고도 불린다. 보통 반투명의 백자잔(白磁杯)이다.

⑤ 다반(茶盤)

현재는 플라스틱이나 대나무 등으로 만들어지고, 상·하 이중의 것이 많다. 다기를 올려놓는 장소, 씻는 장소라는 두 가지 역할을 가지고 있다.

2) 우려내는 방법 · 마시는 방법

① 비기후용(備器侯用)

다기를 모두 준비하고 사용 순서대로 나열한다. 최초의 준비 전체를 말하는 것이다.

② 경차입칙(傾茶入則)

찻잎을 차통(다부)에서 다칙으로 꺼낸다. 다부를 조용하게 기울여 찻잎을 소리 없이 다칙에 꺼내 놓는다. 결코 다부를 돌리거나 다칙을 찻잎 속에 억지로 찔러 넣지않도록 유념해야 한다.

③ 관상가명(觀賞佳茗)

손님에게 찻잎의 모양을 관상하게 한다. 좋은 찻잎은 모형도 아름답고 향도 좋다. 다하 또는 다칙에 꺼내 놓아 손님들에게 감상하게 한다.

④ 청천초비(淸泉初沸)

물을 끓인다. 맑은 샘물로 처음으로 물을 끓인다.

⑤ 맹신임림(孟臣淋霖)

물로 다호를 따뜻하게 한다. 맹신은 혜맹신(惠孟臣)이라는 명대 의흥(宜興) 자사호를 만든 명인이다. 천천히 다호를 따뜻하게 하는 것, 이 경우 임(淋)이란 임욕

① 비기후용(備器侯用)

② 경차입칙(傾茶入則)

③ 관상가명(觀賞佳茗)

④ 청천초비(淸泉初沸)

(淋浴)의 임(淋)으로 해석하면 임욕(淋浴)은 샤워하는 것이고, 림(霖)은 장마 비에 관한 것이기 때문에 샤워를 할때처럼 넘치지 않게 천천히 다호에 물을 따르는 것을 말한다.

⑥ 오룡입궁(烏龍入宮)

오룡차의 찻잎을 다칙에서 다호에 넣는다. 다칙에서 꺼낸 오룡차의 찻잎을 조용하고 정중하게 궁전에 들어가는 것처럼 다호에 넣는 것을 말한다.

⑦ 현호고충(顯壺高沖)

다호에 가득히 물을 넣는다. 높은 위치에서 다호에 가득히 물을 따른다. 높은 위치에서 다호에 따르는 것은 다호내에 찻잎이 물에 고르게 적셔지도록 하기 위

⑤ 맹신임림(孟臣淋霖)

⑥ 오룡입궁(烏龍入宮)

⑦ 현호고충(懸壺高冲)

⑧ 추포추미(推泡抽眉)

한 것이다. 단, 너무 높여서 물이 넘치는 것은 좋지 않다.

⑧ 추포추미(推泡抽眉)

뚜껑으로 물방울을 없애고 표면을 고르게 한 후 다시 덮는다. 물을 현호고충(懸壺高冲)하면 물방울이 생겨 다호를 가득 채운다. 다호 뚜껑으로 깨끗하게 물방울을 처리하여 닦고, 눈썹을 깍듯이 조용하게 뚜껑을 덮는다.

⑨ 중세선안(重洗仙顔)

다시 다호에 물을 부어서 온도를 유지한다. 뚜껑을 덮은 후, 물을 다시 붙는다. 다시 말해 거듭해서 다호를 씻는 것이다. 그 결과 선인(仙人)의 얼굴처럼 다호가 산뜻하고 깨끗하게 된다. 동시에 내부의 온도가 올라가고 찻잎의 내용물을

⑨ 중세선안(重洗仙顏)

⑩ 약침출욕(若琛出浴)

⑪ 유산완수(遊山玩水)

⑫ 관공순성(關公巡城)

잘 우려 낼 수 있다.

⑩ 약침출욕(若琛出浴)

물로 찻잔을 따뜻하게 한다. 약침(若琛)은 청대의 찻잔을 만든 명인이고, 일설에는 경덕진(景德鎭)의 직인(職人)이라고 말한다. 찻잔을 차선 안에서 따뜻하게 해놓고, 목욕을 하고 나오듯이 집어낸다. 이것에 의해 찻잔은 따뜻해지고, 차의 온도를 오랫동안 유지할 수 있고, 차의 향과 맛도 떨어지지 않는다.

⑪ 유산완수(遊山玩水)

다호에 젖은 물기를 없애기 위해 다호를 다선에서 들어 올리고, 다선의 가장자리를 따라 한번 돌려둔다. 유산이란 다선의 가장자리 부분을 산에 비유하는 것이고, 다

⑬ 한신점병(韓信点兵)

⑭ 삼룡호정(三龍護鼎)

선전체의 테두리를 다호로 돌리기 때문에 산에서 노는 것이라고 말하고, 그 과정에서 다호에 붙어 있는 물기를 없애는 것이기 때문에 물을 심심풀이로 가지고 노는 것처럼 보인다.

⑫ 관공순성(關公巡城)

차를 순서대로 농도가 균일하게 되도록 회수를 나누어서 찻잔에 따른다. 관공은 《삼국지》의 영웅, 관우를 말하는 것이다. 그는 의리가 두텁고, 성실했기 때문에 현재도 전 세계의 화교들의 수호신으로 되어있다. 그는 훌륭한 장군이고 성 밖의 마을을 순찰하고, 마을 사람들을 몸소 돌봐주었다. 이런 관우의 전설처럼 정중하게 동일한 찻잔에 물을 따르는 것이라고 말할 수 있다. 이것에 숙달 되지 않으면 차의 농도가 균등하게 되지 않기 때문에, 차의 맛이 좋지 않게 된다. 이를 반복해서 연습하여 손님들이 차맛을 제대로 음미하고 감상할 수 있도록 해야한다.

⑬ 한신점병(韓信点兵)

가장 마지막 몇 방울의 차는 가장 맛있는 부분이기 때문에 고르게 각각의 찻잔에 따른다. 한신(韓信)은 전한(前漢)을 건국했던 유방(劉邦) 휘하(麾下)의 장군이었다. 매우 훌륭했던 장군이었기 때문에 장수에 대한 점호는 엄격하고 명확하였다. 즉 최후의 한 방울씩을 찻잔에 따를 때는 한신점병처럼 명확하게 하지 않으면 안 된다.

⑮ 관상탕색(觀賞湯色)

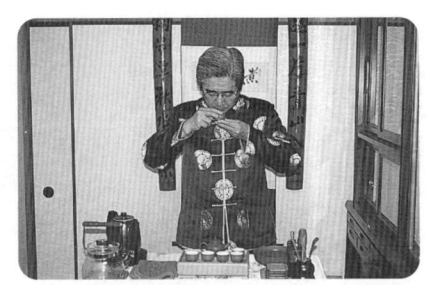

⑯ 희문유향(喜聞幽香)

⑰ 세품가명(細品佳茗)

이것은 차의 맛을 아낌없이 우려내기 위해 하는 것이므로, 잘 하지 못하면 맛의 균형이 없어지게 된다.

⑭ 삼룡호정(三龍護鼎)

엄지와 인지로 찻잔의 가장자리를 가볍게 들고, 중지로 바닥을 누르고 찻잔을 들어 올리는 것이다. 세 개의 손가락을 용의 손톱에 비유하고, 중요한 찻잔 정(鼎)을 보호한다는 의미로 차를 드릴 때의 동작을 나타내고 있다. 동시에 떨어질 염려가 있는 경우는 왼손을 함께 사용하는 것도 좋다.

⑮ 관상탕색(觀賞湯色)

삼룡호정(三龍護鼎)의 방법에 따라 조용히 들어올리고, 찻물의 색과 광택을 관상한다.

⑯ 희문유향(喜聞幽香)

찻잔을 코 앞까지 들어 올리고, 전후 좌우로 움직이면서 향을 확인한다. 차의 깊은 향을 마음이 개운해 질 때까지 감상하고 시음하는 것이다.

⑰ 세품가명(細品佳茗)

찻잔의 차를 3회로 나눠서 천천히 마신다. 가명이란 우수한 찻잎을 말하는 것이
고, 그 차를 세심하게 배려하여 품평한다는 것이다. 3회에 걸쳐서 마시는 것은 품
의 글자가 입 3개를 합쳐 놓은 것이기 때문에, 입을 3회 사용한다는 것이다.

⑱ 중상여운(重賞余韻)

다 마신 후 다시 다완을 코 끝까지 들어올려, 찻잔의 밑바닥에 깔려 있는 향의 여
운을 감상한다. 다시 한번 좋은 차향의 여운을 즐기는 것이다. 어느 쪽이든지 중국차
를 즐길 때의 4글자의 숙어가 있지만, 자연의 혜택을 받은 차에 대해 마음을 아름답
게 쓰는 것을 말하는 것이다. 차인은 다예와 음차에 대해 자연속에서 인간이 가장 마
음을 아름답고 우아하게 대체할 것을 요구한 것이라고 이해된다. 이것들이 일련의
다예로 차에 대한 인간의 품성을 질문하고 있는 것을 이러한 말로 표현하고 있다.

6. 조주공부차(潮州工夫茶)

광동성(廣東省)의 조주[潮汕: 潮州(조주), 산두(汕頭)]지역에서 유행했던 다예
로 현재 홍콩 · 대만 · 동남아시아에 널리 퍼져 있는 차를 우려내는 방법이다.

1) 기본다기[복건공부차(福建工夫茶)의 기본과 같은 형태로 '조주사보(潮州四寶)' 라고 말하는 것이다]

① 옥서외(玉書碨)
물이 담긴 그릇, 원래 자기였지만 현재는 스테인리스 제품과 유리제품이 많다.

② 조선(潮汕)화로
흙으로 만든 화로, 현재는 전기화로나 알콜 램프가 많다.

③ 맹신부(孟臣缶)

조주의 풍습에서는 호를 부(缶)라고 부른다. 의흥(宜興)의 자사호가 최고가 되고, 작은 편이 좋다고 한다. 모양은 작고 평평하고 배가 나온 것이 좋다. 이처럼 다호는 찻잎이 천천히 펴지는 것이 가능하고 향도 유지될 수 있게 한다.

④ 약침배(若琛杯)

작은 찻잔, 청화자기 찻잔이 가장 좋다. 다른 것은 직경 3cm가 넘지 않는 종이처럼 얇고 아름다운 작은 잔을 사용하기도 한다. 이것은 백옥 같은 백자잔이므로 「백옥배(白玉杯)」라고 불린다.

⑤ 이중다반(二重茶盤)

현재는 플라스틱이나 대나무나 나무로 만들어진 것이 많다. 원형·사각형 등의 형태가 있다. 위의 다반에 구멍이 많이 있는 것은 물이 구멍으로 아래의 쟁반으로 흘러 폐수를 받게 되는 것처럼 되어 있다.

2) 우려내는 방법 · 마시는 방법

① 비기(備器)

다기를 모두 준비한다. 화로에 불을 붙여둔다.

② 비다(備茶)

찻잎은 조주(潮州)의 봉황단총(鳳凰單欉)·무이산(武夷山)의 암차(岩茶)·안계(安溪)의 철관음이 가장 좋다. 한 장의 흰 종이 위에 차통을 뒤집어서 찻잎을 모두 꺼낸다. 그렇게 하면 작은 찻잎도 꺼낼 수 있기 때문이다. 찻잎의 크기를 대·중·소로 나누고 나면 큰 찻잎을 다호출구에 작은 분차를 가운데에 깔고, 제일 큰 것부터 중간정도의 찻잎을 덮어 둔다. 이것을 「납차(納茶)」라고 한다. 찻잎이 모두 똑같은 정도의 크기라면 하얀 종이 위에서 몇 개의 찻잎을 조금 작게 부셔서 놓아둔다. 분차가 없다면 멋[風味]이 부족하기 때문이다.

③ 후탕(候湯: 물 끓임)

물을 끓인다. 물은 3회를 끓이게 된다. 옹휘동(翁輝東)의《조주다경(潮州茶經)》〈공부차(工夫茶)〉에 「만약 수면에 거품이 뜨면, 그 소리가 소나무의 웅웅거리는 소리와 같다면 이것이 두 번째 끓음으로 차를 우려내는 것에 가장 좋은 시기이다.」라고 하고 있는 것처럼 두 번째 끓이는 것이 최적이다.

④ 열부(熱缶: 용기를 따뜻하게 한다)

물을 넣어 다호를 따뜻하게 한다.

⑤ 임배(淋杯)

다호 안의 물을 찻잔에 넣고 잠시 동안 놓아둔다.

⑥ 치차(置茶: 차를 옮긴다)

찻잎을 올려놓았던 하얀 종이를 들고, 손가락으로 가볍게 두드리면 분차가 아래로, 큰 잎은 위로 올라온다. 그것을 비스듬히 기울여 다호에 넣는다. 그러면 큰 찻잎이 다호 앞과 위에 분차가 뒤의 아래로 간다. 더욱이 엄지로 다호를 2~3번 두드리면, 분차가 완전히 다호의 바닥에 깔리게 된다. 그래서 분차가 출구에 들어가지 않도록 한다. 찻잎의 양은 다호의 5분이나 7분 정도이다.

⑦ 충점(冲点: 물이 솟는 점)

다호의 가장자리를 따라 다호 가득히 물을 따른다. 찻잎이 다호 안에서 펄펄 끓어 위 아래로 움직이도록 한다.

⑧ 세차(洗茶: 찻잎을 씻음)

차를 버린다. 이것으로 찻잎을 살균하고 찻잎이 축축하고 윤기가 있게 된다. 이것은 「고급녹차(高級綠茶)」의 「침윤포(浸潤泡)」 또는 「오룡차 = 다호」의 「온윤포(溫潤泡)」와 같은 역할이다. 그러나 현재는 거의 필요 없다.

⑨ 고충(高冲: 높이 솟다)

다시 다호에 물을 따른다. 물은 높은 위치에서 작은 물줄기로 따른다. 이렇게 함으로 찻잎이 고르게 따뜻하게 되어 찻잎의 향을 우려내고 맛을 부드럽게 할 수 있다.

⑩ 괄말(刮沫: 거품 활동)

물을 부으면 물방울이 표면에 뜨기 때문에, 뚜껑으로 거품을 제거하여 표면을 고르게 하고, 다시 뚜껑을 덮는다.(다른 말로는 '괄정(刮頂)' 이라 한다)

⑪ 임호(淋壺)

바로 물을 다호의 위에서부터 따른다. 그렇게 하면 다호의 바깥쪽을 살균하고, 다호 내외의 온도를 유지하여 찻잎 특유의 맛을 더욱더 우려낼 수 있기 때문이다.(다른 말로는 '임미(淋眉)' 라 한다.)

⑫ 세배(洗杯: 잔을 씻는 것)

가장 처음에 끓였던 찻잔 안에 찬물을 버리고 손가락으로 다시 한번 찻잔 속을 돌리면서 씻는다. 이런 식으로 한 개씩 씻는다. 이것은 위생을 위한 것과 동시에 찻잔의 온도를 유지하고 차의 향을 우려내기 위한 작업이다.

⑬ 쇄차(洒茶)

차를 나누어 넣는다. 찻잔을 씻는 것을 끝낼 때 대부분의 다호안의 차가 적당하게 우려 나오게 된다. 인지로 뚜껑을 누르고, 엄지와 약지로 다호의 손잡이를 쥐고 다호를 들어올려 다반의 테두리에 따라서 한번 돈다. 다호에 젖어 있는 물기를 없애기 위한 것이다. 이것은 복건공부차(福建工夫茶)에서는 「유산완수(遊山玩水)」라고 부르고 있다. 그리고 농도가 고르게 되도록 각각의 찻잔에 차를 조금씩 돌리면서 따른다. 이것을 「관공순성(關公巡城)」이라고 부른다.

다호의 가장 마지막의 몇 방울을 각각의 잔에 나누어 따른다. 이것을 「한신점병(韓信点兵)」이라고 부른다. 주의해야 할 점은 차를 나눌 때에 될 수 있는 한 다호를 찻잔 가까이 갖다 되는 것이다. 차가 식고 기포가 일어나서 차가 흩어지는 것을 방지하기 위함이다. 이것을 「저사(低篩)」라고 부른다. 여기서 나온 「고충(高冲)」・「저사(低篩)」・「괄말(刮沫)」・「임호(淋壺)」는 조주공부차를 우려내는 방법으로 매우 중요한 포인트가 되기 때문에 확실히 익혀둘 필요가 있다.

역자보충

청대의 오룡차를 우려내는 방법

1. 다구

① 주정로(酒精爐 : 곤로)　　　　⑤ 다부(茶缶 : 차통)

② 수호(水壺 : 주전자)　　　　　⑥ 다시(茶匙 : 차통과 다표)

③ 약침구(若琛甌 : 개완)　　　　⑦ 다두(茶斗 : 다칙(茶則))

④ 다배(茶杯 : 다완)　　　　　　⑧ 다협(茶陜)

2. 우려내는 방법

① 팽자천수(烹煮泉水 : 물을 끓인다.)

② 목림구배(沐霖甌杯 : 다지・다선으로 개완과 음용배를 따뜻하게 한다.)

③ 오룡입궁(烏龍入宮 : 다칙에서 다표로 개완에 찻잎을 넣는다.)

④ 현호고충(懸壺高冲 : 개완 위의 높은 곳에서부터 물을 따른다.)

⑤ 춘수유락(春水流落 : 차를 씻는다)

⑥ 춘풍불면(春風拂面 : 개완의 뚜껑으로 거품을 제거한다.)

⑦ 삼룡호정(三龍護鼎 : 세 손가락으로 개완을 든다.)

⑧ 행운유수(行雲流水 : 다지의 주위에서 개완의 물방울이 떨어진다.)

⑨ 오룡순해(烏龍巡海 : 음용배에 차를 따른다.)

⑩ 점수유향(点水流香 : 최후의 한 방울 까지 차를 우려낸다.)

⑪ 경봉향명(敬奉香茗 : 차를 나누어 준다.)

⑭ 경차(敬茶)

우려낸 차를 손님에게 내거나 권한다.

⑮ 품차(品茶)

찻잔을 손에 들고 먼저 차의 색을 보고, 그 후 향을 음미하고 나서 3회에 걸쳐 나누어 마신다. 호도처럼 작은 찻잔이라면 한입에 마셔도 좋지만, 천천히 맛을 음미하면서 삼키도록 한다. 다 마신 후, 찻잔 바닥에 깔려 있는 향을 다시 한번 감상한다. 이상의 두 종류의 공부차는 대체적으로 같기 때문에 동일원(同一源)이라고 생각된다. 공부차는 명대의 강소(江蘇), 절강(浙江) 지역을 중심으로 발전되었다.

청대 초기에 그 중심이 광동과 복건지역으로 옮겨졌고, 청대 중기 이후에는 조주와 산두(汕頭)지역으로 옮겨졌던 것이다. 실제로 오늘날의 복건공부차는 복건성 북부 오룡차의 생산지인 무이산지역 이외에 주로 복건성 남부의 장주(漳州)·천주·하문(廈門) 부근에 집중되어 있다.

이 밖의 지역은 조주가까이에 위치하고, 언어도 조주와 같이 복건성 남부의 방언이다. 다른 풍속·습관도 비슷한 부분이 많기 때문에, 차를 우려내는 것도 비슷하다고 생각할 수 있다.

상미(賞味 : 차를 음미한다)

차를 음미한다는 것은 단순히 마신다는 것과는 다르다. 차를 마시는 것은 갈증을 가시게 한다는 생리적 욕구를 채우기 위한 행위이기 때문에 단숨에 다 마시는 것과는 거리가 있다. 그에 비해 차를 음미하는 것은 정신적인 만족을 요구하기 위한 것이고, 차를 예술로서 천천히 시간을 갖고, 차의 색·향·맛·찻잎의 모양을 관상하고 아름다움을 느끼는 것이다.

당대의 시인 교연(皎然)은 《음차(飮茶)의 노래》·〈崔石使君을 책망한다〉에서 자신이 차를 음미할 때의 감각에 대해서 말하고 있다. 노동(廬仝)도 〈붓을 잡고서 맹간의(孟諫議)의 신차(新茶 : 새로운 차)를 한다.〉에서 차를 7잔을 맛보았을 때의 기분을 말했다. 이처럼 많은 사람들이 차를 감상하는 것을 예술로 표현했던 것을 이해할 수 있게 되면 차의 진정한 즐거움을 느낄 수 있을 것이다.

차를 감상하는 것을 어떻게 하면 좋은가? 크게 나눠서 ① 관상(觀賞)을 한다. ② 향을 확인한다. ③ 맛을 본다는 세 가지로 나눈다.

1) 관상(觀賞)을 한다.

차와 찻잎을 잘 관찰하는 것이다. 차는 투명한 색(침전물이나 부유물이 없다. 밝은 광택이 있다)으로 된 것이 가장 품질이 좋은 것이고, 투명도가 없고 탁하고 흐린 것은 최하이다. 차 색깔은 찻잎이 좋고 나쁨으로 결정된다. 예를 들면 똑같은 녹차라도 엷은 녹차, 어린 녹차[綠茶], 비취색의 녹차[翡翠綠], 행록[杏綠(살구색의 녹색)], 황록(黃綠) 등이 있다. 어린녹차와 비취색의 녹차가 가장 품질이 좋은 찻잎이고, 그것에 대한 황록(黃綠) 찻잎은 별로 좋지 않다. 찻잎에는 선명한 색, 맑은 홍색, 깊은 홍색의 잎이 있고, 선명한 색인 홍색이 가장 좋다.

황차에는 행록[杏綠: 황색에 빨간색이 혼합되어있다.]와 오렌지색의 황차가 있고, 오룡차에는 금색 · 오렌지 색 · 오렌지 홍 · 오렌지 녹색 등의 찻잎이 있다. 찻잎의 모양은 다양한 형대로 가공되어 있고, 물속에서 원래의 상태로 되돌아가는 찻잎의 모습은 관찰할 가치가 있다.

고급녹차는 어린 싹만을 이용하고, 독특한 방법으로 가공되어 있고 물속에서 퍼지는 찻잎의 모습은 상당히 아름답다. 특히 어린 싹의 끝이 부드럽게 부푼 모양을 하고 있는 찻잎은 물속에서 상하로 흔들면서 움직이고, 최후에는 찻잔의 바닥에 수풀처럼 늘어서니 더욱더 아름답다. 이와 같이 차를 마시기 전에 먼저 찻잎과 차를 잘 관상한 후 마시면 더 좋은 분위를 이끌어 낼 수 있다.

2) 향을 확인한다.

차향을 감상하는 것이다. 품질이 좋은 차는 자연스럽고 순한 향을 내기 때문에 마음을 즐겁게 하고 사람들의 기분을 좋게 만든다. 질이 나쁜 차는 탄듯한 냄새나 풀냄새, 혹은 곰팡이 냄새가 난다. 찻잎은 여러 가지 방향물질을 포함하고 향을 내고 있다. 방향물질은 각각의 종류와 그 양과의 조화에 의해 다양한 향을 만들어 낸다. 따라서 찻잎에는 각각의 찻잎만이 가진 독특한 향이 있다. 깨끗한 향, 밤나무 향, 과일 향, 꽃의 향 등이 있고, 향으로 차의 특징을 공부해 보는 것도 재미있다.

보통 어린 싹을 원료로 가공했던 고급녹차의 향은 청향형(清香型: 완전히 산뜻한 향)과 약향형(若香型: 향이 강하고, 길며, 신선하고, 군밤의 향기)이다. 그 밖에 난의 향이 나는 녹차도 있다. 홍차는 사과 향이 나기도 한다. 공부홍차는 말린 과일(대추나무와 용안)의 향과 꿀 향이 나며, 기문(祁門)홍차는 장미향이 난다. 성숙한 찻잎을 원료로 만들어진 무이암차(武夷岩茶)는 강한 불로 건조하였기 때문에 당분이 불에 의하여 변화되어, 구워진 송편이나 탄 냄새가 난다.

다른 오룡차는 여러 종류의 꽃 향을 가지고 있기 때문에 꽃향형(花香型)에 속한다. 그것은 더욱더 청화향(清花香: 깨끗한 향)과 첨화향(甛花香: 단 냄새의 향)의 두 종류로 나눌 수 있다. 청화향에는 난(蘭)·치자나무 등의 향이 있다. 첨화향에는 백목련·목서(木犀)·장미향 등이 있다. 철관음·포종·오룡·수선·대만오룡 등도 이 계통의 향에 속한다. 화차는 사용하는 꽃에 의해 독특한 향이난다. 대표적인 것이 쟈스민·백란(白蘭: 하얀 난초)·장미·대대화(玳玳花)·치자나무·목서(木犀) 등 이다.

이상으로 향을 분류하고 있지만, 절대적인 규칙은 아니다. 예를 들면 가볍게 발효했던 오룡차(특히 대만산의 고산차)는 녹차의 향을 가지고 있고, 철관음이나 대홍포는 향의 선명도가 각기 다르다. 찻잎의 향을 분별하는 것은 차를 음미하는 것 중에서도 가장 어려운 일이다. 차에 관한 해박한 지식과 오랜 경험을 통하여 주의 깊게 관찰하여야 한다.

3) 맛을 본다.

차의 맛을 음미한다. 향과 같은 식으로, 맛의 종류도 복잡하고 다양하다. 따라서 평범한 사람은 좀처럼 이해할 수 없다. 모든 차는 처음에 한 모금을 마셨을 때는 쓴맛이 느껴지지만, 삼키고 난 후 입에는 단맛의 여운이 남는다. 이것은 찻잎 내의 화학원소가 입안의 각 감각기관(특히 혀)에 자극을 주기 때문이다.

찻잎의 화학원소 속에는 미각을 자극하는 폴리프린과 아미노산이 들어 있다. 카페인 등의 화합물은 그 보조 작용으로 자극을 준다. 홍차에 포함되어 있는 차황소(茶黃素)와 차홍소(茶紅素) 등의 물질은 상황에 따라서 그 함량과 편성된 비율이 변화하기 때문에 다양한 맛이 난다.

차를 입에 넣으면 혀의 각 부위의 미뢰(味蕾: 미각을 맡고 있는 감각세포)에 여러 종류의 자극을 준다. 미뢰는 미각을 느끼고 중추신경까지 전파, 뇌가 각각의 맛을 분석하여 단맛과 쓴맛을 느낀다. 예를 들면 혀끝은 단맛에 민감하고 양쪽 앞부분은 짠맛에, 양쪽 뒷부분은 신맛, 혀 중심부분은 매운맛, 혀의 뿌리부분은 쓴맛에 대해서 민감하다. 그 이유는 차가 입에 들어가면 바로 삼키지 않고 입속에서 혀 전체를 돌면서 단맛·매운맛·신맛·쓴맛·짠맛인 '오미'를 충분히 음미한 후에 삼킨다.

이처럼 차의 미묘한 맛을 음미한다. 찻잎의 종류가 많기 때문에 그 맛도 또한 다종다양하다. 맛은 인간의 기관에서 느낄 수밖에 없기 때문에 문자로는 정확하게 표현하기 어렵다.

동계애(童啓愛) 교수는《습차(習茶)》로 차의 맛을 아래의 14종류로 나누었다.

① 청선형(淸鮮型) : 맑고, 신선하고, 상쾌하다. 어린잎을 사용하여 정교하게 가공한 고급녹차와 홍차에서 내는 맛. 벽라춘(碧螺春)·몽정감로(蒙頂甘露)·남경우화차(南京雨花茶)·도균모첨(都匀毛尖) 등

② 선농형(鮮濃型) : 신선하고, 진하며, 뒷맛이 깔끔하고 신선한 과일을 먹는 느낌이다. 어린잎을 사용하여 합리적으로 가공한 찻잎에서 내는 맛. 황산모봉

(黃山毛峰)・무원명미(婺源茗眉) 등

③ 선순형(鮮醇型) : 신선하고 순수하고 뒷맛이 달콤하면서 깔끔하다. 연한 잎을 사용하여 신선한 원료로 적시에 제조하고 가볍게 유념과정을 거친 차에서 내는 맛. 태평후괴(太平猴魁)・고급기문홍차(高級祁門紅茶)・고저자순(顧渚紫笋)・의홍(宜紅) 등

④ 선담형(鮮淡型) : 신선하고, 맛이 달고 비교적 연하다. 군산은침(群山銀針)・몽정황아(蒙頂黃芽) 등

⑤ 농렬형(濃列型) : 맛이 진하면서도 쓰거나 떫지 않으면서 단맛이 있고, 뒷맛이 오랫동안 지속되면서 상쾌하다. 풍부한 물질을 함유하여 두터운 어린잎을 채취하여 제대로 제조된 차의 맛이다. 둔록(屯綠)・무록(婺綠) 등

⑥ 농강형(濃强型) : 자극이 강하고 맛이 진하며 혀에 남는다. 풍부한 물질을 함유한 품종 및 대엽품종에서 채취한 찻잎을 가공한 것. 가볍게 발효한 홍차에서 나는 맛.

⑦ 농후형(濃厚型) : 자극이 강하지만 뒷맛이 상쾌하다. 두터운 어린잎을 원료로 적절한 가공을 한 찻잎에서 나는 맛. 능운백호(凌雲白毫)・남안석정록(南安石亭綠)・서록(舒綠)・수록(遂綠)・전홍(滇紅)・무이암차(武夷岩茶) 등

⑧ 농순형(濃醇型) : 자극이 강하지만, 뒷맛이 달면서 상쾌하다. 신선한 어린잎을 제대로 가공한 찻잎에서 나는 맛. 고급의 공부홍차(工夫紅茶)・모첨(毛尖)・모봉(毛峰) 및 일부의 오룡차(烏龍茶) 등

⑨ 첨순형(甛純型) : 신선하면서 단맛이 있다. 채취한 어린잎을 정교하게 가공한 찻잎에서 나는 맛. 안화송침(安化松針)・은시옥로(恩施玉露)・백호은침(白毫銀針)・소엽종공부홍차(小葉種工夫紅茶) 등

⑩ 순상형(醇爽型) : 진하지도 연하지도 않고, 쓰지도 떫지도 않고, 뒷맛은 깔끔하다. 연한 어린잎을 가공한 찻잎에서 나는 맛. 몽정황아(蒙頂黃芽)・곽산황아(霍山黃芽)・막간황아(莫干黃芽) 및 일반의 중・상급의 공부홍차(工夫紅茶) 등

⑪ 순후형(醇厚型) : 자극이 있고 진한 맛이 있지만, 뒷맛은 조금 달다. 적절하게 채취한 잎으로 보통의 녹차·홍차·오룡차로 가공한 찻잎에서 나는 맛. 용계화청(湧溪火青)·고교은봉(高橋銀峰)·고장모첨(古丈毛尖)·로산운무(盧山雲霧)·수선(水仙)·오룡(烏龍)·색종(色種)·철관음(鐵觀音)·기홍(祁紅)·천홍(川紅) 및 일부의 민홍(閩紅) 등

⑫ 순화형(醇和型) : 진하고 신선한 맛은 없다. 쓰거나 떫은맛도 없다. 뒷맛은 부드럽지만 좀 약하다. 중급의 공부홍차(工夫紅茶)·천첨(天尖 : 공첨(貢尖), 생첨(生尖)을 포함한다)·육보차(六堡茶) 등

⑬ 평화형(平和型) : 맑으면서 연한 보통의 맛. 쓰지도 떫지도 않은 단맛이 있다. 센 잎을 원료로 가공한 찻잎에서 나는 맛. 하급의 홍차·녹차·오룡차, 중급이하의 황차·중급의 흑차(黑茶) 등

⑭ 진순형(陳醇型) : 성숙한 맛과 단맛이 있다. 보이차(普洱茶)·육보차(六堡茶) 등

물론 이것은 찻잎 전문가가 찻잎을 심사할 때 사용하는 전문 용어이지만, 장기적으로 공부하지 않은 사람, 전문지식을 가지고 있지 않은 사람은 알기 어려울지도 모른다. 또 보통 차를 마시는 사람은 이렇게 자세히 알 필요가 없을지 모른다. 그러나 조금이라도 차의 묘미를 이해하려고 한다면, 이상의 지식을 가지고 찻잎의 맛이 복잡하고 다양한 것을 느끼기를 바랄 뿐이다.

청대시인 원매(袁枚)가《수원식단(隨園食單)》에서「다완은 호도처럼 작다. 다호도 작다. 한 잔의 차는 50g도 안된다. 입에 넣고 바로 삼키는 것이 아까울 정도이고, 향을 먼저 음미한다. 그리고 그 맛을 천천히 즐긴다. 향이 코에서 나와, 혀의 표면에 단맛이 남는다. 한 잔을 마신 후 두, 세 잔까지 기분 좋게 마신다. 그래서 용정은 산뜻하게 남아 있지만, 맛이 너무 순하다. 양선(陽羨)도 좋지만 역시 부족하다는 것을 알았다.」[137]라고 오룡차를 음미했을 때의 감각을 말하고 있다.

또 청대의 양장거(梁章鉅)가《귀전쇄기(歸田瑣記)》에서「차에는 4등급이 있다.

하나는 향이 있는 차다. 화차나 보통 차는 향이 있기 때문에 맛을 보는 사람은 이것이 최고라고 생각하고 있을 것이다. 하지만 이보다도 더 높은 등급은 깨끗한 맛이다. 깨끗한 차가 아니면 향으로만 보통차라고 말할 수는 있다. 그 이상에 단맛이 나는 차는 고급이다. 단맛이 없어서 향만 나는 차는 고명(苦茗)이다. 더욱이 그 위에 묘한 맛을 내는 차가 있다.

단맛이 있어도 그 묘한 맛이 나면 보통 좋은 차임에 틀림없다. 또한 혀라는 한 글자는 혀의 밑뿌리에서 그 맛을 나누어 느끼고 있다는 것이고, 그것은 묘한 맛이다.」[138]라고 차의 맛에 대해서 말하고 있다. 차의 깊은 맛과 새로운 맛을 즐기지 않을래야 않을 수 없는 즐거움을 이해할 수 있음에 틀림없다.

일본에서는 차의 종류가 적기 때문에 다양한 차를 마시고 비교, 맛을 보는 풍습이 없다. 중국차를 즐기는 것 중 하나는 다양한 종류의 차를 맛보는 것이기 때문에 충분한 연습과 훈련을 할 필요가 있다.

137) 「杯小如胡桃, 壺小如香櫞, 海斛無一兩, 上口不忍遽咽, 先嗅其味, 再試其味, 徐徐咀爾体貼之, 果然清芬樸鼻, 舌有余甘, 一杯以後, 再試一二杯, 令人釋燥平矜, 怡情悅性, 始覺龍井雖清爾味薄, 陽羨雖佳爾韻遜矣」, 袁枚, 『隨園食單』
138) 梁章鉅, 『歸田瑣記』

CHAPTER 6

무엇 때문에
차를 마시는가

《본초습유(本草拾遺)》에서「차는 쓰기 때문에 오랫동안
음용하면 살이 빠진다. 지방을 제거 할 수는 있지만 잠
을 잘 수 없게도 한다. 마실 때 뜨겁게 해서 마시는 편이
좋다. 냉차를 마시면 염증이 생긴다. 또 차는 열기와 독
기를 제거 할 수 있다. 대장과 소장에 좋고 갈증을 가시
게 할 수 있다.」

CHAPTER 6
무엇 때문에 차를 마시는가

우리들은 왜 차를 마시는가? 차는 원시시대에서는 식료이고 약이었고 음료였다. 인류는 그 후 다양한 개선과 개발을 더하여 차를 가장 우수한 음료로 만들었다. 수천 년간 차를 마시는 역사 속에서 인간은 차가 갈증을 해소할 수 있는 혜택과 건강을 위해서도 좋고, 마음도 편안하게 해주는 것을 경험해왔다. 따라서 차는 몸과 마음을 편안하게 하고, 인간에게 필요한 종합적인 '건강음료'이다. 또한 사람들이 차를 애음(愛飮)하는 것이라 할 수 있다. 왜 차는 어떤 점에서 훌륭한 음료인가를 생각해 볼 필요가 있다.

건강음료로서의 차

고대 사람들은 일찍부터 찻잎이 갈증 해소를 도와주고 피로를 없애는 효과와 건강의 효능을 발견했다. 한대(漢代)에 신농씨(神農氏: 농업의 신)가 차로 해독했다는 전설이 《신농본초경(神農本草經)》에 기술되어 있다. 또한 화타(華佗)의 저서인 《식론(食論)》에 「쓴 차를 오랫동안 음용하면 기분과 머리에 좋다」[139], 《신농식경(神農食經)》에 「차를 오래 동안 마시면 기분이 좋아진다.」[140] 진대의 장화(張華)가 지은 《박물지(博物志)》에 「차를 마시면 졸음을 깰 수 있다.」[141], 당대의 진장기(陳藏器)의 저서인 《본초습유(本草拾遺)》에서 「차는 쓰기 때문에 오랫동안 음용하면 살이 빠진다. 지방을 제거 할 수는 있지만 잠을 잘 수 없게도 한다. 마실 때 뜨겁게 해서 마시는 편이 좋다. 냉차를 마시면 염증이 생긴다. 또 차는 열기와 독기를 제거 할 수 있다. 대장과 소장에 좋고 갈증을 가시게 할 수 있다.」[142]

명대의 이시진(李時診)의 저서 《본초강목(本草網目)》에서 「차는 쓰다. 술을 깨게 하고 식중독의 약으로도 사용되고 있다. 또한 사람을 산뜻한 기분으로 만들게 하고, 졸음을 없애는 효과가 있다. 차를 우려내고 진한 맛의 차를 마시면 감기를 치료하고 염증을 제거할 수 있다.」[143], 명대의 전춘년(錢椿年)이 지은 《다보(茶譜)》에서 「좋은 차를 마시면, 갈증을 해소하고, 습기와 염증을 제거, 졸음을 없애고, 이뇨작용을 한다. 시력보호에도 도움을 주고, 머리도 맑아진다. 침착함도 생기고 지방성분을 제거할 수도 있다. 사람에게는 하루라도 빠뜨려서는 안 된다.」[144] 등 차의 효용이 자세하게 기록되어 있다.

물론 옛날의 마시는 방법은 현대에서 마시는 방법과는 다르고 특히 한방의 다려먹는 약학적인 측면이 강조되고 있음을 살펴볼 수 있다. 또, 현대 중국차가 건강에 미치는 효과는 아래의 13가지 항목으로 요약된다고 할 수 있다.

● ● ●

139) 「苦茶久食」, 益意思」, 華沱, 『食論』
140) 「茶茗久服, 人有悅志」『神農食經』
141) 「飮眞茶令人少眠」, 張華, 『博物志』
142) 「茗茶苦寒, 久食令人瘦, 去人脂, 使人不睡, 飮之宜熱, 冷則聚痰, 波熱氣, 除瘴氣, 利大小腸 止渴除疫」「諸藥爲百病之藥, 藥爲万病之藥」, 陳藏器, 『本草拾遺』
143) 「茶苦爾寒 …兼解酒食固之毒 使人神思固爽 不昏不眠 此茶之功也 煎濃飮 吐風熱痰涎」, 李時診, 『本草網目』
144) 「人飮眞茶能止渴 消濕 除痰 少眠 利水道 明目 益思 除煩 去膩 人固不可一日無茶」, 錢椿年, 『茶譜』

① 양생(養生: 신체를 보양한다.)

② 제신(提神: 피로를 없앤다.)

③ 건미(健美: 건강과 아름다움을 유지)

④ 건뇌(健腦: 뇌를 단련시킨다.)

⑤ 소식(消食: 소화)

⑥ 이뇨(利尿: 소변의 배출을 촉진한다.)

⑦ 명목(明目: 시력회복)

⑧ 해독(解毒: 독을 제거한다.)

⑨ 진통(鎭痛: 아픔을 완화시킨다.)

⑩ 고치(固齒: 치아를 튼튼하게 한다.)

⑪ 활혈(活血: 혈액순환을 좋게 한다.)

⑫ 항복사(抗輻射: 복사 등에 강하게 한다. (복사: 물체에서 방출되는 열선, 가시광선, 자외선)

⑬ 항암(抗癌: 암 발생을 예방)

찻잎의 작용과 효용은 찻잎 안에 포함되어 있는 영양과 약효 성분에 의해 결정할 수 있다. 찻잎에는 300종류의 화학성분이 포함되어 있고, 그것들은 영양성분과 약효성분의 두 종류가 어느 쪽인가에 따라 결정된다.

영양성분 - 비타민·아미노산·미네랄 등

1. 비타민

100g의 찻잎에 100~150mg의 비타민이 포함되어 있다. 레몬과 파인애플, 토마토 등보다 훨씬 함유량이 많다. 인간이 매일 필요로 하는 비타민C의 양은 60mg이

기 때문에, 매일 3~5잔의 차를 마시면 충족할 수 있게 된다. 비타민C는 괴혈병 예방, 면역력의 증가, 암이나 동맥경화 방지 등의 효능이 있다. 비타민B는, B1·B2·B3·B5·B11 등을 포함하고 있지만, 그 속에서도 B2가 특히 중요하고 부족하면 신진대사의 기능이 어지럽게 되기도 하고, 구루병을 일으킬 가능성이 있다.

이처럼 비타민은 모두 용해되므로 찻잎을 우려내서 10분 후에는 80%가 물에 녹고, 신체에 흡수되기 쉽다. 찻잎에는 또 비타민A·E·K도 많이 포함하고 있다. 비타민E는 호르몬을 조정해서 노화를 방지하는 효과가 있다. 비타민K는 지혈작용을 한다. 그러나 유감스럽게도 이러한 비타민은 물에 녹지 않기 때문에 찻잎을 먹는 것 외에는 신체에 흡수할 방법이 없다.

2. 아미노산

찻잎에는 2%~4% 여러 종류의 아미노산이 포함되어 있다. 고급녹차에 있어서는 더 높게 5%정도 포함된다. 아미노산은 노화방지, 발육촉진, 조혈기능의 증강에 효과가 있다.

3. 미네랄

찻잎에는 4~7%의 무기물이 포함되어 있어서 대부분이 뜨거운 물에 녹고, 신체에 흡수된다. 그 속에서 칼륨이 50%, 인이 15%를 차지, 그 뒤로는 칼슘·마그네슘·철·망간·알루미늄·아연·나트륨·효소·유황·질소 등이다. 이 무기염분은 체내의 균형을 유지해 준다.

예를 들면 칼륨은 세포체액의 주요성분이므로, 많은 땀을 흘리면 세포내의 칼륨이 부족해서 신체의 기능이 쇠퇴한다. 그때 차를 마시면 칼륨이 보충되는 것이다. 또 질소는 충치를 예방하는 작용을 하고 망간은 호르몬의 흐트러짐이나 신체의 경련 등을 방지한다. 아연은 아이들의 성장과 발육을 촉진시키고, 심근경색도 예방한다. 철은 조혈기능을 증가시키고 빈혈을 예방한다.

4. 탄수화물

찻잎에는 30%의 탄수화물이 포함되어 있지만, 거의 물에 용해되지 않는 당분이다. 용해되는 것은 겨우 4~5%이다. 따라서 저 칼로리의 음료로 당뇨병이나 다이어트를 하는 사람에게 좋다. 찻잎에는 2~3%의 리포이드도 포함되어 있다. 적은 양이 신체에 필요한 물질이다. 이상처럼 찻잎에는 풍부한 영양을 포함하고 있기 때문에, 영양이 부족한 사람들은 차로 신체에 필요한 양분을 보충하도록 차를 애용하는 것이 좋다.

약효성분 - 알칼로이드 · 폴리페놀 · 탄닌산 · 플라보노 · 아센야구산, 엽록소 · 규산 등

1. 알칼로이드

찻잎에 포함되어 있는 주된 알칼로이드는 카페인이다. 2~4%의 함유량으로 80%가 물에 용해되고 신체에 흡수될 수 있다. 카페인은 중추신경을 자극하기 때문에 차를 마시면 피로회복, 지력(知力)의 증가에 효과를 얻을 수 있다. 또, 심장기능의 증강, 기관의 경련과 관장동맥의 이완에도 활동하고 소화에도 좋다. 그 밖에도 이뇨작용과 부종을 회복하는 작용이 있다.

카페인, 또 하나의 효과는 신장을 자극해서 소변이 순조롭게 나오게 하고, 신체 안의 노폐물과 독소를 제거하는 것을 촉진시킨다. 따라서 항상 차를 마시고 있는

사람은 신장병이나 결석증에 걸릴 확률이 비교적 적다.

2. 폴리페놀

찻잎에는 2~3%의 폴리페놀이 포함되어있다. 함량이 높고, 그 대부분이 수용성이기 때문에 바로 물에 용해되고 신체에 흡수 될 수 있다. 폴리페놀은 30종의 물질로 이루어지고 약물 생리작용을 한다. 이것은 다른 식품이나 음료에는 없는 특수한 것이다. 폴리페놀의 주요 약효는 모세혈관의 강장, 내출혈의 방지·동맥경화억제·고혈압과 심장병 방지·살균·설사·급성위장염·요로감염의 치료 등이다. 또 유해한 금속물질인 이온을 무해한 이온으로 변화시키는 해독효과도 있다. 혈지방을 강하시키고, 혈전형성을 방지하고, 또 다이어트에도 효과적이다. 근년 연구에서 폴리페놀은 암과 복사열에 대한 저항력이 있는 것으로 판명되었다.

3. 탄닌산

탄닌산은 많은 식물 속에 포함되어 있는 일종의 물질이다. 일반적으로 찻잎 속에 탄닌산의 양은 10%정도이다. 진한 차의 경우 맛이 떫은 것은 탄닌산의 양이 많기 때문이다. 지혈효과가 있고 알칼리성 약물을 중화시키고 지방을 분해하는 효과가 있다. 소화를 돕고 위장을 건강하게 보호, 살균해독효과가 있다. 설사를 멈추는 작용이 있고, 토혈과 객혈 등의 병을 치료하는데 사용한다.

탄닌산은 또 알콜에 녹기 쉽기 때문에 술에 취했을 때에 진한 차를 마시면 효과가 있다. 니코틴 중독, 몰핀 중독에도 사용한다. 또한 차를 마시는 것으로 복사에 의한 백혈구의 감소를 방지하는 작용을 하기 때문에, 방사선 물질 스트로치움 90 으로부터 피해를 방지할 수 있다.

4. 방향(芳香)오일(플라보노)

찻잎 속에는 일종의 방향오일이 들어 있다. 뇌·심장·혈관의 순환작용을 자극하고, 신진대사와 몸의 각 부위에 산소의 보급을 촉진 시킬 수 있다. 따라서 짙은 차를 마시면 잠을 깰 뿐만 아니라 호흡도 여유롭게 하므로 기분이 좋아지는 느낌을 받는다. 방향오일은 뇌신경을 자극할 뿐만 아니라 차로 입을 헹구면 입 냄새를 제거할 수 있다.

5. 아센야구노키산

아센야구노키산은 혈관의 강인성(强靭性)과 탄력성을 증가시키는 효과가 있다. 동맥경화의 예방에 효과적이며, 동시에 사람들의 저혈압에 대한 적응력을 증가 시킬 수도 있다.

6. 엽록소

한잔의 찻잎 속에 엽록소의 양은 6%정도이다. 단 발효된 차, 예를 들면 오룡차·홍차의 엽록소의 양은 적다. 엽록소는 혈액의 정화, 피부의 노화에 효과가 있고 여성의 미용 또는 빈혈이 있는 사람과 폐결핵의 치료에도 도움이 된다.

7. 규산

찻잎 속에 규산도 포함되어 있기 때문에 결핵과 상처의 회복, 결핵균의 확산을 방지하는데 도움이 된다. 또 규산은 백혈구의 증가, 병에 대한 저항력 증진에도 도움이 된다. 영양성분과 약효성분을 포함하는 음료는 다른 것이 아니기 때문에 차는 사람들에게 애음되어왔다. 과학기술의 진보에 따라서 차의 약효작용이 점차 사람들에게 인식되었다.

녹차의 항암효과는 모두 알려져 있지만, 최근 오룡차에도 이런 효능이 있다는 것이 판명됐다. 즉 찻잎에는 발암물질과 발암세포를 살균하는 효능이 있는 것으로 판명되었다. 물질에는 좋은 면과 나쁜 면이 있지만 그러나 차를 마시는 것은 좋은 면이 많다. 차는 수렴성이 있기 때문에 공복일 때에는 위장에 해가 된다. 차는 한성(寒性)이기 때문에 한기·몸이 냉한 체질 등의 한질(寒疾), 또 몸이 약한 사람은 많이 마셔서는 안 된다. 또 차는 찻잎이 적게 들어간 것이 좋고 엷은 차를 마시는 편이 많은 찻 잎을 넣은 진한 차보다 몸에 좋다.

중국다도
정신

3천년 이상에 이른 역사 속에서 중국의 전통적인 문화
정신은 기본적으로 불교·유교·도교 3교의 정신 및 그
영향에 의해 형성되고 있다. 3교의 영향은 동시에 차 문
화의 발전과 방향에도 많은 영향을 미치고 있기 때문이
다. 차 문화는 3교정신의 영향과 작용아래에서 형성되
었다고 할 수 있다. 3교와 차 문화의 관계를 이해하는
것은 중국차에 대한 정신문화를 아는 이상으로 중요한
요소이다.

CHAPTER 7
중국다도 정신

차와 삼교(三敎)

　전통적인 한(漢)문화는 농경문명이고, 중국의 차 문화도 그 기반과 깊은 관련이 있다. 이러한 옛 농경문명이 차에 대한 숭배로 이끌었다. 3천년 이상에 이른 역사 속에서 중국의 전통적인 문화정신은 기본적으로 불교·유교·도교 3교의 정신 및 그 영향에 의해 형성되고 있다. 3교의 영향은 동시에 차 문화의 발전과 방향에도 많은 영향을 미치고 있기 때문이다. 차 문화는 3교정신의 영향과 작용아래에서 형성되었다고 할 수 있다. 3교와 차 문화의 관계를 이해하는 것은 중국차에 대한 정신문화를 아는 이상으로 중요한 요소이다.

차와 선(禪)

　선을 수행하고, 도를 깨달음에 이르게 하기 위해 좌선을 수행할 때에 졸음을 없애고 체력을 유지하기 위해서 차를 필요로 하였다. 이러한 것이 차의 보급에 커다란 역할을 담당하였다. 그러나 선종이 차 문화의 발전에 크게 공헌하였던 것은 불성(佛性)과 차성(茶性)을 적절하게 융합했기 때문이다. 선종의 수행은 참선을 하고 도를 깨달음과 동시에 스스로의 체험에서 즉시 깨달음을 얻는 것을 강조하고 있지만, 대부분은 차를 마시는 것과 밀접한 관계가 있다. 차는 누구라도 마실 수 있다. 그러나 누구나 차의 맛, 차의 멋을 표현하기는 어렵다. 사람들이 같은 차를 마신다하더라도, 각자 다른 감수성이 있고, 여러 가지로 다르게 이해 할 수 있다.

선종이 중시하고 있는 「염화미소」(이심전심의 예로, 부처님이 설법(說法)을 하고 있었을 때 꽃을 들고, 그 의미를 표현하려할 때 제자인 가섭만이 그 의미를 깨닫고 미소를 지었기 때문에, 부처님의 법이 전해졌다고 하는 의미)는 의미를 체득하는 것이지, 말로 전달하는 것은 아니다. 불교에 있어서 선종의 이상적인 깨달음의 세계는 불교의 철학과 사상을 일상생활과 융합시켜, 철학과 사상으로 문화적 이념을 해석하는 것의 소재가 되는 것이다.

당(唐)대의 종심(從諗)선사는 오래도록 조주(趙州)의 관음사에 살고 있었기 때문에 사람들이 「조주화상」이라 부르고 있었다. 어느 날, 새로 온 승려와 문답을 했다.

"스님, 이 절에 왔던 적이 있습니까?"

"아니오, 없습니다."라고 하자 종심선사는

"그럼, 차를 드세요"

또 한사람의 새로 온 승려에게 물었다.

"스님, 이 절에 왔던 적이 있습니까?"

"네, 예전에도 왔었습니다." 종심선사는 다시 말했다.

"그럼, 차를 드세요."

절의 원주(院主)는 이상하게 생각하고 종심선사에게 물었다.

"노사는 어찌하여 전에 온 적이 없는 사람에게 차를 마시라고 말씀하시고, 예전에 왔던 사람에게도 차를 마시라고 말씀하셨습니까?" 라고 하자 종심선사는 말했다.

"원주스님?"

"네"

"차를 드세요."

이것이 옛날부터 우리들에게 전해온 「선림법어(禪林法語)」, 「끽다거(喫茶去)」의 유래이다.

종심선사의 선에 대한 이해는 「평상심즉시도(平常心卽是道: 평상심이 바로 도이다)」이다. 종심선사의 「끽다거」라 하는 것은 사람들의 일상생활의 다양한 장면에서 선의 의미를 깨달아 알게 했다고 해석되고 있다. 왜 「끽다거」라고 말하지 않을 수 없었던 것일까? 여기서의 중요한 의미는 「청정평화(淸靜平和: 산뜻한 기분으로 차분하게 차를 마신다)」의 차를 마시는 의미와 경지를 선의 「명심견성(明心見性: 마음을 맑게 하고 본래의 자신을 깨닫는다.)」라는 것이다. 이것도 후세의 사람들이 말하고 있는 「다선일미(茶禪一味: 차와 선은 하나이다.)」의 주된 근거이다.

전 중국불교협회 회장이었던 조박초(趙撲初)씨는 다음과 같은 한시를 읊었다.

七碗受至味 일곱잔에 지극한 맛을 느끼고
一壺得新趣 한 주전자에 참된 취흥을 얻으니,
空持百千偈 부질없는 수천 수만 게송보다
不如喫茶去 차 한 잔 마시고 가는 편이 낫네.

또한 명대의 육용(陸容)은 다음과 같은 시를 지었다.

강남지역의 풍광을 승려에게 말하니,
암차(岩茶)의 깨끗한 향을 즐기며,
대나무가 무성한 마을에서 차를 마시네.
경전을 독파한 고승도 더욱더 좋은 차를 깨달으니,

차의 김이 그윽하게 올라와 가사에 은은하게 스며드네.」145)라 하였다.

《오등회원》 권9의 〈자복여보(資福如寶)선사조〉에, 「"묻겠습니다. 이 화상의 가 풍은 무엇입니까?" 선사가 답하기를 "식사 후 세잔의 차를 마시는 것이다."」라 하 였다. 다시 말하면 어느 날 어떤 수행자가 자복선사에게 와서 "화상의 가르침은 어떤 것입니까?"라 묻자 선사는 "식사를 한 후에 세잔의 차를 마시는 것이다"라 하였다.

《경덕전등록(景德傳燈錄)》(26권)에는 「아침 일찍 일어나서, 얼굴을 씻고, 입을 헹군 후 차를 마신다. 차를 마신 후 부처님께 예불을 한다. 되돌아 와서 한번 휴식 을 취하고, 다시 일어나서 얼굴을 씻고 입을 헹군 후 차를 마신다. 차를 마신 후 일 을 한다. 식당에서 식사를 한 후 입을 헹군다. 입을 헹군 후 차를 마신다. 차를 마 시면서 일을 한다.」라고 하였다. 사원에서의 생활은 차와 떨어져서는 안 된다는 것이다. 차는 승려생활의 하나로 중요한 생활내용이다. 따라서 차는 「화상가풍 (和尙家風)」이라고 불려진다.

사원에는 다당(茶堂)이 있다. 여기는 승려가 차를 마시면서 경전을 강의하는 곳이다. 그 외의 손님들을 초대하는 장소도 있다. 어떤 사원은 법당 끝에 다고(茶 鼓)를 설치하고, 모두가 모여서 차를 마시는 시간을 알리고 있다. 송(宋)의 임보 (林逋)는 《서호춘일(西湖春日)》에서 다음과 같은 시를 읊었다.

「봄에 자욱한 연기가 나는 사원에서는 차를 알리는 목탁소리가, 저녁에 누각에 서 마시는 술보다도 좋다.」라 하여 이러한 정경을 묘사하고 있다. 사원에 다두(茶 頭: 차를 접대하는 사람)라는 직책을 두어, 물을 끓여서 손님들에게 차를 우려낸 다. 어떤 사원은 그곳을 방문하는 모든 사람들에게 차를 제공하기도 한다.

사원 중에서 매일 부처님 앞에 받치는 차를 존차(尊茶)라고 한다. 차를 마시는

145) 「江南風致說僧家 石上淸香竹里茶, 法藏名僧知更好, 香煙茶暈滿袈裟」, 陸容, 「送茶僧」

풍습이 선종사원의 일상생활과 하나의 제도로 정착되고, 장중하게 차를 마시는 의례가 형성되었다. 원(元)대의 덕휘(德輝)선사가 《백장청규(百丈淸規)》를 개정할 때에 「다의(茶儀)」를 선종의 규율로 만들었다. 다료(茶寮)에 드나들 때의 예의, 또는 두수(頭首: 승당의 책임자)가 승당(僧堂)에서 점다(点茶)하는 과정도 자세하게 기술되어 있다.

불교사원에서는 불교의 제삿날[재일], 조정으로부터 증정품을 받고, 진산식을 거행할 때와 같은 큰 행사에는 성대한 다례[茶儀]가 시행된다. 송대의 절강 여항(余杭)의 〈경산다연(徑山茶宴)〉이 가장 유명하고, 그 영향은 오랫동안 계속되었다.

역사상 승려들이 차에 정통하는 것은 대세였다. 육우가 배운, 적공(積公), 지적(智積)선사와 친구인 교연(皎然)이 대표적이다. 적공이 차에 대해 매우 해박한 지식을 가지고 있었던 것은 당시 매우 유명했다. 어느 날, 황제가 적공을 차 모임에 초대했다. 그러나 누가 차를 우려내어도 차의 맛을 만족시켜주지 못했기 때문에 황제는 궁중에 있는 육우를 비밀리에 다른 차인과 교체해서 차를 우려내게 했다. 적공이 그 차를 마시자 제자인 육우가 우려낸 차와 비슷하다고 말한다.

역사상 많은 명차가 승려들에 의해 재배되었다. 옛날 많은 유명한 사원에는 오래된 차나무가 산속 깊숙한 곳에 있었다. 차나무가 성장하기에 좋은 환경이기 때문에 사원은 소유하고 있는 토지에서 명차(銘茶)의 재배를 시작했다. 예를 들면 경산사의 「경산향명(徑山香茗)」, 호북 당양산 옥천사(玉泉寺)의 「선인장차(仙人掌茶)」와 절강성 경녕(景寧)의 혜명사(惠明寺)의 「혜명차(惠明茶)」 등이 매우 유명한 차이다.

불교 승려들이 차를 마심으로써 수행의 고난(苦難)으로부터 해방되고, 깨달음에 도달하는 것이 가능했다. 수행승의 입장에서는 차는 훌륭한 의사와 같고, 각자 스스로 솔직하게 본심을 말하고, 자연과 일체가 되어 자신을 깨달을 수 있기 때문이다. 차는 고난 속에서 살아가는 즐거움을 느끼게 할 것이다. 차의 첫 맛은 쓴맛이 나지만, 나중에는 단맛이 난다. 이러한 성질은 사원에서의 고독한 수행생활과 매우 비슷하기 때문에 불교에서는 차를 「보도중생 명심견성(普渡衆生, 明心見性:

많은 중생들을 고통의 세계에서, 마음을 맑게 하여 자신을 깨닫게 한다)」의 좋은 약이라 하고 있다.

차와 유교

유교는 「묘당(廟堂)의 가르침」이고, 유학의 사상은 중국 고대 봉건사회를 유지하는 정신적 지주로써, 오랫동안 많은 영향을 미쳤다. 그 영향은 불교와 도교를 능가하고 있었기 때문이다. 오랫동안 유교의 이상과 사상은 중국에 있어서 일상생활에 융합하였고, 생활의 모든 분야에까지 스며들어 있었다.

유학은 「우교우락(寓敎于樂 : 즐기면서 교육을 한다)」을 주장하고, 차를 마시는 예술에서 「수·제·치·평(修·齊·治·平 : 수행, 평등, 나라를 다스린다, 평화)」의 윤리도덕과 예의작법 등의 정신적인 즐거움을 발견했다. 불교와 도교의 사상과 다른 유학은 인생에 대한 기본적인 태도는 「입세락생(入世樂生 : 세상을 즐겁게 산다.)」이다.

중국은 옛날부터 「예의의 나라」로 불리고, 유학에서는 「다례(茶禮)」에 의해서 인간관계의 예의를 분명하게 하기위한 수단으로 이어왔다. 남북조시대나 그 이전보다 빠른 시기에, 차는 제사 의식 때에 바치는 것으로 취급되었다. 그 예로서, 제나라의 무제는 유언으로 「차의 예법에 따라 올리도록 하라.」고 제시했다.

당대 이후, 궁정의 중요한 행사인 춘추대제(大祭)·전시(殿試: 황제가 진사(進士)시험 때, 직접 구두시문을 한 것)·대연회(大宴會) 등에서는, 모든 행사가 다례(茶禮)와 다의(茶儀)로 행해졌다. 송대·명대에는 유학에 의해 다례가 「가례(家禮)」와 융합하고, 관혼상례와 손님을 접대할 때는 차는 반드시 필수적으로 갖추어야 하며 없어서는 안 되는 것으로 되었다.

후세에는 「무다불례(無茶不禮: 차가 없으면 예가 아니다.)」라고 말하는 풍습도 생겼다. 중용은 중국인의 지혜이고, 중국인의 「화해(和諧 : 조화)」이고 「평형(平

衡 : 균형)」에 의해 인간관계를 유지하고, 사람과 사람사이의 우호적인 태도를 나타내고 있다. 이처럼 「중용의 도(道)」는 유학의 기본정신의 하나이다.

유학에서는 중국인의 민족적 성격을 냉정·이성·평화로 보고 있다. 그것은 차의 특성과 같은 것이라고 할 수 있다. 차는 사람에게 일정한 자극을 주고, 사람을 흥분시키지만 전체적인 효과로는 친한 사이에서도 예의가 필요하고, 겸양의 미덕을 잃어서는 안 된다. 차를 마시는 것은 최종적으로 사람을 냉정하게 현실과 대면시키는 역할을 한다고 유학은 가르치고 있기 때문에, 유학이 제창하고 있는 중용의 도와 차는 일치하고 있다고 말할 수 있다.

유학에서는 차의 온화한 분위기를 즐기는 것에 의해 인간관계를 조화시키는 수단, 서로를 존경하고, 서로를 아끼고 보호하며, 서로를 도와주고 품위를 향상시키고, 서로를 협력하고 화합하는 이상적인 사회 환경을 만들려고 하는 생각을 가지고 있다. 예를 들면, 육우는 다도를 제창 할 때에 형식과 내용을 조화시키고 통일하기 위해서 공부를 하고 있었다. 차를 끓일 때 사용하는 풍로를 고대의 솥과 같은 형태로 만들었다. 솥의 3개의 발이 나타내는 사상은 《역경(易經)》 속의 감(坎 : 물을 맡는다)과 리(離 : 불을 맡는다.), 손(巽 : 바람을 맡는다.)을 운용하고, 물·불·바람을 서로 조화시켜, 가장 이상적으로 차를 끓이는 환경을 만들기 위한 것이다.

유학에서는 차를 마시면 머리가 맑아지고, 스스로 반성할 수 있고, 청렴결백한 품성을 유지하며, 교양을 겸비할 수 있음을 가르치고 있다. 이러한 것을 당대의 유정양(劉貞亮)은 차에 10가지 덕이 있다고 요약했다.

① 이차상자미(以茶嘗滋味): 차로 인해 훌륭한 맛을 음미한다.
② 이차양신체(以茶養身体): 차로 인해 건강을 유지한다.
③ 이차산욱기(以茶散郁氣): 차로 인해 향기로운 향을 즐긴다.
④ 이차구수기(以茶驅睡氣): 차로 인해 졸음을 깨운다.
⑤ 이차양생기(以茶養生氣): 차로 인해 생기를 기른다.

⑥ 이차제병기(以茶除病氣): 차로 인해 병을 제거한다.

⑦ 이차이예인(以茶利禮仁): 차로 인해 예의를 지킨다.

⑧ 이차표경의(以茶表敬意): 차로 인해 경의를 표한다.

⑨ 이차가아심(以茶可雅心): 차로 인해 우아한 마음을 가진다.

⑩ 이차가행도(以茶可行道): 차로 인해 도를 판별한다.

이 10가지 덕은 유학에서 차에 대한 관점을 나타낸 것이다.

당대의 육우는 차에 대해 《다경》〈일지원〉에서 「가장 존경하는 것은 정행(精行)하고 수수한 덕을 지닌 사람」이라 하였다. 차는 행동이 훌륭하고 검소한 덕이 있는 사람에게 최적이라고 말하고 있다. 차의 품성과 사람의 인격과 대응 시키도록 한다면, 차의 담백함과 정중한 맛에 사람과 차를 조화시키고, 일체화 될 수 있도록 하였다.

이처럼 자연과 인간이 밀접한 관계를 맺는 것을 유학의 진·선·미의 요구로 표현하고 있다. 이렇게 해서 차는 자연과 마음이 하나로 통하는 매개체가 되었다. 차라고 하는 자연의 혜택을 매개로써 인간은 자연에 회귀할 수 있다. 이것이야말로 유학이 일관되게 추구하고 있는 「천인합일(天人合一)」의 최고 경지이다.

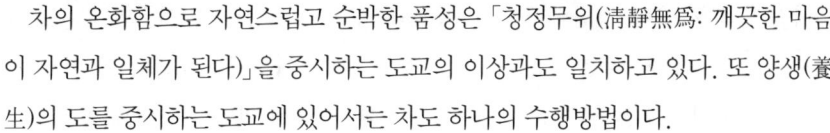

차와 도교

차의 온화함으로 자연스럽고 순박한 품성은 「청정무위(淸靜無爲: 깨끗한 마음이 자연과 일체가 된다)」을 중시하는 도교의 이상과도 일치하고 있다. 또 양생(養生)의 도를 중시하는 도교에 있어서는 차도 하나의 수행방법이다.

남북조 시대부터 차에 관한 많은 전설이 있고, 그 내용에서 도교의 영향을 볼 수 있다. 고대에 있어서 절강성 천태산은 선산(仙山)으로 불리고 있었다. 《신이기(神異記)》 속에는 우홍(虞洪)이 차를 따러 산에 들어가고, 머리가 셋 달린 푸른 소를 끌고 가는 도사와 마주쳤다. 도사는 우홍을 거대한 물이 흐르는 곳까지 안내해 주고, 큰 차 나무를 가리키며 말했다. 「나는 선인인 단구자(丹丘子)이다. 당신은 차를 매우 잘 우려낸다고 들었기 때문에, 너는 지금부터 늘 나에게 차를 우려주기를 원한다.」 그 후 우홍은 항상 단구자에게 차를 바치는 제사를 지냈다.

도교에서는 신선과 선인이 되는 이야기가 많은데, 그 대부분은 차와 관련이 있다. 전한(前漢)시대의 호거사(壺居士)는 《식기(食忌)》에서 「차를 오랫동안 먹으면 하늘을 날 수 있다.」라고 말하고 있다. 《광릉노기전(廣陵耆老伝)》에는 「진대에 차를 팔고 있는 할머니가 하루 종일 주전자에 차를 팔고 있다. 그러나 주전자의 차의 양은 줄어들지 않았다. 관리가 사악한 무리라 결론을 내리고 할머니를 체포했다. 밤이 되자 할머니는 창문으로 날아갔다.」라는 이야기가 실려 있다.

《송록(宋錄)》에서는 담제(曇濟)도인과 차의 이야기가 실려 있다. 남송시대의 신안왕(新安王) 유자앵이 형인 예장왕(豫章王) 유자상과 함께 팔공산으로 운제도인을 만나러 갔다. 운제도인은 다도에 정통한 인물이기 때문에 두 사람에게 차를 우려내왔다. 그러나 두 사람은 차를 몰랐기 때문에 유자상이 「이것은 감로(甘露)처럼 맛이 있음에도 불구하고, 어째서 다명(茶茗)이라고 말하는 것 입니까.」라고 물었다는 이야기가 있다.

남북조의 저명한 도가 사상가이자 의학자인 도홍경도 당대의 유명한 차인이다. 「산중제상(山中帝相)」이라고 불리고, 고대의 《신농본초(神農本草)》를 정리하고 『잡록(雜錄)』에 「쓴 차는 몸을 가볍게 해서 뼈를 바꾸고, 옛날의 단구자, 황산군(黃山君)은 이것을 복용하였다.」라는 말을 하고 있다.

당의 덕종 시대에, 강남에서 다성 육우와 시승 교연(皎然)은 시문과 거문고에도 정통했던 유명한 여도사로 다도에도 정통하였던 이치(李治 : 李蘭)와 힘을 합하여 초계시회(苕溪詩會)를 개최했다. 이 결과, 강남에 있어서 당대 문인차라는 새로운 장르(국면)를 열었다고 평가되고 있다. 이것은 후세의 중국다도 형성에 커다란 의의와 영향을 미쳤고, 다도가 자연을 중요하게 생각하는 기초를 세움과 동시에 중국차의 품성을 높이는 데에도 도움이 되었다.

도교는 깨끗하면서도 조용함 속에서 담백한 생애를 이상으로, 자연과 융화해서 생명의 존엄과 세속으로부터의 초월을 구하고 있기 때문에 양생의 도를 중요시하고 있다. 그렇기 때문에 차를 마시는 문화는 이런 사고에 적합하므로 도교의 수행에 있어서 빼놓을 수 없는 것으로 되었다. 차는 자연계의 혜택을 인간에게 주고 인간의 정신을 일깨워 더럽힘을 제거할 수 있다는 것이다. 따라서 일상의 수행 속에서 필요한 음료로 되어있다.

도교 수행으로 가장 중요한 것은 마음을 수행하는 것이다. 마음을 수행하는 것에서 중요한 것은 「정(靜)」에 도달하는 것이다. 녹차를 마심으로써, 「정」에 도달할 수 있다고 생각하는 것이다. 그렇기 때문에 역대의 도사는 차의 효용을 중요시했다. 유교·불교·도교의 세 가지의 가르침이 차 문화의 형성과 발전에 각각 많은 영향을 주었다. 중국 차문화도 세 가지의 가르침과 사상 및 정신을 흡수하여 철학적인 사상이 더해지고, 많은 사람들이 차의 효과를 인정하게 되었다.

차는 유교에 있어서 사회윤리에 대한 관심과 사회의 정신적인 면에서 교화를 행하고, 예의작법을 확실히 지켜 질서와 윤리를 정확하게 이해하기 위한 도구가 되었다. 불교의 승려들은 차를 내세의 정토에 태어남을 신념으로 가지고 고·집·멸·도를 깨닫고, 피안까지 도달하는 수단으로 삼았다.

또한 차는 도교에 있어서 자연을 즐기고, 인생을 수양하는 성품을 기르고 적은 것에도 만족할 수 있게 하고, 자연 그대로의 세계에 도달하는 다리가 되었다. 차의 품성에 따라 세 가지의 가르침이 차 문화의 중심에서 인간과 조화를 잘 하여 사람들의 생활이 더욱더 새로워지게 할 수 있는 것이다.

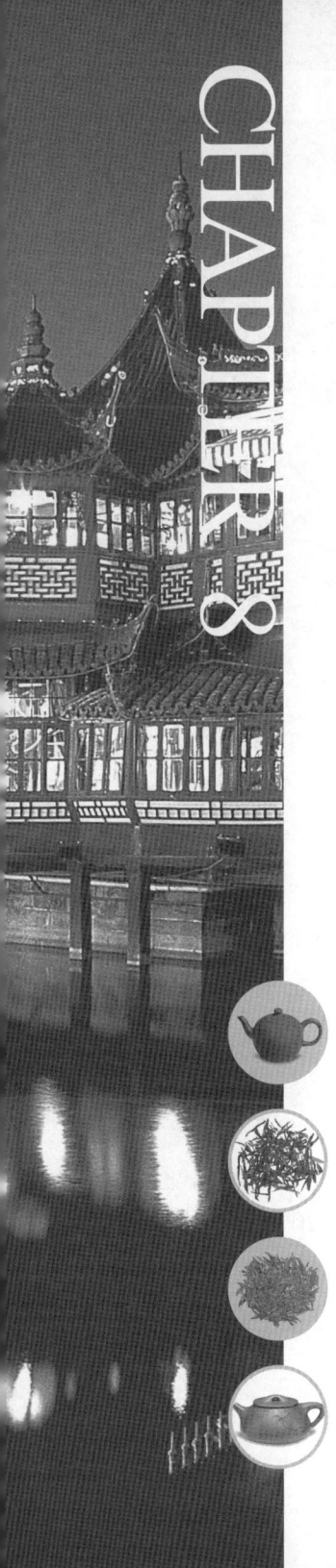

CHAPTER 8

차
예의작법
(禮儀作法)

중국은 고대부터 예의작법을 중시하고 있다. 손님이 오면 차로 접대하는 것이 가장 일반적인 예의작법이다. 송대 두뢰의 시에 「추운 밤에 손님이 오면, 차는 술과 함께 내고, 화로로 따뜻한 물을 끓이면, 불은 빨갛게 타오르고 있다.」라고 하고 있다.

CHAPTER 8
차 예의작법(禮儀作法)

　　중국은 고대부터 예의작법을 중시하고 있다. 손님이 오면 차로 접대하는 것이 가장 일반적인 예의작법이다. 송대 두뢰(杜耒)의 시에 「추운 밤에 손님이 오면, 차는 술과 함께 내고, 화로로 따뜻한 물을 끓이면, 불은 빨갛게 타오르고 있다.」라고 하고 있다. 송대 옹원광(翁元廣)의 시에도 「한잔의 차가 잠시 동안 손님을 머무르게 하고, 옆구리에서 산뜻한 바람이 불어서 선인처럼 경지에 도달하고 싶다는 생각을 한다.」 라는 시구도, 중국인이 옛날부터 차로 손님을 접대하는 풍습이 있는 것을 나타내고 있다.

　　차로 손님을 접대하는 풍습은 남북조시대부터 나타나고 있다. 진(晋)의《증흥서(中興書)》에 기술되어 있는 것처럼 육납(陸納)이 찾아왔던 사안(謝安)을 차로 접대했던 것도 한 예이다. 송대에 이르러서 차를 마시는 것이 보급됨에 따라 예의는 손님을 환대하고, 감정을 따뜻하게 하는 풍습이 되었다. 청대에 들어서 이러한 형태의 풍습이 곧 사회의 각 계층에 보급되고 손님을 접대할 때에 빠질 수 없는 풍습으로 되었던 것이다. 손님이 왔을 때 차를 우려내는 것은 중국인에 있어서 깊은 의미를 담고 있다.

　　고대의 사람들은 차를 중요시하고, 신(神)과 선조에게 제사지낼 때에 반드시 차를 바쳤다. 이런 풍습은 한국이나 일본에서도 행해지기도 하였다. 결국 차로 접대하는 것은 경의를 표한다는 것이다. 중국인은 친구와의 교제를 중요시하기 때문에 「친구가 멀리서 찾아오면 이 또한 기쁘지 아니한가.」라는 말은 옛날부터 전해오고 있다. 먼 거리에서 온 손님의 심신의 피로를 가시게 하기 위해 청차를 우려낸다. 그것은 손님과 편하게 이야기하고, 시간을 보내고 싶다는 의미이다. 손님과 함께 차를 음미하고 편안하게 생각하고 많은 대화를 하는 것으로 좋은 인간관계를 쌓을 수 있는 것이다.

중국에는 옛날부터 「손님이 오면 세 잔의 차를 낸다.」의 풍습이 있다. 손님이 오면 먼저 차를 한 잔 우려내고 경의를 표한다. 손님의 갈증을 가시게 한다. 두 번째 차를 우려낼 때는 차의 맛을 즐기면서 주인과 손님이 편안하고 즐겁게 대화를 한다. 세 번째 우려낼 때는 차의 맛도 엷어지기 때문에 손님은 돌아갈 준비를 하고 작별을 알리는 것이다.

오늘날 차의 전통적인 예의작법이 발전되고 확대되어, 국가의 예의에서 사람들의 사귐까지, 차에 의해 깊은 감정을 나타내어 우의를 돈독케 한다. 신년과 좋은 일을 축하하는 때에 청렴 · 친절 · 권약 · 간친(懇親)의 특징을 지닌 다화회(茶話會)는 다양한 장면에서 행해지고 있다. 차는 사람들의 예의 · 우의 · 친화의 상징이라고 할 수 있다.

궁정차연(宮廷茶宴)

당대에는 국가관리의 차 생산기지인 「관배(官焙)」를 절강성의 고저산에 세우고, 황제의 헌상품으로 「양선차(陽羨茶)」, 「자순차(紫荀茶)」를 생산하였다. 매년 초봄에 봄 차를 채취하면서 생산이 시작된다. 이 시기에 조주(절강성), 상주(강소성)의 태수가 반드시 고저산에 가서 생산현장을 감독했다. 그리고 당시의 유명한 사람들에게 권하고, 함께 맛을 음미하고 품질을 심사했다. 이렇게 해서 일년에 한

번 차를 즐기는 것이 시작되었다.

공차(貢茶 : 황제에게 바치는 차)가 완성되면, 당왕조의 「청명안(淸明宴 : 청명절의 연회)를 준비하고 신속히 서울로 운송시킨다. 그리고 신(神)과 선조에게 제사를 지낸 후에 군신에게 하사한다. 이렇게 해서 당대의 궁정차연(차 잔치)이 시작된다. 당대의 황제가 자주 마신 차는 1987년 협서성부풍(陝西省扶風) 현의 법문사의 지하에서 발견된 많은 다구로 인해 궁정에서 있었던 차 잔치의 호화찬란한 모습을 엿볼 수 있었다.

송대의 휘종(徽宗)은 차에 정통했던 황제로서 세상에 알려지고, 항상 차 잔치를 열고, 스스로 차를 우려내서 군신에게 마시게 했다. 채경(蔡京)은 《연복궁곡연기(延福宮曲宴記)》에서 「선화(宣和) 2년(1120) 12월 어느 날 송의 휘종이 연회에 대신과 친왕을 초대하고, 초사(刍使)에게 다구를 가지고 오도록 명하고, 스스로 차를 우려내서 다도의 예법을 할 때, 하얀 물방울이 뚜껑표면에 떠있는 것은, 드문드문한 별사이로 희미한 달빛이 나오는 것과 같았다.」라 하면서 차를 모두에게 분배했다고 기술되어있다. 휘종이 그렸던 「문회도」는 이러한 정경을 묘사하고 있다.

청대로 들어와서는, 차 잔치가 더욱더 성대하게 거행되도록 했다. 청대의 일대황제가 중화궁(重華宮)에서 거행된 다연(茶宴)이 60회 이상이나 달하고 있다. 건륭(乾隆)황제는 차를 좋아했기 때문에 그 시대부터 중화궁에서 차 잔치를 거행하도록 하였다. 차 잔치는 일반적으로 설날의 3일 후에 거행되지만, 참가자는 측근의 사람들로 시를 지을 수 있는 신하이고, 음차음시(飮茶吟詩: 차를 마시고 시를 짓는다.)는 차 잔치의 주된 내용이었다.

그 밖에 강희(康熙) 황제는 52년 황제의 환갑(60세 생일날)에, 북경(北京)의 창춘원(暢春園)에서 65세 이상의 퇴직한 문무대신·관리·일반평민 천명 남짓의 사람이 참가한 성대한 연회를 거행했다. 개회 때 황제와 대신에게 차를 받치기 위해 「진다지의(進茶之儀)」를 거행하게 했다.

이처럼 강희황제, 건륭황제 시대에는 성대한 「천수연(千叟宴)」이 여러 회에 걸쳐 거행되었다. 이처럼 당대에 시작된 궁중의 차 잔치는 차를 좋아하는 황제로 알려진 송대의 휘종과 청대의 강희황제, 건륭황제 등에 의해서 성대하게 거행되었다. 이것은 중국차의 품질향상에도 커다란 공헌을 했다고 생각한다.

결혼 「하차(下茶)의 예」

중국 차에 관한 풍습 중에서 전형적인 것은 「하차(下茶)의 예」라는 결혼식의 풍습이다. 「하차(下茶)」는 중국고대 여성이 결혼할 때 시집갈 혼수품의 하나로 차로부터 발전해왔다. 역사상 유명한 '하차'는 당대 태종의 딸 문성공주가 티베트의 쏭첸칸포왕에게 시집 갈 때, 당시의 명차를 많이 가지고 간적이 있다. 송대의 「용봉단차(龍鳳団茶)」는 세상으로 알려지기 시작하면서, 약혼예물의 예단으로 사용되었다.

청대에 이르자 이러한 풍습이 널리 민간에게 퍼졌다. 당시 「하차의 예」가 일반인에게도 거행되고 있었던 것을 시로 읊었던 인물이 있다. 청대의 뛰어난 문화인이면서 은둔생활을 하고, 양주에서 은거하고 있었던 사람이 8명이었는데, 이 사람들은 「양주팔경(揚洲八經)」으로 불리고 있었다. 그 중의 한 사람인 정판교(鄭板橋)는 「죽지사(竹枝詞)」를 지어서, 당시의 젊은 남녀가 결혼하기 전의 모습을 그리고 있다. 「분강(溢江)의 냇가 입구 부근에 귀방의 집이 있다. 노인이나 젊은이나 여유가 있을 때 와서 차를 마신다. 황색의 흙과 울타리 끝, 문전에는 한 송이 보라색 꽃이 피어있다.」

차는 결혼의례 중에서 특별한 의미를 가지고 있다. 고대 사람들은 차나무를 옮겨 심는 것이 불가능하다고 생각하고 있었다. 옮겨 심은 차나무는 꽃도 피지 않고 열매도 맺지 않는다고 믿었기 때문이다. 그렇기 때문에 차를 결혼식과 약혼식의 예물로 보낼 수 있었다. 다시 말해서 차나무는 옮겨 심는 것이 불가능하다는 의미이기 때문에 부부가 서로 사랑하고, 원만함을 바란다는 소원을 청하고 있는 것이다. 양가 부모가 결혼을 허락한 후, 남성 쪽에서 결혼예물을 보낸다. 차도 혼수 예물품 속에 포함되어 있기 때문에 후세 사람들이 금품을 보내는 과정을 「하차(下茶)」라고 부르게 되었다. 여성 쪽에서 받는 것을 「수차(受茶)」라고 한다.

옛날 양자강 하류지역의 결혼 풍습에 관해서는 「삼차육례」라는 말도 있었다. 삼차란 결혼할 때 「하차」의 예로, 결혼 할 때의 「정차(定茶)」의례, 신혼 방에서의 「합차(合茶)」의례를 가리키는 것이다. 또한 결혼의 예식 속에서 윗사람에 대한 경의를 표현하는 것으로 「헌차(獻茶 : 차를 바친다)」를 한다.

이러한 풍습이 대대로 답습되어, 그 안에 봉건적 사상이 점차로 제거되어 축복을 의미하는 뜻의 전통으로 남았다. 오늘날에도 중국 서쪽과 남쪽의 소수민족의 혼례에서는 이런 전통이 계속해서 전해오고 있다고 한다.

차와 제사의 풍습

제사와 장례를 치를 때에 불상과 선조의 위패 앞에 차를 올리고 일반가정에서도 이용하게 되었다. 《다경》에 남조의 제(齊)의 무제가 차를 위패전에 바치도록 유조(遺詔)를 하사한 내용을 기술하고, 또한 《이원(異苑)》에는 진무(陳務)의 처가 차로서 영혼을 제사지낸 이야기가 인용되어 있다. 《이원》의 저자는 남조의 유경숙이다.

이야기의 내용은 진무의 아내가 젊었을 때 남편이 죽자 혼자서 두명의 자녀를 길렀다. 그녀는 차를 매우 좋아했었다. 그녀의 집 정원에는 언제부터인지는 모르겠지만 옛 무덤이 있었다. 그녀는 항상 옛무덤 앞에 차를 바치고 있었다. 자식들은 이해할 수 없었고, 옛무덤을 싫어해서 몇 번이나 무너뜨리려고 했다. 그러나 모친은 자식들을 설득해서 무덤을 지켜주었다.

어느 날 밤, 무덤의 신령이 그녀에게 정중하게 말하려 오는 꿈을 꾸었다. 「나는 300년이나 이 무덤에 있었지만, 당신만이 이 묘를 중요하게 지켜주었다. 왠지 예를 갖추고 싶다.」라고 말했다. 새벽이 되자, 정원에 십만 냥의 동전이 쌓여 있었다. 이 이야기는 묘가 그만큼 중요하다는 전설이다. 그러나 그 이야기에 의해 당시 차를 바치고 사용하고 있었다는 것을 알 수 있다.

《다경》의 내용에 비해 보다 빠른 시기의 차의 발견은 호남성 장사마왕퇴한묘(長沙馬王堆漢墓) 속에서 출토된 한 상자의 차이다. 당시의 귀족들이 차를 부장품으로 사용했다는 증거이다. 또한 강남성 백사의 송묘(宋墓)벽화와 화북성 선화의 료묘(遼墓)벽화 속에서 「임녀봉차도(任女捧茶圖)」가 발견되었다. 협서성 부풍현에서는 묘 앞에서 사람이 차를 받치는 석상이 발견되었다.

장례식에서 차를 바치는 풍습에 대해 민간에서는 여러 가지 전설이 있다. 중국 각지에서는 죽은 사람에게, 저 세상의 혼이 떠도는 것을 초래하는 수프를 마시게 했다는 설이다. 이 수프를 마시면 인간세상의 모든 기억을 잃어버린다고 했다. 이는 죽은 사람이 혼으로 떠돌며 살아가기 때문이다. 차는 의식을 산뜻하게 하는 역할을 하기 때문에, 차를 부장품으로 하기도 하고, 위패 앞에 바치고, 차를 마시고, 죽은 사람의 혼이 떠돌아다니지 않도록 하는 것이다.

현재 양자강 하류유역의 민간에서는 청명절과 동지와 춘절 때 사람들이 선조들에게 제사지낼 때, 차를 받치는 풍습이 남아있다. 이러한 차는 중국인의 생활풍습 중의 하나로 다양한 내용에서 나타난다. 특히 조상을 중요하게 생각하는 중국인은 제사와 장례 등에서 차를 바치는 것을 매우 중요하게 생각하였다.

CHAPTER 9

다관
(茶館)

친구와 속 깊은 이야기를 할 장소를 찾을 때도 집과는
분위기가 사뭇 다른, 차 문화 활동이 가능한 다관에서
이루어졌고, 일반 민간의 예인(藝人)들도 다양한 오락과
연극 등을 다관에서 연기하기도 하고, 다양한 조직들이
다관에서 활동을 기획하거나 발전을 하기도 하고, 상품
을 서로 바꾸거나 매매하는 장소로 사용되기도 하였다.
또한 결혼식, 장례식을 비롯해서 사람들의 분쟁을 조정
하고, 정보교환과 사회언론의 장소이며 커뮤니케이션
의 장소로도 사용되었다.

CHAPTER 9
다관(茶館)

다관이란

다관은 중국에 있어서 중요한 차 문화의 하나이다. 오늘 우리들이 일반적으로 이용하는 찻집[喫茶店]과 연예장(演藝場), 게다가 라이브 하우스의 원형이 여기에 있다. 도시경제의 발전과 생활의 번영에 따라, 다관도 갈증을 해소하고, 명차를 마시기만 하는 장소에서 중요한 사회 문화활동을 하는 장소로 변했다. 친구와 속 깊은 이야기를 할 장소를 찾을 때도 집과 분위기가 사뭇 다른, 차 문화 활동이 가능한 다관에서 이루어졌고, 일반 민간의 예인(藝人)들도 다양한 오락과 연극 등을 다관에서 연기하기도 하고, 다양한 조직들이 다관에서 활동을 기획하거나 발전을 하기도 하고, 상품을 서로 바꾸거나 매매하는 장소로 사용되기도 하였다. 또한 결혼식, 장례식을 비롯해서 사람들의 분쟁을 조정하고, 정보교환과 사회언론의 장소이며 커뮤니케이션의 장소로도 사용되었다.

다관은 옛날 다사(茶肆)·다방(茶坊)으로 불려졌으며, 또 다료(茶寮)·다루(茶樓)라고도 불렸다. 다관에서 차를 마시는 풍습은 당(唐)대에서 시작되었다. 그때부터 차를 마시는 풍습이 성대해지기 시작하여 사람들이 항상 차를 마실 수 있도

『임안다관도(臨安茶館圖)』

록 되었고, 특히 여행하는 사람들이 갈증을 해소하기 위해 길가[道端]에서 차를 우려내는 사람들을 흔히 볼 수 있게 되었다. 이것이 다관의 최초 모습이다. 당대의 봉연(封演)이 다관에 대해《봉씨견문기(封氏聞見記)》에서 「추(鄒 : 산동성)」, 제(齊 : 산동성), 창(滄 : 하북성), 태(棣 : 하남성)에서 경읍(京邑 : 장안)까지, 도시들에 점포를 다수 열고, 차를 우려내서 팔았다. 여행하는 사람들이나 그 도시의 사람들도 돈을 지불하고 차를 마실 수 있도록 했다.」라고 기술하고 있다.

송(宋)대에 이르자 차는 매우 성대해졌다. 도시의 경제 발전으로 다관은 한층 더 발전했다. 송대의 장택단(張擇端)의 「청명상하도(清明上河圖)」에도 변하(汴河: 河南省開封市)의 양쪽 언덕에 있는 많은 수의 점포 안에 다방(茶坊)을 그리고 [描寫] 있다. 다방에는 테이블·의자·다호·다완을 갖춘 「차(茶)」라는 간판도 보인다.

남송시대에 이르자 도시를 임안(臨安: 浙江省杭州市)으로 옮기고, 사람들은 도시와 상업의 발전에 따라 윤택한 생활과 더불어 다관도 함께 발전했다. 다관은 거리의 어느 곳에나 있었고, 상업은 번영하였고, 다관 안에 감상용의 화초와 골동품을 장식하고, 유명한 서적과 그림을 거는 등 다관의 인테리어는 정교하고, 우아하며, 늦은 밤에도 다관을 열어 놓아서 매우 시끄러웠다.

이 시기의 다관은 다양한 사람들이 이용하였다. 상담 장소로서의 기능도 있고, 강의와 대화를 비롯해 노래를 부르는 오락의 장소로도 사용되었다. 다관에서는 차 이외에도 과자 등이 제공되었고, 후세의 다관에서 차와 과자를 제공하는 선례가 되었다. 이것은 송대의 《몽양록(夢梁錄)》속에 자세하게 묘사되어 있다.

명·청의 시대에 다관이 더욱더 발전하였다. 오경재(吳敬梓)의 《유림외사(儒林外史)》의 내용에서 마이(馬二)선생이 오산(吳山)에서 놀았을 때 마을의 모습을 「이 하나의 거리에 차를 파는 곳만 30여개나 있었는데 매우 시끄럽다.」라고 기록하고 있다. 청대는 중국의 역사상 다관의 발전이 가장 왕성한 시기였다. 다양한 다관이 도시와 농촌에 있었고, 황실·귀족의 차 문화의 쇠퇴에 대해서, 일반인이 차를 마시는 풍습이 주류가 되어 다관문화는 그 시기에 비약적으로 발전을 이루었고, 찬란하고 다채로운 다관문화로 번영하였다.

옛날 다관의 특징으로 저렴한 비용으로 차를 마실 수 있었고, 선선한 분위기와 시간적인 제한이 없었다는 점이다. 차를 마시러 오는 사람들은 신분상의 차이를 두지 않고 자유롭게 출입할 수 있었다. 여러 사람이 다관에서 자유롭게 잡담을 할 수 있었기 때문에, 오랜 기간동안 중국인들에게는 매우 친숙한 공간이 되었다. 또 차는 사람들의 삶을 윤택하게 하는 역할을 하였고, 사회의 공공생활의 일부로서 다관에서 차 마시는 풍습은 독특한 음다(飮茶)활동으로 발전하였다.

오랫동안 다관은 민간의 정보교환의 장소로써, 넓게는 사회적 기반을 가지고 있었다. 사람들은 몸과 마음의 휴식을 위한 장소로 차를 마시는 것뿐만 아니라, 사회·생활·인생을 느끼고 배우고 하는 등, 또 사회생활을 위한 하나의 창구(窓口)로서 다관에서 민족의 풍습·사회 상황·역사 등의 지혜를 몸에 익혔다.

차 문화에 있어서 다도·차연(茶宴)·차회(茶會)부터 다관으로까지의 발전과정은 차가 귀족문화, 문인문화에서 대중문화, 서민문화로 변천하는 과정이라고 할 수 있다. 이것도 똑같이 중국사회구조의 변천과 발전을 반영하여 다관이 개혁해방과 동시에 부활해왔다. 그러나 동시에 서구적인 다방이 급속도로 증가하면서 다관은 새로운 시대로 들어갔다. 현대적인 찻집에서는 커피와 쥬스 등과 함께 공부차를 우려내는 가게도 있었고, 고전적인 분위기의 특징을 살린 가게도 있다. 이 것은 새로운 다관문화의 시작이라 할 수 있다.

『노사다관(老舍茶館)』

명·청시대 이래 북경은 중국의 정치 문화의 중심이고 다관도 성대했었다. 「대다관(大茶官)」「청다관(淸茶官)」「야다관(野茶官)」 등의 대표적인 다관이 있었다.

예전 북경의 다관은 사람들이 차와 과자를 먹기도 하고, 문인들이 친구들을 만나거나, 상인들이 모여서 상거래를 하는 장소로도 이용되었다. 큰 다관은 음차·음식·사회교제·오락 등의 기능을 갖추고 있었다. 노사(老舍)의 소설《다관(茶官)》에서는 예전의 북경의 큰 다관의 모습을 볼 수 있다.

북경에서 보통의 다관은 일반인이 자주 말하는 「청다관(淸茶官)」이었다. 이름대로 「청차(淸茶)」를 전문으로 마실 수 있는 다관이었다. 차를 마시러 오는 사람은 거의 문인, 또는 아침 일찍 작은 새를 손에 들고 산책하러 나온 부자 노인이나 그들의 자제 등이다. 따라서 다관 내에도 우아하게 장식된 객실도 있고, 모두 정교한 개완을 사용하고 있었다.

점심때부터는 직장인 등이 사업의 상담을 위해 다관을 이용한다. 예전에 북경에는 교외나 옛날에 다니던 길[古道] 부근, 경관이 뛰어나고 아름다운 곳[名勝] 가까이에 마련되어있는 다관도 많이 있었다. 이곳 다관에 대해서는 시골이나 야외라는 의미를 가지고 「야다관(野茶官)」이라고 부르는 사람도 있었다. 야외의 다관은 시내의 다관과 다르게 판자만으로 지어 놓았는데, 집에는 돌과 목재, 대나무로 장식한 의자와 테이블과 변변치 못한 다완 등, 대단히 소박하고 간단하지만, 마음이 편안해지는 환경에서 차를 마시러 오는 사람은 여기서 푸른 하늘을 바라보며, 새와 벌레 우는 소리를 듣고, 시골 농부와 농작물에 관한 얘기를 하고 전원풍경을 즐길 수 있었다.

옛날 북경과 천진일대의 다관은 강의나 담론의 장소, 또는 연극을 공연하기도 했다. 이처럼 다관은 사람들에게 「다사(茶社)」, 「다루(茶樓)」, 「다원(茶園)」, 「극원(劇園)」으로 불려진 천진(天津)의 「삼덕헌(三德軒)」, 「동래헌(東來軒)」 다루, 북경 입구부근의 「광화루(廣和樓)」 등 유명한 다관이 있었다. 많은 관리들이 여기를 거쳐 갔다. 이러한 다루·다원은 문화적 분위기를 가지고, 근대문명으로 연결되는 비상구가 되기도 하였다.

광주다루

「식사는 광주에서 한다.」라는 말을 하고 있지만, 광주의 「조차(早茶 : 아침식사)는 일종의 특별한 음식문화이다. 다루에서 아침식사와 차를 마시는 것은 광주에서는 하나의 생활풍습이다. 광주의 생활은 다루와 밀접한 관계가 있고, 교우·교제 등 다양한 사회활동은 대부분 다루에서 시작한다고 볼 수 있다.

광주조차(早茶)의 특색은 차 한 잔과 두, 세 종류의 과자이다. 광주의 차 과자에는 많은 종류가 있다. 나이가 지긋한 손님들은 주로 차를 마시지만, 차 과자는 연령에 관계없이 사람들이 좋아하고 있다. 가격이 저렴하기 때문에 대단히 인기가 있고, 광주사람들은 자주 가족 또는 친척·친구 등 많은 사람을 만나러 다루에 가서, 떠들썩한 분위기 속에서 차를 마시면서 즐긴다. 광주에 가는 사람은 꼭 다루에 가보는 것이 좋다.

청대의 강유위는 자주 「도도거(陶陶居)」에서 차를 마셨다고 한다. 다루의 주인에게 부탁받고 썼던 간판이 현재에도 걸려있다. 중화민국시대 노신이 광주에 있었을 때도 「도도거」·「육원」·「묘기향」·「북원」 등에서 차 마시기를 즐겼다. 광동의 시골에서는 다루와 다관으로 차를 마시러 가는 것은 「탄차(嘆茶)」라고 부른다. 「탄(嘆)」은 생활의 피로함을 「탄식(嘆息)」한다는 의미도 있고, 인생에 대한 「감탄(感嘆)」의 의미도 있다. 「탄차(嘆茶)」는 차에 대한 「감탄」뿐만 아니라 인생을 맛본다고 하는 의미도 포함되어있다.

수향(水鄕)에서 차를 마신다

항주·가흥·호주평야를 중심으로 강남수향차관은 아직 옛 분위기가 남아있다. 오늘의 오진(烏鎭)·동향(桐鄕)·호주(湖州)·소흥(紹興) 일대의 수향에서는 수많은 작은 다관이 있다. 대체적으로 강을 따라 쭉 늘어서 있다. 큰 가게는 테이블을 수십 개, 작은 가게는 여러 개, 흙벽의 건물에 검은 기와를 덮고, 도구는 가늘고 긴 의자에 황(荒)자사의 다호, 큰 솥 몇 개와 주전자가 걸려 있다. 이것은 수향 다관의 풍경이다.

다관의 단골손님은 가까이에 사는 노인이나 아침시장에 모여드는 농민이다. 가장 시끄러울 때는 새벽시장이나 아침시장이 열릴 시간이다. 날이 밝을 때, 다관을 열고 큰 솥에 불을 피우면, 주전자에서 하얀 증기가 나온다. 이른 아침에 노인이나 물건을 사고팔려고 모였던 농민들이 계속해서 다관에 들어오고, 농산물을 담은 바구니와 짐을 다관 입구에 진열해 놓고 매매의 교섭을 시작하기도 한다.

완전히 날이 밝으면 사람들의 오고감이 빈번해지고, 시장도 시끄럽게 된다. 그때 다관에서는 차향과 증기가 합쳐져서 다관 안을 가득 채운다. 시장에서 달려온 주변사람들은 이곳에서 정보를 교환하고 수다를 떨기도 한다. 점심때가 되면 시장에는 사람들은 줄어들고, 가지고 온 물건들도 다 팔리고, 자기가 살 물건도 웬만큼 구입한 사람들은 다시 짐을 들고 각각 집으로 돌아간다. 다관은 때로는 밤에도 연다. 유명한 예인(藝人)이 강의나 시연을 하고 연극을 공연할 때 마을에 살고 있는 사람들이 오락을 즐기기 위해서 모여 든다.

『항주청등다관(杭州靑藤茶館)』　　　　　　　『상해예원다관(上海豫園茶館)』

강남다루

강남부근은 옛날부터 중국 찻잎의 주된 생산지이다. 5월문화를 배경으로 다관 문화는 북경·천진·사천·광동 등과는 다르면서도 다채롭다. 강남 다관 안에는 유구한 역사를 가지고 있는 항주의 다실이 대표적이다. 수많은 다관은 거의 명승지에 위치하고 명차와 명수(名水)로 차를 즐길 수 있기 때문에, 현대인의 바쁜 생활 속에서 편안하게 몸과 마음의 피로를 함께 푸는 장소이다.

「아침[朝]은 피부[皮]가 물을 감싸고, 저녁[晚]은 물이 피부[皮]를 감싼다.」라는 양주사람들의 말이 있지만 「물이 피부를 감싼다.」는 것은 밤에 목욕을 하러 가는 것을 말한다. 차를 마시는 것과 목욕을 하는 것은 예전에 양주 사람들의 일상생활 속에서 습관적으로 행하여 왔던 것이다. 물론 다관에서 판매하는 것도 있다. 양주 다관의 차 과자는 대단히 유명하여서 다양한 맛과 다양한 종류가 있다.

옛날 상해에서는 「부다관(孵茶館)」이라고 말하는 것이 있었다. 상해는 유럽의 영향을 받았던 시기가 길었기 때문에 「부다관」도 일시적으로 유행했던 풍습이다. 손님이 다관에서 명차를 한잔 주문하고 잠깐 동안 외국 과자를 먹는 것도 매우 맛있다. 「부」는 계란을 뒤집는다는 의미이고, 가만히 참고 있는 것을 나타낸다. 예전에 상해시민은 시끄러운 상해 시내에서는 기분전환을 할 수 없었기 때문에 다관에서 태평스럽게 시간을 보내면서 마음의 평온을 얻는다고 표현하고 있었다.

성도의 다관

사천의 다관(四川茶館)

「양자강은 마음의 물, 몽산정상(夢山頂上)의 차」이 영연(楹聯)은 사천다관의 모습을 표현하고 있다. 파산촉수(巴山蜀水), 결국 사천성은 중국에서 가장 오래된 차의 생산지이다. 사천성의 사람들은 차를 마시는 풍습을 계속 이어왔고, 지금까지도 다관에서 차를 마시는 풍습을 유지하고 있다.

「머리 위에 푸른 하늘이 적지 않지만, 눈앞의 다관 또한 많다.」라는 사천의 속담에서 다관의 성대한 모습을 알리고 있다. 사천 다관 중에는 성도의 다관이 대표적이고 「사천다관은 천하에서 제일이다」라고 말한다. 성도 다관은 다양하고 대하(大河)의 부두(埠頭)·역·도시의 각처에 분포하고 있다. 대나무로 만들어진 건물로 작은 나무장식의 책상, 자동(紫銅)의 주전자, 주석으로 된 다탁, 경덕진의 개완, 타차(沱茶)와 차박사는 사천 다관의 분위기다.

성도의 다관이 가장 재미있는 것은 다양한 사람들이 들어왔다 나가는 것이다. 일반 서민은 다관에서 뉴스를 말하고 수다를 떤다. 야채꾼들은 일반 시장에서 판매가 금지되어있기 때문에 자신의 물건을 판매하기 위해 다관에서 사고판다. 서민들사이에서 분쟁이 일어난 경우 「강다(講茶)」라고 하여, 전문가에게 의뢰하여 다관(茶館)에서 조정한다. 일찍이 사천(四川)에는 많은 건달들이 있었으며, 다관도 건달들이 빈번하게 출입하는 장소였기에, 차 박사(博士)들도 건달들의 언어로 말을 하게 되었을 정도였다.

성도(成都)의 다관에서 차를 마실 때, 큰 소리를 내어도, 옆으로 누워도, 잠을 자도 상관이 없다. 또한 산발(散髮)·다리 안마(按摩)·강담(講談)·노래를 듣는 등이 행해지고, 여유롭게 시간을 보낼 수 있다.

오늘날도 성도의 다관은 역시 번성하고 있다. 중국의 차 문화는 궁정·귀족·문인들로부터 민간으로 발전하는 오랜 시간을 거치면서 보급이 진행되면서 점차 번성해 왔다. 중국 차 문화의 근본이 민간에게 까지 깊숙히 뿌리를 내리고 있다고 할 수 있다.

차 문화란 무엇인가?

「차 문화를 연구하는 것은, 찻잎의 생산 · 재배 · 제작 · 화학성분 · 약학 · 위생보건작용 등의 자연현상 등을 연구하는 것이 아니다. 다엽학(茶葉學) · 다엽고고학(茶葉考古學) · 다엽역사학(茶葉歷史學)을 연구하는 것도 아니다. 우리들의 목적은, 다엽의 발전과정에서 생겨난 문화와 사회현상을 연구하는 것이다.

CHAPTER 10
차 문화란 무엇인가?

차 문화란

차 문화의 정의에 대해서는 정설이 없다. 차 문화, 다도(茶道), 다예(茶藝)에 대해서 통일된 인식이 아직 성립되어있지 않기 때문에, 앞으로의 연구에 따라서 더욱더 검토해 가야만 한다. 그러나 중국차를 안다는 전제로서 차 문화에 대해서 생각해볼 필요가 있다.

차 문화를 말하기 전에, 우선 문화란 무엇인가를 생각해 보자. 문화의 정의는 광의와 협의의 해석이 있다. 《광사원(廣辭苑)》에 의하면, 「인간이 자연스럽게 손질하여 형성해온 물심양면의 성과. 의식주를 비롯해 기술·학문·예술·도덕·종교·정치 등 생활형성의 형식과 내용을 포함한다.」라고 되어있다.

광의의 문화란, 「인간이 자연스럽게 손질해서 형성해온 물심양면의 성과 모두를 포함한다.」이다. 즉 「인류가 자연과 사회를 개조해가는 과정에 창출한 모든 것이 문화이다.」라는 것이다. 협의의 문화란, 「인간의 정신적 활동에 의해 만들어지고, 인간생활의 수준을 높여가는 상황에서 새로운 가치를 창출해 가는 것.」이다. 그것은 사회제도나 조직구조를 포함하고, 학문·예술·교육·도덕·종교 등을 가리킨다.

차 문화에도 이와 같이 광의와 협의의 구분이 있다. 광의의 차 문화란 「다엽(茶葉) 전체가 발전해 가는 것으로, 이 과정에 관한 물질적·정신적인 문제를 모두 포함한다.」는 것이다. 이것에 대해서 광의의 차 문화란 「정신적인 문제」만을 의미한다. 「우리들이 학습하고 습득하려고 하는 것은, 차를 보다 잘 마시는 것이고, 그것에 관한 환경·기술·정신적 문화를 향수하고, 생활의 윤택과 마음의 여유를 즐기는 것이다.」라고 생각한다.

「차 문화를 연구하는 것은, 찻잎의 생산·재배·제작·화학성분·약학·위생 보건작용 등의 자연현상 등을 연구하는 것이 아니다. 다엽학(茶葉學)·다엽고고학(茶葉考古學)·다엽역사학(茶葉歷史學)을 연구하는 것도 아니다. 우리들의 목적은, 다엽의 발전과정에서 생겨난 문화와 사회현상을 연구하는 것이다.」

물론 협의의 차문화를 연구하는 경우에도, 광의의 차문화의 기초지식이 있으면 있을수록 좋은 것은 물론이다. 또한, 그것들의 지식은, 다예나 다도에 있어서도 그 내용에 넓이를 가지게 할 수 있다. 그러나 우리들은 농업연구가나 약제사·차 생산농가가 될 필요는 없다. 여기에서는 중국에서 발표된 차문화론을 소개하고, 중국인의 인식 속에 내재하고 있는 중국 차문화의 본질을 생각해보고자 한다.

차 문화의 핵심은 다도이다

현재, 중국의 차문화에 관한 전문용어는 매우 혼란스러울 정도로 많은 상태이다. 각각 자기만의 주장을 하고 있는 면이 강하고, 통일된 견해도 없다. 지방색이 묻어 있는 차 문화는 대단히 중요한 것이지만, 기본적 입장에 일관성이 없는 것은 문제다. 다예계에서도 다도(茶道)·다덕(茶德)·다예(茶藝)를 같은 의미로 논하고 있고, 다도와 다예의 구별도 확실하지 않다. 다예관(茶藝館)=다도관(茶道館), 다예피로(茶藝披露)=다도피로(茶道披露)라고 한다. 따라서 중국의 차 문화에 대해서는, 객관적 입장에서 깊이 연구하고, 인식을 통일할 필요가 있다.

우선, 다예·다도·다덕에 대해서 생각해 보자. 「다예」라는 말이 가장 최초로 사용된 것은 1970년대 대만에서다. 요즘 대만에서는 문화부흥의 붐이 일어나고, 1978년, 대만 최초의 차 문화조직이 성립했다. 그때 대만민족학회이사장 루자광(婁子匡)씨의 제안으로 「다예」란 말이 사용되어 「대북시 다예협회」와 「고웅시 다예협회」가 설립되었다. 이어서 1982년에는 「중국 다예협회」을 설립했다. 그 후, 각지에 다예관이 잇달아 생기기 시작하였다. 다예란 말도 세상에 받아들여지고, 홍콩·마카오·중국 전역에 전해지게 된 것이다.

왜 「다예」라고 하는 것일까? 대만의 범증평(範增平)씨가 제 2회 국제다문화연구회에서 발표한 『차 문화의 전파가 현대 대만사회에 미친 영향』의 논문에서, 다음과 같이 서술하고 있다. 「원래 중국에서는, 차 문화를 이해하고, 차를 마시는 민족습관을 보급하는 것을 '다도' 라고 부르고 있다. 그러나 '다도' 는 현재 일본에서 차 문화의 전문용어로서 사용되고 있다.

이처럼 똑같이 사용하는 일본의 다도를 대만에서 수입한 것이라 오해가 생길 수 있다고 주장하는 사람이 있기 때문에, 중국에서는 '다예' 라고 부르게 되었다. 또한 중국 사람은 '도' 라고 하는 글자를 특별히 중히 여기고 있고, 높은 문화적 교양을 필요로 한다고 생각하기 때문에, 일반 민중들이 쉽게 받아들이기에는 '다도' 는 적당하지 않다. 그러므로 '다예' 라고 하는 말을 제기하고 검토한 결과, 일반적으로 사용하도록 된 것이다.」

그럼 다예란 도대체 무엇일까? 명확히 통일된 해석은 아직까지 없다. 각각 전문가의 의견을 소개해 보겠다. 대만의 계야(季野)는 「다예는 차를 주체로서 예술을 생활에 융화시키기 위한 하나의 방법이다. 그 목적은 차가 아닌 생활이다.」[146]라고 말하고 있다.

범증평(範增平)은 「다예는 기예(차를 끓이는 기술)와 예술(차를 음미하는 활동)이라는 두 가지의 요소를 함께 가진다. 중국 다예의 미(아름다움)는 마음의 미다. 다예의 미를 감상하기 위해서는, 전 신경을 집중시켜서 전체를 관찰하는 것이다.」147)라고 해석하고 있다.

대만의 채영장(蔡榮章)은 「다예란 차를 마시는 예술이다. 찻잎의 품질, 끓이는 기술, 다기의 감상, 환경, 인간관계 등 광범위한 부분을 다예라고 부른다.」148)라고 논하고 있다. 채영장(蔡榮章)은 다음과 같은 의견도 진술했다. 「차를 끓이는 것은 찻잎의 품질을 발휘하는 기술뿐만 아니라, 끓이는 사람 자신의 개성도 발휘되는 예술이다. 정신을 집중해서 정성을 들여 행하면 차를 맛있게 끓일 수 있게 된다. 끓이는 것과 맛을 통해서, 차의 세계를 이해할 수 있다. 또한 다도의 법식(예절)으로 예술적인 아름다움과 손님과의 우호 관계를 표현할 수 있다. 다예는 교양을 높이는 사회교육이기도 하다.」149)

북경의 왕령(王玲)은 「다예와 다도정신이야말로 중국 차 문화의 핵심이다. 여기서 예라고 하는 것은, 제다(製茶), 끓이는 법, 상미(맛) 등의 기술이고, 도(道)라고 하는 것은, 다예에 부수적인 정신인 것이다.」150)라고 지적하고 있다.

협서성(陝西省)의 정문(丁文)은 「다예란 제다, 끓이는 법, 마시는 법이고, 기술이 숙련되면 일종의 예술이 된다.」, 「다예는 다도의 가장 중요한 부분이다.」151)라고 주장하고 있다.

절강성(浙江省) 호주(湖州)의 구단(寇丹)은 각각의 설을 정리해서 다예를 광의와 협의로 나누었다.

「광의의 다예란 찻잎의 생산·제조·경영·마시는 법·다업의 원리·원칙을 연구하고, 물질적으로도 정신적으로도 만족시키는 학문이다. 협의의 다예란, 어

146) 李野, 『茶芸信箱』, p.98, 臺灣茶와 藝術 雜誌社
147) 範增平, 『台灣茶文化論』, p.280, 臺灣碧山出版社
148) 蔡榮章, 『現代茶芸』, p.202, 臺灣中視文化事業株式會社.
149) 前揭書, p.197.
150) 王玲, 『中國茶文化』, p.87, 中國書店.
151) 丁文, 『中國茶道』, p.46, p.49, 陝西旅遊出版社.

떻게 한 잔의 차를 맛있게 끓일 수 있는 기술과, 그것을 향수(음미)할 수 있는 예술이다.」[152]

　다예는 「차를 끓여서 마신다.」라고 하는 예술이다. 그 중에서도 차를 끓이는 기술을 주체로 하고 있다. 차를 능숙하게 끓이는 것이야말로 맛있게 마실 수 있은 것이다. 이것은 단지 기예(技藝)뿐만 아니라, 앞서 소개한 정문(丁文)씨의 말대로, 「기술이 숙련되면 일종의 예술이 된다.」라는 말은 과언이 아니다. 결국 다예를 행하려고 하는 사람은, 찻잎의 선별, 화력의 조절, 수온(水溫), 기다리는 시간, 다도의 법식[作法] 등의 기술을 몸에 익히는 한편, 차를 끓여 내는 시간, 끓여서 주는 사람의 예술에 대해서도 주목해야만 한다.

　「차를 끓이는 기예를 관상(觀賞)하는 것으로, 사람은 미를 향수(음미)할 수 있다. 그것은 환경의 미, 물의 미, 다기의 미, 예술의 미이다.」「끓이는 방법의 예술은 예의와 표현의 아름다움이고, 마음의 미를 표현하고 있다. 즉, 예의와 표현의 미라고 하는 것은 끓이는 사람의 얼굴모습 · 태도 · 기질 등을 가리키고, 마음의 미라고 하는 것은 끓이는 사람의 행동에서 엿볼 수 있는 내심(內心) · 정신 · 사상을 가리킨다.」[153] 결국, 채영장(蔡榮章)이 주장한 「차를 끓이는 것은 끓이는 사람 자신의 개성이 발휘되는 예술이다.」와 같은 것이다.

　이것을 이해할 수 있고 다예를 습득하려고 하는 사람들은 자신이 하고 있는 것은 보통의 차를 마시는 것뿐만 아니라, 차 문화에 관한 지식의 보급이며 차 예술 활동이라고 하는 것을 이해해야만 한다. 이제 다예와 다도에는 현재 어떠한 구별이 있는 것일까? 또한 어떤 관계에 있는 것일까?

　왕령(王玲)은 그의 저서 《중국 차 문화》의 제 2장 「중국 다예와 다도 정신」에서 「다예와 다도 정신은 중국 차 문화의 핵심이다. 여기에서 예라고 하는 것은, 제다

152) 『茶芸初論』, 1997년 4월 『農業考古』.

153) 童啓慶, 『習茶』, p.110, 浙江攝影出版社.

(製茶), 끓이는 법, 음미 등의 기술을 가리키고, 도라고 하는 것은 다예의 과정에서의 정신을 가리킨다. 도가 있어도 예가 없으면 탁상공론(卓上空論)이다. 예가 있어도 도가 없다면 예의 마음이 깃들어져 있지 않다. 다예는 차 문화의 눈에 보이는 표현형식이고, 다도는 정신·도리·규율·본원(本源)·본질로서 마음으로 이해해야만 하는 표현형식이다. 다예와 다도가 결합하여 처음으로 예에 도가 있고, 도에 예가 있다고 말할 수 있게 된다.」[154]라고 지적하고 있다.

또한, 채영장(蔡榮章)도 「눈에 보이는 형태나 동작을 강조한다면 다예를 이해한다. 정신적인 생각이나 미를 강조한다면 다도를 이해한다.」「다예의 이념을 이해하는 것이야말로 다도이다.」[155]라고 주장하고 있다.

이상과 같이, 왕령(王玲)과 채영장(蔡榮章) 두 사람이 다도와 다예의 구별과 관계를 분명히 설명했다. 다도는 다예를 행하는 과정에 추구, 표현되는 정신세계와 도덕이다. 그리고 항상 철학과 결합해서 사람들의 행동의 규범이 된다고 하는 것이다. 그러나 이러한 높은 수준을 모든 차인에게 요구하는 것은 상당히 힘겨우며, 그 의미를 모두 이해하는 것은 곤란하다. 그래서 다예의 선생들이나 전문가들은 모든 차인들이 이해하기 쉽고, 조작에 편리한 다도정신을 정리해 왔다.

다도의 기본정신은, 차를 마실 때의 도덕으로 이른바 「다덕(茶德)」이라고 한다. 당대의 육우(陸羽)가 《다경(茶経)·一之源》에서 「차는 맛이 산뜻해서 마시게 되었다. 차는 검소하고 소박한 사람에게 가장 어울리는 음료이다.」[156]라고 지적했다. 차를 마시는 사람은, 자신의 행동에 주의하고, 소박하고 절약하는 마음가짐을 지니고 있는 사람을 말한다. 이것으로 보아, 이 시기에 이미 차를 마신다고 하는 것은 갈증을 가시게 하는 단순하고 생리적인 행동만이 아니었다는 것을 분명히 하고 있다.

311

차 문화란 무엇인가

● ● ●

154) 王玲,『中國茶文化』, 中國書店.
155) 蔡榮章,『現代茶思想集』, p.408, p.410, 臺灣玉川出版社.
156) 「茶之爲用, 未至寒, 爲飮最宜精行.儉德之人.」, 陸羽,『茶経 一之源』.

또한, 당대말기의 류정량(劉貞亮)이 《다십덕(茶十德)》에서 「차에 의해서 예(藝)와 인(仁)이 몸에 베이고, 차는 경의를 표한다. 또한 차에 의해서 품위 있는 마음이 되며, 차의 도를 습득할 수 있다.」[157]라고 쓰여 있는 것에서도, 당대부터 이미 다덕(茶德)이 있었다는 것을 알 수 있다. 류정량(劉貞亮)의 다덕(茶德)은 시인 교연(皎然)의 『음다가(飮茶歌) · 초최석사군(誚崔石使君)』에 「2번 마시면 도를 얻을 수 있고, 다도를 알면 진리도 알 수 있다.」[158]라고 나타나 있다. 그러므로 다도의 기원은 당대의 교연(皎然)과 육우(陸羽)시대부터였다고 할 수 있다. 물론 다도는 그 후 발전했지만, 일본의 다도만큼 명확하고 구체적인 것으로는 되지 못한다.

그 의미에서 중국의 다도도 더욱 명확하고 구체적인 것이 될 가능성이 있다. 게다가 일반 대중이 즐길 수 있고, 동시에 품위 있는 차 문화를 몸에 익히는 것이 기대된다.

각국의 다도

중국 다도에서 전해진 「일본 다도」, 「한국차례(茶禮)」는 어떠한 행태인지 간단하게 소개하고, 「중국 다덕(茶德)」에 대해서 설명한다.

1. 일본 다도 – 화 · 경 · 청 · 적(和 · 敬 · 淸 · 寂)

당대에 중국의 차를 마시는 습관이 일본에 전해지고, 송대부터 일본도 차나무

• • •

157) 「以茶利禮仁, 以茶表敬意, 以茶可雅心, 以茶可行道」, 劉貞亮, 『茶十德』.
158) 「三飮便得道」「孰知茶道全爾眞」, 皎然, 『飮茶歌 · 誚崔石使君』

[茶樹]의 재배와 찻잎의 생산을 시작했다. 그리고 명대가 되면서부터 일본에서는 다케노 쇼오(竹野睢紹鷗)·무라다슈코(村田珠光)에 의해서 특색 있는 다도가 성립했다. 그 대성자가 센노리큐(千利休: 1522~1592년)이다.

센노리큐는 다도사규(茶道四規), 즉 「화·경·청·적(和·敬·清·寂)」을 일본 다도의 기본정신으로 했다. 「화·경(和·敬)」은 인간관계를 가리키고, 차를 마시는 것을 통해서 상호간 서로 존경하고, 마음으로의 교류를 지향한다. 「청·적(清·寂)」은 환경, 분위기를 가리키고, 편안하고 조용한 다실과, 검소하고 소박한 다기로, 사람에게 온화함과 내성의 기회를 주는 것을 지향하는 것이다. 일본의 다도는 그 후, 더욱 자립성을 더해 발달하게 된다.

2. 한국의 차례(茶禮) – 청·경·화·락(清·敬·和·樂)

한반도는 중국과 예로부터 친밀한 관계에 있었다. 한국의 차례에 중국 유교의 중용사상이 도입된 것에 의해 「중정(中正)」의 차례정신이 형성되었다. 이것을 창건한 것이 장의순(張意恂: 1786~1866년)이다. 그는, 《동다송(東茶頌)》에서 《중정(中正)》의 차례정신을 「차인은 사물의 정도를 파악하는 것이 중요하고, 넘쳐서는 안 되며, 부족해서도 안 된다.」라고 지적하고 있다. 사람이 자기 자신을 알고, 겸손한 마음을 항상 가지는 중정사상은, 인격의 형성에 중요한 요소로, 인간의 소극적인 생활태도를 변화시켰다. 따라서 적극적으로 노력하는 사람이야말로 진정한 차인이라고 불린다.[159]

그 후, 한국의 차례는 「청·경·화·락(清·敬·和·樂)」, 혹은 「화·경·검·진(和·敬·儉·眞)」을 기본정신으로 하고 있다.

●　●　●

159) 尹炳相, 『한국의 차 문화와 신가치관의 창조』, 1997년, 『農業考古』2.

3. 중국 다덕(茶德) – 렴·미·화·경(廉·美·和·敬)

중국에는 예로부터 다도가 있었지만, 특정한 종교로부터의 영향은 없었다. 그것은 중국 다예가(茶藝)가 유교·도교·불교의 사상을 모두 일체화하고, 각 계층의 사람들이 각 방면에서 자신의 요구와 애호에 의해 다른 형태와 사상의 다예를 선택해 전개했기 때문이다. 따라서 엄격한 조직·형식·규칙은 없다. 20세기 80년대 이후, 차 문화가 붐을 일으켜, 중국의 다도사상을 정리하기 위해서「다덕」을 정리할 필요가 있다고 생각하는 사람이 많아졌다.

절강농업대학(浙江農業大學)의 장만방(庄晚芳)씨가 1990년 제 2기의《문화교류》지에 발표한 〈차 문화 천의(茶文化淺議)〉에서, 「다예에 의해, 차의 도덕을 발양(發揚)하고, 차인의 교양습득이 도라 한다.」[160]라고 주장하고 있다. 그는 또 중국 다덕을「렴·미·화·경(廉·美·和·敬)」으로 해석했다.

구체적인 내용은 아래와 같다.

① 렴(廉) : 청렴, 검약의 덕을 기르는 것을 지향한다. 차로 손님에게 경의를 표하고, 술 대신에 차를 마시면 덕을 기를 수 있다.

② 미(美) : 벗과 함께 맛있는 차를 음미하면서 우정을 돈독히 하고, 또 건강하며 장수하는 것을 지향한다.

③ 화(和) : 예의를 중시하고 성의를 가진 사람과 사귀며, 온화한 관계를 쌓는 것을 지향한다.

④ 경(敬) : 좋은 다기, 맛있는 차로 대접하는 것으로, 사람에게 경애(敬愛)의 마음을 전하는 것을 지향한다.

● ● ●

160) 「發揚茶德, 採用茶芸, 爲茶人修養之道」, 庄晚芳, 1990년 제2기 『文化交流』雜誌 『茶文化淺議』.

같은 시기에 중국농업화학원다엽연구소(中國農業化學院茶葉研究所) 소장인 정계곤(程啓坤)과 연구원인 요국곤(姚國坤)이 1996년 제 4기《중국다엽(中國茶葉)》지에 발표한〈전통 음다풍속에서 중국의 다덕(茶德)을 논하다〉에서는,「이·경·청·융(理·敬·淸·融)」이라고 주장했다. 구체적인 내용은 아래와 같다.

① 이(理) : 벗과 차를 음미하고 도리를 논하는 것을 지향한다. 둘이서 차를 마실 때에, 차의 화제로부터 이야기가 활기를 뛰고, 상호간에 더욱 서로를 이해할 수 있다. 상담을 할 때에 손님에게 예의를 바르게 해서 차를 내며, 차분한 분위기를 만들거나, 화해의 장으로 차를 마시고, 차분히 서로 이야기를 할 수 있다. 또한 문학의 창작에도 차가 힌트를 준다.

② 경(敬) : 차로 경의를 표하는 것을 지향한다. 선조를 모실 때도, 현재 손님에게 차를 낼 때도,「상다(上茶)」라고 하는 말로 경의를 표한다. 먼 곳에서 찾아 온 친구에게 차로 피로를 달래주고 우정을 깊이 다진다. 처음으로 오신 손님에게 차를 내서 온화한 장을 만들고, 화제를 끌어내며, 서로를 이해한다. 동료끼리의 모임에 차로 서로간의 기분을 함께 전한다. 연배의 사람이나 상사, 선배에게 차로 건강장수의 바람과 존경의 뜻을 표한다. 예쁘게 장식한 다엽(茶葉)의 선물은 현대 생활에 불가결한 선물인 것이다.

③ 청(淸) : 청렴하고 마음이 깨끗하며 신체가 청결하게 되는 것을 지향한다. 예부터 품행방정한 관인은, 술 대신에 차를 마셨으며, 현대에서도 차를 마시는 것은 고상한 행위로 간주되고 있다. 청(淸)의 글자에는, 보건의 의미도 있다.

④ 융(融) : 사람과의 교류를 깊이 하는 것을 지향한다. 다화회(茶話會)에서 차를 마시면서 즐겁게 이야기 한다. 친구나 친척의 모임에 차를 내고, 따뜻한 분위기 속에서 협동보조를 맞추게 하거나 한다. 두 사람은 또한 함께「차가 때와 경우(상황)에 관계없이 모든 사람에게 친숙해져 있는 것은, 차의 효용이나 성질이 사람들의 성실한 마음과 서로 통하고, 정을 중시하며, 검약하는 마음가짐, 노인을 존경하고 아이를 사랑하는 등과 같은 정신에 있기 때문이다. 따라서 차 문화의 전통을 계승하면서 중국 다덕을 넓혀가는 것이야 말로,

중국 정신문명의 발전에 이어지는 것이다.」라고 강조했다.

대만의 범증평(範增平)은 1985년, 「중국의 다예의 기본정신은, 화(和)·검(儉)·정(靜)·결(潔)에 있다」라고 서술하고 있다.[161] 범(範)씨의 다예 기본정신은 다도의 정신도 되며, 전술의 다덕이기도 하다. 1982년 대만의 임형남(林荊南)은 다도정신을 「미(美)·건(健)·성(性)·윤(倫)」이라고 정리하여 「다도사의(茶道四義)」라 했다. 구체적인 의미는 다음과 같다.

① 미(美) : 미는 차의 사물, 율은 차의 질서를 가리킨다. 다덕에서는 마음이 깨끗하고 신체가 청결한 것이 요구되어진다. 물론 신체의 청결에는 복장도 포함되고, 마음의 깨끗함에는 예의가 포함되어있다. 이 외에 환경을 정리하고 다기를 갖춘다. 이들의 조건이 모두 갖추어져 비로소 다도의 법식을 행할 수 있다.

② 건(健) : 차 효용의 기본이 되는 건강을 지향한다. 그 때문에 좋은 찻잎을 고르고, 깨끗한 물을 이용하며, 적온(適溫)을 파악할 필요가 있다. 그리고 차를 끓이는 본인도 건강하지 않으면 안 된다. 차는 「건강한 음료」이기 때문에, 모든 사람들이 차를 마시면 전 인류가 건강해 진다. 차에는 「수·제·치·평(修·齊·治·平)」의 의미도 있다.

③ 성(性) : 차나무[茶樹]는 영산(靈山)에서 자라고 대자연의 정기와 은총을 받아서 대대로 전하여 「진외선아(塵外仙芽)」라고 불려진다. 인간 본래의 성질도 차나무와 닮아서 생활환경에 더러워진 본래의 선을 잃어버렸다는 생각에 기초하여 차를 통해서 신체도 정신도 깨끗이 하고, 본래의 선으로 돌아가는 것을 지향한다.

④ 윤(倫) : 불교의 생각으로, 이른바 오륜십의(五倫十義)—부자(父玆)·자효

161) 『台灣茶文化論』, p.43, 「茶藝의 基本精神을 探究」, 臺灣 碧山岩出版會社.

(子孝)·부창(父唱)·부수(婦隨)·형우(兄友)·제공(弟恭)·우신(友信)·붕의(朋誼)·군경(君敬)·신충(臣忠)―를 지향한다.[162]

이 외에 대만의 주유(周渝)씨도 「정·정·청·원(正·靜·淸·圓)」을 중국의 다도정신이라고 제의했다.[163]

이상이 주요 「중국 다도의 기본정신[茶德]」의 각 논설이다. 다소의 차이점은 있지만 대부분 비슷하다. 특히, 「청(淸)」·「정(靜)」·「화(和)」·「미(美)」등이 중국 다도의 정신과 다예의 특징에 맞으며, 일본 다도나 한국 차례(茶禮)의 기본정신에도 통하고 있음을 말할 수 있을 것이다. 이들의 정신을 이해한 뒤에 다예(茶藝)나 다사활동(茶事活動)을 행해야만 한다.

진향백(陳香白)씨의 연구에 의하면, 중국 다도정신의 핵심은 「화(和)」이다. 「화(和)는 천화(天和)·지화(地和)·인화(人和)를 의미하고, 동시에 우주만물의 통일과 그것에서 생겨난 천인합일조화(天人合一調和)를 의미하고 있다. 화(和)의 내용은 매우 풍부하고 주로 화경(和敬)·화청(和淸)·화적(和寂)·화렴(和廉)·화정(和靜)·화검(和儉)·화미(和美)·화애(和愛)·화기(和氣)·중화(中和)·조화(調和)·관화(寬和)·화순(和順)·화면(和勉)·화합[和合 : 동심(同心)·조화(調和)·순조(順調)], 화광(和光 : 재기(才氣)가 밖으로 나타나지 않는다), 화충[和衷 : 공경(恭敬)·화선(和善)], 평화(平和)·화이(和易)·화락[和樂 : 안락(安樂)·협화(協和)], 화애(和愛)·화근(和謹)·화매(和賣 : 공평매매)·화갱(和羹)·화계(和戒 : 고대에서는 한민족과 소수민족과의 결맹과 우호를 가리킨다)·교화(交和)·화승[和勝 : 회복(回復)]·화성[和成 : 음식적량(飮食適量)], 등의 의미가 있다. 화(和) 1자만으로 경(敬)·청(淸)·적(寂)·렴(廉)·검(儉)·미(美)·락(樂)·정(靜) 등의 의미를 포함하는 동시에 천(天)의 시(時), 지(地)의 리(利), 인(人)의 화(和) 등과도 관

162) 蔡榮章, 『現代茶芸』, p.200, 臺灣中視文化事業株式會社.

163) 周渝, 『자연에서 개인주체와 문화재생까지의 연구』, 『農業考古』, 1999년 제 2기

계하고 있다. 한자 중에서, 화(和) 외에 중국다도의 핵심을 표현할 수 있는 한자는 없다.」[164]라고 설명 하고 있다.

홍콩의 엽혜민(葉惠民)씨도 이 설에 동의하고, 「화목청심(和睦淸心)이 차 문화의 본질이고, 다도의 핵심이다.」[165]라고 주장하고 있다.

결국 다도정신이야말로 차 문화 활동의 기본이고, 이 다도정신에 따라서 차 문화 활동을 행해야만 한다. 앞으로도 중국차의 차 문화 활동은 다양한 변화를 보여줄 것이다. 그러나 중국 다도정신을 파악하고, 새로운 차 문화 활동을 전개해야만 한다.

● ● ●

164) 陳香白,『中國茶文化』, p.59, 山西人民出版社.
165) 『茶芸報』, p.19, 홍콩다예중심, 1993년 출판.

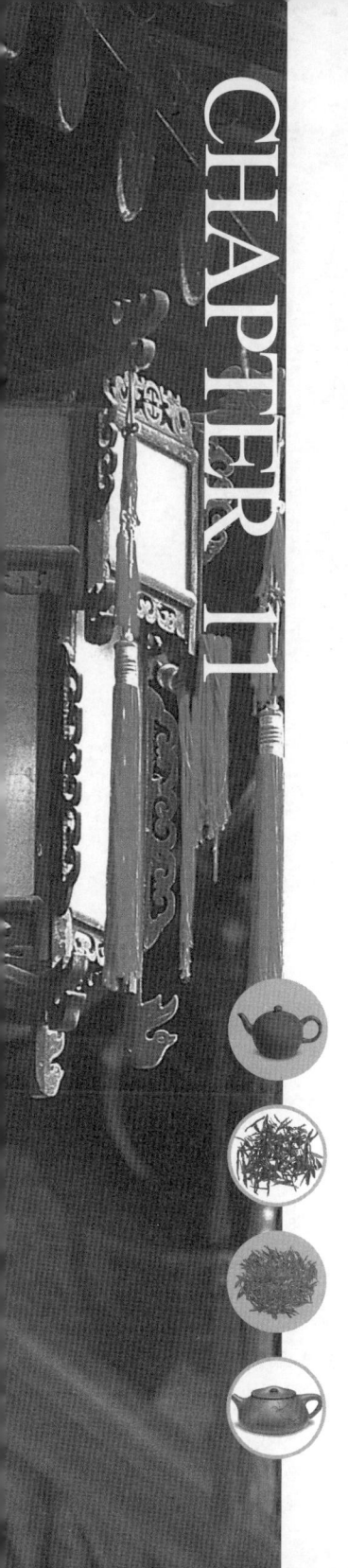

CHAPTER 11

차와 다련
(茶聯)

다련(茶聯)은 중국에 있어서 영련(楹聯)의 하나이다. 다련은 숫자의 제한이 있지만, 대우(對偶)와 평측(平仄)의 기준이 있기 때문에, 한시나 가사에서 발전해온 것이다. 중국에서는 「이다련의(以茶聯誼 : 차를 닮아서 우의를 지속한다)」와 같은 장소, 예를 들면 다관(茶館)·다루(茶樓)·다실(茶室)·다엽점(茶葉店)·다좌(茶座)의 입구나 석주(石柱) 위에, 혹은 다도(茶道)·다예(茶藝)·다례(茶禮)를 시연하는 방의 벽에, 게다가 다인의 침실 내에는 차의 련(聯)이 걸려 있는 것을 자주 볼 수 있다.

CHAPTER 11

차와 다련(茶聯)

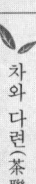

　　다련(茶聯)은 중국에 있어서 영련(楹聯)의 하나이다. 다련은 숫자의 제한이 있지만, 대우(對偶)와 평측(平仄)의 기준이 있기 때문에, 한시나 가사에서 발전해 왔다. 중국에서는 「이다련의(以茶聯誼 : 차를 닮아서 우의를 지속한다)」와 같은 장소, 예를 들면 다관(茶館)·다루(茶樓)·다실(茶室)·다엽점(茶葉店)·다좌(茶座)의 입구나 석주(石柱) 위에, 혹은 다도(茶道)·다예(茶藝)·다례(茶禮)를 시연하는 방의 벽에, 게다가 차인의 침실 내에는 차의 련(聯)이 걸려 있는 것을 자주 볼 수 있다. 이와 같은 련(聯)은 사람들에 고상하고 우아한 미감을 전해주고, 「공덕정기(公德正氣 : 고상한 정조)」와 정취를 즐기게 해준다.

　　영련(楹聯)은 대련(對聯)이라고도 한다. 최초로 5대 후촉(後蜀)왕, 맹창(孟昶)이 침실 문에 낙서를 해서 시작되었다. 그 후 송대가 되자 사람들은 집이나 방의 두 개 기둥에 쓰기 시작하면서 보급되었다. 그 후 장식이나 교제에 널리 사용되었다. 당대부터 송대에 이르러서 음다풍습(飮茶風習)이 번성해지고, 특히 지식인들이 즐겨 마셨기 때문에 다련(茶聯)은 이 시기에 나타났다고 생각된다.

　　영련(楹聯)을 읽는 것은 한시와 함께 차인에 있어서 필수의 교양이다. 영련(楹聯)은, 단순히 방의 장식뿐만 아니라, 차인이나 객인에 있어서 차의 심오하고 깊은 경지를 아는 것이 되고, 다양한 다구(茶具), 다기에도 시구나 연(聯)이 쓰여 있는 경우가 있다. 이들의 명구(名句)나 명련(名聯)을 읽고 차의 묘미를 알고, 차를 마시는 것이야말로 중국차의 멋이라고 할 수 있다.

차를 읊는 련(聯)

1 이백이 높이 평가한 선인당차를 마시고
   그 향이 노동이 표현한 옥액(玉液)의 바람과 같다.

   「品高李白仙人掌, 香引盧仝玉液風」 - (現) 서옥걸(舒玉傑)

2 샘물이 달고 깨끗하며 하늘의 색도 고우며
   앉아서 객을 선택하는 것도 좋아라.

   「泉甘潔器天色好, 坐中揀擇客亦佳」 - (송) 구양수『상신명시(賞新茗詩)』

3 차의 깊을 맛을 알고자,
   산에 올라 직접 구름사이의 샘을 긷다.

   「欲試点茶三昧手, 上山親汲雲間泉」 - (명) 한혁(韓奕)『백운천자다시(白雲泉煮茶詩)』

4 촉나라의 차를 훌륭하다 하니,
   몽산의 맛은 홀로 진귀하구나.

   「蜀土茶称勝 蒙山味獨珍」 - (송) 문동(文同)『신다시(新茶詩)』

5 거문고에서 맑은 물소리만 들려,
   차 중에서도 그 역사 깊은 것은 몽산이라.

   「琴里知聞唯淥水, 茶中故舊是蒙山」 - (당) 백거이(白居易)『금시(琴詩)』

6 옥으로 된 그릇의 광채에 신선의 이슬이 묻어나고,
황금싹 향에 옥같은 시내와 구름이 어린다.

「玉碗光含仙掌露, 金芽香帶玉溪雲」

7 시는 매화를 노래하고
차는 곡우의 햇차를 우려낸다.

「詩寫梅花月, 茶煎谷雨春」

8 샘의 부드러움은 황금을 치솟게 하고,
새싹의 향기는 자줏빛 옥색을 움 틔운다.

「泉嫩黃金涌, 芽香紫璧栽」 - (당) 두목(杜牧) 『다산(茶山)』

9 언제나 비와 이슬은 선장을 적시고,
편안한 양춘에 전하여 장수를 돕는다.

「恒得雨露滋仙掌, 泰轉陽春盒壽眉」 - (청) 유간(劉諫) 북경 · 항태다장(北京 · 恒泰茶庄)

10 작설이 3월의 비를 맞지 않으면,
용단은 봄의 한 가지를 선점한다.

「雀舌未經三月雨, 龍團先占一枝春」

다정련(茶亭聯)

11 벼루와 양털 붓을 안개비마냥 물들이고,
옥주전자에 어린 찻잎을 몇 번이고 적신다.

「不問石硯羊毫一樣染成煙雨景, 且把玉壺雀舌幾番吟到月浸亭」 - 구강 · 감당호
다정(九江 · 甘棠湖茶亭)

12 샘은 바위 속에서 솟아날 때 그 맛이 더하고,
    차는 산봉우리에서 자라면 그 맛이 더욱 좋다
    「泉以石出情宜烈, 茶自峰生味更圓」 - 유병삼(劉炳森) 항주 · 구정다실
    (杭州 · 龍井茶室)

13 서로 간에 이와 같은 갈증을 해소하고,
    고마운 마음에 달을 바라본다.
    「相如聊解渴, 謝眺喜凝眸」

14 옥잔에 이슬 방울 어리고,
    금잔에 꽃잎을 띄운다.
    「玉盃露生液, 金甌雪汎花」

15 물이라면 양자강의 물
    차라면 몽정산 정상의 차
    「揚子江心水 蒙山頂上茶」 - (명) 진강(陳絳)

16 화로를 데워 손님을 모시고
    차 한 잔 하자니 잠이 밀려온다.
    「竹爐湯沸邀淸客 茗碗風生遣睡魔」

17 육우는 다경을 짓고, 노동은 갈증을 해소하고
    무이는 훌륭한 품질이며, 고저는 진한 향이 있네.
    「陸羽著經盧仝解渴 武夷品俊顧渚香濃」

18 돌솥으로 차향을 달이니 세속의 찌꺼기를 다 씻으며,
송도의 눈을 끓이니 시몽을 비로소 깨웠구나.

「石鼎煎香俗腸洗盡, 松濤烹雪詩夢初醒」

19 개운한 향이 맑고 우아한 정취를 남기고
모두 농초로 인하여 진한 향이 있다.

「只綠淸香成淸趣, 全因濃釅有濃香」

20 그 그윽한 맛을 알게 되니
그에 버금가는 개운함이 어디에도 없네.

「識得此中滋味, 覓來無上淸涼」 - 남경 · 우화대다정(南京 · 雨花台茶亭)

21 삼강의 물을 끓여
오악이 차와 함께 마신다.

「煮沸三江水, 同飮五岳茶」

22 황산의 구름과 안개를 만들어
구화는 새벽이슬로 향을 일으키네.

「凝成黃山雲霧質, 飄出九華晨露香」

23 용정의 샘은 그 맛이 기이하고,
무이차는 독특한 향을 내네.

「龍井泉多奇味, 武夷茶發異香」

24 구곡의 계곡에서 작설을 끓이고
흐르는 물로 용단을 우린다.

「九曲溪山烹雀舌, 一溪活水煮龍團」

25 서호를 서시에 비교해 보고,
좋은 차는 좋은 사람과 같네

「欲把西湖比西子, 從來佳茗似佳人」 - 항주서호 · 우향거다실(杭州西湖 · 藕香居茶室)

26 깊은 산꼭대기 구름과 안개로 아련하고,
향은 절벽과 그 가장자리에 그윽하네

「幽借山巔雲霧質, 香凭崖畔芝蘭魂」

27 홀로 하늘 위에 떠있는 둥근 달을 가져다가,
세속에 가져와 두 번째 샘이라 하네.

「獨携天上小團月, 來試人間第二泉」 - (송) 소식(蘇軾)

28 산사는 천축으로 가고,
샘물은 구름속에서 흘러나오네

「山寺北連三竺去, 泉聲西自五雲來」 - (명) 장이녕(張以寧)

29 옛 우물이 있는 비옥한 땅에서 편히 차를 따면서
수취가 유명한 호숫가 시냇물을 바라본다.

「秀翠名湖游目頻來過溪處, 腴含古井怡情正及採茶時」 - (청) 건융제(乾隆帝)

다주련(茶酒聯)

30
도잠과 술에 대해 논하고,
육우와 차에 대해 평하네

「與陶潛論酒, 借陸羽評茶」

31
산길에서 꽃을 따다 봄에 술을 담그고,
대나무 창가에서 달밤에 차를 마시네.

「山徑摘花春釀酒, 竹窓留月夜品茶」

32
술에 만취한 노인 주걱을 빌려다 술을 따르고,
문사는 연꽃 이슬을 기울여 차를 끓여본다.

「兀兀刷醉翁情欲借鬪勺共酌酒, 田田詞客句閑傾荷露試烹茶」

불교련(佛敎聯)

33
차순으로 참선을 맛보고,
소나무와 삼나무로 불교의 도리를 아네

「茶笋盡禪味, 松杉眞法音」 - (송) 소식(蘇軾)

34
원숭이가 바리때를 빌려다 과실을 얻고,
야생사슴이 광주리를 물고와 아침나절 차를 내오네

「山猿借鉢藏新果, 野鹿銜筐送早茶」 - 백운산 정선사산문(白雲山 鄭仙寺山門)

35
구름떼 소리에 깨어 찻잎 따러가고,

달 따라 탑 그림자 드리우니 돌아와 차를 마신다.

「雲帶鐘聲採茶去, 月移塔影啜茗來」

저명다기(著名茶器)의 련(聯)

오채십이화신배(五彩十二花神杯) - (淸)

01
1월 · 매화(梅花)

희고 고운 눈 나무에 어리고, 청아한 향 가지에 가득하네.

素艶雪凝樹, 淸香風滿枝,

02
2월 · 행화(杏花)

맑은 향 지난밤에 내린 비와 어울리고, 안개 개어 아름다운 색 띄네.

淸香和宿雨, 佳色出晴煙,

03
3월 · 도화(桃花)

바람과 꽃은 신사의 제비, 이에 봄이 더욱 농익는 계절이라.

風花新社燕, 時節歸春濃,

04
4월 · 목단(牧丹)

새벽은 아직이라 금장의 이슬이 보이고,

저녁 내음 짙어 옥당에 봄기운 더하는구나.

曉艶遠兮金掌露, 暮香深惹玉堂春,

05 5월 · 석류화(石榴花)

이슬의 아름다운 색 주렴에 비치고, 향기로운 바람 벽에 가리네,

露色珠簾映, 香風紛壁遮,

06 6월 · 하화[蓮]

뿌리는 진흙속의 옥이요, 알맹이는 진주와 같네,

根是泥中玉, 心承露下珠,

07 7월 · 월이화[月李花 : 장미(薔薇)]

천년을 다하지 않고도, 일년이면 붉은 색을 홀로 나타냄이라.

不隨千秋盡, 獨放一年紅,

08 8월 · 계화[桂花 : 금목서(金木犀)]

가지는 계절과 무관하며, 꽃은 가을이면 활짝 핀다,

枝生無限月, 花滿自然秋,

09 9월 · 국화(菊花)

천년 백현의 술, 함께 청녀의 향을 취하리라

千載白玄酒, 一生靑女香,

10 10월 · 난호(蘭花)

넓고 큰 집서 가벼운 향 나며, 높은 언덕은 멀리 숨을 쉬네.

廣殿輕香發, 高台遠吹吟,

11 11월 · 수선화(水仙花)
봄바람 회롱에 날 밝고, 달빛 아래 거친 파도 큰 다란 둑을 능멸하네.

春風弄玉來淸晝, 夜月凌波上大堤,

12 12월 · 탄월(歎月)
비취향이 봄 추위를 머금고, 노란 꽃 중에도 이와 흡사한 것이 있네.

金英翠芳帶春寒, 黃色花中有幾般」

CHAPTER 2

고대저명
다시선

봄기운이 가득한 산에서 곡우 전에,

함께 향기로운 연초를 따네.

여린 초록 잎이 바구니에 가득하니.

맑고 화사한 것이 하늘에 가득 차네.

또한 집으로 손님을 불러,

샘에 떨어진 꽃을 가져다 끓이네.

CHAPTER 12
고대저명다시선(古代著名茶詩選)

「중양절에 처사 육우와 차를 마시다.」
- 당 교연(皎然)

구월 중양절의 산사
동쪽 울타리에 국화가 한창이네
세상 사람들은 술잔에 띄워 마시지만
그 누가 알랴, 다향을 도와줌을.

九日山僧院,　　東籬菊也黃.　　俗人多氾酒,　　誰解助茶香

「차의 노래, 최석(崔石) 사또를 놀리며」
- 당 교연

월주 사람이 내게 차 보내와
어린 차 싹을 세 발 솥에 달이네.
백자 찻잔에 향기로운 차향
가히 신선들이 마신다는 옥로와 같구나.
한 모금 마셔 혼미함 씻겨지니
마음이 하늘 끝까지 상쾌하고

또 한 모금 마시니 영혼이 맑아지고
비 뿌려 티끌 씻어 낸 듯하네.
세 모금 마시자 도의 경지에 이르니
어찌 번뇌가 저절로 물러가지 않으리
차의 고결함 몰라서
뭇 사람들 술 마시는 건 스스로를 속이는 것이라
술꾼이 빈 술독에 빠져 있는 것 걱정하며
도연명이 음주시 지은 것 우습다하네
자네도 술 마시고는 직성이 풀리지 않아
고성방가하며 이웃들을 놀라게 했지
다도만이 온전한 진리임을 알아야
단구 선인 같은 경지에 이를 수가 있다네.

<table>
<tr><td>越人遺我剡溪茗,</td><td>採得金芽爨金鼎.</td><td>素瓷雪色漂沫香,</td><td>何似諸仙瓊蕊漿.</td></tr>
<tr><td>一飲滌昏寐,</td><td>情思爽朗滿天地,</td><td>再飲淸我神,</td><td>忽如飛雨洒輕塵.</td></tr>
<tr><td>三飲便得道,</td><td>何須苦心破煩惱,</td><td>此物淸高世莫知,</td><td>世人飮酒徒自欺,</td></tr>
<tr><td>愁看畢卓甕間夜,</td><td>笑向陶潛籬下時.</td><td>崔候啜之意不已,</td><td>狂歌一句驚人耳.</td></tr>
<tr><td>熟知茶道全爾眞,</td><td>喩有丹丘得如此.</td><td></td><td></td></tr>
</table>

「명죽(茗粥)을 먹으면서 짓다」 - 당 저광희(儲光羲)

「명죽(茗粥)을 먹으면서 짓다」　　　　　　　　　　－ 당 저광희(儲光羲)

한낮의 무더위는
새도 날지 않을 만큼 잠잠하고,
군주의 장대하고 근엄함을 읊조리며,
또 다시 산중의 옷을 벗네.
구름을 헤아리지 못하니
햇볕을 피할 길 없네.

오래 머무름에 차 죽을 권하여

나와 함께 고사리로 식사를 하고,

변변치 못한 나의 집은 멀지 않고

해도 시나브로 저물어가네.

堂晝暑氣盛,　　　鳥雀靜不飛.　　　念君高梧陰,　　　復解山中衣.

數片遠雲度,　　　曾不避火暉.　　　淹留膳茗粥,　　　共我飯蕨薇

敝盧旣不遠,　　　日暮徐徐歸.

「거듭 하씨를 스쳐가며, 五首」(選一) — 당 두보(杜甫)

해질 무렵 평사에서,

봄바람이 불어와 차 마실 때.

돌난간에 붓을 기울이고,

오동나무 잎에 시를 쓴다.

물총새가 행거에서 울고,

왕잠자리 서서 낚시질하네.

오늘에야 자연스레 만나는 기쁨이라

오고 감에 기한이 없으리.

落日平台上,　　　春風啜茗時.　　　石闌斜点筆,　　　桐葉坐題詩.

翡翠鳴衣桁,　　　蜻蜓立釣絲.　　　自逢今日興,　　　來往亦無期.

「조거(趙莒)와 다연(茶宴)을 하면서」 — 당 전기(錢起)

대나무 아래 말을 잊고 차를 마시니,

선인에게 완승하고 잔뜩 취해서,

응어리진 마음을 깨끗이 하기가 또한 어려우니,

한그루의 나무 매미소리 그림자 드리우네.

竹下忘言對紫茶,　　全勝羽客醉流霞.　　塵心洗盡興難盡,　　一樹蟬聲片影斜.

「항거사(亢居士)와 청산담(靑山潭)에서 차를 마시며」　　- 당 영일(靈一)

들 샘으로 차 달이는데 연기는 흰 구름에 스며들고
앉아서 향긋한 차 마시니 이 산이 가경(佳境)일세
바위 아래 배를 매어 놓고 차마 못 떠나는데
푸른 계곡 흐르는 물에 저녁 빛이 내려앉누나.

野泉煙火白雲間,　　坐飲香茶愛此山.　　岩下維舟不忍去,　　靑溪流水暮潺潺.

「원중차(園中茶)의 제다를 기뻐하며」　　- 당 위응물(韋應物)

청렴함은 때 묻을 수 없으니,
이를 삼켜 번뇌를 깨끗이 씻는다.
이러한 물건에는 신령스런 맛이 있어
그 근원을 산에서 찾으니,
잠시 잠깐 군주를 받들어,
너를 데려다 황량한 동산에 심으니,
대중의 뜻에 따라 초목도 기르고,
품위 있는 이와 말을 하고 싶어라.

潔性不可汚,　　爲飲滌塵煩.　　此物性靈味,　　本自出山原.
聊因理君余,　　率爾植荒園.　　喜隨衆草長,　　得與幽人言.

「이낭중이 촉의 햇차를 보낸데 감사하며」   - 당 백거이(白居易)

옛정이 친한 벗에게 감돌아

햇차 나누어 병든 내게까지 보내왔구려.

붉은 종이에 쓴 글과 함께.

녹차 열 조각은 화전춘이었네

탕에 물을 더 붓고 어안이 일도록 끓여

차 한 술 넣고 누런 차탕을 휘젓는다.

다른 이에게 보내지 않고 내게 먼저 보낸 것은

아마도 내가 특별한 차인이라서일까.

古情周匝向交親,   親茗分張及病身.   紅紙一封書後信,   綠芽十片火前春.

湯添勺水煎魚眼,   末下刀圭攪曲塵.   不寄他人先寄我,   應緣我是別茶人.

「산천의 전다에 마음을 품고」   - 당 백거이

앉아서 차가운 물을 따르네,

그 안에 나풀대는 찌꺼기를 본다.

무심으로 하나의 다완을 가져

차를 좋아하는 사람에게 바치네.

坐酌冷冷水,   看煎瑟瑟塵.   無由持一碗,   寄與愛茶人.

「차를 마시며 양동주를 생각하네」 - 당 백거이

어젯밤 술을 많이 마셔
비틀거리며 밤새도록 취했었지
오늘 아침밥 배불리 먹고
흐드러지게 시간 가는 줄 모르고 잤네
단잠 자고 눈 비비고 일어나니
눈 앞에는 아무 일거리도 없구나
발길 가는 대로 연못을 돌아 거니니
뜻밖에 그윽한 정취 일어나네
너울너울 푸르게 이끼 낀 땅
이곳에 새끼로 엮은 평상을 놓고
그 곁에서 다기를 씻는다
백자 사발은 더욱 깨끗하고
화로의 숯불은 잘 타고 있구나
찻가루를 넣으니 향이 피어오르고
거품 꽃이 떠오르며 물방울이 이네
담아 내니 빛깔이 곱고
마신 뒤에도 여향이 감도는 구나
양모소가 예 없으니
그 누가 있어 이 차 맛을 알 수 있으랴.

昨晚飮太多,	嵬峨連宵醉,	今朝餐又飽,	爛漫移時睡.
睡足摩娑眼,	眼前無一事.	信脚繞池行,	偶然得幽致.
婆娑綠陰樹,	斑駁青苔地.	此處置繩床,	傍邊洗茶器.
白瓷甌甚潔,	紅爐炭方熾.	沫下曲塵香,	花浮魚眼沸.
盛來有佳色,	咽罷余芳氣.	不見楊慕巢,	誰人知此味

차

향기로운 잎 부드러운 싹

시인들이 사모하고 스님들이 사랑하네

맷돌은 백옥에 조각했고 채는 붉은 명주로 짰네.

차 손에서 황색으로 끓더니 잔에는 곡진화로 바뀐다네

밤에는 밝은 달님 모셔들이고 새벽에는 아침노을 바라보네

예부터 사람들의 권태 씻어 주니 취해 본 뒤 어찌 자랑하지 않으랴.

茶.

香葉, 嫩芽.

慕詩客, 愛僧家.

碾彫白玉, 羅織紅紗.

銚煎黃蕊色, 碗轉曲塵花.

夜後邀陪明月, 晨前命對朝霞.

洗盡古今人不倦, 將至醉後豈堪誇.

남쪽 지방의 더위는 술에 취한 듯하여,

북으로 난 창문만 열어 놓은 채 선잠에 드네.

정오에 홀연히 깨니 소리는 흔적도 없고

산아이 대나무를 사이에 두고 절구에 차 빻네.

南州溽暑醉如酒,   隱几熟眠開北牖.   日午獨覺無余聲,   山童隔竹敲茶臼

차를 채취하여 육홍점 산인에게 보낸다 - 당 황보 증(皇甫曾)

천개의 봉우리는 손님 밟기를 기다리며,

향기로운 차는 다시 싹이 돋아나고

차를 따는 곳이 깊은 곳임을 알고

안개가 자욱한 그곳까지 홀로 가는 것을 부러워함이라.

승려를 만나기 위해 먼 산사까지 가서

도중에 우물에서 맑고 시원한 물을 마시고

고요한 밤을 하나의 등불이 밤을 밝히고

서로 생각에 잠기니 한줄기 경쇠소리가 들려오네.

| 千峰待逋客, | 香茗復從生, | 採摘知深處, | 煙霞羨獨行. |
| 幽期山寺遠, | 野飮石泉淸, | 寂寂燃燈夜, | 相思一磬聲 |

「육우로부터 받은 햇차를 열며서」 - 당 맹교(孟郊)

무릉의 형세에 놀라,

바위 쪽으로 거처를 옮기니,

정자에 들어 구름을 모으고,

바위에 구멍을 뚫어 샘을 얻네.

대나무로 바람소리를 내고,

꽃을 읊으니 한 편이 되네.

청렴함을 귀하게 여길 줄 아니,

그 중 푸른 것에서 빠져나오네.

| 驚彼武陵狀, | 移居此岩邊, | 開亭如貯雲, | 鑿石先得泉. | 嘯竹引輕吹, |
| 吟花成新篇, | 乃知高潔情, | 擺脫區中綠. | | |

「낙중에」   - 당 유우석(劉禹錫)

시냇물로 처녀총각 대나무 울타리로 나오고,

시냇물 위 원앙이 기를 피하네.

인간세상 어느 곳이 선계와 같으며,

봄기운 완연한 산에 기생들이 차를 딸 때인가.

溪中士女出苞蘺,　　溪上鴛鴦避畫旗.　　何處人間似仙境,　　春山携妓採茶時.

「햇차를 보낸 맹간의에게 글로 감사하며」   - 당 노동(盧仝)

해는 하늘 높이 솟고 낮잠은 깊었는데.

군졸이 문 두드려 단꿈 깨네.

간의대부가 편지를 보냈다고 말하니

흰 비단에 비스듬한 삼도의 도장으로 봉한 것이네.

봉함을 열어보니 간의대부 얼굴을 보는 듯하고

세어보니 단차 300 조각이구려

듣건대 신년의 기운 산까지 이르러

겨울잠을 자던 벌레까지 깨우고 봄바람 일으키니

천자에게 양선차를 맛보시게 하실려고

백초는 감히 꽃도 피우지 않았다지

부드러운 바람 남몰래 꽃봉오리 맺고

봄에 앞서 황금색 차싹 피어나리.

갓 따온 차 불에 쬐어 동그랗게 쌌으니

그 정성 지극하면서도 사치스럽지 않아

그 귀함 고관에게 어울릴 법한데

어찌하여 산사람의 집까지 보내 왔는가.

사모 눌러 쓰고 손수 차를 다려 마시네.

푸른 구름같은 연기 가늘가늘 피어오르고

하얀 차 거품은 찻잔에 어리네.

첫 잔은 입술과 목을 적셔주고

둘째 잔은 고민을 없애주고

셋째 잔은 무너진 붓끝이 풀려 생각나는 글 오천권 되고

넷째 잔은 가벼운 땀이 돋아 평생불평 모공으로 빠진다네.

다섯째 잔은 살과 뼈를 맑게 하고,

여섯째 잔은 신선과 통하게 하네.

일곱째 잔은 마시지도 않았는데 두 겨드랑이에 맑은 바람 솔솔이네.

봉래산이 어디메뇨

나는 청풍을 타고 돌아가런다.

산속의 선인들이 아래 사람들을 관장한다지만

그 지위 드높아 비바람도 막는다네.

어찌 알겠는가? 수많은 백성들의 목숨이

벼랑으로 떨어져 고통스러워함을

만약 내가 간의대부라면 백성에게 묻겠노라

그래도 다시 살아나고 싶은가를?

日高丈五睡正濃,　軍將打問驚周公.　口云諫議送書信,　白絹斜封三道印.

開緘宛見諫議面,　手閱月團三百片.　聞道新年入山里,　蟄虫驚動春風起.

天子未嘗陽羨茶.　百草不敢先開花.　仁風暗結珠蓓蕾,　先春抽出黃金芽.

摘鮮焙芳選封裹,　至精至好且不奢.　至尊之余合王公,　何事便到山人家.

柴門反關無俗客,　紗帽籠頭自煎吃.　碧雲引風吹不斷,　白花浮光凝碗面.

一碗喉吻潤,　二碗破孤悶.　三碗搜枯腸,　惟有文字五千卷.

四碗發輕汗,　平生不平事,　盡向毛孔散.　五碗肌骨清,

六碗通仙靈.　七碗吃不得也.　唯覺兩腋習習清風生.　蓬萊山知何處,

蓬萊山, 知何處　　玉川子乘此清風欲歸去. 山中群仙司下土,　　地位清高隔風雨.

安得知百萬億蒼生命,　　墮在顚崖受辛苦,　　便爲諫議問蒼生,　　到頭合得蘇息否.

큰 배 한 척이 텅 비고,

열 살 청춘은 짐도 없네.

요즘 들어 살쩍이 선에 남았어,

차 연기 가볍게 일어 꽃바람에 날리네.

舴船一棹百分空,　　十歲靑春不負公.　　今日鬢絲禪榻畔,　　茶煙輕颺落花風.

향기로운 샘은 젖과 같아

이음구슬 맺히도록 물 끓여 차 달이네.

마침 게 눈같이 조금씩 끓다가

갑자기 잔물결 이는 것 보이네.

소나무에 비오는 소리 들리고

차탕은 푸르게 피어나는 안개 같구나.

중산의 술 마신다 해도

천 날을 취하게는 못하리.

香泉一合乳,　　前作連珠沸.　　時有蟹目濺,　　乍見魚鱗起.

聲疑松帶雨,　　餑恐煙生翠.　　攬把瀝中山,　　必無千日醉

중국茶문화

342

고대저명다시선

「다구(茶甌)」 　　　　　　　　　　　　　　　　　　　　　　- 피일휴

형주에서 온 손님과 월나라 사람
모두 그릇을 만들 수 있네.
달과 같이 둥글어 혼이 빠지고,
가볍기가 구름과 같아 정신이 든다.
대추 꽃의 기세가 사람을 홀리고,
부평초 거품과 향이 이에 닿네.
소나무 아래서 한번 보니
허공의 가지 또한 이와 같네.

邢客與越人,	皆能造玆器.	圓如月魂墮,	輕如雲魄起.
棗花勢選眼,	苹沫香沾齒.	松下時一看,	支公亦如此.

「다사(茶舍)」 　　　　　　　　　　　　　　　　　　　　- 당 피일휴

우뚝 솟은 절벽은 평민의 집을 베개 삼아,
몇몇이서 히히 낙낙하며 사네.
시렁위 붉은 샘물 긷고,
찌기 전 꿩고비 가져다 말리고,
늙은이는 차를 간 연후에
그 아내는 차를 쳐놓네.
서로 마주하고 땔감을 문짝에 껴놓으니
그 청아한 향이 온 산에 가득하다.

陽崖枕白屋,	幾口嬉嬉活.	棚上汲紅泉,	焙前蒸紫蕨.
乃翁硏茗後,	中婦拍茶歇.	相向掩柴扉,	淸香滿山月.

「다인(茶人)」   - 당 육구몽(陸龜蒙)

천부(天賦)의 불로초를 아니,

자연히 산의 정취로 이끄네.

한가한 해에 북산아래서 쉬니

마치 동쪽에서 바람이 불기를 기대함이라.

비온 뒤 좋은 향을 찾아 가니,

구름 사이 보이는 길이 위태로워라.

다만 봄 새만이 이를 알려주며,

함께 이 사람을 아는체 하네.

| 天賦識靈草, | 自然鐘野趣. | 閑年北山下, | 似與東風期. |
| 雨後探芳去, | 雲間幽路危. | 唯應報春鳥, | 得共斯人知. |

「사중상인에게 차를 보내다」   - 당 제기(齊己)

봄기운이 가득한 산에서 곡우 전에,

함께 향기로운 연초를 따네.

여린 초록 잎이 바구니에 가득하니.

맑고 화사한 것이 하늘에 가득 차네.

또한 집으로 손님을 불러,

샘에 떨어진 꽃을 가져다 끓이네.

길이 멀어 서로 의지할 것을 생각하나

한해가 지나도 오는 이 없네.

| 春山谷雨前, | 並手摘芳煙. | 綠嫩難盈籠, | 淸和易晚天. | 且招隣院客, |
| 試煮落花泉. | 地遠勞相寄, | 無來又隔年. | | |

「호주의 공배신차」
- 당 장문규(張文規)

봉황이 봄을 이끌고 반쯤 취해 돌아오니
선녀가 물에 들어가 발을 열어두네.
목단 꽃이 웃고 있는 부인의 머리인냥 움직이고,
호주의 자순차를 가져와 조아린다.

鳳輦尋春半醉歸,　　仙娥進水御帘開.　　牧丹花笑金鈿動,　　傳奏湖州紫筍來.

「협중의 차를 맛보고」
- 당 정곡(鄭谷)

빼곡히 새로 핀 꽃을 이른 아침에 따다가,
소강원 안에서 데워서 그 맛을 보네.
오나라 승려가 말하기를 까마귀 산이 좋다하니,
촉나라 노인이 허풍떨며 새의 부리가 맛나다하네.
자리에 앉아 사발에 잎을 살짝 띄우니,
함을 열어 몇 편을 세니 황금색을 머금고 있네.
녹문의 질병으로 손님들이 돌아가지 않고,
술이 절실하여 봄맛을 더욱더 잘 알게 되네.

簇簇新英摘露光,　　小江園里火煎嘗.　　吳僧漫說鴉山好,　　蜀叟休誇鳥嘴香.
入座半甌輕汎綠,　　開緘數片淺含黃.　　鹿門病客不歸去,　　酒渴更知春味長.

「납면차(蠟面茶)를 받고」
- 당 서인(徐　)

무이의 봄은 따뜻하고 월초는 원만하니,
새싹을 따다가 신선에게 바친다.
날아다니는 까치의 흔적이 향초조각이 되고,

원숭이가 우는 계곡으로 목란배가 간다.

금통(金槽)과 절구에 향기로운 거품이 가라앉으니

얼음 사발에 한줄기 연기가 어려.

은혜를 나눠 베푸니 심히 기이하고,

해질녘 무쇠 솥에 북산의 샘을 끓이네.

武夷春暖月初圓,　　採摘新芽獻地仙,　　飛鵲印成香蠟片,　　啼猿溪走木蘭船.

金槽和碾沈香沫　　冰碗輕涵翠縷煙,　　分贈恩深知最異,　　晚鐺宜煮北山泉.

「북원의 차를 끓이면서」 　　　　　　　　　　　　　　　　- 송 임포(林逋)

돌절구에 가만히 먼지가 날리고,

꽃으로 요리해 봄 시냇물 흐르게 하네.

속세에 길이 빛나리니 응당 깨닫기도 힘들어,

쉬어가며 차로 답하니 옛 어른도 기억하리.

石碾輕飛瑟瑟塵,　　乳花烹出建溪春.　　人間絶品應難識,　　閑對茶經憶古人

「구갱차(鳩坑茶)」 　　　　　　　　　　　　　　　　　　- 송 범중엄(范仲淹)

물을 주면 빠르게 자라는 오동나무처럼

봄이면 산의 반은 차라.

가벼운 번개야 얼마나 좋은 일이랴

빠르게 우전차를 얻네.

瀟洒桐盧郡,　　春山半是茶.　　輕雷何好事,　　驚起雨前茶

「건계(建溪)의 신차」　　　　　　　　　　　　　　- 송 매요신(梅堯臣)

남국 골짜기의 음지는 따뜻하여,

봄이면 새싹이 돋는다.

푸른 대나무 바구니에 따다,

백운가에서 쪄낸다.

잘 익은 가루는 사발에 띄우고,

병차(餅茶)에 용문을 더하고,

이 과정을 거치면 편안함을 얻을 수 있으며,

고저차는 모름지기 허풍 떨 겨를이 없네.

| 南國溪陰暖, | 先春發萌芽. | 採從靑竹籠, | 蒸自白雲家. |
| 栗粒浮甌起, | 龍文御餅加. | 過玆安得此, | 顧渚不須誇. |

「칠보차(七寶茶)」　　　　　　　　　　　　　　　　- 송 매요신

감미롭고 향기로운 꽃봉오리로 꽉 찬 일곱 가지 차,

꽃과 잎이 흐드러져 있는 노을이여!

이를 마시고 군주의 은혜가 무거움을 비로소 깨달음이라

만드는 것을 멈추고 깊은 생각에 젖어드니 감탄이 절로 나네.

| 七物甘香雜蕊茶, | 浮花汎綠亂於霞. | 啜之始覺君恩重, | 休作尋常一等誇. |

「건주 심둔전이 신차를 보낸 것에 답한다」　　　　- 송 매요신

봄 새싹으로 백고를 갈아,

밤에 불로 자줏빛 병차로 말리네.

그 가치가 황금과도 같아,

푸른 조릿대 잎으로 싸둔다.

빻아놓으니 옥색 가루라,

멀리 갈대 밑의 우물 같네.

한 잔하니 술 취한 사람같이,

군주를 생각함에 옷깃을 여미네.

春芽研白膏,　　夜火焙紫餅.　　價與黃金齊,　　包開靑篛整.

碾爲玉色塵,　　遠及蘆底井.　　一啜同醉翁,　　思君聊引領.

「쌍정차」　　　　　　　　　　　　　　　　　　　　　　　- 송 구양수(歐陽脩)

서강수 맑은 물이 흐르는 해묵은 바위

거기서 자란 차는 봉황새 발톱 같구나

섣달 그믐날 춥지 않고 봄기운이 이르면

쌍정차의 새싹은 뭇 풀보다 앞서 나오네.

하얀 털이 보송보송한 것을

청홍색 비단 주머니에 넣은 한 냥의 차

본디 열 근의 차를 만들 수 있는 것이었지

장안의 권세가 왕씨 집안들

한 번 마시고는 사흘이나 자랑하네.

보운차 일주차 정성껏 만들었지만

새것만 찾고 옛것을 버리는 게 세상 인정이라

어찌 알리오. 군자에게는 한결같은 덕이 있어

매우 귀한 것은 자주 바뀌지 않음을

그대여 아는가, 건계의 용봉단차

예전의 색·향·미가 그대로인 것을.

西江水淸江石老,　　石上生茶如鳳爪,　　窮臘不寒春氣早,　　雙井茅生先百草.

白毛裹以紅碧紗,　　十斤茶養一兩芽.　　長安富貴五候家,　　一啜尤須三日誇.

寶雲日注非不精,　　爭新棄臼世人情,　　豈知君子有常德,　　至寶不隨時變易,

君不見建溪龍鳳團,　　不改臼時香味色.

「신차를 맛보다」   - 송 증공(曾鞏)

거두어들인 밀알의 품질이 매우 좋고,

해바라기 모양이 날로 새로워.

한 잔으로 온종일 기운이 돌고,

초목이 아름다워 신이 있음에 믿음이 가네.

麥粒收來品絶倫,　　葵花制出樣爭新.　　一杯永日醒雙眼,　　草木英華信有神.

「신차를 헌상품으로 보내다」   - 송 증공

심은 곳이 신령스러워 한쪽으로 해가 깃들며,

수확하는 봄에 일찍이 우뢰소리 듣지 못했네.

서울 만리 앞다투어 가니,

필시 부모님이 직접 열어보셔야 함이네.

種處地靈偏得日,　　摘時春早未聞雷.　　京師萬里爭先到,　　應得慈親手自開.

「조보가 보낸 햇차를 받고」   - 송 소식(蘇軾)

선산의 신령스런 풀은

떠가는 구름에 젖어들어

목욕하고 향기롭게 분단장한 듯

밝은 달 떠올라 옥천자를 비추니

맑은 바람 불어 무림산을 날 것만 같네.

환한 모습과 고운 마음씨는

분칠로 얼굴을 꾸며서가 아니라네.

장난삼아 짧은 시를 썼다고 웃지 마시게

예로부터 좋은 차는 가인과 같다오.

仙山靈草濕行雲,　　洗遍香肌粉末勻.　　明月來投玉川子,　　清風吹鼓武林春,

要知玉雪心腸好,　　不是膏油首面新.　　戲作小詩君勿笑,　　從來佳茗似佳人.

「제불사에 놀면서」 　　　　　　　　　　　　- 송 소식

유마는 병을 보였으나 본래 병들지 않았으며,

재가의 신령스러운 운은 곧 집을 잊었네.

어찌 위나라의 황제는 한 알의 약으로 치료하며,

또한 노동은 일곱 잔의 차로써 다하려 하는가.

示病維摩元不病,　　在家靈運已忘家.　　何須魏帝一丸藥,　　且盡盧全七碗茶.

「쌍정차를 자담에게 보내며」 　　　　　　　　- 송 황정견(黃庭堅)

세상의 바람과 햇빛이 미치지 못한다는

대궐의 한림원에는

귀한 책이 많다고 하는데

예전에 동파 거사께서

붓 휘둘러

백 말이나 되는 진주를

쏟아 놓은 것이지요.

우리 고향 강남에서 좋은 차 따다가

맷돌에 부술부술 눈보다 더 곱게 갈았습니다.
그대 위해 황주의 꿈 부르려 하오니
홀로 배타고 태호로 오시옵소서.

人間風日不到處,　　天上玉堂森寶書.　　想見東坡臼居士,　　揮毫百斛瀉明珠.
我家江南摘雲腴,　　落磑霏雪不知.　　爲君喚起黃州夢,　　獨載扁舟向五湖.

「형주의 왕극도가 차를 끓이는 것에 대해 화답하며」　　- 송 황정견

용단차가 동풍에 마르고 물고기 눈 같은 탕을 끓이니,
그 중 백운과 같은 백색의 세계가 있네.
곧 쌍정의 응조차를 끓이면,
비로소 꽃이 떨어지기만 기다리니 봄이 참으로 길다.

龍焙東風魚眼湯,　　個中卽是白雲鄕,　　更煎雙井蒼鷹爪,　　始耐落花春日長.

「희서연기(戱書燕幾)」　　- 송 육유(陸游)

일생 동안 많은 것을 하늘에 바치고,
헐벗은 산림도 싫지 않아.
새 우는 소리에 잠에서 눈을 뜨며,
창호지의 꽃 그림자에 홀로 시를 읊네.
누추한 집 밤낮으로 굳게 닫힌 듯하니,
한 해 동안 연기와 불만이 통하네.
물의 품위를 논한 다경은 늘 손에서 떠나지 않고,
전생이 경릉자 육우가 아니었을까 의심을 해보네.

平生萬事付天公,　　白首山林不厭窮.　　一枕鳥聲殘夢里,　　半窓花影獨吟中.
柴荊日晚猶深閉,　　煙火年來只僅通.　　水品茶經常在手,　　前生疑是竟陵翁.

「촉인전차」   - 송 육유

낮에 잠에서 깨어 침대로 돌아와,
홍사의 작은 맷돌로 찻잎을 으깨고.
마침 산 바위로 된 용머리 솥이 필요하여,
풍로를 사용하여 게의 눈 같은 물을 끓여내니.
바위 위의 번개는 피곤한 눈을 뜨게 하고,
봄날의 우뢰로 주린 창자를 채워선 안 되리라.
밥은 술독을 도와가며
누군가 몽산 자순차의 향을 음미하네.

午枕初回夢蝶床,   紅絲小磑破旗槍.   正須山石龍頭鼎,   一試風爐蟹眼湯.
岩電已能開倦眼,   春雷不許殷枯腸.   飯裏酒瓮紛紛是,   誰嘗蒙山紫筍香.

「기주죽지가(夔州竹枝歌)」   - 송 범성대(范成大)

백발의 늙은 노모 머리에 붉은 꽃 꽂고,
검은 머리 처녀 쪽을 지었네.
등에 잠자는 아이 업고 산으로 가,
뽕을 따고 한가한 때 차를 따네.

白頭老嫗簪紅花,   黑頭女娘三髻丫.   背上兒眠上山去,   採桑已閑當採茶.

「전원사시잡흥(田園四時雜興)   - 송 범성대

나비 쌍쌍이 유채꽃 속에 드나들고,
날은 긴데 객은 없어 농가에 왔네.
닭이 날아 울타리를 넘고 개는 미친 듯 짖어대니,

행상이 차를 팔러 왔구나.

蝴蝶雙雙入菜花,　　日長無客到田家.　　鷄飛過籬犬吠竇,　　知有行商來買茶.

향기로운 샘을 길어 꽃을 띄우고,

돌솥을 끓여 새로운 차를 끓어본다.

나무그늘 천기 한적한 정원,

조용히 누워서 들으니 황벌(黃蜂)이 저녁의 소식을 알려주네.

自汲香泉帶落花,　　漫燒石鼎試新茶.　　綠陰天氣閑庭院,　　臥聽黃蜂報晚衙.

약하게 끓이니 물고기의 눈처럼 끓고,

새로 내온 차도 아직이라 푸른 기를 내건다.

곡우강남 아름다운 시기가 다가오니,

혜산의 샘 아래로 작은 배 돌아오네.

산사람 사모 가죽 끈 부분을 뱅뱅 돌리고.

선탑의 꽃바람은 양쪽 볼을 감싸며,

주객은 꿈에서 깨어,

누워 봄날 소나무 문짝을 바라본다.

嫩湯自候魚眼生,　　新茗還誇翠展旗.　　谷雨江南佳節近,　　惠山泉下小船歸.

山人紗帽籠頭處,　　禪榻風花繞鬢飛.　　酒客不通塵夢醒,　　臥看春日下松扉.

봉황고개에 봄 이슬의 향이 어리고,
푸른 치마 여자아이 손톱이 길다.
젖으면서 구름 속을 뚫고 차를 따러 올라갔다
정오에 돌아오는데 광주리는 헐빈하고,
문서를 관부에 낼 것을 독촉하니,
어찌 산이 추워서 아직 싹을 틔우지 않으며,
말려서 차를 만들어 연 열매에 비교해보니
그 누가 연밥보다 쓴 줄 누가 알았으랴.

鳳凰嶺頭春露香,　　靑裙女兒指爪長.　　度潤穿雲採茶去,　　日午歸來不滿筐,

催貢文移下官府,　　那知山寒芽未吐.　　焙成粒粒比蓮心,　　誰知儂比蓮心苦.

「채다가」　　　　　　　　　　　　　　　　　　　　　　　　- 청 장일희(張日熙)

강남의 근심은 향초로 가득하고,
차 따는 노래 속에 봄이 있네.
봄이 본래 차의 향을 재촉할수록,
대나무 광주리에는 붉은 먼지가 없네.
아이를 용정산에서 낳고,
봉우리 앞뒤에 여인의 검은 머리 있어,
청명과 한식에 가랑비 내리고,
하얀 팔목으로 재빠르게 기어올라,
지주는 이른 아침 백월을 채취하고,
고용인은 늦게 비의 푸름을 채취하고,
조만간 근년에 제대로 숙지하여,

어린 싹을 수확하여 대나무 소쿠리에 빽빽하네.

치마입고 검소하게 몸단장하여,

차 따는 일은 누에치는 일보다 바쁘네.

옥 같은 팔목 화로에 그을여 차의 향이 그윽하고,

가엽게도 차를 따는 처녀는 아니네.

江南愁思盈芳草,	採茶歌里春光老.	春自催歸茶自香,	筠籃無那紅塵道.
生小兒家龍井山,	峰前峰後好煙鬟,	淸明寒食糸糸雨,	素腕玲瓏只有攀,
東家採早新月白,	西家採遲霉雨碧,	遲早年來活計語,	嫩芽收向筠籠密.
布裙紅出倫梳粧,	茶事將登蚕事忙,	玉腕熏爐香茗冽,	可憐不是採茶娘.

「다(茶)」

- 청 고악(高)

기와탕관으로 봄눈을 끓이니,

옅은 향은 오래된 자기를 일깨우고.

맑은 창으로 추운 밤 객이 오실 때,

입속의 술 향을 헹궈내고,

시를 가슴에 담네.

땔나무와 두루미

그 풍미가 이처럼 오묘하네.

瓦銚煮春雪,	淡香生古瓷.	晴窓分乳後,	寒夜客來時,
漱菌濃消酒,	澆胸淸入詩.	樵靑與孤鶴,	風味爾偏宜.

CHAPTER 13

각 성별 중국차의 종류와 이름 · 산지

구월 중양절의 산사

동쪽 울타리에 국화가 한창이네

세상 사람들은 술잔에 띄워 마시지만

그 누가 알랴 다향을 도와줌을.

CHAPTER 13
각 성별 중국차의 종류와 이름·산지(産地)

강소성(江蘇省)

제조구분	종류	차 명	산 지	특 징
불발효차	녹차	동정벽라춘(洞庭碧螺春)	강소성江蘇省	강하게 유념을 하여, 활처럼 굽어있는 상태로서 털이 보인다.
		남경우화차(南京雨花茶)	강소성 남경南京	솔잎처럼 강하게 유념되어 가늘고 둥근 형태이며, 색은 녹색이다.
		무석호차(無錫毫茶)	강소성 무석無錫	두터우면서 크고, 만곡(彎曲), 털이 많다.
		금단작설(金壇雀舌)	강소성 금단金壇	곧으면서 편평하고, 참새의 혀와 같고, 엷은 녹색이다.
		전봉설련(前峰雪蓮)	강소성 율양溧陽	가늘게 만곡 되어 있고, 흰털이 있다.
		남산수미(南山壽眉)	강소성 율양溧陽	둥글게 유념되었으며, 눈썹처럼 흰털이 있다.
		매룡차(梅龍茶)	강소성 강녕江寧	강하게 유념되어 말려 있으며, 녹색으로 털이 보인다.
		금산취아(金山翠芽)	강소성 진강鎭江	편평한 형으로 가는 핀의 모양으로 되어있고, 청녹색이며, 털이 보인다.
		천지명호(天池茗毫)	강소성 소주蘇州	가늘게 유념되었으며, 만곡 되어 있고, 털이 많다.
		취라(翠螺)	강소성 강녕江寧	강하게 말려 소라처럼 되어 있고, 청녹색이며, 털이 보인다.
		화과산운무차(花果山雲霧茶)	강소성 련운항蓮雲港	강하게 유념되어, 둥근 핀의 모양으로 되어 있고 눈썹과 같은 형이며, 털이 보인다.
기타	각종차	고형차(固形茶)	절강성·강소성	차의 끝은 짧고 가는 소면(素麵)처럼 가공되어 있다.

절강성(浙江省)

제조구분	종류	차 명	산 지	특 징
불발효차	녹차	미다(眉茶)	절강·강서·안휘성 등	형태는 만곡 되어 있고, 초청(炒靑)이다.
		진미(珍眉)	절강·강서·안휘성 등	미차(眉茶) 중의 고급품, 가늘고 긴 형태의 녹차
		특진(特珍)	절강·강서·안휘성 등	진미 중의 최고급품
		수미(秀眉)	절강·강서·안휘성 등	미차(眉茶) 중의 고급품, 약간 크고 가늘고 길다.
		봉미(鳳眉)	절강·강서·안휘성 등	수미 중에서 약간 큰 것
		공희(貢熙)	절강·강서·안휘성 등	미차·주차(珠茶)의 고급품이며, 약간 원형이다.
		우차(雨茶)	절강·강서·안휘성 등	미차의 고급품이며, 가늘게 부셔져 있다.
		녹차말(綠茶末)	절강·강서·안휘성 등	미차의 고급품으로 눈이 거친 분말형태이다.
		녹차편(綠茶片)	절강·강서·안휘성 등	미차의 고급품으로 잎은 부셔져 있다.
		주차(珠茶)	절강성	외형은 둥글고, 구슬처럼 되어 있다.
		과립녹차(顆粒綠茶)	절강성	녹차의 제조 중에 과립상태로 유념한 것
		용정차(龍井茶)	절강성	편평한 상태로 매끈매끈한 청녹색이다. 사봉(獅峰)용정특급, 서호(西湖)용정특급
		기창(旗槍)	절강성	편평상으로 용정처럼 고르지 않다.
		대방(大方)	안휘성·절강성	편평상으로 용정처럼 고르지 않다.
		고저자순(顧渚紫笋)	절강성 장흥長興	부드러운 싹처럼 가늘고 부드러운 어린 싹, 날카로운 끝은 선명하다.
		혜명차(惠明茶)	절강성 경녕景寧	강하게 유념된 만곡의 형으로 색은 청녹색이다.
		경산차(徑山茶)	절강성 여항余杭	가늘고 길게 유념된 어린 싹으로, 아봉(芽峰)이 보이고, 색은 청녹색이다.
		천강휘백(泉崗輝白)	절강성 승현嵊縣	외형은 둥근형으로 흰 서리[霜]가 있다
		천존공아(天尊貢芽)	절강성 동로桐盧	모양은 노인의 눈썹처럼 흰 털이 있다.
		일주설아(日鑄雪芽)	절강성 소흥紹興	매의 발톱처럼 가늘게 유념되어 있으며, 흰털이 많다.
		무주거암(婺州擧岩)	절강성 금화金華	곧게 뻗고, 약간 편평한 형이며, 녹색이다.
		구갱모첨(鳩坑毛尖)	절강성 순안淳安	고르며, 곧게 뻗게 유념되어 있으며 녹색으로 털이 많다.
		안길백편(安吉白片)	절강성 안길安吉	곧게 뻗은 편평상으로 털이 많다.
		쌍룡은침(雙龍銀針)	절강성 금화金華	은침처럼 곧게 유념되어있으며, 털이 많다.
		개화용정(開化龍頂)	절강성 개화開化	강하게 곧게 유념된 부드러운 싹이고, 흰털이 많은 녹색이다.

제조구분	종류	차 명	산 지	특 징
불발효차	녹차	강산녹모단(江山綠牡丹)	절강성 강산江山	곧게 뻗은 꽃처럼, 흰 털이 많은 녹색이다.
		건덕포다(建德苞茶)	절강성 건덕建德	잎이 난과 같은 형이고, 녹색으로 털이 많다.
		강화모첨(江華毛尖)	절강성 강화江華	유념된 찻잎에 가는 끝이 많고, 엷은 녹색이다.
		천목청정(天目靑頂)	절강성 임안臨安	강하게 유념되었으며 털이 많고 녹색이다.
		안탕모봉(雁蕩毛峰)	절강성 낙청樂淸	가늘고 길게 유념되었으며, 청록색이다.
		동백춘아(東白春芽)	절강성 동양東陽	난의 꽃과 같은 형으로 강하게 유념되었으며, 만곡으로 녹색이다.
		태백정아(太白頂芽)	절강성 동양東陽	곧게 유념되었으며, 약간 편평한 형으로 녹색이다.
		보타불차(普陀佛茶)	절강성 보타普陀	강하게 유념되어 만곡을 하고 있고, 털이 많다.
		화정운무(華頂雲霧)	절강성 천태天台	큰 잎을 가늘게 유념한 형태, 털이 보인다.
		난계모봉(蘭溪毛峰)	절강성 난계蘭溪	두텁고 큰 잎이 가늘고 긴 형으로 되어 있으며, 흰털이 많다.
		천도옥엽(千島玉葉)	절강성 순안淳安	곧게 뻗은 편평한 형태를 하고 있고, 청녹색이 있다.
		청계옥아(淸溪玉芽)	절강성 순안淳安	편평한 형태를 하고 있고, 녹색이다.
		여요폭포차(余姚瀑布茶)	절강성 여요余姚	가늘게 유념되어 있고 약간 편평한 형태를 하고 있고, 윤이 나고 싱싱한 녹색이다.
		수창은후(遂昌銀猴)	절강성 수창遂昌	어린잎이 두텁고 크며, 만곡으로 되어 있고, 털이 많다.
		반안운봉(盤安雲峰)	절강성 반안盤安	곧고 강하게 유념되어 있으며, 부드럽고, 청녹색이다.
		선거벽록(仙居碧綠)	절강성 선거仙居	곧게 유념되어 있으며, 청녹색이다.
		송양은후(松陽銀猴)	절강성 송양松陽	단단하게 말려 있고, 흰 털이 많다.
		증청전다(蒸靑煎茶)	절강성 항주杭州	약간 편평한 형이며, 찻잎은 녹색이며, 차도 녹색이다.
		속용녹차(速溶綠茶)	호남성·절강성	녹차의 맛이며, 물에 녹는다
전발효차	홍차	월홍공부(越紅工夫)	절강성 소흥紹興	가늘게 유념된 형태, 윤이 나고 싱싱한 흑색이다.
후발효차	황차	온주황탕(溫州黃湯)	절강성 온주溫州	가늘게 유념되어 있고, 황녹색이며, 털이 많다.
기타	각종차	고형차(固形茶)	절강성·강소성	차 끝이 짧고 가는 소면처럼 가공되어 있다.

제조구분	종류	차 명	산 지	특 징
불발효차	녹차	미차(眉茶)	절강·강서·안휘성 등	모양은 만곡으로 되어 있고, 초청이다.
		진미(珍眉)	절강·강서·안휘성 등	미차 중의 고급품, 가늘고 긴 모양의 녹차
		특진(特珍)	절강·강서·안휘성 등	진미 중에서 최고급품
		수미(秀眉)	절강·강서·안휘성 등	미차 중의 고급품, 약간 크고 가늘고 길다.
		봉미(鳳眉)	절강·강서·안휘성 등	수미 중에서 약간 크고 굵은 것
		공희(貢熙)	절강·강서·안휘성 등	미차·주차의 고급품으로 약간 원형이다.
		우차(雨茶)	절강·강서·안휘성 등	미차의 고급품으로 가늘게 부서져 있다.
		녹차말(綠茶末)	절강·강서·안휘성 등	미차의 고급품으로 거친 분말상태이다.
		녹차편(綠茶片)	절강·강서·안휘성 등	미차의 고급품으로 잎은 부서져 있다.
		대방(大方)	안휘성·절강성	편평형으로 용정처럼 고르지 않다.
		황산모봉(黃山毛峰)	안휘성	가늘고 긴 균등한 모양으로 털이 보인다. 잎의 곁은 밝은 황색이 있다. 황산모봉특급, 황산모봉일급
		태평후괴(太平猴魁)	안휘성 태평太平	곧고 편평한 모양으로 양쪽 끝은 뾰족하고, 색은 진한 녹색이다.
		육안과편(六安瓜片)	안휘성 육안六安	색은 진한 녹색이다.
		용계화청(涌溪火靑)	안휘성 경현涇縣	과립상으로 둥근 모습, 색은 진한 녹색이다.
		휴녕송몽(休寧松夢)	안휘성 휴녕休寧	가는 만곡의 모습이며, 색은 고운 녹색이다.
		경정녹설(敬亭綠雪)	안휘성 선성宣城	참새의 혀와 같은 모습으로 곧게 뻗어 있고, 색은 청녹색이다.
		단초괴(瑞草魁)	안휘성 랑계郎溪	곧고 약간 편평한 모양, 정녹색이다.
		구화모봉(九華毛峰)	안휘성 청양靑陽	강하게 유념되어 굽어 있다. 정리된 형으로 털이 보인다.
		서성란화(舒城蘭花)	안휘성 서성舒城	꽃처럼 어린 잎이며, 녹색이다.
		천주검호(天柱劍毫)	안휘성 잠산潛山	곧은 것이 칼처럼 편평한 모습이며, 녹색으로 털이 보인다.
		국화차(菊花茶)	안휘성 곽산霍山	가는 찻잎을 각양각색의 색실로 국화처럼 모습을 만들어 묶는다.
		황산녹모란(黃山綠牡丹)	안휘성 흡현歙縣	가는 잎을 실로써 모란과 같은 형으로 묶고 있다.

제조구분	종류	차 명	산 지	특 징
전발효차	홍차	기문공부(祁門工夫)	안휘성 기문祁門	강하게 유념한 가늘고 긴 형태, 윤기가 있고 싱싱한 흑색이다.
후발효차	황차	곽산황아(霍山黃芽)	안휘성 곽산霍山	참새의 혀처럼 편평한 형이며, 털이 많다
		환서황대차(皖西黃大茶)	안휘성	잎이 두텁고, 그을린 듯한 향이 있다.

복건성(福建省)

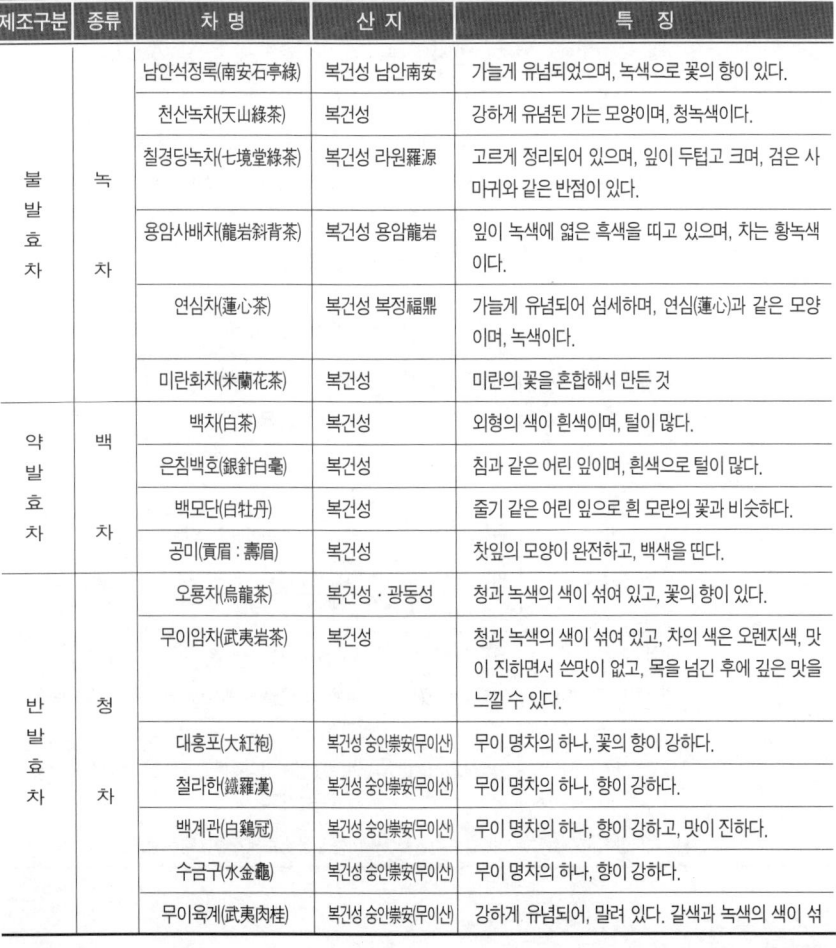

제조구분	종류	차 명	산 지	특 징
불발효차	녹차	남안석정록(南安石亭綠)	복건성 남안南安	가늘게 유념되었으며, 녹색으로 꽃의 향이 있다.
		천산녹차(天山綠茶)	복건성	강하게 유념된 가는 모양이며, 청녹색이다.
		칠경당녹차(七境堂綠茶)	복건성 라원羅源	고르게 정리되어 있으며, 잎이 두텁고 크며, 검은 사마귀와 같은 반점이 있다.
		용암사배차(龍岩斜背茶)	복건성 용암龍岩	잎이 녹색에 엷은 흑색을 띠고 있으며, 차는 황녹색이다.
		연심차(蓮心茶)	복건성 복정福鼎	가늘게 유념되어 섬세하며, 연심(蓮心)과 같은 모양이며, 녹색이다.
		미란화차(米蘭花茶)	복건성	미란의 꽃을 혼합해서 만든 것
약발효차	백차	백차(白茶)	복건성	외형의 색이 흰색이며, 털이 많다.
		은침백호(銀針白毫)	복건성	침과 같은 어린 잎이며, 흰색으로 털이 많다.
		백모단(白牡丹)	복건성	줄기 같은 어린 잎으로 흰 모란의 꽃과 비슷하다.
		공미(貢眉 : 壽眉)	복건성	찻잎의 모양이 완전하고, 백색을 띤다.
반발효차	청차	오룡차(烏龍茶)	복건성·광동성	청과 녹색의 색이 섞여 있고, 꽃의 향이 있다.
		무이암차(武夷岩茶)	복건성	청과 녹색의 색이 섞여 있고, 차의 색은 오렌지색, 맛이 진하면서 쓴맛이 없고, 목을 넘긴 후에 깊은 맛을 느낄 수 있다.
		대홍포(大紅袍)	복건성 숭안崇安(무이산)	무이 명차의 하나, 꽃의 향이 강하다.
		철라한(鐵羅漢)	복건성 숭안崇安(무이산)	무이 명차의 하나, 향이 강하다.
		백계관(白鷄冠)	복건성 숭안崇安(무이산)	무이 명차의 하나, 향이 강하고, 맛이 진하다.
		수금구(水金龜)	복건성 숭안崇安(무이산)	무이 명차의 하나, 향이 강하다.
		무이육계(武夷肉桂)	복건성 숭안崇安(무이산)	강하게 유념되어, 말려 있다. 갈색과 녹색의 색이 섞

제조구분	종류	차 명	산 지	특 징
반발효차	청차			여 있고, 향이 강하다.
		민북수선(閩北水仙)	복건성	강하게 유념되어 단단하게 되어 있고, 엷은 흑색이 있다.
		백모후(白毛猴)	복건성 정화政和	잎이 두텁고 크다. 말려 있는 모양이며, 털이 많다.
		팔각정용수차(八角亭龍須茶)	복건성 숭안崇安(무이산)	차를 모아서 실로 묶고 있다.
		철관음(鐵觀音)	복건성 안계安溪	꽃의 향이 강하고 맛이 진하다.
		황금계(黃金桂)	복건성 안계安溪	꽃의 향이 강하고 맛이 진하며, 차는 금색
		영춘불수(永春佛手)	복건성 영춘永春	꽃의 향이 강하고 맛이 진하다.
		안계색종(安溪色種)	복건성 안계安溪	향이 강하고 맛이 진하다.
		수선병차(水仙餅茶)	복건성 장평漳平	사각으로 눌러서 단단하게 만든 차로서 하나에 20g.
전발효차	홍차	민홍공부(閩紅工夫)	복건성	강하게 유념되었으며, 가는 모양, 흑색이 있다.
		정화공부(政和工夫)	복건성 정화政和	강하게 유념되었으며, 풍만하고, 털이 많다.
		탄양공부(坦洋工夫)	복건성 복안福安 등	가늘고 긴 형태로, 털이 보이고, 반짝반짝하는 흑색이 있다.
		백림공부(白琳工夫)	복건성 복정福鼎	가늘게 유념된 모양이며, 반짝반짝하는 흑색이 있다.
		소종홍차(小種紅茶)	복건성 숭안崇安	가늘게 유념된 모양이며, 흑색이 있고 소나무 향이 있다.

강서성(江西省)

제조구분	종류	차 명	산 지	특 징
불발효차	녹차	미차(眉茶)	절강·강서·안휘성등	모양은 만곡을 하고 있으며, 초청이다.
		진미(珍眉)	절강·강서·안휘성등	미차 중의 고급품, 가늘고 긴 모양의 녹차
		특진(特珍)	절강·강서·안휘성등	진미 중의 최고급품
		수미(秀眉)	절강·강서·안휘성등	미차 중의 고급품, 약간 크고 가늘고 길다.
		봉미(鳳眉)	절강·강서·안휘성등	수미 중에서 약간 큰 것
		공희(貢熙)	절강·강서·안휘성등	진미·주차의 고급품으로 약간 원형이다.
		우차(雨茶)	절강·강서·안휘성등	미차 중의 고급품으로, 가늘게 부셔져 있다.

제조구분	종류	차 명	산 지	특 징
불발효차	녹차	녹차말(綠茶末)	절강 · 강서 · 안휘성등	미차의 고급품으로 거친 분말상태이다.
		녹차편(綠茶片)	절강 · 강서 · 안휘성등	미차의 고급품으로 잎은 부셔져 있다.
		노산운무(盧山雲霧)	강서성 노산盧山	강하게 유념된 가는 모양으로 색은 녹색이다.
		무원명미(婺源茗眉)	강서성 무원婺源	만곡상태로 털이 많고, 청녹색이다.
		수천구고뇌(遂川狗牯腦)	강서성 수천遂川	연하면서 가는 모양, 녹색으로 털이 많다.
		상요백미(上饒白眉)	강서성 상요上饒	외형이 강하게 유념되어 있으며, 곧고 흰 털이 있다.
		쌍정록(雙井綠)	강서성 수수修水	강하게 유념된 둥근 모양으로, 새의 부리처럼 만곡으로 되어 있으며, 녹색이다.
		정강취록(井崗翠綠)	강서성 정강산井崗山	가늘게 유념되어 있으며, 청녹색으로 털이 많다.
		소포암차(小布岩茶)	강서성 녕도寧都	눈썹처럼 가늘게 유념되어 있으며, 털이 보인다.
		마고차(麻姑茶)	강서성 남성南城	가늘게 유념되어 있고, 털이 많은 청녹색이다.
		서주황벽차(瑞州黃檗茶)	강서성 고안高安	곧은 핀과 같은 모양으로 털이 많다.
		용무차(龍舞茶)	강서성 길안吉安	강하게 유념된 만곡, 청녹색으로 털이 많다.
		신강우융차(新江羽絨茶)	강서성 수천遂川	섬세하면서 흰색이며, 흰털이 많다.
		주타철차(周打鐵茶)	강서성 풍성豊城	강하게 유념되어 만곡으로 되어 있으며, 윤기가 있는 녹색이다.
		구룡차(九龍茶)	강서성 안원安源	두터우면서 큰 잎을 강하게 비튼 모양으로 털이 많다.
		산곡취록(山谷翠綠)	강서성 수수修水	둥글게 유념되어 있으며, 약간 만곡이며, 윤기가 있는 녹색이다.
		통천암차(通天岩茶)	강서성 석성石城	강하게 유념된 형태로서 녹색, 털이 보인다.
		와갱차(窩坑茶)	강서성 남강南康	섬세한 소라처럼 말려 있고, 녹색이다.
		운림차(雲林茶)	강서성 금계金溪	가늘게 유념되어 있으며, 청녹색이다.
		찬림차(攢林茶)	강서성 영수永修	가늘게 유념되어 있으며, 녹색이다.
		상기운무(象棋雲霧)	강서성 소평昭平	가늘게 유념되어 있으며, 윤기 있는 녹색이다.
		릉운백호(陵雲白毫)	강서성 릉운陵雲	잎이 두텁고 크며, 흰털이 있다.
		무원묵국(婺源墨菊)	강서성 무원婺源	가는 잎을 실로서 국화처럼 형태를 만들어 묶었다.
전발효차	홍차	녕홍공부(寧紅工夫)	강서성 수수修水	강하게 유념되었고, 가는 모양으로 흑색이다.
		용수차(龍須茶)	강서성 수수	차를 모아서 여러 가지의 실로 묶은 것이다.

하남성

제조구분	종류	차 명	산 지	특 징
불발효차	녹차	신양모첨(信陽毛尖)	하남성 신양信陽	강하게 유념되었으며, 가늘고 둥근형, 흰털이 많고 맛이 진하다.
		앙천녹설(仰天綠雪)	하남성 신양	강하게 유념되어 곧고, 약간 편평, 청녹색으로 털이 보인다.

호북성

제조구분	종류	차 명	산 지	특 징
불발효차	녹차	선인장차(仙人掌茶)	호북성 당양當陽	편평한 손바닥의 모양이며, 색은 녹색으로 털이 많다.
		은시옥로(恩施玉露)	호북성 은시恩施	강하게 둥글게 유념되어 있기 때문에, 침처럼 곧고, 녹색이다.
		협주벽봉(峽州碧峰)	호북성 의창宜昌	강하게 유념되었으며, 흰털이 보이는 청녹색이다.
		차운산모첨(車雲山毛尖)	호북성 수현隨縣	강하게 곧게 유념된 가는 둥근 형이고, 털이 보인다.
		쌍교모차(雙橋毛茶)	호북성 대오大悟	가늘게 유념된 모양으로 털이 보이고, 청녹색이다.
		구산암록(龜山岩綠)	호북성 마성麻城	가늘고 긴 모양으로, 녹색이다. 흰털이 보인다.
		금수취봉(金水翠峰)	호북성 무창武昌	강하게 유념된, 가늘고 부드럽고, 핀의 모습이고, 녹색이다.
		수선용내차(水仙茸勻茶)	호북성 오봉五峰	부드럽고 가늘고, 초승달과 같은 모양으로, 흰털이 많다.
		융중차(隆中茶)	호북성 양성襄城	강하게 유념된, 싱싱한 녹색이다.
		금은화차(金銀花茶)	호북성	금은화 꽃을 섞어서 만든 차
전발효차	녹차	의홍공부(宜紅工夫)	호북성 의창宜昌	강하게 유념된, 가는 모양으로 흑색이다.
		미전차(米磚茶)	호북성	사각형으로 눌러서 단단하게 만든 흑차, 하나의 무게가 1.125kg이다.
후발효차	황차	녹원모첨(鹿苑毛尖)	호북성 원안遠安	환상(環狀)으로 흰 털이 보인다.
	흑차	노청차(老靑茶)	호북성	크면서 단단하고, 맛이 약간 떫다.
		청전차(靑磚茶)	호북성 함녕咸寧	사각형의 벽돌처럼 눌러서 단단하게 만든 모양으로 2~3.25kg이 된다.

호남성(湖南省)

제조구분	종류	차 명	산 지	특 징
불발효차	녹차	안화송침(安化松針)	호남성 안화安化	침처럼 강하게 유념되어, 곧은 모양을 하고 있으며, 색은 청녹색이다.
		고교은봉(高橋銀峰)	호남성 장사長沙	강하게 유념된 가는 모양으로, 만곡되어 있으며 털이 많다.
		갈탄차(碣灘茶)	호남성	강하게 유념된 가는 만곡으로, 고운 녹색이다.
		악록모첨(岳麓毛尖)	호남성 장사長沙	강하게 유념된 정리된 가는 모양으로, 녹색의 털이 보인다.
		계동령롱차(桂東玲瓏茶)	호남성 계동桂東	강하게 유념된 가는 만곡의 형, 청녹색으로 털이 많다.
		고장모첨(古丈毛尖)	호남성 고장古丈	강하게 유념되어 있는 가는 형, 곧은 핀으로 되어 있으며, 녹색의 털이보인다.
		사구은아(獅口銀牙)	호남성 고장古丈	강하게 유념되어 있고, 둥글고, 흰털이 있다.
		상파록(湘波綠)	호남성 장사長沙	강하게 유념되어 있고, 가는 만곡, 청녹색으로 털이 보인다.
		하서원차(河西園茶)	호남성 장사長沙	가늘게 강하게 유념되어 있고, 연초(煙草)의 냄새가 있다.
		오개산미차(五蓋山米茶)	하남성 침주郴州	싹의 끝으로 털이 많다.
		침주벽운(郴州碧雲)	하남성 침주	가늘고 강하게 유념되어 있고, 털이 많고 청녹색이다.
		황죽백호(黃竹白毫)	호남성 영흥永興	두텁고 큰 잎을 강하게 유념한 만곡, 녹색으로 털이 보인다.
		운봉모첨(雲峰毛尖)	호남성 도강桃江	곧게 강하게 유념된 털이 보이고, 청녹색이다.
		소봉(韶峰)	호남성 상담湘潭	두텁고 큰 잎을 둥글게 유념한 형으로, 털이 보인다.
		관장모첨(官庄毛尖)	호남상 원릉沅陵	가늘게 유념된 청녹색이다.
		우저차(牛抵茶)	호남성 석문石門	두텁고 큰 잎을 강하게 유념하고, 약간 편평한 모양이고, 소의 뿔과 같은 형을 하고 있다.
		남악운무차(南岳雲霧茶)	호남성 남악南岳	가늘게 유념된 청녹색이다. 털이 보인다.
		속용녹차(速溶綠茶)	호남성 · 절강성	녹차의 맛으로 물에 녹는다.
전발효차	홍차	호홍공부(湖紅工夫)	호남성	가늘게 유념된 형으로, 윤기가 있는 흑색이다.
		속용홍차(速溶紅茶)	호남성	홍차의 맛으로, 모두 물에 녹는다.
후발효차	황차	군산은침(君山銀針)	호남성 악양岳陽	어린잎은 침처럼 곧고 털이 많다.
		북항모첨(北港毛尖)	호남성 악양	잎이 두텁고 크며, 어린잎의 끝이 보이고, 털이 많다.

중국茶문화

366

각 성별 중국차의 종류와 이름 · 산지

제조구분	종류	차 명	산 지	특 징
후 발 효 차	흑 차	위산백모첨(潙山白毛尖)	호남성 녕향寧鄉	강하게 유념되어 있으며, 맑은 황색이고, 소나무의 향이 있다.
		호남흑차(湖南黑茶)	호남 안화安化	향미가 진하고, 소나무 향이 있다.
		흑전차(黑磚茶)	호남성 안화	사각형의 벽돌처럼 눌러서 고정시킨 형으로 2kg에 달한다.
		화전차(花磚茶)	호남성 안화	사각형의 벽돌처럼 눌러서 고정시킨 형으로 2kg이다.
		천량차(千兩茶)	호남성 안화	나무의 가지처럼 눌러서 고정시킨 형이다.
		복전차(茯磚茶)	호남성 안화	사각형의 별돌처럼 눌러서 고정시킨 형으로 황색의 포자가 있고, 2kg이다.
		상첨차(湘尖茶)	호남성 안화	대나무 통에 넣어 눌러 고정시킨 차로 40~50kg의 무게가 있다.

광동성(廣東省)

제조구분	종류	차 명	산 지	특 징
불 발 효 차	녹 차	고로차(古勞茶)	광동성 학산鶴山	침처럼 강하게 둥글게 유념되었으며, 엷은 갈색, 털이 보인다.
		주란화차(珠蘭花茶)	광동성	차와 난의 꽃을 혼합해서 만든 것
반 발 효 차	청 차	오룡차(烏龍茶)	복건성 · 광동성	청색과 갈색의 섞여 있으며 꽃향기가 있다.
		봉황수선(鳳凰水仙)	광동성 조안潮安	향이 강하고 맛이 진하다.
		봉황단총(鳳凰單欉)	광동성 조주潮州	향이 특히 강하고 맛이 진하다.
		요평오룡(饒平烏龍)	광동성	향이 강하고 맛이 진하다.
		석고평오룡(石古坪烏龍)	광동성	향이 강하고 맛이 진하다.
		서암오룡(西岩烏龍)	광동성	향이 강하고 맛이 진하다.
		봉황랑채(鳳凰浪菜)	광동성	향이 강하고 맛이 진하다.
		기란(奇蘭)	광동성	향이 강하고 맛이 진하다.
		말리오룡(茉莉烏龍)	광동성	쟈스민의 향으로 맛이 진하다.
전 발 효 차	홍 차	민괴홍차(玫瑰紅茶)	광동성	해당화의 꽃을 섞어서 만든 것
		려지홍차(荔枝紅茶)	광동성	타래붓꽃의 즙을 넣어서 만든 차.
후발효차	황차	광동대엽청(廣東大葉靑)	광동성	강하게 유념되어, 단단한 모양으로 맛이 진하다.

광서장족자치구(廣西壯族自治區)

제조구분	종류	차 명	산 지	특 징
불발효차	녹차	계평서산차(桂平西山茶)	광서장족자치구 계평桂平	강하게 유념되어 만곡을 하고, 색은 청녹색이다.
		남산백모차(南山白毛茶)	광서장족자치구 횡현橫縣	가늘게 유념되어 약간 만곡으로 흰 털이 많이 있다.
		계림모첨(桂林毛尖)	광서장족자치구 계림桂林	가늘게 유념되어 녹색으로 털이 많다.
		담당모첨(覃塘毛尖)	광서장족자치구 귀항貴港	가늘고 곧고 부드럽다. 청녹색이 있다.
		피피차(粑粑茶)	광서장족자치구 대묘산大苗山	척추(脊椎)모양으로 단단한 차
		계화차(桂花茶)	광서장족자치구	금목서의 꽃을 섞어서 만든 차
후발효차	흑차	육보차(六堡茶)	광서장족자치구 청오蒼梧	긴 가지모양(條狀)이며, 짙은 갈색이다.

중경시(重慶市)

제조구분	종류	차 명	산 지	특 징
불발효차	녹차	중경타차(中慶沱茶)	중경시	둥근 판의 모양을 하고 있다.
		영천수아(永川秀芽)	중경시 영천永川	가늘게 곧게 유념되어 있으며, 청녹색이다.

사천성(四川省)

제조구분	종류	차 명	산 지	특 징
불발효차	녹차	몽정차(蒙頂茶)	사천성	어린 싹으로 가늘고 부드럽고, 많은 종류가 있다.
		문군녹차(文君綠茶)	사천성 공래邛崍	가늘게 유념되었으며, 부드럽고, 털이 보인다.
		아미모봉(峨眉毛峰)	사천성 아안雅安	가늘게 유념되었으며, 녹색이 있고, 털이 많다.
		몽정감로(蒙頂甘露)	사천성 아안	강하게 말려 있으며, 털이 많고, 윤기가 있는 녹색이다.
		청성설아(靑城雪芽)	사천성 관현灌縣	곧고, 잎이 두터우면서 크고 흰털이 많다.
		보정녹차(寶頂綠茶)	사천성 동인산東印山	강하게 유념되어 있으며, 털이 보이고, 윤기가 있는 녹색이다.

제조구분	종류	차 명	산 지	특 징
불발효차	녹차	아예(峨蕊)	사천성 아미산峨眉山	섬세하게 가는 형으로 눈썹과 같은 모양이다. 흰털이 많다.
		타차(沱茶)	운남성 · 사천성	둥근 판 모양으로, 맛이 무거우며, 차는 황색의 색을 띤다.
전발효차	홍차	천홍공부(川紅工夫)	사천성 의빈宜賓	강하게 유념된 가늘고 긴 형으로, 어린잎의 끝이 있고, 윤기가 있는 흑색이다.
후발효차	황차	몽정황아(蒙頂黃芽)	사천성 명산名山	어린 잎으로 완전하고, 향이 강하고, 맛이 짙다.
	흑차	남로변차(南路邊茶)	사천성	크고 다 자란 잎이다.
		서로변차(西路邊茶)	사천성	크고 다 자란 잎이며, 줄기가 많다.
		강전차(康磚茶)	사천성 아안	사각형의 벽돌처럼 눌러서 단단하게 만든 형으로 하나가 0.5kg이다.
		금첨차(金尖茶)	사천성 아안	기와처럼 눌러서 단단하게 만든 모양으로, 하나의 2.5kg이다.
		방포차(方包茶)	사천성 관현	사각의 대나무에 넣어서 눌러서 고정시킨 차로서 하나가 35kg이다.

귀주성(貴州省)

제조구분	종류	차 명	산 지	특 징
불발효차	녹차	도균모첨(都勻毛尖)	귀주성 도균都勻	섬세하고 가늘고, 털이 있다.
		준의모봉(遵義毛峰)	귀주성 미담湄潭	강하게 유념된 둥근 형으로 털이 많다.
		귀정운무차(貴定雲霧茶)	귀주성 귀정貴定	가늘게 유념되었으며, 만곡의 모양을 하고 있고, 흰 털이 있다.
		미강취편(湄江翠片)	귀주성 미강湄江	편평한 형으로, 청녹색이다.
후발효차	황차	해마궁차(海馬宮茶)	귀주성 대방大方	가늘게 유념되어 있으며, 털이 보이고, 향이 강하고, 맛이 달다.

제조구분	종류	차 명	산 지	특 징
불발효차	녹차	보홍차(寶洪茶)	운남성 의량宜良	고르게 된 편평형이고, 꽃의 향이 있다.
		남나백호(南糯白毫)	운남성 맹해勐海	굵고 강하게 유념되어 있으며, 흰털이 있다.
		운해백호(雲海白毫)	운남성 맹해	곧게 유념되어 있으며, 둥글며 털이 있다.
		화불차(化佛茶)	운남성 모정牟定	강하게 유념되어 있고, 흰털이 많다.
		대관취화차(大關翠華茶)	운남성 대관大關	편평한 모양을 하고 있으며, 황녹색이다.
		창산녹설(蒼山綠雪)	운남성 대리大理	가늘게 유념되었고, 윤기가 있는 녹색이다.
		묵강운침(墨江雲針)	운남성 묵강墨江	침처럼 곧게 강하게 유념되었으며, 짙은 녹색이며 털이 보인다.
		녹춘마옥차(綠春瑪玉茶)	운남성 녹춘綠春	단단하고 강하게 유념되어 있고, 털이 보인다.
		운남타차(雲南沱茶)	운남성	둥근 판 형태이며, 차가 황색을 띤다.
		죽통향차(竹筒香茶)	운남성	둥근 통 모양에 눌러서 단단하게 만든 모양으로 대나무의 향이 있다.
		보이차방차(普洱茶方茶)	운남성	약간 두껍게 사각형으로 눌러서 고정시킨 형으로 하나가 250g이다.
전발효차	홍차	전홍공부(滇紅工夫)	운남성	가늘고 긴 차로서, 풍만하고, 윤기가 있는 흑색이며, 금색의 털이 있다.
	흑차	보이차(普洱茶)	운남성	잎이 두텁고 크며, 흑색에 가까운 갈색으로 맛이 진하다.
		운남보이타차(雲南普洱沱茶)	운남성	둥근 판의 형태로 차는 황색과 붉은 색이 섞여 있다.
		칠자병차·원차(七子餅茶·圓茶)	운남성	둥근 떡처럼 눌러서 고정시킨 형으로, 하나가 357g이다.
		병차(餅茶)	운남성	작고 둥근 떡처럼 눌러서 고정시킨 형으로 하나가 125g이다.
		긴차(緊茶)	운남성	장방형의 기와처럼 눌러서 고정시킨 형으로, 250g이다.

협서성(陝西省)

제조구분	종류	차 명	산 지	특 징
불발효차	녹차	오자선호(午子仙毫)	협서성 서향西鄉	작은 난의 꽃과 같은 형으로 털이 많다. 색은 청녹색이다.
		진파무호(秦巴霧毫)	협서성 진파鎭巴	매끈매끈하게 잘 정리되어 있으며, 편평형이고, 녹색이다.
		자양모첨(紫陽毛尖)	협서성 자양紫陽	강하게 가늘고 둥근형으로 유념되어 있으며, 녹색으로 털이 있다.
		한수은사(漢水銀梭)	협서성 남정南鄭	베틀의 북(梭)처럼 편평형이며, 청녹색으로 털이 있다.

대만

제조구분	종류	차 명	산 지	특 징
반발효차	청차	대만오룡(臺灣烏龍)	대만	향이 강하고 색이 짙으며, 맛이 진하다.
		동정오룡(凍頂烏龍)	대만	특상의 품질이며, 향이 강하다.
		대만포종(臺灣包種)	대만	짙은 녹색이며, 난꽃의 향이 있다.

각 생산지성

제조구분	종류	차 명	산 지	특 징
불발효차	녹차	녹차(綠茶)	각 생산지 성	차를 넣으면 잎의 색은 황녹이 된다.
		초청(炒靑)	각 생산지 성	녹차의 일종으로 솥에서 볶은 것으로 향이 있다.
		홍청(烘靑)	각 생산지 성	녹차의 일종으로 잎의 모양은 비틀어져있다.
		말리화차(茉莉花茶)	각 생산지 성	자스민 꽃을 섞어서 만든 것
		쇄청(晒靑)	서남 · 중남 각성	굵고 느슨하게 유념되어 있으며, 황녹색이다.
		대대화차(玳玳花茶)	각 생산지 성	모란 · 해당화 꽃을 섞어서 만든 것
		백난화차(白蘭花茶)	각 생산지 성	흰 난꽃을 섞어서 만든 것

제조구분	종류	차 명	산 지	특 징
전발효차	홍차	홍차(紅茶)	각 생산지 성	차도 잎도 적색이다.
		공부홍차(工夫紅茶)	각 생산지 성	가늘고 긴 형태로 차도 잎도 적색이다.
		홍쇄차(紅碎茶)	각 생산지 성	잎 · 편(片) · 쇄편(碎片) · 가루의 4종류로 나눈다.
		홍쇄차엽차(紅碎茶葉茶)	각 생산지 성	FOP, OP의 모양이 있다.
		홍쇄차쇄차(紅碎茶碎茶)	각 생산지 성	FBOP, BOP, BP의 모양이 있다.
		홍쇄차편차(紅碎茶片茶)	각 생산지 성	BOPF, PFP, OF, F의 모양이 있다.
		홍쇄차말차(紅碎茶末茶)	각 생산지 성	D1, D2 등의 모양이 있다.
		CTC홍쇄차(紅碎茶)	각 생산지 성	CTC 기계로 가공한 과립의 홍차이다.
후발효차	황차	황차(黃茶)	각 생산지 성	황색이 차로서, 황색의 잎이다.
	흑차	흑차(黑茶)	각 생산지 성	발효차로서 맛이 진하다.
기 타	각종차	긴압차(緊壓茶)	약간의 각 산지 성	사각형 또는 둥근 형태로 눌러서 단단하게 만든 차이다.
		화차(花茶)	각 산지 성	향이 좋은 꽃을 섞어서 만들어 낸 차, 꽃의 좋은 향이 있다.
		대포차(袋泡茶)	각 산지 성	티백의 상태이다.

각 성별 중국차의 종류와 이름 · 산지

차
산지지도

CHAPTER 14

차 산지지도

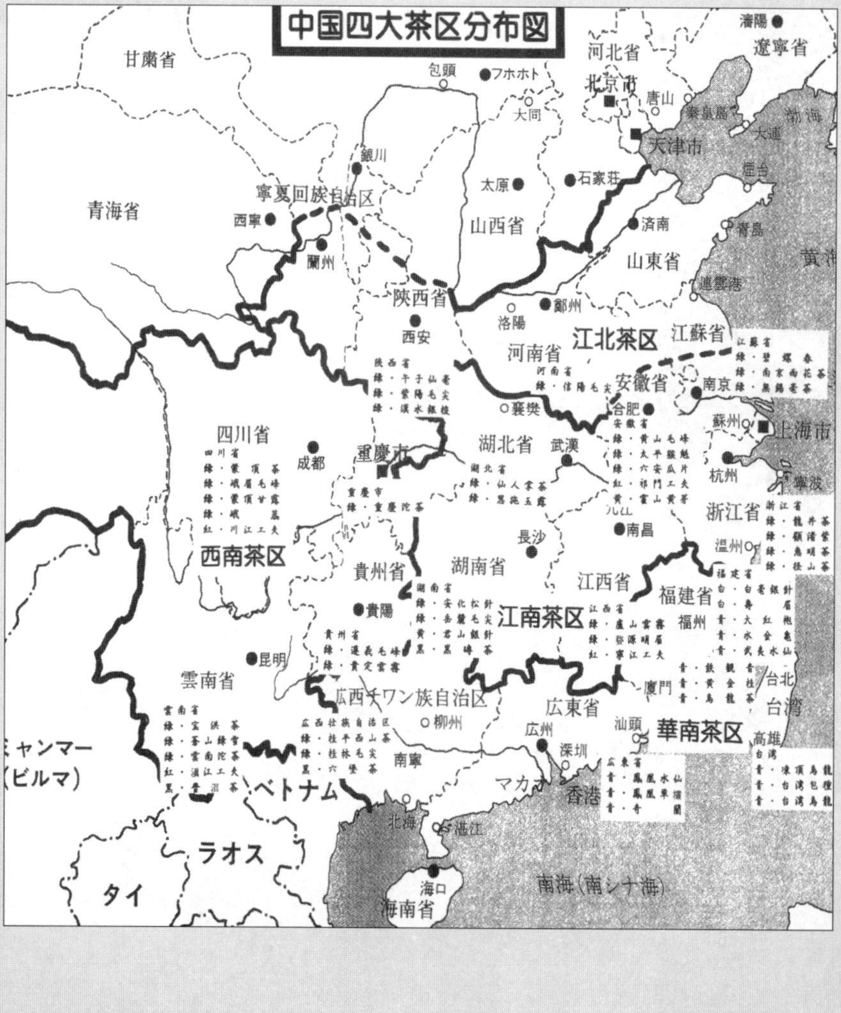

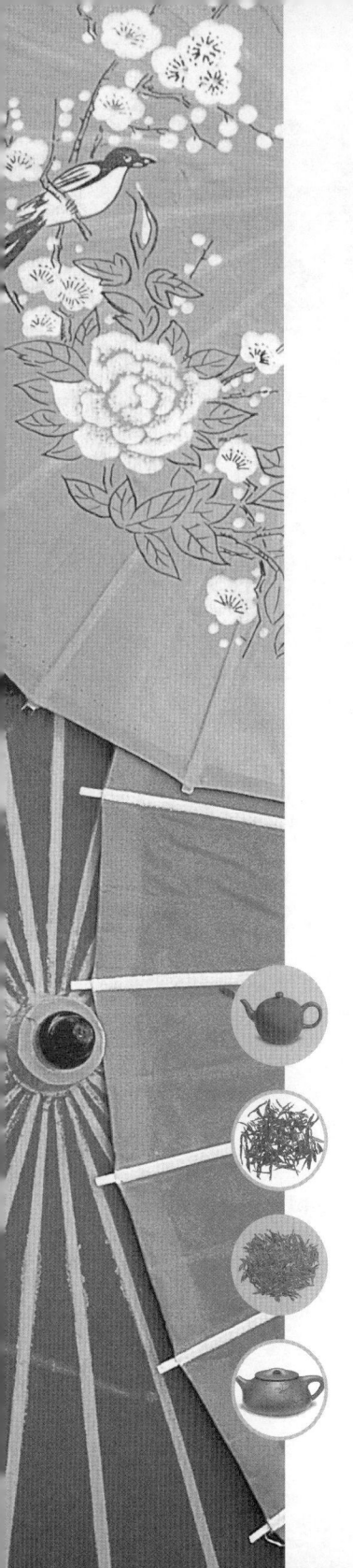

부록

중국차 용어설명

- 고(苦) : 차를 처음 마셨을 때 쓴 맛이 있고, 뒷맛은 더 쓴맛이 있다.

- 고홍(枯紅) : 홍차의 색이 붉은 색을 띠면서 말라 있다.

- 고황(枯黃) : 녹차의 색이 노랗고 말라 있다.

- 과립상(顆粒狀) : 홍쇄차의 네 가지 모양 중의 하나로 쇄차(碎茶)모양을 하고 있으며, 비빈 후 만들었기 때문에 잘게 부서진 과립의 모양이다.

- 과립형(顆粒型) : 단단하게 말려서 입자 형태를 하고 있는데 약간의 각이 져 있다.

- 과향(果香) : 홍차에 말린 과일향이 있는 것.

- 권곡형(卷曲型) : 가늘게 말려져 있는 모양으로 솜털이 드러나 있다. 동정벽라춘 · 고교은봉 · 몽정감로 등이 있다.

- 균(勻) : 찻잎의 질감 · 크기 · 두께 · 부서진 모양 등이 모두 고르다.

- 균정(勻整) : 차의 두께 · 길이 · 크기의 비율이 비교적 적당하다.

- 균정(勻淨) : 질긴 것과 연한 것이 고르며, 줄기와 기타 불순물이 없는 것

- 근피(筋皮) : 연한 줄기와 가지를 문질러 부서진 껍질

- 기상(起霜) : 녹차의 표면에 은백색을 띠고 있으며, 광택이 있다.

- 긴결(緊結) : 찻잎의 모양이 잘 감겨 있고 단단한 봉우리 모양이다. 대엽홍차나 녹차 혹은 중급 소엽홍차에 많다.

- 긴실(緊實) : 찻잎의 모양이 연하기가 긴결보다는 떨어지지만 탄력이 적당하고 무게가 좀 있다.

- 나정형(螺釘型) : 찻잎의 끝이 구부러져 둥근 덩어리 모양을 하고 있거나 콩나물 모양을 하고 있고, 가지와 잎의 아래쪽은 휘어져 나사못 모양을 하고 있다.

- 노황(露黃) : 녹차의 잎에 소량의 황색이나 황색의 줄기를 가지고 있다.

- 노황두(露黃頭) : 원형차 중에서 부드러움이 조금 떨어지고, 색깔에 누런빛이 도는 둥근 모양.

- 녹윤(綠潤) : 녹차의 색이 녹색으로 선명하고 광택이 많다.

- 녹황(綠黃) : 녹차의 색이 주로 황색을 이루고 있으며 황색가운데에 녹색을 띠고 있다. 또는 녹차의 탕색이 노란색이 주를 이루되 노란색 가운데에 녹색을 띠는 것. 찻잎의 색이 황색 가운데 녹색을 띠며, 황색이 주를 이루며, 품질이 황록에 비해 떨어진다.

- 농순(濃醇) : 차의 맛이 진하고 상쾌하여 입에 맞으며, 뒷맛이 달고 진하다. 자극성은 농후보다는 약하나 순후보다는 강하다.

- 농후(濃厚) : 차 맛이 진하고, 자극성이 있다.

- 눈균(嫩勻) : 싹이 고르고 연하고 부드럽다.
- 눈록(嫩綠) : 차의 색이 녹색으로 연한 우유 색을 띠며 선명하다. 즉 연한 녹색에 연한 노란색으로 고급녹차에 적용된다.
- 단괴형(團塊型) : 모차를 쪄서 덖은 후에 압축시켜 만들어진 덩어리 모양의 차를 말한다.
- 단쇄(短碎) : 잎이 넓고 길이가 짧으며, 하단의 차가 많고, 전체적인 모양이 고르지 못하다.
- 담박(淡薄) : 차를 마시면 처음에는 차 맛은 있지만, 나중에는 싱겁고 별 맛이 없다.
- 만곡(彎曲) : 찻잎의 모양이 곧지 않으며 갈고리 혹은 활의 모양을 하고 있다.
- 말상(末狀) : 홍쇄차의 네 가지 모양 중의 하나로, 말차의 모양으로 과립형이고, 크기는 쇄차보다 작다.
- 명량(明亮) : 녹차의 탕색이 맑고 투명한 것.
- 모의(毛衣) : 찻잎 속에 작인 잎맥과 솜털이 있는 것으로 홍쇄차 속에 비교적 많다.
- 묵록(墨綠) : 녹차의 색이 짙은 녹색에 거무스름한 색이 있고, 광택이 있는 모양으로 오록(烏綠)과 같은 뜻으로 사용된다.
- 봉묘(鋒苗) : 찻잎의 싹이 가늘고 연하며, 단단하게 감겨 있으면서 뾰족한 끝이 있다.
- 비후(肥厚) : 싹의 끝이 통통하고, 잎은 두터우며 잎맥이 나오지 않았다.
- 삽(澁) : 차를 마셨을 때 떫은맛을 느끼는 것, 즉 혀가 마비되는 느낌이 있다.
- 선첨(鮮甛) : 홍차에서 상큼한 단맛의 향이 있는 것, 홍차의 맛을 설명할 때도 사용.
- 세긴(細緊) : 차의 모양이 가늘고 길며 단단하게 감겨 있는 모양으로 고급 녹차에 많다.
- 세눈(細嫩) : 싹과 가늘고 연한 잎이 많고, 찻잎이 연하고 부드러운 것으로 고급홍차를 만들 때에 사용.
- 세원(細圓) : 찻잎의 알이 작고 단단하고 둥글며, 연하고, 무게가 무겁다. 고급품질의 주차(珠茶)의 모양이다.
- 속형(束型) : 제조 과정의 후기에 일정한 수량의 찻잎 끝을 명주실이나 면으로 된 실로 여러 가지 형태로 묶어 말려 모양을 고정시킨다.
- 쇄편형(碎片型) : 부스러진 부분에 주름이 일어나 마치 목이버섯 같고 가볍다.
- 순정(純正) : 녹차의 향이 진하지도 연하지도 않으며, 맑고 깨끗한 향.
- 순정(醇正) : 차의 맛이 진하고 순하며, 약간 단맛을 띤다.
- 순화(醇和) : 차의 맛이 진하고 부드럽고, 약간 달다. 자극성은 순정보다 약하나 평화보다 강하다.
- 순후(醇厚) : 차 맛이 깨끗하고 진하며, 자극성이 있다.
- 신골(身骨) : 찻잎의 무게를 뜻함.
- 심록(深綠) : 녹차의 색이 짙은 녹색이며 광택이 있다.
- 심홍(深紅) : 홍차의 탕색에 붉은 색이 비교적 진하다. 또는 찻잎의 색이 진한 붉은 색으로 약간 어둡다.
- 심황(深黃) : 녹차의 탕색이 진한 황색을 띠는 것.
- 암록(暗綠) : 찻잎이 녹색으로 어둡고, 광택이 없으며, 주로 오래된 녹차 잎의 색이다.
- 엽상(葉狀) : 찻잎의 부서진 모양으로 홍쇄차의 네 가지 모양 중 하나로 엽차모양이며, 비교적 가늘고 긴 모양의 차이고, 뾰족한 끝과 소량의 연한 줄기를 가지고 있다.

- 오윤(烏潤) : 홍차의 색이 거무스름하고 광택을 띠며, 생기가 돌아 홍차 중에서 가장 좋은 색이다.
- 오흑(烏黑) : 홍차의 색이 검고 광택이 있으며, 약간의 생기를 띠고 있다.
- 원결(圓結) : 과립이 둥글고 단단하며, 무게가 비교적 무겁다.
- 원실(圓實) : 찻잎의 모양이 둥근 모양으로 과립이 비교적 크고, 무게는 대체로 무겁다.
- 원주형(圓珠型) : 입자가 둥글둥글한 모양을 하고 있다.
- 유눈(柔嫩) : 싹이 연해서 손으로 누르면 솜 같은데, 눌러보면 탄력이 없어서 잘 올라오지 못한다.
- 율갈(栗褐) : 홍차의 색이 잘 익은 밤 껍질의 색을 띠고 있으며, 갈색 가운데 짙은 다갈색을 띠고 있다.
- 작설형(雀舌型) : 곧고 납작한 모양으로 차 싹과 첫째 잎의 길이가 같다. 끝부분은 참새의 입처럼 약간 벌어져
  있다. 고저자순·황산특급모봉 등이 있다.
- 정직(挺直) : 찻잎의 광택이 균일하고 곧다.
- 조기(粗氣) : 쇄고 그친 잎에서 나는 녹차의 향, 홍차의 향을 표현할 때도 사용됨.
- 조로(粗老) : 찻잎이 거칠고 크며, 뻣뻣하며 잎맥이 노출되어 있으며, 찻잎의 표면을 손으로 누르면 탄력이 있다.
- 조송(粗鬆) : 원료가 오래된 찻잎으로 찻잎이 단단하며, 잘 감겨있지 않으며, 무게도 가벼우며, 주로 품질이
  낮은 찻잎의 모양이다.
- 조실(粗實) : 찻잎의 원료가 비교적 오래된 것으로 잘 감겨있지만, 무게는 좀 가볍다.
- 조원(粗圓) : 찻잎이 둥근 모양으로 과립이 굵직굵직하고, 대체로 원형을 하고 있다.
- 조편(粗扁) : 찻잎이 둥근 모양으로 과립이 엉성하고 납작한 모양을 하고 있다.
- 조형(條型) : 찻잎의 길이가 폭의 몇 배가 된다. 어떤 것은 표면이 둥글고, 어떤 것은 각이 져 있거나 거칠다.
  그러나 모두 단단하며 뾰족한 싹이 있다.
- 천홍(淺紅) : 홍차의 탕색이 연붉은색으로 색의 깊이가 부족한 것
- 천황(淺黃) : 녹차에 함유된 성분이 풍부하지 못하여 찻물이 색이 노랗고 엷다.
- 첨조형(尖條型) : 찻잎이 차 싹을 감싸고 있는 모양으로 굽지도 휘지도 벌어지지도 않고 양 끝이 약간 뾰족하
  다. 태평후괴·공첨·귀첨 등이 있다.
- 첨화(甛和) : 홍차의 향기가 진하지는 않으나, 단맛이 있는 것
- 청고(淸高) : 녹차의 맑은 향이 깊고 오래 지속되는 상태.
- 청록(靑綠) : 녹차의 색이 청록색을 띠고 있다.
- 청취기(靑臭氣) : 녹차의 향에서 싱싱한 풀이나 싱싱한 잎에서 나는 향이 있는 것.
- 청향(淸香) : 맑고 산뜻한 녹차의 향
- 초당향(焦糖香) : 홍차를 충분히 말리거나 화력을 세게 하여, 물엿 같은 단맛의 향이 있는 것.
- 침형(針型) : 차의 모양이 직선의 곧은 형태로 끝은 침과 같다. 백호은침·남경우화차·군산은침 등이 있다.
- 탄장(攤張) : 찻잎이 벌어지고, 찻잎의 모양이 비교적 뻣뻣하다.
- 탈당(脫檔) : 차의 두께·길이·크기의 비율이 맞지 않는 모양
- 판율향(板栗香) : 녹차에서 잘 익은 밤의 향이 나는 것

- 편상(片狀) : 홍쇄차의 네 가지 모양 중의 하나로, 목이 조각 또는 주름조각의 모양으로 쇄차보다 가볍다.
- 편형(扁型) : 가늘면서 납작한 형과 넓으면서 납작한 형이 있다. 용정 · 선인장차 · 천도옥엽 등이 있다.
- 평정(平正) : 녹차에 향은 별로 없으나, 잡 냄새가 없는 것으로 홍차의 향을 말할 때도 사용되기도 한다.
- 평화(平和) : 차의 맛이 부드럽고, 자극성이 약하다.
- 함경(含梗) : 찻잎 중에 거친 찻잎의 줄기가 들어 있는 것.
- 현호(顯毫) : 찻잎에 솜털 함량이 많은 것.
- 홍균(紅勻) : 찻잎에 붉은 색의 농도가 비교적 균일하고, 이는 가공이 대체적으로 잘된 홍차 색이다.
- 홍량(紅亮) : 홍차의 탕색이 붉고 투명하고 맑다. 또는 찻잎에 붉은 색이 균일하며 밝고 투명할 때를 말한다.
- 홍명(紅明) : 홍차의 탕색이 붉고 투명하지만, 명도는 홍량보다 떨어진다.
- 홍암(紅暗) : 찻잎에 붉은색의 검은 색을 띠고, 광택이 없으며, 홍차의 품질이 비교적 떨어진다는 표시이다.
- 홍염(紅艶) : 홍차의 탕색이 선명하고 투명하며, 차에 금색테두리가 두텁고 선명한데, 이는 홍차 중에 함유된 물질이 풍부하기 때문에 좋은 품질의 홍차임을 나타내는 것.
- 화잡(花雜) : 연하기가 서로 다르며, 차와 조각 · 부스러기 · 줄기 등이 섞여 있는 차.
- 화청(花靑) : 청록색 찻잎 혹은 청록색 반점이 있는 것으로, 붉은 색에 청색이 끼어 있는데, 이는 홍차의 품질에 문제가 있다는 표시이다.
- 화타형(花朶型) : 잎과 싹이 함께 붙어 꽃 봉우리 같은 모습을 하고 있다. 끝부분은 약간 벌어져 있다. 백모단 · 육안과편 등이 있다.
- 환구형(環鉤型) : 긴밀하게 엉겨서 구부러진 형태로 고리나 갈고리 모양과 비슷하다. 녹원모첨 · 구공홍매 · 계동영롱차 등이 있다.
- 황록(黃綠) : 녹차의 색이 녹색이 주를 이루고 있으나, 녹색 중에 황색을 띠고 있다. 또한 녹차의 탕색이 녹색이 주를 이루되 황색을 띠고 있는 상태.
- 황록(黃綠) : 찻잎의 색이 녹색 가운데에 황색을 띠며, 투명도가 좋고, 중급녹차를 만들때 사용된다.
- 황암(黃暗) : 녹차의 탕색이 누렇고 어두우며, 광택이 없는 것.
- 회감(回甘) : 차의 뒷맛이 좋고, 약간 단 느낌이 있다.
- 회록(灰綠) : 녹차의 색이 녹색이면서 회색을 띠고 있다.
- 흑갈(黑褐) : 홍차의 색이 검으면서 갈색을 띠면서 광택이 있다.

역자 석도윤 (道允 金賢南)

1990년 도선사 혜성스님을 은사로 득도.

원광대학교 대학원 철학박사, 원광대학교 · 광주대학교 강사,
구미1대학 · 공주영상정보대학 겸임교수.

논문
「육바라밀을 통해본 청담대종사의 인욕사상」, 「일행의 천문관 연구」,
「꿈을 통한 오장육부의 진단법」, 「트리도샤의 언밸런스에 대한 아로마요법」,
「풍의 풍수적인 의미」, 「일행의 밀교관 연구」, 「태장 · 금강 양계만다라의 비교연구」 등.

역저서
《부자가 되는 풍수인테리어》, 《집안이 잘 풀리는 풍수인테리어》, 《형상진단법》,
《밀교의 성불론》, 《하루하루를 행복하게 하는 명상법 - 달라이 라마의 밀교수행법》 등

역자 이다현 (李茶玹)

1965년 부산출생, 원광대학교 동양학대학원 예문화와 다도학 석사과정 재학 중.
현재 항운다례원을 운영하면서 구미1대학 사회교육원을 비롯하여 각종 문화센터에서
차와 중국차, 한국차 · 한방차 · 아로마와 건강 강의.

논저
《중국 소설에 나타난 음다풍습에 관한 연구》, 《아로마와 건강》,
《반드시 성공하는 풍수생활》 등.

중국 茶 문화

著　者 棚橋篁峰

共　譯 석도윤 · 이다현

인쇄일 2006년 4월 19일

발행일 2006년 4월 26일

펴낸곳 도서출판 하늘북

펴낸이 김현회

등　록 1999년 11월 1일(등록번호 제 3000-2003-138)

주　소 서울시 종로구 내자동 164번지

　　　　TEL : 02-722-7484 / FAX : 02-730-2646

디자인 이환기획

제　작 이규헌

■ http://www.hanulbook.com

■ E-mail : hanulbook@yahoo.co.kr

■ http://www.lotuskorea.net

ISBN 89-90883-14-8 03590　값 25,000원